经济复杂性基础研究系列

代谢增长论
技术小波和文明兴衰

陈 平 ◎著

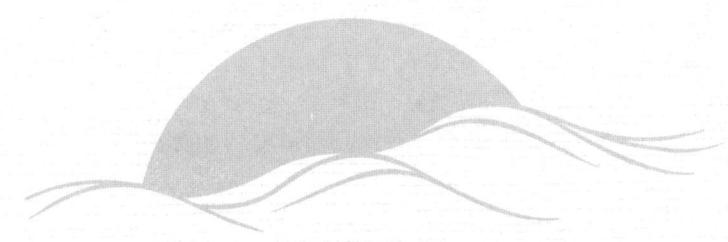

Technology Wavelets and the Rise and Fall of Civilizations

图书在版编目(CIP)数据

代谢增长论:技术小波和文明兴衰/陈平著. —北京:北京大学出版社,2019.3
(经济复杂性基础研究系列)
ISBN 978-7-301-29967-8

Ⅰ.①代… Ⅱ.①陈… Ⅲ.①经济动力学 Ⅳ.①F019

中国版本图书馆 CIP 数据核字(2018)第 238929 号

书　　　名	代谢增长论：技术小波和文明兴衰 DAIXIE ZENGZHANGLUN:JISHU XIAOBO HE WENMING XINGSHUAI
著作责任者	陈　平　著
责 任 编 辑	郝小楠　张　燕
标 准 书 号	ISBN 978-7-301-29967-8
出 版 发 行	北京大学出版社
地　　　址	北京市海淀区成府路 205 号　100871
网　　　址	http://www.pup.cn
电 子 信 箱	em@pup.cn　　　QQ:552063295
新 浪 微 博	@北京大学出版社　@北京大学出版社经管图书
电　　　话	邮购部 010-62752015　发行部 010-62750672　编辑部 010-62752926
印 刷 者	北京中科印刷有限公司
经 销 者	新华书店
	730 毫米×1020 毫米　16 开本　22.25 印张　399 千字 2019 年 3 月第 1 版　2020 年 4 月第 13 次印刷
印　　　数	65001—75000 册
定　　　价	75.00 元

未经许可，不得以任何方式复制或抄袭本书之部分或全部内容。
版权所有，侵权必究
举报电话：010-62752024　电子信箱：fd@pup.pku.edu.cn
图书如有印装质量问题，请与出版部联系，电话：010-62756370

专家推荐语

陈平教授是一位物理学出身,关心中国和世界发展,熟悉中外历史,跨界研究经济学,具有批判精神,敢于提出革命性、系统性、创新性理论的当代中国知识分子。"经济复杂性基础研究系列"是他近五十年学思求索以及和各派学者多次"论剑"的成果总结。《代谢增长论》则是该系列的第一卷,尝试以新的非平衡态物理学的方法,从技术进步作为根本动力来重构经济发展演化的理论,以此来解释经济系统的复杂性和文明演化的多样性,是站在巨人肩上的一个成果。本书为有志于挖掘中国改革开放以来增长奇迹这座理论创新的"金矿"、探索中华民族伟大复兴最终实现道路的学者提供了一个新的视角和分析框架。

——林毅夫,北京大学国家发展研究院名誉院长、
南南合作与发展学院和新结构经济学研究院院长

我与陈平初识于20世纪90年代初,第一印象,是个奇人;后在复旦共事,转眼间20年了。我对他的经济复杂性与文明多元论,几乎耳熟能详,却也百听不厌。可谓上下五千年,纵横九万里;上天入地,恣肆汪洋;积40年功力,通中西之学,成一家之言。回望百年中国,思想学术每多以学习和模仿西人为主;展望未来,新技术革命方兴未艾,影响所及,史无前例。一切已知的,必定成为过去;所有未来的,越发超乎想象。在这人类和宇宙演化的分岔口,阅读与思考诸如代谢增长、生灭过程、多元演化这些"陈氏"话语,虽然相当地"烧脑",但对于在意中华文明乃至人类未来命运的士子而言,岂非一大快事?

——史正富,复旦大学中国研究院经济学教授、学术委员会主席

陈平教授不仅是一位物理学家和演化经济学家,更是一位勇猛的挑战者。这本《代谢增长论》发起了对新古典经济增长理论的全面挑战。它让我们认识到,新古典经济增长理论尽管结构简洁美观,但不能为我们理解经济结构的动态演变和生态竞争的历史提供任何帮助。

——张军,经济学家,复旦大学经济学院院长

1973年春天,陈平教授受到普里戈金演化热力学的感召,义无反顾地踏入复杂系统科学的"勇敢的新世界"。自那时以来,陈平教授在这一新科学革命的道路上已上下求索了46个春秋。"经济复杂性基础研究系列"所收录的论文——无论是早期关于中西方科学技术史、科技政策史和生态环境的比较研究,还是在《演化经济学杂志》上最新发表的"代谢增长论",都对目前以经典科学的机械论和简化论为基础的新古典主流经济学提出了挑战。国际金融危机的爆发使新古典主流经济学陷入了危机。读者如果要寻求替代性的经济学范式并理解大国兴衰的复杂因素,本书无疑是一部必须阅读的著作。

——贾根良,中国人民大学特聘教授,教育部长江学者特聘教授,
中国演化经济学年会主席

陈平的《代谢增长论》是把生态资源约束下的技术竞争造成的产业新陈代谢而非资本积累作为经济增长的动力,来回答经济学中久未解决的基本问题。本书期望回答经济学的如下两个基本问题:中国与西方发展的道路是否遵循同样的单线发展模式?究竟是经济基础决定上层建筑,还是上层建筑影响经济基础?陈平的《代谢增长论》是对于其恩师、诺贝尔奖获得者普里戈金的著名耗散结构和自组织理论的继承与发展。因此,我谨向所有对经济学理论感兴趣的广大同行、学者、师生郑重推荐此书。

——汪秉宏,中国科学技术大学教授、博士生导师,
理论物理研究所所长,非线性科学中心主任

本书是一篇宣言,一方面宣告了新古典增长和发展理论的终结,另一方面构筑了一个可用于解释中国40年增长和发展经验的演化经济学框架。受到他的激励,我和冯金华教授共同发展了一个解释代谢竞争——一种以追逐性价比为核心的垄断竞争——的模型,试图解释华为等卓越企业的行为中透露的理论意蕴。

——孟捷,复旦大学特聘教授,《政治经济学报》主编,
中国政治经济学年会总干事,中华外国经济学说研究会副会长,
全国马列主义经济学说史学会副会长

我还在北大读书时,陈平教授就已经是我们大家十分推崇的老师。每次听陈老师的课,都会被他犀利的观点、高屋建瓴的视角、入木三分的分析所深深折服。《代谢增长论》一如既往地深富启发性、创新性。本书集陈老师近四十年的功力,广视角、多方位地挑战了新古典经济学的基本假设和主要发现,并提出了

许多富有建设性的观点和重要发现;我们可以从中学到如何做到在经济学与自然科学之间融会贯通,更有幸见证一位当代学术大家如何长期孜孜不倦地探索学术真理,不唯书,只唯实,见常人之所未见,发常人之所难发。本书是任何一位有志于研究经济学理论及经济学方法论的学者的必备参考书。

——余淼杰,北京大学博雅特聘教授,
北京大学国家发展研究院党委书记、副院长

复杂系统科学是20世纪80年代诞生的前沿新学科。经济复杂性的研究始于经济混沌的探索。我们在宏观与金融指数的分析中,发现经济混沌和代谢小波的经验和理论证据,拓展了非平衡态统计力学的生灭过程方法,颠覆了新古典经济学市场均衡和噪声驱动的理论框架,揭示了经济活动的内生周期和生态系统的多样演化。经济复杂性研究从跨学科的方法论开始,深入到自然科学与社会科学的基础研究,引发了思维范式的变革和教学模式的变革。

传统学科的教育模式是传道、授业、解惑,往往受限于一家之言。经济复杂性的探讨模式是问题、观察、对话,在不同学派的交锋中找问题、找线索、找方法。发现的前提不是知识的积累,而是对常理的质疑。作者在北京大学主持复杂科学研讨班时,和同学们分享了跨学科的治学经验:

翻万卷书,游千里路,会百家才。

本研究系列适合大学和研究院对跨学科的基础研究有兴趣的教师、研究生、本科生和经济学人。作者愿意用自己五十年来铺垫的探索之路,和大家一起探索经济复杂和文明演化之谜。

谨以此系列文集纪念我的导师严济慈(1901—1996)和伊利亚·普里戈金(1917—2003)。他们对科学的执着和对社会的关怀,是后来人坚持跨学科研究的榜样。他们的理论和实验互动的经验,是探索自然和社会统一范式的指针。

我也希望这五十年来的工作,能回报母亲施慧贞(1918—1981)的期望、父亲陈秉阳(1916—2003)的辛劳、妻子宋国和的支持,和女儿陈彧颖、陈彧葳的理解。科学探索不是个人的冒险事业。我的工作凝结了三代人的努力,以及多国学者对话的结晶。

总 序

本系列就方法论而言,更确切的名称是"经济复杂性的生态物理基础"。

经常有朋友好奇,为什么我这样的物理学家会对经济学有兴趣?我的回答是:"文化大革命"的历史经历,使我基于物理学的训练,以新的视角对社会进行观察,重新认识了经济学的基本问题,那就是经济规模限制了劳动分工的发展。突破规模限制的因素,不仅是所有制,更是科学技术发展的程度和路径。

更多的经济学家怀疑,经济比物理复杂得多,物理学能否用于经济学?让我发现物理学家用武之地的,恰恰是西方数理经济学的一个方法论悖谬,即经济学的现象远比物理化学复杂,但是经济学的模型远比最简单的物理模型理想气体还要简单。因为理想气体有许多个粒子,而宏观与金融的代表者模型只有一个粒子,即所谓的理性人假设或鲁滨逊经济。

我们经常听到关于经济学家的一个笑话,说的是物理学的争议,用实验可以检验出正确的理论;但是经济学的争议,几个经济学家可以得出十几种结论。问题不仅是经济社会现象比物理化学复杂,因为生物和医学也很复杂,而是经济学检验理论的方法存在问题。微观经济学中的一般均衡模型看上去简单完美,计量经济学中的噪声驱动模型描述了一个自稳定的有效市场。但是非平衡态物理学的训练,立刻让我认识到新古典经济学的优化框架不可能描述开放系统的生命周期。进一步的分析表明,计量经济学基础的噪声驱动模型是经济学的永动机理论,而计量经济学使用的滤波器竟然是噪声放大器。因为新古典经济学先验地假设有效市场的特征是白噪声,不承认市场经济有周期波动的可能。正如牛津大学著名的计量经济学家韩德瑞(David F. Hendry)所质疑的:计量经济学是炼金术,还是科学?物理学家用大量的经验数据检验西方主流经济学的有效市场和微观基础等理论,发现经济学要发展为经济科学,必须在新的复杂科学基础上,重构经济学的理论框架,也就是从封闭系统的线性均衡框架,发展为开放系统的非线性非均衡的框架。经济学与物理学的本质差别,在于物理学守恒定律和行为的可预测性只对宇宙的孤立系统成立,而经济活动的基础是生态演化的开放系统,其行为有极大的多样性。现代经济和传统经济的主要区别,在于技术创新导致的产业代谢有显著的生命周期。我们发现的经济混沌、生机市场完全动摇了新古典经济学噪声驱动、有效市场的线性均衡框架。

物理学在生物学和医学中的广泛应用,可以分为两类。一类是提供了技术性的分析工具,大家熟悉的X光透视、超声波造影、心电图等,都大大扩展了我们对人体生理学和病理学的理解。另一类是基础性的理论框架,其中最有影响的工作是薛定谔开创的量子生物学,奠定了分子生物学的理论基础。目前国内盛行的经济物理属于技术性的研究,而我们的工作属于基础性的研究。我们用复杂系统和非平衡态物理学的方法分析经济数据的结果,检验、修正或挑战了十余个获得了诺贝尔经济学奖的经济学模型,发展了新的经济科学的统一框架,以整合现有不同学派的经济学理论。

复杂科学是20世纪六七十年代出现的新领域,始于非线性动力学在气象学和生态学中的计算数学研究。应用数学家把轨迹紊乱而整体有序的非线性振荡称为"奇怪吸引子"("奇怪"之意是吸引子的维度是分数而非整数),俗称"决定论混沌"(deterministic chaos),或简称"混沌"。混沌机制被物理、化学、生物学的实验证实后,非线性的复杂系统从80年代起成为跨学科研究的前沿,突破了50年代诞生的以线性理论为基础的控制论、系统论和系统工程的理论框架。

经济复杂性的研究,始于20世纪80年代对经济混沌的研究。我们在1985—1988年间先后发现经济混沌的经验和理论证据,后来扩展到经济中的非线性、非均衡、非稳态、分岔、分形、网络等方面的复杂性研究,数学方法也从非线性的决定论扩展到非线性的概率论和非平衡态统计力学。经济复杂性研究的对象涉及自然科学、社会科学、人文历史乃至艺术等领域,从技术分析深入到基础研究,改变了主流经济学的思维范式和世界观。

我们的研究路线关注的是非平衡态物理学和经济学之间的联系,及其对经济学基本问题的理解。非平衡态物理的热力学明确区分了封闭系统和开放系统。生命和社会的结构演化只可能发生在开放系统,它产生的耗散结构靠持续的物质流、能量流和信息流来维持。新古典经济学的优化框架只能近似描述工业化以前接近静态的手工作坊和小农经济。宏观计量经济学在方法论上的问题在于外来噪声的冲击难以解释市场经济的持续波动,更无法解释技术创新产生的经济周期和产业代谢。我们从产业竞争的代谢模型中发现的生态学的逻辑斯蒂小波,可以统一解释微观、中观(金融和产业)、宏观、制度和史观经济学;在不同时间尺度上观察到的经济活动的生命周期,可以构造非均衡、非线性经济学的一般理论,取代新古典经济学用随机游走和布朗运动描述"看不见的手"的均衡模型。我们把西方主流经济学的优化理论作为前工业经济时代的特殊理论,并将其拓展为演化经济学的一般框架,以更好地理解多元文明的现代化过程。凯恩斯在他的《通论》中提出,非均衡的(凯恩斯)经济学应当类似广义相对论的非欧几何,古典经济学的欧氏几何只是现实经济的近似模型。我们的工作是在经济复杂性研究的基础上,依据非平衡态物理学(即普里戈金提出的耗散结构)的原理来发展经济学的一般理论。

现代经济学的源头是亚当·斯密1776年出版的《国富论》。书中经验观察和理论逻辑之间的深刻矛盾,使古典政治经济学一开始就出现了演化论与均衡论两种思维范式的分岔,影响了后来经济学的走向。斯密作为经济学家,观察到分工提高生产效率,以此作为"国富"的出发点。如果各国都发展分工和贸易,市场竞争的焦点必然是"分工受市场规模限制",即所谓的斯密定理。这使我们重新发现规模经济受生态系统的非线性制约,分工发展的本质应当是非均衡的演化经济学。斯密的矛盾在于他提出了财富的问题,却给不出财富的解释。他引用政治学家霍布斯的话承认"财富是权势"(wealth is power)。换言之,决定"国富"的因素包括政治、军事和金融的权势,不存在纯粹以交换为基础的经济学。斯密作为伦理学家,力图用经济手段避免分工导致的区域分化和战争冲突。他把市场自我矫正的机制理想化为"看不见的手",理由是返航的商船不会空载,自由贸易足以保证国际收支平衡。可是斯密没有注意到:贸易对象的经济结构不同,船运往返商品的重量、价值也必然不同,单靠市场交易无法保证贸易平衡。贸易战争和殖民主义的历史否定了斯密的均衡理想。后斯密时代两百多年的历史凸显了斯密观察和斯密理想之间的矛盾。马克思强化了古典经济学中的政治经济学路线;当代的新古典经济学却从经济学中剥离了政治因素,试图降低政府在经济中的作用,是从斯密理论的倒退。我们用复杂系统的方法和生态演化的思想来整合现有的经济学流派,包括政治经济学、新古典经济学、熊彼特创新经济学、演化经济学和文化经济学等分支。

20世纪30年代的大萧条促使西方各国政府系统收集经济数据来指导经济政策,分析大量经济数据的需要催生了计量经济学。40年代发展起来的新古典经济学把数理模型和数理统计引入经济学理论的研究,使经济学脱离历史哲学的传统而向经验科学发展。第一代计量经济学家的数学工具是静态的数理统计,假设宏观经济活动对均衡轨道的偏离服从稳态分布,构造单体的代表者模型(用微观层次单个经济人的理性行为来解释宏观层次的观察数据)。新古典经济学用马歇尔的供求均衡取代斯密的分工规模作为经济理论的基石,用来定性讨论价格体系的稳定机制。宏观与金融经济学观察到的市场波动被计量经济学解释为外来的噪声驱动,排除了内生的市场不稳定性。但是经济周期的持续存在和反复爆发的经济危机对经济学的线性均衡理论提出了质疑。经济复杂性研究用非线性动力学和非平衡态物理学的方法发现,经济周期和经济危机的本质是内生的复杂机制,技术竞争和产业新陈代谢是经济增长不平衡的根源,人群相互作用的群体行为是经济持续震荡的主因。

20世纪70年代比利时物理学家普里戈金(Ilya Prigogine)的自组织和耗散结构论,冲击了生物学的还原论,启发我们跨越物理学和经济学的鸿沟。我们在1984—1996年间发现的经济"色混沌"(颜"色"是频率高低的特征,和无特征频率的"白"色噪声形成对比),可以描述多重频率的熊彼特"生物钟"。非平衡统计力学拓展的多峰分布和群体的生灭过程,丰富了非线性计量经济学的武库。经济复杂性的研究深入到宏观、金融、微观和制度经济学等领域。

本系列共六卷,前四卷建立了经济复杂性的基础数理模型,后两卷讨论经济复杂性的方法论和历史依据。其中,第一卷《代谢增长论》发展了非线性决定论的生态经济学模型;第二卷《内生周期论》发展了经济周期的色混沌模型;第三卷《中观基础论》提出"微观—中观(金融和产业)—宏观"三层次的结构框架;第四卷《生灭过程论》发展了描述宏观、金融波动随机论的非线性群体模型;第五卷《交易成本和熵》讨论了交易成本演化的多样性和组织创新的不确定性;第六卷《历史实验论》用历史案例作为检验经济学理论的自然实验。我们把经济复杂性的研究应用于经济学的各个领域,包括制度经济学、政治经济学和文化经济学等,并回答了当代重大的经济理论问题,包括李约瑟问题(为何科学和资本主义起源于西欧而非中国)、经济危机的发生机制、中国道路与西方现代化模式的分岔原因,以及如何理解马克思、列宁和毛泽东在不同历史时期对社会主义道路的贡献。我们对经济发展动力的理解,突破了古典政治经济学的资源、劳力、资本的三要素理论,把生态约束下的技术创新和产业代谢,作为大工业时代经济学的出发点。换言之,邓小平的思想"科学技术是第一生产力",在我们的代谢经济学框架中可以实现,成为理解资源贫乏的中国得以崛起的经济学机制。

2018年的诺贝尔经济学奖的获奖工作之一,是1986年罗默(Paul Romer)提出的内生增长论。罗默企图用知识累积的机制来引入宏观经济增长的规模递增效应,以解释工业化先进国家和后进国家之间差距的持续扩大。我在1987年提出、2012年更名的代谢增长论,挑战的就是新古典经济学家索洛(Robert Solow)预言趋同增长的外生增长论和罗默预言发散增长的内生增长论,因为文明和大国的兴衰表明,只有技术和产业是新陈代谢的,才有后进国家在学习速度上超过先进国家,依靠更大的规模经济赶超或取代先进的可能。谁的理论更能解释当代世界格局的变化,请读者们判断。

经济复杂性研究是多学科、多学派对话合作的成果。本系列的跨学科研究得益于与多位已故科学家的对话和从中得到的启示。作者特别怀念恩师严济慈和普里戈金的言传身教。作者先后得益于和已故的华罗庚、钱临照、李约瑟(Joseph Necdham)、费正清(John Fairbank)、斯金纳(William Skinner)、白鲁恂(Lucian Pye)、包瑞嘉（Richard Baum）、罗斯托(Walt Rostow)、赫曼(Robert Herman)、尼科利斯(Gregoire Nicolis)、郝柏林、童大林、顾卓新、杜润生、汪道涵、成思危、方福康、杨之刚、沈君山、林奇（Katherine Lynch)、阿罗(Kenneth Arrow)、古德温(Richard Goodwin)、萨缪尔森(Paul Samuelson)、西蒙(Herbert Simon)、诺斯(Douglas North)、赫维茨(Leonid Hurwicz)、廷伯根(Jan Tinbergen)、格兰杰(Clive Granger)、米勒(Merton Miller)、贝克尔(Gary Becker)、杨小凯、福格尔(Robert Fogel)、蒋硕杰、曼德尔布罗特(Benoit Mandelbrot)、奥尔森(Mancur Olson)、麦迪森(Angus Maddison)、霍布斯鲍姆(Eric Hobsbawm)等的对话。

作者感谢和莱希尔(Linda Reichl)、霍斯特牧克(Werner Horsthemke)、特纳(Jack Turner)、黄宗智(Philips Huang)、裴宜理(Elisabeth Perry)、沃勒斯坦(Immanuel Wallerstein)、雅克(Martin Jacques)、阿伦(Peter Allen)、德涅布(Jean-Louis Deneubourg)、巴塞洛缪(David Bartholomew)、伍德福德(Michael Woodford)、巴奈特(William Barnett)、斯维尼(Henry Swinney)、麦基(Michael Mackey)、索洛(Robert Solow)、布洛克(William Brock)、拉姆齐(James Ramsey)、戴依(Richard Day)、斯特曼（John Sterman)、莫斯基尔德(Erik Mosekilde)、雷诺兹（Bruce Reynolds)、纳尔逊（Richard Nelson)、甘多尔夫(Giancarlo Gandolfo)、扎诺维奇(Victor Zarnowitz)、韦德里希(Wolfgang Weidlich)、普雷斯科特(Edward Prescott)、福利(Duncan Foley)、加尔布雷思(James Galbraith)、萨克斯(Jeffrey Sachs)、胡永泰、科洛德克(Grzegorz Kolodko)、米罗斯基(Philip Mirowski)、高迪(John Gowdy)、斯蒂格利茨(Joseph Stiglitz)、菲尔普斯(Edmond Phelps)、蒙代尔(Robert Mundell)、赫克曼(James Heckman)、史密斯(Vernon Smith)、威特(Ulrich Witt)、多普伏(Kurt Dopfer)、沃尔弗拉姆(Elsner Wolfram)、派卡(Andreas Pyka)、八木纪一郎（Yagi Kiichiro)、有贺裕二(Yuji Aruka)、福斯特(John Foster)、伯克斯（Stuart Birks)、索罗斯(George Soros)、罗杰斯（Jim Rogers)、大前研一（Ohmae Kenichi)、霍奇森（Geoffrey Hodgson)、泰森(Laura Tyson)、萨默斯（Lawrence Summers)、韩德瑞(David Hendry)、富尔布鲁克(Edward Fullbrook)、基德兰(Finn Kydland)、钱致榕、邹至庄(Gregory Chow)、麦考利(Joseph McCauley)等的讨论，和郑伟谋、方锦清、钱世锷、陈大庞、林毅夫、张五常、史正富、雷鼎鸣、汪小京、汪秉宏、张翼成、宋敏、霍德明、何祚庥、吴明瑜、周光召、宋健、杨龙章、郭梅尼、厉以宁、陈良焜、王

恩涌、韩启德、何仁甫、吴象、黄宗英、王战、黄奇帆、刘吉、郭树清、周其仁、金观涛、刘青峰、王小强、许倬云、郑竹园、于宗先、殷允芃、高希均、温元凯、赵峥、吴琼恩、梁衡、张天蓉、刘寄星、王绍光、丁宁宁、孙广振、林芬、单伟建、陈少波、陈海燕、易纲、平新乔、汪丁丁、宋国青、海闻、姚洋、唐方方、余淼杰、黄海洲、邹恒甫、王焕祥、孙涤、文贯中、徐滇庆、宋立刚、张军、贾根良、张宇、曹远征、孔丹、秦晓、王湘穗、杨凯生、李若谷、张云东、黄吉平、范勇鹏、张捷、胡鞍钢、夏斌、郑京海、许成刚、黄有光、陈禹、何新、陈昕、盛洪、吴敬琏、茅于轼、张曙光、张维迎、崔之元、刘昶、程恩富、李维森、孟捷、温铁军、韩毓海、潘维、李玲、石磊、文一、贺雪峰、叶航、田国强等的讨论，以及和温科红、张自力、宣昌能、丁琳、李华俊、唐毅南、方健、曾伟、高劲、耿林、徐高、李绍瑾、叶敏、杨达、熊鹏、郑忠静、骆颖浩、韩琪、黄凯、陈秋霖、马晓萍、江宇等的合作研究。

  作者感谢美国得克萨斯大学奥斯汀分校普里戈金统计力学与复杂系统研究中心（现名复杂量子系统中心）、北京大学中国经济研究中心（现名国家发展研究院）、复旦大学新政治经济学研究中心（现名中国研究院）的领导、同事和研究生对我跨学科研究的长期支持和帮助。

  作者感谢国内外的出版社（包括国内的黑龙江教育出版社、经济科学出版社，国外的 Oxford University Press, Cambridge University Press, Plenum Press, Routledge Press, World Scientific Publishing, Springer Publishing, Australian National University E-Press, The Brookings Institution Press）以及国内外的期刊（包括国内的《学习与探索》《经济学（季刊）》《经济研究》《政治经济学评论》和国外的 European Journal of Operational Research, China Economic Review, Studies in Nonlinear Dynamics & Econometrics, Journal of Economic Behavior & Organization, Kyoto Economic Review, Evolutionary and Institutional Economics Review, Journal of Evolutionary Economics 等）授权我在本系列图书中使用以前出版或发表过的原始论文。

  最后，作者感谢北京大学出版社林君秀的大力支持以及编辑郝小楠和张燕的辛勤工作，使本系列图书得以及时出版。

陈 平
2019 年 1 月

> 哲学家们只是用不同的方式解释世界，问题在于改变世界。
>
> ——马克思，"关于费尔巴哈的提纲"

序　言

本系列是作者约半个世纪以来，用复杂科学，尤其是非平衡态物理学的方法，系统研究经济学的基础问题得到的成果。本系列第一卷《代谢增长论》的使命是把科技进步而非资源、劳力、资本等生产要素，作为经济发展的原动力，以此重构经济学的理论框架。在经济学研究的思想和方法上，我们开创了如下的新方向：

第一，在理论框架上，我们把科技创新而非资本积累作为经济发展的主线，以区分工业革命以来的现代经济和工业革命以前的传统经济。科技创新的标志是技术和产业的新陈代谢，而非经验知识的简单积累。我们在经济学的基础理论上实现了马克思和邓小平的远见，即科学技术是推动社会发展的革命力量，科学技术是第一生产力。科技创新的描述是新兴产业开拓新的资源，生态学的概念是增加产业的增长上限。我们用生态学的逻辑斯蒂方程修正了新古典经济学假设的 AK 模型，因为后者假设生态资源无限，违背了物理学和生态学的基本规律。我们把科技进步作为经济发展的物质基础。

第二，在宇宙观上，我们强调经济发展的本质是开放演化，因此演化经济学的基础是非平衡理论主导下的多样发展过程，而非西方主流经济学依据的均衡理论和趋同过程。新古典经济学的封闭体系和优化框架无法理解工业革命和经济结构的变迁。我们从生态技术结构的多样性出发质疑英美模式的西方中心论和普世价值论，为理解经济发展的多种模式和中国道路的创新铺平了道路。非平衡世界的多样性，不仅有旧秩序瓦解之危，而且有新事物出现之机，这就突破了新古典经济学只讲市场稳定性、回避市场内生的不稳定性的局限，为西方主流经济学接纳所谓异端经济学的多元化发展，奠定了宇宙观的基础。

第三，在数理模型上，非线性经济动力学的出发点，是将生态约束作为经济发展的基本条件，修正新古典经济学自然资源无限的隐含假设，直接否定从人性自私贪婪出发构建的均衡经济学的公理体系,把非均衡经济学置于生态学的基础之上。这也符合演化生物学和演化心理学对人是社会动物的分析。19世纪经济学开始的所谓边际革命,是用片面的消费心理学否定经济行为的生态物质基础和人类演化的社会属性。我们发现生态约束是经济活动中最基本的非线性相互作用,并用数理模型描述市场内生的稳定与突变的矛盾转换机制,定量研究生态危机与经济危机的特征和对策。我们对宏观与金融价格指数的非稳态时间序列分析,也为市场监管和政府管理发展了定量分析的工具,例如产业和制度发展的生命周期和时间序列的小波分析。我们的研究可以为经济工程学的定量管理和制度工程学的体制设计开辟道路。

第四,在经济哲学上,我们研究经济复杂现象的非线性机制,从生态技术经济的多层次结构分析出发,发展整体论的思维范式,在历史观察的基础上研究世界各国不同发展阶段的特点,否定方法论的个人主义、西方中心的普世价值和无节制的消费主义,重视经济发展的资源约束和经济行为的生理和物理基础。新古典经济学鼓吹的人的自私本性和贪婪行为,在理论上违背了物理学和生物学的常识,在政策上导致了经济学的虚拟化,在实践上造成了"去工业化",在生活上造成了"现代病"的泛滥,加重了医疗福利制度的负担,是金融危机不断加剧的理论"温床"。

第五,在经验观察上,我们把现实世界的市场竞争,从纯粹私有制基础上完全市场的乌托邦,还原为有多种经济成分的混合经济。全球化开放经济下的国际市场竞争的核心,是市场份额竞争,而非价格或成本竞争。换言之,非平等的国际分工下,非均衡的价格体系不可能是资源优化配置的主导机制,价格竞争和非价格竞争的各种形式,都是市场份额竞争的策略手段。正因为技术创新面临巨大的投资不确定性,才需要研究适应生态和社会环境的不同策略。新古典经济学看不到市场变革的多样性和复杂性,也不承认经济发展的阶段性、生命周期和路径依赖,就无法理解政府在协调市场分工上的作用,也无法看到企业家创新的战略空间。这就在经济学观察的实践基础上否定了市场原教旨主义的价格决定论和市场万能论。市场只是经济竞争的不流血的"战场",不是制度自发生长的"温床"。现实市场的多种模式,反映了科技发展的不同阶段,以及对劳动分工的自然和社会的约束。不存在永恒不变的优化市场模式。这才需要研究经济问题时的实事求是和因地因时制宜的科学态度。

最后要说明的是,本书是作者从20世纪60年代的观察开始,近五十年跨学科研究的成果。我们的研究大体经历了三个阶段:

第一个阶段(1967—1980),作者在成昆铁路当工人期间从业余研究开始,对中西发展不同路径的比较研究。作者1967年在太原重机厂进行的社会调查发现，西方封锁导致中国引进的现代企业无法实现规模经济，从而开始从经济结构的视角探讨李约瑟问题，即为何科学与资本主义发源于西欧而非中国。作者通过从科技史、经济史到战争史的比较研究，理解了普里戈金提出的非平衡热力学的主题：生命和社会系统的演化只能存在于开放的耗散系统。分析生态技术结构和产业布局有助于理解中国小农经济的成因和出路。

第二个阶段(1980—1996)，作者到美国得克萨斯大学奥斯汀分校普里戈金统计力学与热力学中心(1989年更名为统计力学与复杂系统研究中心)留学与研究期间，用非线性动力学和非平衡物理学方法研究经济混沌，系统推进经济复杂性的研究。

第三个阶段(1996年至今)，作者在北京大学中国经济研究中心(现为国家发展研究院)和复旦大学新政治经济学研究中心(现为中国研究院)工作期间，在中国与东欧转型经验的启发下，用非平衡态物理学的数理方法，系统检验新古典经济学的基本理论，逐一挑战和质疑弗里希、法玛、马科维茨、弗里德曼、卢卡斯、科斯、索洛、阿罗、罗默、布莱克-苏尔斯等诺贝尔经济学奖获得者的基础理论模型，修正萨缪尔森和古德温的经济周期模型，整合西蒙、哈耶克、熊彼特等的演化经济学成果，提出代谢增长论和复杂经济学的理论框架。本书就是金融危机后，探讨经济学新思维的理论成果之一。

我们的研究路线是从观察、问题和实验出发，而不是从先验的假设或信仰出发，把定性的历史观察和定量的经济分析相结合。我们不同意新古典经济学的公理化体系，因为我们发现大量生物学、生态学和气候学的经验观察和新古典经济学为描写人性贪婪而引进的效用最大化的公理假设不符，因为资源有限下的经济行为必然是非线性和非均衡的，不可能是线性和均衡的。我们也不同意科斯学派全盘否定数学在经济学中的应用，因为经济学和生物学一样，可以吸收前沿物理学的成果。非平衡态物理学和复杂系统科学在生物学和经济学里的应用，和X光、计算机在医学里的应用一样，有广阔的前景。

本书收集的研究成果从1979年起，至今已四十年。如何用一条主线来贯穿经济、社会、制度、文化多方面关联的复杂课题，是建立新经济学体系的出发点。亚当·斯密在18世纪建立古典政治经济学的出发点是"国富"，由此展开分工和市场的研究。达尔文1859年出版的《物种起源》受到马尔萨斯人口论的影响，把生态资源的约束作为物种竞争的前提。马克思1867年出版的《资本论》和后来提出的历史唯物主义观点，造就了国际工人运动和社会主义革命。马歇尔1920年出版的《经济学原理》把价格的供求均衡论作为新古典经济学的基础，试图解释市场经济的运作。那么，金融危机后的新经济学，出发点是什么呢？

作者认为当代经济学家应当直面现代社会的三大危机：生态危机、金融危机和就业危机。危机的根源在于西方的劳动分工模式，即消耗资源的分工模式和规模经济所引发的生态经济危机。新经济学要寻找可持续的发展道路，就必须重新理解经济系统的复杂性和文明演化的多样性，摆脱以英美模式为核心的西方中心论和普世价值论，探索可持续的经济发展的多种模式。

本书是跨学科争鸣和对话的结果，不是闭门思考的产物。最早发现我们研究经济混沌的意义的是已故经济学家、诺奖得主、数理经济学奠基人保罗·萨缪尔森(1915—2009)。他在1995年的评价信中指出，我们的工作有可能改变经济学的基本范式。在苏联解体之后，我的导师普里戈金重新认识到我早年研究文明演化多样性问题的重要性。我在1999年发现计量经济学的弗里希模型是永动机理论，2002年用统计物理方法否定卢卡斯的微观基础论。普里戈金在病危时不忘督促我赶快写书，但是我迟迟没有下笔，因为理论预测如何被历史检验需要新的时代观察。西方模式走向衰落的同时，国内外再起是否存在中国模式的争论，推动了演化经济学的复兴。2008年的金融危机在全世界掀起了一个反思西方主流经济学的思潮，其高峰是2011年创立的世界经济学会，我被推选为学会创始理事，时代的紧迫感催促我最终将此事提上日程。

2012年7月，国际熊彼特学会在澳大利亚的昆士兰大学举行双年会。会议的首项议程是"亚洲崛起的原因和影响"。会议主席邀请我做首席演讲。我把视野从东亚中国崛起扩展到世界大国兴衰的经济发展史，题目就是本书的"代谢增长论"，直接挑战新古典经济学的知识积累论和内生增长论，获得了几届演化经济学元老的赞赏和与会者的理解。我发现用新陈代谢的竞争演化来描述经济发展的本质，比用经济复杂的非均衡、非线性的方法论来批评西方主流经济学，更容易让经济学界和大众理解现代化的本质和中国实验的贡献。

科学探索是跨国跨领域互动合作的产物。作者感谢美国得克萨斯大学奥斯汀分校普里戈金统计力学与复杂系统研究中心（现名复杂量子系统中心）、北京大学中国经济研究中心（现名国家发展研究院）、复旦大学新政治经济学研究中心（现名中国研究院）的同事和朋友的支持。作者尤其感谢恩师——已故的严济慈和普里戈金等物理学大家的理解，以及萨缪尔森、西蒙等经济学前辈的鼓励。作者感谢林毅夫、史正富、陈昕、张维为等同志多年来的支持和李华俊、唐毅南、曾伟等同学多年间的合作。

读者如发现本书在事实、数据和模型中的错误，请把科学的批评发到作者的电子邮箱：pchen@nsd.pku.edu.cn，并留下文献出处、真实姓名和单位，以便核实和致谢。至于不同观点的争议，欢迎百家争鸣。本人年事已高，没有精力全部作答，事先请读者谅解。

由于本人的同名者太多,为了文责自负,本人效仿古人的方法,在父母取的名字前面增加了两个字号:在心路历程上,自号"眉山剑客",因为我对经济学的系统思考,源于1967—1974年间在四川成昆铁路眉山电务段当工人的经历,后来对各派经济学的了解,得益于学者之间的对话交锋,而非教科书的学习。我在和年轻人对话时,把学生给我起的别号"独孤求败"改为"寂寞求错",因为科学的本质就是试错。对科学人物的评价,不应当论什么功过。因为即使后来被证明是错误的思路,也给了后人"此路不通"的警示。我对从斯密到科斯的批评,主要来自方法论的比较。他们能提出好的问题,就启发了后人不同的思路。我不希望读者用意识形态的标签来理解经济学派的争论。方法论的局限是时代的产物。我们的研究要站在巨人的肩上,而非跪在巨人的脚下,只有这样才能理解前人提出的问题,并解决前人没有解决的疑难,从而更上层楼。

陈 平

2019年1月

目录 Contents

第1部分　总论:经济演化的生态视角

1　引言 ……………………………………………………………… (005)
2　代谢增长论:市场份额竞争、学习不确定性和技术小波 ……… (021)

第2部分　历史的观察与启示

3　东西方文明的分岔和演化
　　——从文化人类学、微观历史学到生态文化经济学 ………… (055)
4　对于中国科学落后的历史根源的探讨 ………………………… (074)
5　技术革命史分期问题初论 ……………………………………… (092)
6　技术革命的道路与技术经济的规律 …………………………… (097)
7　单一小农经济结构是我国动乱贫穷、闭关自守的病根 ……… (121)
8　社会传统与经济结构的关系 …………………………………… (132)
9　经济结构的规律和社会演化的模式 …………………………… (153)
10　中国单一封闭的小农经济结构分析 …………………………… (170)
11　社会演化的发展观与经济结构的方法论 ……………………… (192)

第 3 部分　演化动力学模型

12　劳动分工的起源和社会分化的随机模型 …………………………（207）

13　劳动分工的起源和制约
　　——从斯密困境到一般斯密定理 …………………………………（217）

第 4 部分　代谢增长的历史检验

14　李约瑟问题和中国社会的演化
　　——社会非均衡转型的案例研究 …………………………………（247）

15　中国经验对正统经济学的挑战
　　——亚洲改革的演化模式与自组织过程 …………………………（263）

16　新古典经济学在转型实验中的作用有限 …………………………（271）

17　资本主义战胜社会主义了吗？
　　——科尔奈自由主义的逆转和东欧转型神话的破灭 ……………（289）

18　历史作为检验经济学理论的自然实验 ……………………………（311）

后记　跨学科研究之路 …………………………………………………（325）

附录 1　复杂系统科学简介 ……………………………………………（329）

附录 2　经济复杂性的研究方法 ………………………………………（331）

第1部分
总论：经济演化的生态视角

代谢增长论在经济学上的贡献是把生态资源约束下的技术竞争造成的产业新陈代谢而非资本积累作为经济增长的动力，可以解决经济学中久未解决的基本问题。

第一，经济增长理论中并存的三种规模经济——规模报酬递增、规模报酬不变与规模报酬递减，在代谢增长论中只是产业生命周期中的三个不同阶段。

第二，宏观经济学和微观经济学的矛盾问题。微观经济学的一般均衡理论没有市场中期和长期的失衡机制，凯恩斯宏观经济学承认宏观经济周期和经济危机的存在，但是不理解非自愿失业和总需求不足的微观机制。代谢增长论发现技术新陈代谢的代价就是旧技术的产能过剩和新技术的潜能未能实现，提供了经济周期和宏观调控理论的中观（产业）基础。制度安排和金融工具只是用不同的方法分配技术代谢过程中创造和消散的财富，但不能避免技术新陈代谢产生的经济波动。

第三，新古典经济学和政治经济学的矛盾问题。斯密承认，财富是权势，经济、政治、军事和知识的权势都会影响不平等竞争和不平等分配的机制。新古典经济学只关注平等的对称交易，无视社会不平等的起源。我们发现市场竞争的核心是市场份额竞争，而非成本价格竞争，由此可以统一地解释马克思经济学、生态经济学、经济人类学和演化经济学对家庭、阶级、国家、组织起源和演化的研究，以及大国兴衰和文明演化的多元模式。

第四，代谢增长论在方法论上解决了计量经济学的噪声表象与周期表象的矛盾问题，可以用小波表象统一描写不同层次，包括微观、中观（金融和产业）、宏观、史观，不同时间尺度的经济波动和非稳态增长。新古典经济学的数理模型,例如计量经济学的噪声驱动模型和宏观经济学的理性预期模型,本质上是违背物理学定律的永动机模型。代谢经济学的发展可望实现经济学和物理学、生物学原理自洽的大统一理论。因为大至恒星,小到细胞,都是生命小波的此起彼伏。在非均衡的开放世界中,不存在一般均衡的乌托邦市场,只存在与时俱进的经济组织,人们的行为也必须适应生态变化和组织竞争的环境。

简而言之,我们可以用复杂科学系统的新方法,进一步认识马克思的历史唯物主义和毛泽东"农村包围城市"的非均衡战略,把邓小平"科学技术是第一生产力"的思想作为代谢经济学的理论基础。

经济学理论的发展植根于历史的经验和当代的观察,否则会犯理论脱离实际的错误。科学发展的历程可以分为"问题—观察—模型—检验"四个阶段。

我在 20 世纪六七十年代提出的第一个问题是,中国和西方发展的道路是否遵循同样的单线发展模式?这需要重新检验西欧与中国科学技术和经济社会发展的历史证据。

郭沫若提出的历史分期理论,把商代划为奴隶社会,把秦汉到清朝划为封建社会,把鸦片战争到 1949 年前划为半封建半殖民地社会。困难在于李约瑟问题:为什么科学和资本主义产生于西欧而非中国?启蒙运动家的传统回答,是指责中国封建社会的专制抑制了科学技术的发展。然而李约瑟发现 17 世纪前,中国的科学技术在许多方面领先于西欧。这就引发了毛泽东和斯大林在理解历史路径上的分歧:历史唯物主义意味着单线台阶式的历史模式,而毛泽东的"农村包围城市"意味着落后可以挑战先进的多线发展模式,似乎和生物演化模式更为接近。

普里戈金 1972 年提出的开放系统的演化热力学指出,只有封闭系统存在收敛的单向演化模式,而开放系统的热力学意味着多元竞争的演化模式。我的直觉认为,社会演化和生物演化一样,应当遵循多元演化模式,这就要从经验分析开始,重新检验启蒙运动认为西方科学先进、中国专制落后的历史发展观。

我提出的第二个问题是经济基础和上层建筑的相互关系:究竟是经济基础决定上层建筑,还是上层建筑可以影响经济基础?不同文明的文化制度差异的深层原因是什么?我通过对中西方科技史的比较研究,发现中国和西方思维方式有很大的不同。中国经验主义的思维方式来自中国的农业经验,而西方分析科学的思维方式则与西方的航海和商业城邦发展有很大的关系。显然,不同的生态地理和气候环境对不同文明的文化历史道路有很大的影响。我的这一观察与西方年鉴学派和美国提出文化唯物主义的人类学家不谋而合。

20 世纪六七十年代关于对中西社会认识的争论让我注意到,中国的重农抑商政策主要源于国家安全的考虑,尤其是用屯田政策来阻挡游牧民族的入侵,和西方资本主义强调国际分工的趋势背道而驰。阶级斗争理论难以解释中西文明分岔的原因,因为中国历史上农民战争的频率和规模远大于西欧,但是近代中国的科技发展水平却落后于西欧。

我觉得有必要用归纳法重新收集科技史和经济史的案例,来发现经济社会和科技演化的一般规律,而不能简单套用苏联教科书的历史理论。

总论是代谢增长论的理论总结。只对经济学前沿理论和数理模型感兴趣的读者,可以只读第 1 部分总论(包括引言和 2014 年发表的"代谢增长论"的正文),目的是纲举目张,作为以后展开经济复杂性研究的导读。对经济学研究的方法论感兴趣的读者,可以依历史顺序,先从第 2 部分"历史的观察和启示"开始(这是笔者在 1967—1980 年间的历史研究和 1981—2016 年间分析当代问题的成果);接着进入第 3 部分"演化动力学模型"(这是笔者在 1981—2005 年间的工作成果);然后再读第 4 部分,用历史经验解读第 3 部分的理论模型;最后读者可以重回第 1 部分的总论,得出自己的结论,并学习国际会议上常用的跨学派对话方式,在已有的经济学流派竞争中,提出和发展新的理论。

1 引　言

古希腊的数学家和物理学家阿基米德曾有一句名言:"给我一个支点,我可以撬起整个地球。"回顾科学发展史,每个学科的建立都有一个简单的支点。代数的支点是直线;欧几里得几何的支点是三角形;牛顿力学的支点是圆周轨道;生态学的支点是逻辑斯蒂曲线。经济科学要发展定量模型,支点应该是什么呢？代谢经济学的支点就是生态学 S 形的逻辑斯蒂曲线。读者会看到,把生态学模型引入数理经济学,将改变整个经济学的思维范式。

1.1 基本问题

1.1.1 新古典经济学的增长理论的矛盾和代谢增长论的提出

新古典经济学的增长理论(以下简称"新古典增长论")是互相矛盾的。索洛提出的外生增长论假设经济增长的规模报酬不变,据此断言经济增长的趋势是趋同。阿罗认为"干中学"是知识累积的过程,罗默据此提出内生增长论,假设知识资本的规模报酬是递增的,由此断言经济增长的趋势是发散的。世界经济史的观察没有稳定的收敛或发散趋势,只有大国兴衰的此起彼伏。我们提出技术知识是新陈代谢的,只有如此,作为工业革命发源地的英国才会被后起的德国、美国超越。

1.1.2 代谢增长论和新古典增长论是一般和特殊的关系

代谢增长论方法论的革新在于引入动态的规模报酬。产业起飞阶段规模报酬递增,成熟阶段规模报酬不变,衰落阶段规模报酬递减。我们把新古典增长论的三种不同的规模报酬静态模型,整合为代谢增长非线性动态模型的三个不同阶段。线性和非线性理论的关系,是哲学上特殊和一般的关系。例如,牛顿力学是狭义相对论的特殊情形,而狭义相对论又是广义相对论的特殊情形。

1.2 基础模型:逻辑斯蒂曲线和逻辑斯蒂小波

科学研究的规律是从简单到复杂。代谢增长论的基础模型是研究一个变量的逻辑斯蒂增长和两个变量的物种(技术、产业)的竞争模型。得出的成果是没有竞争条件下产生的S形逻辑斯蒂增长曲线和竞争条件下产生的逻辑斯蒂小波,可以成为经济学的基本模型,取代新古典经济学的指数或幂函数(AK模型)的无限增长模型,以及经济周期理论的噪声模型与周期波模型。在经济数学模型上,就必须从新古典经济学习惯的线性差分方程和离散时间的计量模型,发展为非线性的微分方程和连续时间的非参数分析,包括时频分析和高阶矩的统计力学。

1.2.1 新古典的无限增长和生态经济的有限增长

本文的出发点是经济增长模型。新古典经济学的增长理论假设经济是无限增长的。规模报酬递减、规模报酬不变和规模报酬递增只是增长速度的不同,但是没有上限。隐含的假设是自然资源是无限的。这当然是不可能的。

地球上的资源是有限的。生态经济的特征是S形的逻辑斯蒂曲线,用来刻画人口的增长受外来生态资源的限制。生态经济学的要义是否定过度消费的生活方式和经济制度,支持环保运动和资源节约的绿色经济。

1.2.2 市场份额竞争和斯密定理

经济思想史上,古典经济学的有限增长模型先于新古典经济学的无限增长模型。斯密《国富论》第一篇第三章的标题,就是著名的"斯密定理":分工受市场规模的限制。[①] 其最简单的数学描述,就是基础模型的逻辑斯蒂S形增长曲线。

经济学的问题是,古典经济学的资源有限和新古典经济学的资源无限的不同约束下,市场竞争的机制有本质的不同。前者竞争的是市场份额,即企业的生存权;后者竞争的是价格机制,即市场价格的趋同机制。

如果经济增长没有资源限制,则市场可以容纳无数多的企业,这就是新古典经济学的完全竞争模型。没有一个企业有定价权。同类产品的市场价格不受单个企业决策的影响。问题是,如果经济增长没有资源限制,为什么会出现

---

① Smith, A., *The Wealth of Nations*, Liberty Classics, Indianapolis, 1776, 1981. 中译本:亚当·斯密,《国富论》,中央编译出版社2011年版。

新古典的垄断竞争？换言之，为什么市场上大企业和小企业可以共存？这是新古典经济学没有解决的问题。①

由此可见，引入生态资源约束，改变了经济学对市场竞争的理解。在新古典经济学中，市场无限大，竞争者无穷多，技术无变化，则市场竞争的空间只剩下价格竞争或成本竞争。在我们的代谢经济学中，资源有限，可以生存的企业有限，则市场竞争的核心是技术竞争，开发新市场或新资源；技术竞争的胜负取决于对市场份额的控制能力，颠覆性新技术可以打破旧技术的垄断。科斯曾经猜测：垄断也会有竞争。② 但是他只是从商品属性而非技术更新的角度去看竞争的实质问题。

1.2.3 生命周期和代谢小波

如果将某种技术形成的产业比作生物物种，每个物种的增长遵循逻辑斯蒂曲线，则两种不同物种的竞争共存会产生小波，即有上升、饱和、衰减三个阶段。小波的时间尺度用生物或经济学的术语叫生命周期。生物竞争的结果是共存或优胜劣汰。技术竞争的结果是产业的共生演化或新陈代谢。企业、产业、国家、文明和制度的兴衰更替，都可以用小波的新陈代谢来描述和理解。和新古典经济学的优化框架相比，小波表象是演化经济学的建构基石，周期波、均衡态和白噪声则是均衡经济学的理论构件。

新古典微观经济学的一般均衡模型假设所有的产品寿命都无限长。新制度经济学假设私有制是永恒的。但事实是，只要引入不同技术的创新竞争，就必然有产业的创新代谢，制度也会相应变革，因为制度安排取决于当时生产力依赖的核心技术。所以，代谢经济学的框架中，产品、技术、制度都和人生一样，有不同的生命周期。经济学的分析必须与时俱进、因地制宜。不存在新古典经济学假设的普适模式。只有物理学和生物学的普遍规律，可以作为研究社会和经济问题的物质基础。

1.2.4 产业的技术结构和过剩产能的起源

产业竞争造成的过剩产能有两种机制。一是被新技术淘汰的旧产业的产能成为沉没成本，这是熊彼特"创造性毁灭"的源头。二是新旧产业共存时，新旧产业的产能利用率都低于潜在产能，这是破解凯恩斯经济学总需求不足之谜

---

① Stigler, G. J., "The Division of Labor Is Limited by the Extent of the Market", *Journal of Political Economy*, 1951, 59, pp. 185-193.

② Coase, R. H., "Durability and Monopoly", *Journal of Law and Economics*, 1972, 15(1), pp. 141-149.

的微观基础。在工业社会技术不断更新的前提下,不可能存在一般均衡的理想市场。新古典经济学的本质是没有技术新陈代谢,也没有个人、家庭、产品、组织的生命周期,这即使对传统农业经济也是不成立的。所以新古典经济学的微观基础——阿罗-德布鲁模型假设每个产品都有无限长的寿命,和生命世界的经济活动没有关系,只是一个不消耗能量的机器人的乌托邦,等价于经济学中的永动机模型。

1.2.5 小波是噪声与周期的统一模型

理解复杂现象的科学方法是化繁为简,把整体函数分解为基函数之和。物理学的成功在于把观测到的物理信号做傅里叶展开,基函数就是圆周运动产生的周期波。计量经济学的困难在于把观测到的经济信号展开为噪声脉冲之和,基函数是时间宽度接近零的脉冲,这就无法理解经济周期的频率变动。谐振波和噪声脉冲都是线性函数,只能构造数学上的正交空间,也就是经济学的欧氏几何。

小波是非线性的基函数,生命周期处于噪声脉冲和周期波的两个极端之间。噪声脉冲可以看成生命周期接近零的小波。周期波可以看成重复无穷次、周期和幅度保持不变的小波。选择合适的小波表象类似于构造复杂系统的非欧几何。凯恩斯梦想构造经济学的一般理论,类似于相对论的非欧几何;而古典经济学只是特殊理论,类似于牛顿力学的欧氏几何。我们发现小波表象可以用来构建动态经济学的一般框架,整合经济学的不同学派。熊彼特观察到的多种经济周期,都可以用不同时间尺度的小波描写。

在实践上,经济学中引入小波表象相当于医学中引入心电图,可以用来诊断市场的不稳定性和金融危机的病因。

1.3 扩展模型:系统稳定性与复杂性之间的消长关系

把非线性的生态模型从两个变量推广到多个变量,得到的最重要的结果,就是研究系统稳定性和复杂性之间的矛盾关系。新古典经济学是线性系统。线性系统加总的结果是整体等于部分之和。所以系统的复杂性可以分解为原子论加总的简单性。但是控制论的计算机模拟结果发现,越复杂的系统越不稳定,这挑战了生态学和经济学的一个流行观念,即系统越复杂越好,因为经济学的丰裕性等同于生态学的多样性。复杂系统研究的一个重大突破,是发现系统复杂性和稳定性之间是权衡取舍(trade-off)的关系。用通俗的语言说:"鱼与熊掌不可兼得。"我们发现这一关系对于理解分工演化和文明兴衰的规律有重大启示。

1.3.1 一般斯密定理:分工演化的三重约束

我们依据非线性生态学的研究提出一般斯密定理,指出劳动分工受市场范围、资源种类和环境波动的三重限制,在生态—工业系统的稳定性与复杂性之间存在"鱼与熊掌不可兼得"的权衡取舍,从而可以深化对历史经验和未来趋势的认识。

案例一,资本主义的生产方式首先起源于人口密集、交通方便的河海口岸,因为人口多、市场大,才会促进分工的细化。新古典经济学的一般均衡模型假设产品种类不变,产品生命周期无限,把分工细化的机制排除在经济活动之外,因此就不可能理解现代市场经济的演化模式。

案例二,邓小平强调,"科学技术是第一生产力"。其在经济学上的表现,就是科学技术发明不断开发新的资源,例如自然能源的利用,从农业的生物能源,扩展到煤、石油、电、核能、太阳能、风能等,由此才有人口和市场规模的不断增长。

案例三,政治经济学关于资本主义寿命的若干疑难问题,可以从一般斯密定理的应用中得到解答。马克思曾经预言利润率有下降的趋势,列宁曾经断言,帝国主义是资本主义的最高和最后阶段,凯恩斯也有资本边际效率递减的说法。他们都没有认识到,资本主义社会中不同发展阶段的不同产业,其动态演化的利润率和资本效率并不相同。虽然每种技术或产业在成熟阶段都有利润率下降的趋势,但是新兴技术或新兴产业的起飞阶段可以产生新的利润空间,使资本主义国家可以利用税收和公共开支等政策工具,调节不同产业和阶层之间的利益分配,在某种程度上缓和社会矛盾。毛泽东看到社会主义国家存在资本主义的发展空间,邓小平发现社会主义国家同样可以利用国际市场加速科技进步,发展了马克思的政治经济学。

案例四,革命与建设时期,稳定与发展的辩证关系。毛泽东曾经从革命战争的正义性出发,高度评价农民起义在历史上的进步作用,但是忽视了过于频繁和惨烈的农民战争会打断技术创新的积累过程,使许多重要的发明失传。改革开放时期,邓小平强调发展是硬道理,在转型过程中用双轨制保持了社会的稳定性和制度的延续性,使中国的经济表现远高于推行"休克疗法"的东欧与苏联。因为社会主义的计划经济也是一种复杂系统,不是新古典经济学假设的原子经济。产业链一旦断裂,就会出现民主德国和乌克兰那样先进的重工业系统在短时期内瓦解,至今难以恢复的后果。

案例五,列宁曾经高度评价西方帝国主义出现的垄断企业托拉斯,以为只要把托拉斯国有化，就可以建成社会主义的经济基础。列宁没有看到，巨大的托拉斯过于复杂，面临环境变化时的不稳定性可能导致系统瓦解。而毛泽东提出的"两条腿走路"，为中国发展大中小企业并存的混合经济奠定了基础。大企业在国际竞争中的抗风险能力和小企业发展新市场、新技术的灵活性互补，使中国在国际竞争中同时出现了进入世界五百强的国有和民营企业，还出现了义乌这样的中小企业云集、多品种群聚的创新市场。这些都可以在一般斯密定理的基础上得到理解。

换言之，一般斯密定理给出了经济复杂性和演化多样性的理论基础。我们可以从方法论的角度，理解中国哲学强调的经济政策要实事求是、因地制宜，反对西方模式的最优化和"一刀切"。

1.3.2　小康社会的可持续原理

一般斯密定理可以用来分析发达国家高收入社会的不稳定性问题。新古典经济学假设人性贪得无厌，经济增长的动力是个人追求高收入、高消费，无视资源和环境的代价。我们发现，生态系统的稳定性与复杂性是一对矛盾。美国模式的大农场的规模生产虽然提高了生产效率，降低了平均成本，但是破坏了生物多样性，带来了许多意想不到的后果。中等收入国家如果能实现共同富裕的小康社会，将比目前西方发达国家的高收入社会更可持续。如何利用现代科技更好地实现规模经济和范围经济的结合，缩小城乡差距、工农差距和脑体力劳动的差距，协调经济布局与生态环境的可持续发展，将是后工业时代的主要任务。

1.3.3　文化经济学的学习竞争：风险爱好与风险规避的文化

我们对世界史的比较研究发现，分工模式、文化行为和资源环境有关。我们对文化人类学的定性观察，引入了文化经济学的定量竞争模型。

西方殖民主义对外扩张的动力源于节省劳力—消耗资源的大牧场，而中国小农经济内向发展的原因是精耕细作的小农经济，那是节省资源—消耗劳力的技术模式。在面临新技术出现的不确定性时，学习竞争出现两种不同的策略：个人主义的文化爱好风险，意在追求最大的机遇；集体主义的文化规避风险，意在追求最大的安全。不同的生态环境塑造了不同的文化行为。游牧和航海民族爱好风险，农业民族规避风险，狩猎民族随遇而安。文化人类学家提出文化唯物主义，把马克思的历史唯物主义推广到民族性的研究，即生态环境决定人们生存的技术选择，所谓"靠山吃山，靠水吃水"。技术选择进一步影响经济制度的特征。例如，农业民族的集体主义文化助长从众行为，牧业和航海民族的个人主义文化助长冒险行为。研究文化因素对经济政治的影响,不但有助于理解生活方式的多样性,而且有助于制定不同环境下的企业扩张或稳定策略。

1.3.4 史观经济学的人口—资源关系和"李约瑟之谜"

文化因子进入经济的竞争演化模型,可以解决史观经济学的一个重大问题,即文明演化的模式是单线台阶式的发展,还是分岔多线式的发展。

在东西方多种文明的多元竞争中引入文化因素,可以从人口—资源的比例差距解释"李约瑟之谜",即为什么资本主义和现代科学源于西欧而非中国。英国工业革命的兴起得益于殖民主义扩张带来的巨大市场,凸显劳力的缺乏。中国郑和下西洋时的航海技术远超百年后的哥伦布。在15世纪东西方文明分岔的历史转折期,为什么人多地少的中国要增加人口,而地多人少的西欧要对外扩展生存空间?引入文化因素可以解释历史上中国和西方的人均土地资源的巨大差距。这不仅可以加深对历史发展多样性的理解,而且有助于不同文明间的对话和合作。

1.3.5 演化经济学的创新与赶超模式的竞争

西方经济学与社会学断言西方个人主义的文化有创新优势。代谢增长论的学习竞争模型得到了不同的结论。技术进步的小波如后浪推前浪。如果新技术源源不断地提升新资源,则个人主义种群会持续领先集体主义种群;如果技术进步不足以克服生态资源的限制,则集体主义种群会战胜个人主义种群。生存竞争取决于创新和学习的速度,而非文化或体制。中国经济崛起的速度,对技术领先的美国的挑战,验证了代谢增长论的主题:在市场规模开放竞争的格局下,决定胜负的不是资本、劳力和资源的新古典三要素,而是创新和学习的速度。后者与文化和体制有关,但是不存在西方自由先进、东方专制落后的铁律。因为个人主义自由的优点是鼓励创新,代价是耗费更多的资源和牺牲系统的稳定性;集体主义自律的弱点是创新谨慎,优点是分享不足的资源和应对系统动荡的适应性。资本主义和社会主义谁胜谁负没有定论。但是个人主义和集体主义的混合系统确实可以增加分工的多样性,同时兼顾系统的稳定性。这可以和对世界史的观察相对比。

国内经济学家曾经关注过一场关于中西道路的争论。杨小凯强调西方宪政有"先发优势",所以发展中国家应当走发达国家走过的道路。林毅夫强调技术赶超有"后发优势",所以发展中国家可以避免发达国家走过的弯路。双方都有一定的道理和局限。杨小凯的思路和内生增长论接近,不但认为知识是积累的,而且否认文明演化的多种模式。他没有看到发达国家的人口老化和利益集团的固化，会失去发展新技术和变革社会的动力，从而失去国际竞争力的先发优势。林毅夫的发展观是新古典经济学的知识扩散论。后起国家如果没有技术和教育的壁垒，当然可以用更低的代价学习发达国家的先进技术。但是，发展中国家必须警惕，发达国家可以利用专利制度以及技术禁运来维持先进国家的垄断地位。中国能在落后的条件下建成独立自主的工业体系和国防体系，是中国革命先行于经济建设的结果，所以中国发展的速度，远远高于巴西、印度这样的大国。中国能把资源和资本的比较劣势转化为有组织的劳力优势，在国际竞争中实现规模经济，靠的不只是市场竞争这只"看不见的手"，更是政府规划和区域协调这只"看得见的手"。因为分工加市场不等于协作。这是我在当铁路工人时就明白的道理，但是主张包产到户的家庭农场，要到发现"卖白菜难""增产不增收"时，才会发展新型农业合作社，认识到掌握营销网络的重要。

经济竞争的多样选择机制，有利于破除西方中心论或新自由主义的误导，从新的角度理解混合经济的生命力。

1.4 代谢经济学对其他经济学领域的应用

我们把代谢增长模型作为经济分析的支点，可以全面更新经济学各领域的知识。生态约束引入每种技术都有资源利用的上限，这是经济学中最基本的非线性机制，生命周期可以用来刻画不同经济层次的代谢规律。

1.4.1 微观经济学的策略定价与边际定价

如果资源限制是动态的技术竞争过程，则斯密定理的推论是，不存在一般均衡的稳定价格，不同企业在不同成长阶段的不同价格策略，成为争夺市场份额的策略手段。在新技术新开辟的市场上最能观察到不同价格策略的多样性和灵活性。

新古典经济学的定价模型是边际定价，但边际定价的案例在实践中很罕见。在非均衡发展的条件下，定价机制必须因时制宜。在代谢经济学的起飞阶段，策略定价的目标是竞争市场份额。典型的例子是互联网和滴滴打车，免费或补贴用户的目的是占领市场份额，而非获得短期利润。在传统产业的成熟阶段是成本加成定价，目的是长期生存而非短期扩张。在产业的衰落阶段，转型战略就比成本考虑更为重要。混合经济下，政府、社会与企业的相互作用，大大增加了市场机制的多样性和灵活性。

1.4.2 宏观经济学的经济周期和增长波动

把经济总量分解为不同产业的叠加,就会发现经济增长不是光滑的指数增长。增长速度时快时慢,取决于主导产业处于起飞还是衰落阶段。新古典宏观经济学的增长理论把技术进步描写为随机游走或布朗运动。而我们发现,增长和经济周期的不规则和非周期振荡,源于产业的运动是小波,不是周期波,也不是白噪声或随机冲击。这给我们后来从宏观与金融指数中发现非线性振荡的色混沌奠定了深层次的中观产业和微观企业的运动基础。在选择宏观调控方式时,不但要关注市场涨落的幅度,更要关注经济增长快慢的频率。如何协调具有不同生命周期的不同产业,将成为宏观调控的新课题。

1.4.3 金融经济学的生灭小波和资产泡沫

用小波来解释金融市场的追涨杀跌就非常自然。股市价格的大起大落是看涨的"牛群"和看跌的"熊群"博弈的结果。社会心理的浪潮形如小波,可以解释资产泡沫的产生和破灭。统计力学的描述就是生灭过程,可以诊断金融危机产生的机制。监控复杂金融市场的目的,是保护新兴产业的成长,同时防止投机性的群体行为放大市场不稳定性进而造成金融危机。金融投资的回报是正还是负,是长期还是短期,决定性的因素不是投资的成本和价格,而是投资的项目是否有增长的潜力和可持续的前景。

1.4.4 制度经济学的产权演变

新制度经济学强调私有产权的稳定性。演化经济学强调制度是演化的。代谢经济学认为任何组织的制度安排都有生命周期。产业的幼儿期、成长期、成熟期和衰老期需要不同的制度安排。所以混合经济比纯粹的私有制或公有制更具竞争力和生命力。依据个人、家庭和产业不同的生命周期,来制定激励机制和分配机制,有助于从制度上解决鼓励创新和抑制寻租之间的矛盾,解决市场机制下贫富过度分化带来的经济和社会问题。笼统主张保护私有产权是极为有害的。在经济发展中,必须保护创新的产权,限制寻租的产权,监管投机的产权,打击破坏性的产权,只有这样才能发展选优汰劣的竞争机制。

1.4.5 转型经济学的历史教训

20 世纪最大的社会实验是苏联、东欧和中国的经济转型,从集中统一的计划经济转为分散竞争的市场经济。西方主流经济学家设计的"休克疗法"同时推行市场自由化、企业私有化和宏观调控的紧缩政策(所谓预算的硬约束),导致苏东经济原有的分工体系突然瓦解,引发高通胀、货币大贬值、资本外逃,导致高失业和去工业化,社会秩序的动乱长达十年以上。相比之下,中国的价格双轨制和渐进的选择性开放(经济特区)兼顾了社会稳定和开放创新,出现了世界史上从未有过的大规模高速增长和产业升级。

其原因是不同产业新陈代谢的生命周期相差很大。农作物和家禽的生长周期只有几个月,放开农副产品的价格管制首先会促进农副产品市场的繁荣。企业技术引进和改造的时间需要几年,基础设施的完善需要更长的时间。国企改造和外资企业的竞争就需要多年的培育和规制。中国的房地产市场和金融市场的改革涉及财政税收体系的系统工程,至今还在探索之中。经济转型的社会实验充分显示了现代经济的复杂性、不平衡和系统风险。盲目迷信西方经济学未经实践检验的均衡理论,会犯极大的错误。因为静态的经济学理论无法预估多均衡态的位置,也无法判断转型动荡的收敛时间。中国的"摸石头过河",用分散试错的方法探索改革的路径,是对演化经济学的历史性贡献。

1.4.6 伦理经济学的生态物理基础

生态学中有限资源的约束决定着生物演化的方向和特征。所有地球生物都有有限的生命周期,周期的长短取决于可利用的生态资源。任何生物都不可能贪得无厌,因为消化器官能够接受的食物是有限的。得了肥胖病的生物在竞争者面前等于自残。从猿到人的进化最大的进步是脑容量的扩大,最大的退化是早产儿自立时间的延长,这使人类本质上是社会动物,没有成年父母和族群的合作护幼,人类不可能延续后代。新古典经济学的人性自私假设,违背了生态学、演化生物学、演化生理学和演化心理学的基本知识。生命本质上是耗散系统,系统的维持需要持续的能量流、物质流、信息流。环境的变化是人类生存最大的不确定性的来源。所以,人类社会的发展必然是不确定的多样演化,以适应不同的气候地理生态环境,不可能有普适的优化制度和优化文化。新古典经济学的理性人假设,本质上是封闭系统中的孤立人。代谢经济学考虑的单位是种群,种群成员之间必然存在又竞争又合作的关系,否则无法繁衍后代,维持人口的稳定或复苏。新古典经济学只考虑孤立人的成本效益计算,或封闭赌场的零和博弈,与开放创新的工业社会和网络经济相去甚远。代谢经济学的政策设计,必须兼顾经济的短期效益、社会的中期效益和生态的长期效益;而新古典经济学只强调政府干预对市场的扭曲,看不到工业化本身就是对生态系统的扭曲,才会鼓励方法论的个人主义,无视"看不见的手"必须接受社会协调,才不会破坏人类的生存环境。

1.5 代谢经济学的演化视角

1.5.1 历史演化的时间尺度

目前经济学的各个学派犹如瞎子摸象,局部看都有道理,整体看互相矛盾。原因是在非线性非均衡的条件下,整体远大于部分之和。整合经济学的一个办法是构建多层次的视角,注意不同层次有不同的时间尺度和演化规律。

我们从宇宙、生物、经济三个层次来观察演化历史和学科层级之间的关系,如图 1-1 所示。

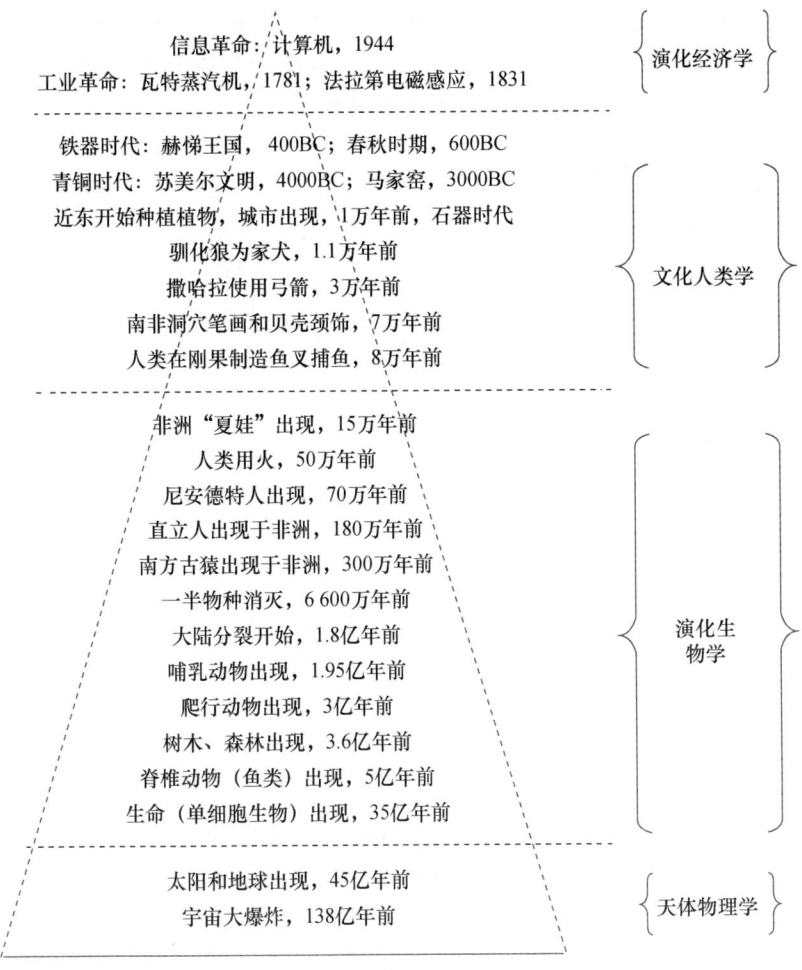

图 1-1 演化历史与学科层级的关系

产业诞生的历史,最早是农业,其中渔业开始于8万年前,接着是牧业(1.1万年前)、种植业(1万年前)。手工业的历史有8700年(石器时代开始),工业的历史只有230年。有趣的是,艺术的出现几乎和渔猎经济同步,石器时代人类的闲暇刺激了人类的想象力,也许超过大工业生产时的工人。城市和国家的发展和种植业同步,因为只有粮食可以储存,剩余产品才能供养越来越多的非生产人口。代谢经济学继承了马克思经济学的视角,演化经济学和文化人类学都植根于历史唯物主义的研究。

我们可以看到,生命演化的速度远远大于宇宙演化的速度。宇宙演化的量级是百亿年,星球和生命演化的量级是十亿年,低等物种演化的量级是千万年,高等物种演化的量级是百万年,越复杂的生物演化的速度越快。

人类活动的演化进一步提速。初级农业的发展历时万年,城市国家的发展历时千年,工业的发展仅仅百年,信息技术更新换代的速度从十年缩短到一年左右!新古典经济学的静态均衡视角如何能理解我们所处的时代?

1.5.2 组织代谢的生命周期

不难发现,不同层次演化的生命周期差距极大。恒星的寿命在300万年到100亿年之间,我们所在的太阳系已经存在了45亿年,估计还有50亿年的寿命。地球上生物的寿命也变化很大:植物寿命短的不到1天,长的如已有的松树达4000年。动物寿命短的如蝴蝶仅1个月,长的如乌龟达250年;人的寿命目前最高达122岁。

生命周期的概念在经济学中至关重要,因为管理、计划、调控都必须考虑不同产业的生命周期。例如,农产品的生长周期只有几个月到几年,重工业的生命周期远比轻工业为长。大学、医院、高铁、电网等基础设施的周期比制造业更长。

技术进步的基础是科研。科研的发展呈现出日益复杂和多样的趋势。

科研周期最长的要数核能。1905年爱因斯坦提出质量—能量的关系式,1932年得到实验证实。1938年人们发现核裂变,1951年建成核反应堆发电。但是核聚变的研究从20世纪50年代开始,至今离实际应用还有很远距离。

相比之下,空间技术的发展比核能快得多。最早的火箭出现在13世纪中国的宋朝,1903年俄国的齐奥尔科夫斯基提出空间飞行原理,1943年德国研制出V-2火箭,1957年苏联发射第一颗人造卫星,1959年苏联第一个空间飞船在月球着陆,1962年商业通信卫星投入使用,1993年GPS(全球定位系统)投入商业运行。

计算机的发展更快。英国的巴比奇1831年首先发明机械计算机,电子计算机诞生于 1945 年,1955 年晶体管取代电子管,1958 年集成电路被发明出来,小型计算机在 2000 年前后在大众中普及。

高科技产品研发和生产的生命周期长短没有确定的规律。产品换代最快的当数半导体产业。1965 年被提出的摩尔定律发现集成电路上的晶体管数每年翻一番,近年来才开始放慢。

航空工业的更新换代要比计算机工业复杂。首架可控的载人飞机试飞于 1903 年。两次世界大战期间飞机在战争中的作用急剧扩大,喷气式战斗机出现于第二次世界大战晚期。它的更新换代可以显示技术更新的速度变化。[①] 第一代(1945—1955 年)是亚音速的喷气式战斗机,如美国的 F-86 和苏联的米格-15;第二代(1955—1960 年)是超音速的 F-104 和米格-21;第三代(1960—1970 年)是可以携带炸弹和导弹的多功能战斗轰炸机,如 F-4、米格-23、法国的幻影Ⅲ;第四代(1970—1990 年)是更具机动性的 F-15、F-16、米格-29、苏 37、幻影 2000;第五代(2000—2005 年)是隐身战机 F-22、F-35。喷气式战斗机的生命周期,最短的第二代只有 5 年,最长的第四代达 20 年。这说明技术进步越复杂,不确定性越大,政府的产业政策也越重要,因为私人资本难以承担高科技的巨大投资和竞争风险。

1.5.3 科技进步的轨迹决定论和时机不确定性的矛盾

新古典经济学用随机游走来描写技术进步是有问题的。因为随机游走或布朗运动是典型的扩散过程,不可能产生系统性的技术进步。

科学技术的发展有如下显著的特征:

第一,科技进步有明确的方向和轨迹。以航海定位的经度问题为例,只有两个研究的方向,一是发展机械钟定时差,二是观察行星轨道。前者产生工业革命基础的齿轮传动和控制系统,后者产生哥白尼-开普勒-牛顿的行星运动模型,开启牛顿力学。工业革命发生后,各种发明都围绕着探索新能源、新材料和新工具,延长人体的感官功能,并不是盲目的探索。

第二,实现技术目标的方案有多种方式的竞争,和生物演化的树状模式类似,并不是一条道走到黑。

第三,每种技术方案瓶颈被突破的时间有很大的不确定性。科研计划的不确定性是发展混合经济的根源。历史上只有少数垄断企业才有能力发展长远的基础研究。一个著名的例子是曾经发明晶体管的美国贝尔实验室。1996 年

---

① "Five Generations of Jet Fighter Aircraft", *Air Power Development Center Bulletinment*, Royal Australian Air Force, Jan. 2012.

美国电话电报公司(AT&T)拆分后的朗讯科技的商业化经营没有成功,竟然在2008年把46年历史的贝尔实验室大楼出售给房地产公司,结束了历史上最灿烂的工业研究机构。

1.5.4 科技进步和政府作用的共生演化

新古典经济学把经济竞争看作某种体育比赛,把政府和市场的关系看作裁判和球员的关系,就无法确定政府和市场的边界问题。

从代谢经济学的角度看,科技进步是经济增长的第一推动力。政府在科技进步基础阶段的推动作用大于民间企业的投资,所以政府不只是科技进步的裁判。更恰当的比喻是把经济看成一个生命有机体。政府相当于神经系统,市场相当于循环系统,社会相当于骨骼肌肉和其他器官。生命从简单到复杂的演化过程也是神经和大脑的发育过程。任何器官要正常运营,必须同时受到循环系统的支持和神经系统的控制。越复杂的生命,神经系统和循环系统的发育越是复杂,不存在神经系统和循环系统之间的明确边界,只存在两者之间的共生演化。

1.5.5 科技政策史强化经济学中的政治维度

古典政治经济学强调政治和经济的紧密联系,新古典经济学排斥政治维度,是从古典经济学的倒退。我们在经济分析中引入科技政策史的观察,大大加强了政治经济学的地位,进一步指出新古典经济学的不足。因为在现代国家科技政策的制定方面,地缘政治的竞争需要往往大于经济福利的动机。

首先,国家在科技进步中的作用稳步增长。正因为基础研究的投入越来越大,从研究到应用的周期不确定性很大,所以政府对科技教育的投入越来越大。拿破仑首先把科学教育作为国家的政策。第一次世界大战前后西方各国建立了国家级的科研机构。

其次,技术进步的主力来自军用技术向民用技术的转移。第二次世界大战以后,军事科研成为基础研究的主要动力,新科技如原子能、雷达、计算机、互联网、GPS,都是首先发展军用技术,然后再向民用技术转移,因为只有政府才能承担研发初期的巨额成本。

世界列强都把高科技的垄断作为控制国际分工制高点和定价权的杀手锏,限制国际贸易的技术转让。新古典经济学描写的自由贸易在高科技领域并不存在。奥地利学派也夸大了市场信息的作用。从科技发展的趋势看,西方国家和社会主义国家在科研投资上的本质都是计划经济,差别只在于开放竞争的程度和军用转民用的速度。苏联由于过度畏惧西方间谍活动而采取的过度保密体制,阻碍了军用技术向民用技术的转移,从而使一度领先的空间技术落后于西方。计算机与生物技术由于限制不同学派的竞争而走了弯路。历史证明,技术的研发阶段主要靠非营利的大学和政府科研机构;在技术可以应用的起飞阶段,引入市场竞争可以加快技术的传播和扩散,但是依然需要政府的市场监管,以避免市场泡沫转化为金融危机和经济危机;在老技术的衰落阶段,更需要政府的调节来减少社会的阵痛。自由放任的资本主义是经济学家制造的乌托邦市场,在工业化国家的历史上并不存在。

总而言之,当代经济学面临的重大挑战是技术进步的速度越来越快,涉及的社会层面越来越复杂,产业技术更新换代的决策也越来越要求跨学科、系统性的思维。这使新古典经济学方法论的个人主义越来越脱离现代经济发展的实际。我们提出和发展代谢经济学,就是要从"科学技术是第一生产力"的角度出发,来研究经济学的各个方面,包括微观、中观、宏观、史观和制度、组织的经济学。

1.6 本书的结构

第 1 部分"总论"先给出全书的梗概,后面给出代谢增长论发展的历史轨迹。科学发展的一般进程是:观察—问题—模型—建议。代谢增长论的发展走过了半个世纪的历程。

第 2 部分"历史的观察与启示"是笔者 1967—1974 年间在四川成昆铁路眉山电务段工作期间,利用业余时间进行的科技史和经济史的比较研究,以调查中西文明分岔的历史原因。对李约瑟问题的思考从封建社会的批判转向对封闭经济成因的调查。普里戈金区分封闭系统与开放系统的热力学,对于理解生物演化和社会演化的热力学机制有革命性的意义。笔者从中西历史的比较中发现,分析农业的生态技术结构以及工业的部门结构与布局,有助于理解中国近代落后的原因和对策。笔者 1978—1980 年间被中国科学院和国家科委借调参加全国科学大会的筹备工作,参与科技教育和农业改革的政策研究,得以陆续发表业余研究的成果。

第 3 部分"演化动力学模型"是笔者 1981—1987 年间在美国得克萨斯大学奥斯汀分校物理系普里戈金中心做研究生和博士后期间,发展的劳动分工演化动力学模型。1999—2002 年在北京大学中国经济研究中心工作期间,笔者对该模型做了改进。因为西方主流的新古典经济学只采用封闭系统的优化模型,所以我们以生态竞争模型为基础的非线性动力学模型首先在系统工程而非经济学的领域受到重视,并作为军备竞赛模型受到西方智库的重视。因为该模型考虑了国家竞争的文化和战略因素,所以它可以解释美苏和美日竞争的可能场景。

第4部分"代谢增长的历史检验"是笔者1990—2016年间的工作。在苏联解体以后,笔者调查了中国和苏东转型不同道路的研究结果,用历史的自然实验来检验经济学演化的均衡收敛论和非均衡多元论。代谢增长论提出的学习竞争模型的多种场景,在中国改革开放的过程中得到了验证。

读者们会注意到,我对中国和西方文明的具体认识,有过三次较大的改变:第一次是1980年出国后从生态角度对西方问题有了亲身的观察,第二次是1990年苏联解体后证实复杂系统的不稳定性,第三次是2008年的金融危机后重新评价中国道路的历史地位。中国改革开放四十年的实践清楚地表明,生态经济技术结构的调整可以影响国际分工的演化趋势。

2 代谢增长论:市场份额竞争、学习不确定性和技术小波[*]

2.1 引言

存在两种相互矛盾的技术发展观。新古典增长理论将技术进步视为完全预期下的平滑轨迹,可以用以柯布-道格拉斯(Cobb-Douglas)函数为基础的线性对数模型来描述(Solow,1957;Romer,1986;Aghion and Howitt,1998;Dasgupta,2010;Kurz,2012)。经济史家则注意到工业经济的波样运动和革命性的变化(Schumpeter,1939;Toffler,1980;Ayres,1989;Rostow,1990)。本文在市场份额竞争中引入非线性人口动态学来发展第二种研究的视角。

均衡观点描述了关于收敛(资本积累的外生增长理论)和发散(知识积累的内生增长理论)经济增长的单向因果关系。与此不同的是,生物演化和工业革命揭示出清晰和动态的新陈代谢方式和双向演化的复杂形态。换言之,不同地区和不同阶段会分别显示发散或收敛的演化趋势,不存在制度趋同的优化(或普适)规律。

历史上,是经济学家马尔萨斯关于资源约束和人口增长的理论激发了达尔文的生物进化论(Malthus,1798;Darwin,1859)。逻辑斯蒂模型(logistic model)和食饵—捕食者模型(prey-predator model)都被用于建立经济周期模型(Goodwin,1967;Samuelson,1971;Day,1982)。我们将考虑一个新要素——面对学习不确定性的文化战略,它将有助于理解世界发展史上不同文明的分工模式(Chen,1987)。

---

[*] 原载《清华政治经济学报》2014 年第 2 卷第 1 期。刘刚译自 Chen, P., "Metabolic Growth Theory: Market-Share Competition, Learning Uncertainty, and Technology Wavelets", *Journal of Evolutionary Economics*, 2014, 24(2), pp.239-262。论文最初是笔者 2012 年 7 月 2 日在澳大利亚布里斯班举行的国际熊彼特学会双年会上的特邀主题讲演,研讨会的第一议题是"亚洲崛起的原因和影响"。作者感谢 Peter Allen、Wolfgang Weidlich、Edmond Phelps、Joseph Stiglitz、James Galbraith、Ulrich Witt、Wolfram Elsner、Andreas Pyka、Laura Tyson、林毅夫、史正富、李维森、唐毅南、李华俊和陈彧葳有启发的讨论。作者也感谢两位匿名审稿人的有益评论。

我们将在本文提出关于经济增长的两个基本问题。

第一,知识的本质是什么?内生增长理论通过"干中学"效应提供了一个知识积累的静态图景(Arrow,1962)。这一理论意味着富者(技术革命的先行者)和贫者(技术革命的跟进者)之间存在不断增长的贫富分化趋势。这一图景与世界历史上不同国家和文明的兴衰历史并不相符。

第二,如何理解全球变暖和生态危机的根源?新古典经济增长理论的 AK 模型中的柯布-道格拉斯生产函数隐含无限资源的条件。因为新古典经济学的内生增长模型假设生产函数 $Y=AK$,A 为知识,K 为资本。AK 模型最简单的描述是柯布-道格拉斯函数 $Y=aL^{\alpha}K^{\beta}$,其对数形式化为最简单的线性模型。

线性增长模型是典型的无限增长模型。所以线性模型原则上不能讨论当代重大的生态危机和全球变暖问题。众所周知,工业经济由一系列新技术驱动,例如煤、石油、电力和核能的技术开发出新的资源。技术进步的波动可以用资源约束条件下的人口动态学描述,包括著名的 S 形逻辑斯蒂曲线以及 Lotka-Volterra 物种竞争模型(Pianka,1983;Nicolis and Prigogine,1977)。

这里要说明的是,逻辑斯蒂模型是最简单的非线性有限增长模型,只包含自变量的二次方。生态学中逻辑斯蒂模型又称为自我抑制性模型或增长阻滞模型。Lotka-Volterra 模型把单物种的逻辑斯蒂模型推广到两个或多个物种竞争的情形。

熊彼特长波和创造性毁灭可以通过逻辑斯蒂小波的新陈代谢运动来描述。文化在面临学习不确定性时扮演了战略性角色。西方分工模式以劳动节约的资源密集型技术为特征,而中国模式主要由资源节约的劳动密集型技术驱动。

理论的思维范式变革是和数学表象的改变分不开的。经典物理的数学表象是圆周运动和周期波,成为机械运动的基础。新古典经济学的数学表象是布朗运动和白噪声,用来描写市场自发运动的均衡和无序。周期波的振荡无穷长,白噪声的冲击无穷短,它们都无法描述生命的有限周期和有限生命。为此,我们引入新的小波表象。小波可以看作长波的一个片断,但是一系列的小波就构成了生命的新陈代谢。每段小波相似而不相同,代表生命和社会发展的每个阶段都有相似之处,也有不同之处。逻辑斯蒂小波是生态系统产生的小波,可以作为新的演化经济学理论的数学基础。经济发展的动力是技术进步,我们用一系列技术小波的发展来描写微观、宏观、金融、制度的变革,比新古典经济学用大量噪声或随机游走来描写市场机制,更接近工业化经济的历史经验。

本文由以下几部分构成。第 2.2 节讨论世界历史上挑战经济增长理论的基本事实,例如资源差异和非平衡增长。第 2.3 节发展资源约束条件下增长和技术竞争的逻辑斯蒂模型(Chen,1987)。模型非线性解的含义,包括 S 形曲线和逻辑斯蒂小波,都在演化动态学的视角下进行讨论。第2.4节在面临新的和不确定的资源和市场时,引入学习策略中的文化因素。分工受市场范围、资源种类和环境波动的限制。多样性和稳定性之间存在"鱼与熊掌不可兼得"的权衡取舍(trade-off)关系(Chen,2008,2010)。第2.5节研究经济学方法论研究中有争议的基本问题。第2.6节结论比较经济增长的均衡和演化视角。

2.2 非平稳经济增长和新古典增长理论的局限

索洛的外生增长模型基于规模报酬不变假设,预言经济增长的收敛趋势(Solow,1957)。罗默的内生增长模型基于知识积累的规模报酬递增假设,宣称经济增长有发散趋势。世界经济观察到的历史表明,实际情况要比新古典增长理论的两个极端模型复杂得多(见表2-1、表2-2)。

表2-1 真实国内生产总值的年平均增长率   单位:%

年份	西欧	东欧	亚洲	美国	日本	苏联	中国
1913—1950	1.19	0.86	0.82	2.84	2.21	2.15	−0.02
1950—1973	4.79	4.86	5.17	3.93	9.29	4.84	5.02
1973—2001	2.21	1.01	5.41	2.94	2.71	−0.42	6.72

注:这里的亚洲数据不包括日本。
资料来源:Maddison(2007)。

表2-2 真实国内生产总值的10年平均增长率   单位:%

	20世纪70年代	20世纪80年代	20世纪90年代	21世纪10年代
中国	6.2	9.3	10.4	10.5
日本	3.8	4.6	1.2	0.7
美国	3.2	3.2	3.4	1.6
德国	2.9	2.3	1.9	0.9
东亚	4.4	5.5	3.3	4.0
拉美	6.1	1.5	3.2	3.1
东欧	4.4	2.3	−2.0	4.3
西欧	3.1	2.3	2.1	1.1
澳大利亚和新西兰	2.8	2.9	3.6	3.0
世界(平均)	3.8	3.1	2.8	2.5

资料来源:联合国统计署。

我们可以看到:1913—1950年美国拥有全球最高的经济增长率,1950—1973年增长最快的是日本,1973—2010年增长最快的是中国。在每个地区或跨国比较中我们观察不到稳定的收敛或发散趋势。相反,在大国兴衰的过程中我们看到的是增长趋势在不同时期的变化。

众所周知,西方世界的兴起由殖民主义的资源扩张驱动(Pomeranz,2000)。就人均可耕地面积而言,东亚(包括中国和日本)的人均可耕地数量明显低于西方(见表2-3)。

表 2-3　1993 年资源与人口的跨国比较

区域	可耕地(%)	人口(百万)	人均可耕地面积(公顷)
中国	10	1178	0.08
欧洲	28	507	0.26
美国	19	239	0.73
苏联	10	203	0.79
日本	12	125	0.04
印度	52	899	0.19
巴西	6	159	0.31
澳大利亚	6	18	2.62
加拿大	5	28	1.58

注:这里的可耕地为总面积中所占的百分比。
资料来源:Madison(1998)。

亚洲的小型粮食农场与西方的谷物和畜牧业综合农业企业存在显著的区别。不言自明的是,个人主义文化根植于资源密集的劳动节约型技术,而集体主义文化的形成则与资源不足、人口密集的环境有关。在第 2.4 节中,我们将进一步研究文化和资源在现代化赶超博弈中的作用。我们对资源和人口规律的考察源于国家间的比较研究。只要存在相关的数据,我们考察资源人口关系的研究方法也可以推广到产业间的比较研究。

2.3　有限增长的逻辑斯蒂模型和物种竞争模型

新古典经济学的柯布-道格拉斯生产函数可以转换成对数线性函数,这意味着新古典经济学的增长理论是没有资源限制和市场规模约束的无限增长。要研究有生态资源约束的增长,就必须发展非线性动态学。

2.3.1　经济动态学的有限和无限增长

亚当·斯密的《国富论》第三章的标题是"分工受市场规模的限制"(Smith,1776)。斯蒂格勒称之为"斯密定理"(Stigler,1951)。马尔萨斯(Malthus,

1798)进一步指出人口增长受自然资源的限制。

斯密的市场规模限制和马尔萨斯的资源约束可以统一描述为非线性生态模型的"承载能力"(carrying capacity)N^*。将生态模型引入经济学增长,我们需要改变相关变量的名称。在后面的讨论中,我们将把生态理论的原始名称用括号注明,放在相应的经济学变量之后,读者可以清楚地理解每个变量的生态学含义,以及相应的经济学含义。

从需求方看,n 是买家的数量(人口数),N^* 是市场规模范围(人口规模边界),它是收入分配的函数。这里的市场规模与人口规模及可支配收入相关。

从供给方看,n 是产出,N^* 是资源约束,它是既有技术和成本结构的函数。例如,历史上粮食生产的上限,可以通过灌溉技术和肥料的应用增加,也可以通过引入谷物或土豆等新作物增加。

最简单的有限增长模型是演化生态学中二次型的逻辑斯蒂模型(Pianka,1983)。

$$\frac{dn}{dt} = f(n) = kn(N^* - n) \tag{2-1}$$

其中,n 是产出量(人口数),N^* 是资源约束(人口规模),k 是产出(人口)的增长率。

和新古典经济学静态不变的规模经济特性不同,逻辑斯蒂模型的动态规模经济特性是随时间变化的:在成长期报酬递增,在饱和期报酬递减,只有中间的转折点报酬不变。动态递增报酬:

$$f' > 0, \ 0 < n < \frac{N^*}{2} \tag{2-2a}$$

动态递减报酬:

$$f' < 0, \ \frac{N^*}{2} < n < N^* \tag{2-2b}$$

这里的动态规模经济在经济学上是增长量关于变量自身的边际值,$dn/dt = \triangle n$,f' 在数学上即 $\triangle n$ 关于 n 的导数。

逻辑斯蒂模型是最简单的非线性动态学形式。当 $f(n)$ 不是二次函数时,转折点可能会偏离中点。

相比之下,新古典经济增长理论的 AK 模型没有资源约束的条件,只有固定的规模报酬。例如,新古典模型的稳定性条件只对报酬递减或报酬不变的模型成立。内生增长理论的知识积累模型则要求报酬递增。因此新古典企业理论不能理解规模报酬的变化(Daly and Farley,2010),也就无法理解技术或文明的兴衰。

逻辑斯蒂模型在生态学中也称为赫斯特（Hurst）方程（Pianka，1983）。它的离散时间形式可以产生最简单的决定论混沌（deterministic chaos）①。它的连续时间的微分方程的解构成 S 形曲线。图 2-1 为无限的指数增长和有限的逻辑斯蒂增长。

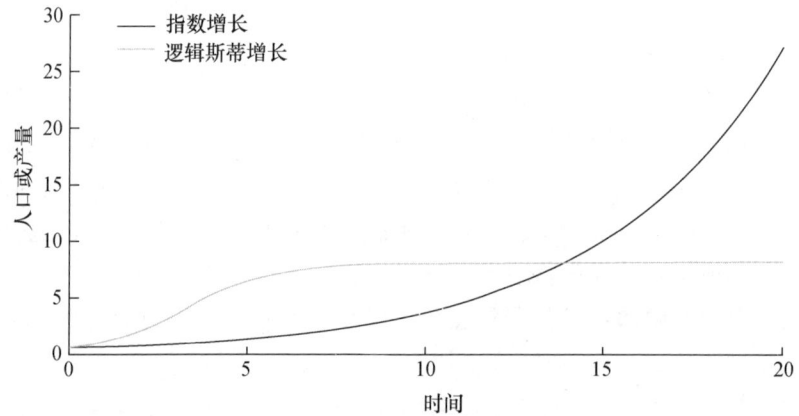

图 2-1　无限（指数）增长与有限（逻辑斯蒂）增长

当我们把逻辑斯蒂模型引入经济理论中时，我们的分析单位就不是国家，而是技术或产业，因为每种技术或产业的规模是有限的。如果资源限制是可耕地，我们的分析单位也可以是地区或国家。在经验研究中，这意味着分析单位依赖于有关数据的市场范围或资源开发能力。

逻辑斯蒂增长的规律，可以清楚地从产业部门的数据考察中获得。一个典型例子是汽车产业产值在美国 GDP 中的比重，如图 2-2 所示（Chen，2010）。

我们可以看到美国汽车产业在 1900—1920 年间起飞，在 1930 年之前达到饱和阶段。S 形增长曲线可以用来在部门分析中考察企业和产业的增长。

2.3.2　开放经济、市场份额竞争和过剩产能的源头

现在我们从一种技术拓展至多种技术的市场份额竞争。最简单的资源竞争模型是双物种竞争模型，即理论生物学中的 Lotka-Volterra 方程（Pianka，1983）。

---

① 决定论混沌是非线性决定论方程的一种不稳定的数学解。如果初始条件有微小误差，轨道预言的偏差将随时间急剧放大。这就打破了牛顿时代对决定论数学可预测的信念。换言之，非线性可以产生不可预言的不确定性。离散时间的一维差分方程产生的决定论混沌，我们称之为"白混沌"（white chaos）。白色的含义是它的频谱是水平线，不同频率的强度相同，看上去很像白噪声（white noise）。连续时间的非线性微分方程产生的混沌看来像有一定带宽的有色波动，可称之为色混沌。色混沌可以描写生物钟。生命体的内生振荡频率和外生的机械钟不同，不是单一频率，而是有一定的带宽。美国经济波动的周期为 2—10 年。

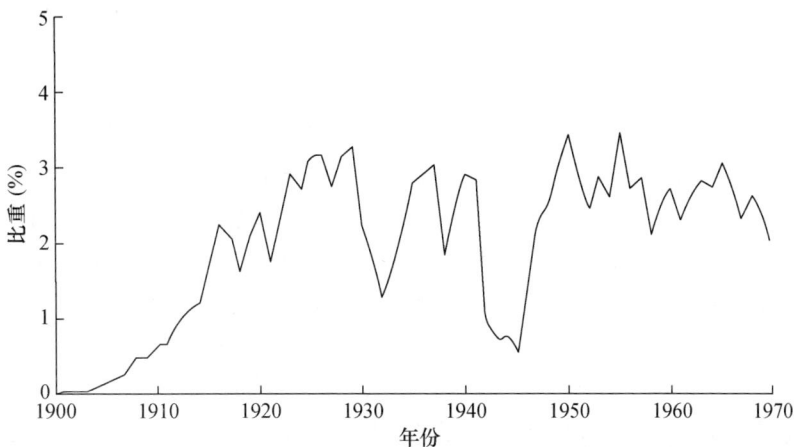

图 2-2 美国汽车产业产值占 GDP 的比重

$$\frac{\mathrm{d}n_1}{\mathrm{d}t} = k_1 n_1 (N_1 - n_1 - \beta n_2) - R_1 n_1 \qquad (2\text{-}3\mathrm{a})$$

$$\frac{\mathrm{d}n_2}{\mathrm{d}t} = k_2 n_2 (N_2 - n_2 - \beta n_1) - R_2 n_2 \qquad (2\text{-}3\mathrm{b})$$

和以前一样,我们把生态学的变量用括号表示,放在经济学变量之后。这里,n_1 和 n_2 是技术或产品(物种)1 和技术(物种)2 的产出(人口)。N_1 和 N_2 是它们的资源限制或市场规模限制(承载力);k_1 和 k_2 是它们的学习(人口增长)率;R_1 和 R_2 是它们的退出(死亡)率;β 是市场份额竞争的竞争(重叠)系数($0 \leqslant \beta \leqslant 1$)。

这个公式可以通过引入"有效资源约束"(承载力)来简化:

$$C_i = N_i - \frac{R_i}{k_i} \qquad (2\text{-}3\mathrm{c})$$

这里,我们要强调新古典经济学与演化经济学关于技术发展的不同视角。一般均衡模型只考虑封闭经济的特征,如产品生命无限、种类固定的静态模型(Arrow and Debreu,1954);新古典的动态模型把技术进步描写为随机创新,否认技术革命的突变和波状运动,当然也就否定技术革命引发经济危机的可能性(Aghion and Howitt,1992)。相比之下,人口动态学主要考虑以新技术引入新资源和新市场的开放经济。因此,非线性人口动态学更能反映具有间断性技术革命的工业经济。

我们的人口动态学描述了面对新资源时的学习竞争。这里的人口,指的是某种特定技术的使用者数量。我们用学习过程中的进入率和退出率来表示新技术的进入和退出速度。为从数学上简化,我们将进入率设定为二次形式,而将退出率设定为线性形式。这意味着技术竞争中,学习机制比退出机制更为重要。

退出率的含义可以在方程(1-3c)中看到。考虑一个农业发展的例子。如果粮食是人口唯一可以获得的食物,那么粮食的退出率 $R_1=0$,且 $C_1=N_1$。然而,如果新食物(假设是土豆)被引入,一部分人口会从粮食转向土豆。因此退出率 $R_1>0$,且 $C_1<N_1$。存在新技术竞争时,有效资源约束会比没有竞争时的原始资源约束要少。换言之,单一技术会导致在资源开发上的竭泽而渔。发展多种技术可以降低单一资源的利用率,有利于生态系统的休养生息。

竞争系数 β 用同一资源的重叠比例来度量不同技术的竞争程度。$\beta=0$ 时,两物种之间在市场上或资源上都无竞争。两类技术都独立地完全扩张,直到达到其资源限制。现实的情形要复杂得多,例如农业和渔业在资源上通常很少竞争,但是在食物市场上会有竞争,因为多吃水产品就少吃了农产品。

在新古典经济学中,相对价格是资源配置的核心。在一个工业化经济中,市场份额是塑造产业结构的核心。我们可以用市场营销和产业分析中的市场份额数据来估计竞争系数。

技术代谢理论意味着新技术的产生和旧技术的衰落。技术竞争可能产生两种结果:(1)在(2-4a)条件下,旧技术被新技术取代;(2)在(2-4b)条件下,旧技术与新技术并存。

$$\beta\left(N_2-\frac{R_2}{k_2}\right)=\beta C_2 > C_1 = \left(N_1-\frac{R_1}{k_1}\right) \quad (2\text{-}4a)$$

$$\beta < \frac{C_2}{C_1} < \frac{1}{\beta},\ 0<\beta<1 \quad (2\text{-}4b)$$

如果没有第二种技术 n_2 的竞争,当 $n_1=C_1$ 时,即达到有效承载率极限时,增长率为零。由此有效承载率显示的是物种数量的极限水平,即 n_1 和 n_2 的最大限度。但是,如果存在第二种物种的竞争,那么,资源的有效增长率将如以上公式所示。如果最大限度地考虑第二种物种的竞争,即第一种物种的数量接近为零,忽略 n_1 对自己增长率的影响时,增长率的正负号将取决于 $C_1-\beta n_2$,而 n_2 的极限数量为 C_2。

因此,如果新技术的资源约束高出旧技术足够多,新技术将终结旧技术。

两种技术共存时,新旧技术都不能完全开发它们的潜在资源,因为它们的均衡产出小于它们的资源约束。创造性毁灭的成本是未实现的(过剩)产能。

$$n_1^* = \frac{C_1-\beta C_2}{1-\beta^2} < C_1 \quad (2\text{-}5a)$$

$$n_2^* = \frac{C_2-\beta C_1}{1-\beta^2} < C_2 \quad (2\text{-}5b)$$

$$\frac{1}{2}(C_1+C_2) \leqslant (n_1^* + n_2^*) = \frac{(C_1+C_2)}{1+\beta} \leqslant (C_1+C_2) \quad (2\text{-}5c)$$

例如,如果没有技术 n_2,技术 n_1 将达到它的完全容量 C_1。技术 n_2 加入市场份额竞争后,技术 n_1 存在两种可能的后果:(1) 技术 1 被技术 2 终结,因此,$n_1=0, n_2=C_2$。创造性毁灭的成本是旧产能 C_1 的全部损失。这就是在早期发展阶段手工纺织业被机器纺织业毁灭的情况。(2) 旧技术和新技术并存,结果两种技术都存在过剩产能,$(C_1-n_1^*)>0$ 且 $(C_2-n_2^*)>0$。

这里种群竞争模型刻画了市场份额竞争。例如,如果我们有电脑产业主要企业的市场份额数据,我们就可以将我们的模型应用于刻画营销竞争。如果我们有相关数据,我们也可以研究国家之间的军备竞赛。

奈特(Knight,1921)区分了可预见风险与不可预见的不确定性之间的差别。在新古典计量经济学中风险通过方差衡量。这里,我们拥有两种不确定性:新技术的出现时间和新技术的初始条件。因此,不可预见的不确定性的存在,使优化或理性预期不可能存在。路径依赖是技术发展的基本特征(David,1985;Arthur,1994)。

凯恩斯经济学对总量有效需求不足的原因,没有给出结构理论。微观基础理论将宏观波动归因于微观家庭的劳动时间的涨落,这明显与大数原理不符,因为大量微观家庭的随机行为会互相抵消,不可能加总为大规模的宏观失业(Lucas,1981;Chen,2002)。我们的理论构造宏观经济周期的中观基础(mesofoundation),即工业化的技术代谢过程存在过剩产能。过剩产能观测到的成本包括大规模失业,这也就是物理学中典型的废热,或者叫经济熵(Georgescu-Roegen,1971)。处理过剩产能,是保护还是关闭夕阳产业?是投资创新产业还是补贴福利开支?代谢增长的趋势不会相同。

2.3.3 技术生命周期、逻辑斯蒂小波和代谢增长

产品生命周期的概念广泛用于经济学和管理学的文献(Vernon,1966;Modigliani,1976)。我们把生命周期的概念用于分析技术的生命周期。传统上生命周期现象可以描述为多阶段模型。线性动态模型,例如谐振子无限长的生命周期波动或脉冲式的白噪声模型,都无法刻画生命周期,因为生命周期是典型的非线性现象。具有有限生命的逻辑斯蒂小波是刻画技术生命周期最简单的非线性表象。熊彼特长波和创造性毁灭可以用技术竞争模型的一系列逻辑斯蒂小波来描述。

方程(2-4)的数值解用图 2-3 表示。

小波表象可以用于分析任何产品、企业、技术和国家的生命周期现象(Eli-

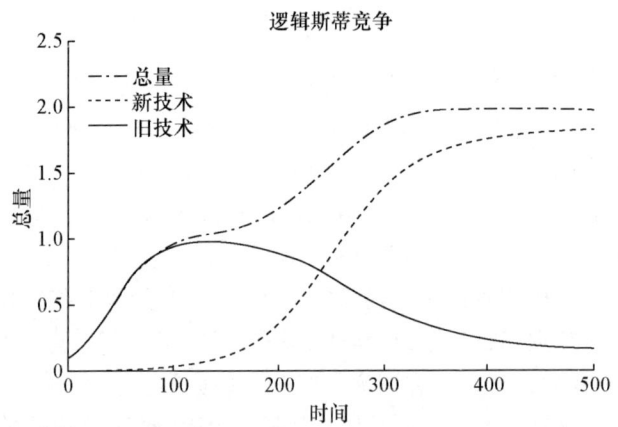

图 2-3　代谢增长用方程(2-4)的技术竞争刻画

注：当新技术(虚线)出现后老技术(实线)下降。总产量包络线(点划线)是两种技术产出的加总。这里的参数是 $\beta=0.4, C_1/C_2=2$。单位在计算模拟中是任意选定的。

asson,2005)。经济计量学多用离散时间的线性动态学模型来刻画生命周期(Browning and Crossley,2001)。我们的小波模型是连续时间的非线性动态学模型。产品生命周期的逻辑斯蒂小波的时间尺度介于(宏观常用的)几个月和(康德拉季耶夫长波的)几十年之间。

2.3.4　逻辑斯蒂小波四阶段资本和制度的共生演化

代谢增长模型为资本运动和制度伴随技术波起落的共生演化(co-evolution)提供了理论框架。我们可以将逻辑斯蒂波分为四个阶段：幼稚期、成长期、成熟期和衰退期。

新古典理论将资本视为平稳增长的存量，不能解释经济周期和危机复发的内在原因。

小波模型提供了一个资本运动和政策变化的内生机制。我们引进生命周期来描述技术产业小波的四个阶段，如图 2-4 所示。

在幼稚期即第一阶段，新技术要存活必须跨越某个临界值(survival threshold)。新技术的规模在达到临界值之前难以存活，所以需要知识产权和对外贸易对于幼稚产业的保护。由于此阶段极大的不确定性，私人投资者往往不愿冒险投资新技术。这使新技术的研发主要由公共部门和非营利的大学发起。例如，互联网和 GPS 系统就是首先由大学和国家实验室为军事目的开发的，后来才转向商业用途。

在成长期即第二阶段，新技术显示其市场潜力，私人资本涌入，市场份额迅

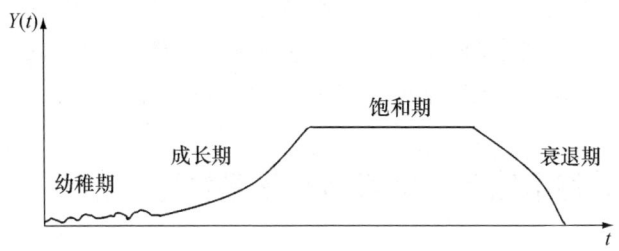

图 2-4　技术产业小波及其生命周期的四个阶段

速扩张,新发行的股票价格飞涨。在这一阶段,市场竞争是市场扩张的驱动力。然而,要维护建设性的竞争环境,安全和环保标准以及金融管制都是必要的。因为羊群行为(herd behavior)可能引发市场扩张期的动荡,例如 2000 年的互联网泡沫。

在成熟期即第三阶段,企业利润下降,产业集中度提高。垄断竞争可能阻滞新发明的出现。推行反垄断(anti-trust)法有助于防止市场集中和市场操控。我们发现美国 20 世纪 80 年代推行自由化政策后,在 2000 年前后形成了产业集中趋势,包括电子通信、计算机、软件、航空、银行和零售业等行业都出现了寡头垄断。2008 年的金融危机根源于金融寡头挤出实体经济的"美国病"(Johnson, 2009; Chen, 2010)。

真正的挑战发生在衰退期即第四阶段。一些夕阳产业挣扎求存或破产终结,过去的投资变成巨大损失。股票价格下跌,融资成本上升。是继续投资救命还是壮士断腕(cut-loss strategy),这样艰难的抉择是老产业面临生死去留的问题。即使关闭夕阳产业,带来的大规模失业也需要政府援助,从夕阳产业到朝阳产业的就业转型也需要协调私人和公共部门之间的合作。英国煤炭产业就是典型的案例,煤炭业是英国 18 世纪工业革命的动力,但在 20 世纪 80 年代,英国煤矿全面亏损,不得不关闭许多矿井。政府鼓励幼稚期新技术的推广,重新培训技术过时的失业工人,类似的产业政策和教育政策对经济复苏当然是有益的。传统的货币政策和凯恩斯主义的财政政策不足以应对这一阶段的结构性调整。社会冲突和战争很可能发生在这一阶段。

同样的道理,制度安排必须适合技术生命周期不同阶段的要求。单靠市场力量不能确保经济的健康发展,因为技术新陈代谢的过程中会产生大量的社会不稳定,并强烈冲击生物的多样性。用交易成本理论来反对监管会误导经济政策,因为工业化过程中生态系统是否可持续发展,不能仅仅通过最小化熵(废热耗散或交易成本的大小)来判断。举例来说,金融自由化表面上似乎降低了交易成本,但是放松对金融投机的监管带来的金融危机,损失超过 10 万亿美元,对实体经济的损害远超过金融市场的交易成本。可见,问题不在于大政府还是小政府;真正的挑战在于处理混合经济的复杂性和稳定性时,政府是有效还是无能。市场规制的选择机制是制度演化的核心问题。

2.4 学习策略中的风险偏好与文化多样性

表2-3显示出资源—人口比例在亚洲和西方国家之间差异很大。我们可以把西方文明的特征描述为节约劳力—消耗资源的文化,而亚洲和中国文明的特征则是节约资源—消耗劳力的文化。从技术上说,中国有能力在哥伦布之前发现美洲大陆(Menzies,2002)。李约瑟提问:为什么科学和资本主义起源于西方而不是中国(Needham,1954)? 李约瑟问题的答案可以通过研究历史上环境与文化之间的相互作用得到启示(Chen,1990)。

经济学关于利他主义的性质有过激烈的争论(Simon,1993)。我们认为用经验观察的方法很难从动机上区分利他主义与利己主义行为。但是,我们可以容易地观察不同文化的风险偏好,如面对未知市场与不确定机遇时的风险规避(risk aversion)与风险承担(risk taking)行为,是可以观察的。

在新古典经济学中,经济风险用静态的概率分布来刻画,如赌博输赢的概率;新古典经济学的优化思维不考虑战略决策的问题,因为新古典经济学不研究新技术和新市场带来的不确定性。我们的动态竞争模型引入开放经济中的风险偏好:在面对未知市场或未知的新技术的不确定性风险时,如何做战略决策。奈特(Knight,1921)和凯恩斯(Keynes,1936)都强调不确定性的作用,它与静态统计学意义上的风险不同。熊彼特提出的企业家精神的概念,在面对不确定性演化而不是静态风险时才至关重要。

2.4.1 模仿性学习和试错性学习:风险规避和风险追求的文化

文化因素在决策和企业战略中起着重要的作用。东西方文化"个人主义"的程度存在重大差异。这表现在面对新市场和新技术时,风险规避和风险追求的策略是截然不同的。新古典经济学描述的"干中学"(learning by doing)策略并不适用于开放经济,因为它描述的知识积累过程仅限于现有的技术(Arrow,1962)。面对一个新的市场,知识来源于尝试性学习,从演化的视角来看,这是一个试错(trial and error)的过程(Chen,1987)。当然还存在另一种替代的策略,就是模仿性学习(learning by imitating)或从众跟风(following the crowd)。面对新市场或新技术时的风险规避与风险追求偏好可以用图2-5做直观的表现。

图 2-5 中,不同的风险偏好植根于不同的文化背景。在面对一个未知的市场,或未经证实的技术时,冒险的投资者喜欢带头创业,以最大化他们的机遇。而风险规避的投资者宁愿观望和跟风,以最小化他们的风险。关键的问题是:哪种企业文化或市场策略能够在极速变动的市场中胜出或存活下来? 要回答这个问题,我们需要将文化因素纳入方程(2-3)的竞争动态学之中。

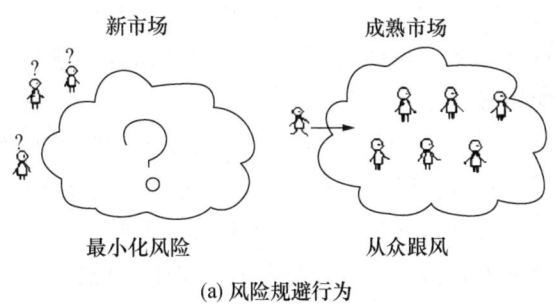

(a) 风险规避行为

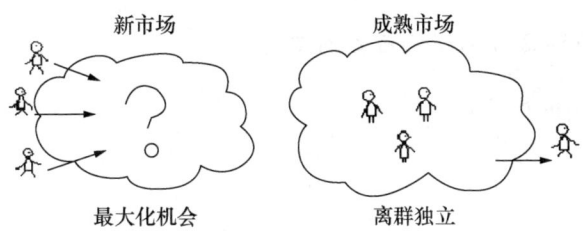

(b) 风险承担行为

图 2-5 市场份额和技术进步竞争中的风险规避和风险承担行为

在工业经济中,资源竞争本质上是采用新技术的学习竞争。为了理解文化多样性与资源差异性之间的联系,我们需要在技术(物种)竞争中引入文化因素。原始的逻辑斯蒂模型用固定的退出率来描述风险中性行为。我们用行为参数 a 来引入非线性的退出率,它是新技术的采用者占人口比率的函数(Chen,1987):

$$R\left(r, a\frac{n}{N}\right) = r\left(1 - a\frac{n}{N}\right), -1 < a < 1 \quad (2\text{-}6)$$

其中,n 是新技术使用者的数量。

我们可以用退出率常数 r 来衡量采用新技术时的学习难度,它意味着学起来越难,退出得越快。我们将行为变量作为退出率的要素是为了简化数学模型,因为原始的退出率是线性的,修改后的退出率写为二次项形式,目的在于保持我们的非线性动态模型依然有解析解。如果数学模型太复杂,我们就只能做数字模拟,难以给出简单清晰的场景。

因子 α 是风险偏好的度量。$\alpha>0$ 时,表示风险规避或集体主义的行为;$\alpha<0$ 时,表示风险追求或个人主义的行为。在开辟新市场或新技术的初始阶段,很少有人敢于尝试新的市场,这使所有人的退出率相同。然而,当越来越多的人接受新技术时,经营策略变得越来越多样化。风险规避投资者的退出率下降,因为他们感到人多势众,不确定性的风险在减少。但风险追求型企业家人多时更可能退出,因为他们觉得人越多机会则越少。如果我们把风险因子 α 的值从 -1 变到 1,我们就能够刻画不同的行为,包括从极端风险规避的保守主义到极端风险追求的冒险主义。

我们要说明的是,保守主义在东西方的含义不同。为了避免误解文化的概念,我们研究学习策略时,将风险规避行为定义为集体主义文化,而将风险承担行为定义为个人主义文化。我们的这个灵感源于人类学的视角。许多观察家把美国富于创新的现象归功于美国的个人主义文化,而把日本快速的技术复制能力归结于它的集体主义文化(Kikuchi,1981)。

2.4.2 节约资源和消耗资源的文化

资源利用率的均衡解是:

$$\frac{n^*}{N} = \frac{\left(1-\dfrac{r}{Nk}\right)}{\left(1-\dfrac{r\alpha}{Nk}\right)} \tag{2-7a}$$

$$n^*_{\alpha<0} < n^*_{\alpha=0} < n^*_{\alpha>0} \tag{2-7b}$$

公式(2-7b)显示,集体主义族群的资源利用率($n^*_{\alpha>0}$)高于个人主义族群的资源利用率($n^*_{\alpha<0}$)。换言之,个人主义族群比集体主义族群需要更大的生存空间,才能维持一个相同的均衡人口规模 n^*。我们可以说:个人主义是资源消耗型文化,而集体主义则是资源节约型文化(Chen,1990)。这种文化差异在西方个人主义与东方集体主义之间的对比非常明显。文化差异来源于经济结构与生态约束的差异。资源扩张是理解资本主义起源和工业革命源头的关键(Pomeranz,2000)。

社会学家沃勒斯坦(Wallerstein,1974)曾观察到一个历史谜团,似乎历史没有理性。中世纪中国的人口接近西欧的两倍,但中国的耕地面积则较西欧低得多。如果依据新古典经济学的理性选择理论推测,中世纪的中国应该在空间规模上对外扩张,而欧洲则应当增加人口。但我们观察到的历史和理性的预测相反。沃勒斯坦用嘲弄的口气说:

> 欧洲人在浪费空间。即使是在 15 世纪初人口数量如此低的水平上,

欧洲人似乎觉得他们的空间不够大……但是如果说欧洲是空间不够大,那么,中国人感到的就是他们的人口不够多。

我们发现的文化战略与农业结构之间的联系,可以解开沃勒斯坦的历史疑难。中国的主食是稻米等谷物,生产粮食的农业是资源节约但是劳力密集型的技术。肉奶食品在欧洲文化中占重要地位,而生产肉乳的牧业则是土地密集但是劳力节约型的技术。为应对不断增加的人口压力,中国通过增加劳动投入来增加粮食产量,而欧洲人则通过寻找新的土地来提高其生活水平。这就是为什么中国的哲学强调人与自然的和谐,而西方哲学却惯于征服自然。这是我们对李约瑟问题给出的文化解释。出于同样的原因,我们可以理解为什么亚洲国家的储蓄率远高于西方。防患于未然而不是追求当下享受的观念,深植于中国的文化与历史之中。在这方面,俄国的文化接近西方个人主义,因为它具有强烈的扩张主义动机。

研究文明史时我们会发现,农民比游牧民和水手更具集体主义特征。日本文化是高度的集体主义,甚至其城市居民也是如此。然而,日本的外交政策则更接近大英帝国,原因在于它是一个具有海事传统的岛国。造船和航海新技术能在现有耕地之外,开辟外贸和殖民主义的新资源。所以,日本的民众文化有鲜明的集体主义色彩,但是日本的国家行为极具冒险主义的特征,这是日本的环境和历史造成的双重特点。

2.4.3　市场规模、资源多样性以及规模和范围经济

我们可以很容易地将模型从两种技术(物种)推广到多种技术(物种)。在一个生态系统中,我们有 L 种技术(物种),其资源限制(承载能力)分别是 N_1, N_2, …, N_L。规模和范围经济可以集成为相互耦合竞争的逻辑斯蒂方程,成为一个非线性的复杂系统。规模经济(市场范围或资源限制)同 N_i 相关,而范围经济可用技术(物种)的数量 L 描述。分工程度可用物种多样性,也就是竞争性技术的共存度来刻画。

让我们从只有两种物种的最简单情况开始,用方程(2-8)分析两种技术和文化的竞争(Chen,1987)。

$$\frac{dn_1}{dt} = k_1 n_1 (N_1 - n_1 - \beta n_2) - r_1 n_1 \left(1 - \frac{a_1 n_1}{N_1}\right) \quad (2\text{-}8a)$$

$$\frac{dn_2}{dt} = k_2 n_2 (N_2 - n_2 - \beta n_1) - r_2 n_2 \left(1 - \frac{a_2 n_2}{N_2}\right) \quad (2\text{-}8b)$$

其中,n_1 和 n_2 分别是技术(物种)1 和 2 的使用者数量。为简单起见,我们只讨论完全竞争下 $\beta=1$ 的最简单情况。

我们可以用类似解方程(2-2)的方法,来解方程(2-8)。其技术 1 完全替代技术 2 的条件由式子(2-9a)给出,而两种技术共存的条件如(2-9b)式所示:

$$C_2 > \frac{\left(1 - \frac{a_2 r_2}{k_2 N_2}\right)}{\beta} C_1 \tag{2-9a}$$

$$\frac{\beta}{\left(1 - \frac{a_1 r_1}{k_1 N_1}\right)} < \frac{N_2 - \frac{r_2}{k_2}}{N_1 - \frac{r_1}{k_1}} < \frac{1}{\beta}\left(1 - \frac{a_2 r_2}{k_2 N_2}\right) \tag{2-9b}$$

2.4.4 环境涨落的影响

接下来的任务是研究环境涨落(environmental fluctuations)对系统稳定性的影响。研究随机扰动下非线性动态系统的稳定性问题,可以解郎之万(Langevin)方程与福克-普朗克(Fokker-Planck)方程(May,1974;Chen,1987,2010)。在这里我们只考虑一个简单的例子,即随机扰动只加在某种技术所决定的资源限制的幅度 N 上,例如 N 变为 $(N \pm \sigma)$。实现的均衡规模 X_m 随着环境涨落的幅度变化,我们用方差(σ^2)的大小来刻画环境涨落的幅度。

当

$$\sigma < \sigma_c = \sqrt{\frac{2N}{k}\left(1 - \frac{r}{kN}\right)} \tag{2-10a}$$

我们有:

$$X_m = N \frac{\left(1 - \frac{r}{kN} - \frac{k\sigma^2}{2N}\right)}{\left(1 - \frac{ra}{kN}\right)} \tag{2-10b}$$

当

$$\sigma > \sigma_c = \sqrt{\frac{2N}{k}\left(1 - \frac{r}{kN}\right)} \tag{2-10c}$$

我们有:

$$X_m = 0 \tag{2-10d}$$

由公式(2-10b)可以看出,假如存在人口规模生存的临界值,则集体主义在外部冲击下的生存机会更好,因为它比个人主义的人口规模更大。

公式(2-10c)还告诉我们,环境涨落会降低平衡态的资源限制。公式(2-10d)显示的是,当波动幅度超过临界值时,该技术(物种)将会灭亡。这就是为什么历史上的古老文明会因自然灾害或战争而消失。经济发展需要社会稳定。

如果考虑许多技术(物种)都面临环境涨落,我们会意识到生物多样性的重要性。区域专业化生产等价于提高风险的集中度。农业的规模生产增加了化肥和农药的应用。换言之,发展范围经济才有助于维护生物的多样性。这是我们的物种竞争理论和新古典经济学的优化理论的重大差别。新古典经济学片面强调规模经济的经济效益,演化经济学强调规模经济和范围经济之间的辩证关系。因为短期的经济效益不等于生物多样性的生态可持续性。片面追求货币财富会最终毁灭地球的生态财富。

2.4.5 稳定性与多样性之间的权衡关系和一般斯密定理

考虑多种技术共存时的更一般的情况,增加技术的种类数会降低系统的稳定性(May,1974)。在多样性和稳定性之间存在"鱼与熊掌不可兼得"的权衡关系。斯密没有意识到科学和技术的重要性在于引入新的资源和新的市场,因为他所处的时代工业革命才刚起步。我们(Chen,2005,2010)提出一个更一般的斯密定理,表述为:

> 分工受市场范围(资源约束)、生物多样性(资源种类数目)和环境涨落(社会稳定性)的限制。

我们可以比较新古典经济学与演化经济学的不同演化观。新古典增长模型用线性随机动态学方法建模,得到的是单向演化过程:要么收敛(例如外生增长论的模型),要么发散(例如内生增长论的模型)。我们的非线性演化动态学的分工模型展示的是双向演化(或叫共生演化)过程:当环境涨落小,技术创新发现的新资源不断增加时,分工系统会从简单向复杂演化,这是过去工业革命三百年间观察到的发展趋势;当环境涨落大,战争与灾害频繁,技术进步停滞时,分工的趋势会从复杂变为简单,中世纪罗马帝国瓦解后的欧洲就是如此。即使在当今时代,工业社会、传统社会与原始部落依然可能并存,原因在于人口、环境和技术之间的相互作用。换言之,新古典经济学描述的是封闭优化过程中的单向演化过程,因此才会对现代化有"普世价值"的信仰。演化经济学观察到的是开放竞争下系统多样演化的过程,因此社会的经济发展不能超越生态环境的约束。这是当代资本主义危机最沉痛的教训。

2.4.6 个人主义与集体主义的竞争格局和熊彼特创造性毁灭的动态图景

西方经济学有一种流行观念,认为个人主义比集体主义优越,因为个人主义在技术竞争上更具创新性。问题是,完全竞争条件下存在如下三种而非一种可能性:

(1) 两个族群都是个人主义。依据方程(2-9b)，两种个人主义的族群可以共存。个人主义族群之间的竞争会提高系统的多样性。古希腊和文艺复兴时期的意大利城邦就是典型的例子。

(2) 两个族群都是集体主义。基于方程(2-9b)，两个集体主义族群不能共存。唯一的结果是一个取代另一个。这就是中国历史上农民战争和朝代更迭(dynastic cycles)的故事。因此，完全的集体主义社会难以发展出分工。

(3) 个人主义与集体主义竞争。这是竞争不确定性博弈的一般情况。这是集体主义族群与个人主义族群的混合经济。一个有趣的特征是，混合系统较之两个个人主义组成的自由化系统更具稳定性。这一结论可以推广至两个以上族群的情况。比较盎格鲁—撒克逊的两党制与欧洲大陆的多党制，就会发现保守与自由的两党制格局比多党制稳定。我们的文化竞争模型比新古典模型更具丰富的文化多样性。

当个人主义族群与集体主义族群竞争时，会产生什么结果？两者可能共存，也可能一个取代另一个族群，竞争结果取决于它们的资源限制、学习能力和文化因素。对于这种情况我们要多讨论一下。

如果两个族群具有相同的资源($N_1 = N_2$)，那么，集体主义族群会取代个人主义族群。如果我们比较方程(2-8a)和(2-3a)，即使 $C_1 \leqslant C_2$，当 $\beta \approx 1$，且 $0 < \alpha_2 \approx 1$ 时，集体主义的后来者也可能击败个人主义的领先者。日本和中国分别于20世纪70年代和21世纪10年代追上西方国家的历史可以证实我们的分析。因为集体主义文化可以在赶超博弈(catching-up game)中集中资源来击败竞争对手。产业政策的成败取决于政府动员战略资源用于新兴技术的能力，这是赶超博弈中模仿性学习的典型做法。

相比之下，个人主义的生存战略在于探索更大的资源或学习得更快。如果我们将企业家精神视为风险追求的文化，我们可以得到与熊彼特(Schumpeter, 1939)类似的结论：社会主义(集体主义)与资本主义(个人主义)之间的竞争中，资本主义的生存在于创造性毁灭的机制。一旦创新无法发现新的更大的资源，个人主义族群将在现有市场上输给集体主义。我们观察到的经济中心兴衰变迁的图景，和内生增长理论截然不同。内生增长理论梦想先行者会永远统治后来者，这种持续的贫富分化历史上并不存在。如果我们有相关的数据，我们的学习策略模型同样可以用来研究军备竞赛和公司战略。

2.5 方法论和哲学问题

在方法论和哲学上有几个问题需要讨论。凯恩斯(Keynes, 1936)曾经指出：

> 古典理论家如同一个非欧几何世界中的欧氏几何学者,他们从经验上观察到看来平行的直线经常相交,就指责这些直线没有走对,他们以为这是治疗这些偶然事件的唯一方案。但实际上,更好的方案是放弃欧氏几何的平行线公理,转而采用非欧几何。除此之外再无其他纠正的方案。对于经济学来说也必须进行类似的变革。

换言之,凯恩斯主张经济学的范式变革,只有这样才能解决理论脱离实际的矛盾。

我们提出的人口动态学就是可以取代新古典经济学优化方法的理论框架。这一范式转变将引发一系列的革命性变革。下面我们分别加以讨论。

2.5.1 实体经济和货币经济

新古典增长理论是一个以资本和人口为经济增长驱动力的货币系统。我们的人口动态学是资源和人口在经济增长中发挥关键作用的实体系统。理论问题在于实体与虚拟(货币)经济之间的关系。

我们和真实经济周期(real business cycle,RBC)学派的分歧在于技术变革的本质。真实经济周期学派把技术进步描述为没有资源限制的随机游走(Kydland and Prescott,1982),而我们把技术进步描述为资源约束下的逻辑斯蒂小波。

历史上,古典经济学的核心概念从土地、人口和资本的研究开始。但新古典经济学的发展使经济理论的虚拟化变本加厉。2008年金融危机的重要教训是,发达国家虚拟经济过度扩张是极为危险的(Johnson,2009;Chen,2010)。依据国际清算银行(Bank of International Settlement)的数据,2012年10月全球衍生市场规模达632.6万亿美元,接近全球生产总值的9倍或美国GDP的40倍。经济理论的虚拟化与美国经济的虚拟化之间,存在危险的关联。

2.5.2 均衡和非均衡的经济机制

最优化方法只能用于封闭经济的均衡系统。这是内生增长理论一般均衡模型的根本问题,因为封闭系统不可能刻画知识积累。在新古典经济学中,价格是形成市场均衡的核心机制。问题是微观经济学的一般均衡模型中的优化条件是代表企业的均衡利润为零。这意味着资本在均衡条件下不能增值。显然,微观经济学的一般均衡理论和宏观经济学的增长理论是互相矛盾的。新古典经济学的微观理论和宏观理论互相矛盾,也就无法解释,为什么技术进步不能保证资本积累。在真实世界的技术进步中，我们往往观察到熊彼特所说的资本的"创造性毁灭"，如果旧技术被新技术淘汰，资本积累的过程就会出现中断或大幅波动，而不会平稳增长(Chen, 2002)。

我们的代谢增长论没有把价格因素引入人口动态学。理由是市场份额竞争是非均衡的系统，不存在唯一的（线性）价格。我们在前文逻辑斯蒂小波四阶段中指出，利润机会主要存在于第二阶段的成长期。然而，利润指标的选择是短期利润与长期市场份额之间的战略权衡。在未来市场份额和竞争者战略未知的条件下，我们无法计算利润的最优值。这就是为什么远见(vision)和战略在技术竞争上远比成本—利润的考虑重要，因为技术变革的不确定性和机遇是密切相关的。只有急功近利之徒才会相信短期利润最大化是求胜之道。资本损失主要发生在衰退期的第四阶段。2008年金融危机的损失估计远超10万亿美元。新古典理论资本增长的平稳图景，用线性均衡的视角抽象掉了技术进步的不确定性。我们的理论对于企业行为的理解，比新古典模型现实得多。换言之，现实经济没有任何案例可以证明新古典经济学宣称的"边际成本定价"。相反，大量战略定价和营销实践的案例支持我们分析市场份额竞争的理论框架(Shaw, 2012)。

另一个均衡陷阱的例子是前美联储主席本·伯南克倡导的所谓"再平衡"战略。中国以非均衡战略应对2008年金融危机远比发达国家有效。非均衡发展的方法是大规模投资基础设施，例如投资高速铁路、新能源和新材料等新技术。美国国会拒绝任何结构改革，一心一意地依赖美联储印钞来给病入膏肓的经济输血而非造血。欧盟和日本用紧缩财政政策和货币政策处理债务危机，长期效果有待观察。

新古典经济学和凯恩斯主义经济学都很少关注经济结构。储蓄投资理论中向下倾斜的IS曲线在开放经济的非均衡条件下是不成立的。在全球化时代，如果降低利率，将有三种而非一种可能：第一种可能是在有增长前景的健康经济体中，降低利率将增加投资和生产；第二种可能是在经济前景不确定的动荡经济体中，投资者宁可持有现金或还债，也不敢投资；第三种可能是在继续衰退的经济体中，低利率会导致资本外逃，流向有更高回报前景的外国经济。现实经济中哪有新古典经济学的简单线性决定论的关系？我们(Chen, 1996, 2005, 2008)早就从宏观和金融的指数运动中发现了色混沌(color chaos)的广泛证据，证明了经济体的运动是高度复杂的非线性运动。新古典宏观经济学的IS-LM体系所刻画的线性因果关系，实质是在具有经济复杂性的非均衡世界中，用欧氏几何构造的均衡幻象，在非欧几何的世界中并不存在(Chen, 2010)。

2.5.3 线性和非线性的思维方式

线性思维是新古典增长模型的普遍特征。索洛不仅清楚这一症状,还知道新古典增长理论的病因(Solow,1994)。例如,规模报酬递增导致爆炸式增长的经济(explosive economy),而规模报酬递减将产生收敛趋势。问题是历史数据没有出现如此简单的线性发展趋势。Aghion and Howitt(1992)的创造性毁灭模型假设每项创新都会毁灭先前的技术;实际上,很多创新是对早先技术的补充。"干中学"模型干脆忽略研发(R&D)的重要性。新古典经济学模型的共同缺陷在于简单化的线性思维。如果我们引入非线性的思维方式,即使采用最简单的逻辑斯蒂模型,所有新古典增长模型的麻烦也会迎刃而解。例如,熊彼特的创造性毁灭并不意味着新旧技术无法并存。如果竞争参数较小,技术竞争将会产生互补的作用。

所有技术或产业都有其生命周期,更准确的数学表象是小波(wavelet),典型的例子是海上的每个浪头都是有生有灭的小波。例如我们考察发达国家的纺织业,它们无疑是处于成熟期的阶段。如果你继续在发达国家投资纺织业,资本报酬当然是递减的;但是如果你投资亚洲的纺织业,就可能获得递增的资本报酬。在20世纪七八十年代,随着低技术从先进国家向落后国家的转移,资本回报率呈现下降的收敛趋势。然而,90年代电脑和互联网产业在西方的兴起改变了国际资本的流向,对外直接投资转回发达国家,以追逐新技术在增长期出现的资本回报递增的机遇。我们在90年代观察到富国与穷国间重新呈现两极化的发散趋势。为什么中国内地在20世纪90年代和21世纪初能在制造业迅速追上亚洲"四小龙"? 基本原因在于中国内地的经济规模和市场规模远远大于亚洲"四小龙"和其他东亚经济体。

新古典增长理论关于经济增长的政策令人困惑。外生增长理论强调人口增长和资本积累的作用,内生增长理论更强调知识资本。这些理论都未能明白,这些因素其实都是双刃剑。超过适度的增长范围,人口、资本或知识的增长不一定能促进经济的健康成长。下面我举两个亲身观察的例子。

2013年夏天我访问埃及时发现,中东当时的社会动乱根源在阿拉伯国家人口的高速增长,而同时粮食供给不足,造成知识青年的高失业率。埃及人口增长率四倍于中国,但GDP增长率仅为中国的四分之一。早从罗马帝国开始,埃及就是向欧洲出口的粮食生产基地,而现在埃及却成为美国的粮食进口大国。按照新古典经济学的增长理论,埃及的高人口增长率和高教育普及率加上自由贸易政策,应该导致经济的繁荣。但是实际上埃及的市场经济并没有克服埃及经济的结构性问题。原因是埃及并未像中国那样投资计划生育和农田灌溉工程,尼罗河水的利用率很低。无论是埃及的军事政权还是民选政府,都无法在短期内解决人口和资源的矛盾问题。新古典经济学忽视人口与资源的约束关系,在实践上导致了社会动乱的严重后果。不解决粮食问题,搞什么民主或军事专制,都不能解决民生问题。宗教矛盾只是表面现象。

美国经济则面临另一个问题。新古典内生增长理论广为宣传的知识积累和教育水平并未提高美国产业的国际竞争力。依据美国中央情报局(CIA)的数据,美国、英国和西班牙的平均教育年限是17年,德国是16年,中国和埃及是12年。依据内生增长理论,你会预期美国的制造业比德国与中国更有竞争力。然而,苹果公司前CEO史蒂文·乔布斯生前在2011年当面直率地告诉奥巴马,美国制造业无法与中国竞争,苹果公司设计的产品不得不外包到中国生产,原因是美国教育不再大规模培养制造业短缺的中级工程师(Barboza et al.,2012)。中国也曾面临技术工人和技术人员短缺的问题。中国政府的解决办法是引进德国的技术教育体系,不完全照抄美国的高等教育体制,才有中国制造业的崛起。

换言之,经济学中,知识结构比知识总量更重要。在增长理论中引入非线性的互动机制来取代新古典的单向作用机制,我们才能制定更好的经济政策,来实现经济增长和民生改善。

2.5.4 理论模型与计算机模拟

理论模型与计算机模拟是两种常用的理论研究方法,但是两者在方法论上有很大差别。理论建模的目标在于从大量观察中抽象出一般的特征,其代价在于要牺牲掉若干次要的细节;然而,计算机模拟的目标与理论建模相反,计算机模拟特定对象的细节越多越好,所付的代价是难以推广至其他的对象。换言之,理论追求结论的普遍性和一般性,而计算机模拟追求具体性和特殊性。

就方法论而言,我们的市场份额竞争模型构造的是一般性的理论框架,而系统工程学和计量经济学则是两种不同的计算机模拟方法(Forrester,1961;Meadows et al.,2004)。计算机模拟的竞争用经验数据的拟合程度来检验。科学理论的竞争用可控制的实验来检验。经济学中,可控实验的规模和范围受到经费的限制。所以,历史上经济学派不同思路的检验主要靠历史事件或历史趋势来定优劣。举例言之,大萧条动摇了"看不见的手"即自稳定市场的信念,凯恩斯经济学得以崛起并取代古典经济学成为英美的主流经济学。卢卡斯的微观基础和理性预期理论流行于20世纪70年代的滞胀时期,但2008年的金融危机给其重大打击。

外生增长理论于20世纪50年代赢得大量关注,那是第二次世界大战后美国的黄金时代。内生增长理论在互联网兴起时诞生,引发所谓新知识经济的热潮。美国干预中东战争陷入困境和 2008 年金融危机,使大家注意到全球化时代依然有许多国家处于贫困陷阱,人们开始质疑经济增长的收敛论和发达经济体的可持续性。我们的代谢增长论是把经济学和世界史的新思维,用数理模型来加以表述。就世界观而言,我们对当代问题的观点更接近人类学家和历史学家的观察:气候和环境的变化塑造了不同文明的历史。这也是达尔文和马克思的历史观。

2.6 结论

技术进步和资源开放是工业经济成长的动力。如何理解技术、资源和人口之间的动态互动,是经济学和历史学研究的根本问题。新古典经济学的内生和外生增长理论都将抽象的资本视为经济增长的动力,忽略了资源的决定性作用。在这一点上,新古典增长理论和斯密、马尔萨斯等古典经济学家的理论相比,在数学形式上似乎引入优化论的进步,但在经济思想上是一大倒退。因此,新古典经济学的增长理论很难理解发展机制、环境危机和反复出现的经济周期。

2008 年的金融危机中,没有结构改革的货币政策与财政政策对发达国家的危机处理效果不大。中国和新兴经济体的崛起主要来自技术进步和结构调整(Chen,2010)。经济周期波动和世界格局变化的主要原因是技术小波的影响。市场心理和货币运动对实体经济的影响是次要因素。这是 2008 年大衰退留给我们的主要教训,和 20 世纪 30 年代大萧条的教训有很大不同。凯恩斯、哈耶克和弗里德曼经济理论的共同局限在于,它们都忽视了技术革命浪潮的冲击会改变全球竞争的格局,以及经济强权的兴衰。

我们从人口动态学出发的研究回归到斯密和马尔萨斯的核心思想,即劳动分工受市场规模和资源承载力的限制。这也是现代化和当代生态危机的基本教训。非线性人口动态学可以替代经济动态学的理论框架。我们的以下几个工作突破了新古典增长理论的局限:

第一,工业化可以描述为新资源和新市场的系列发现。物质财富同时取决于规模经济(资源承载力)和范围经济(资源种类数目)。因此,人类社会的物质财富与生物多样性密切相关。不加节制的自由资本主义最大的后果,是破坏了地球几亿年积累起来的生态资源,最终可能危及人类的生存。

第二,熊彼特长达几十年的长波(也叫康德拉季耶夫周期)和创造性毁灭的创新过程都可以由人口动态学中技术小波的起落来描写(Schumpeter,1934,

1939，1950)。我们从宏观与金融指数的增长波动中观测到,非线性增长趋势和不规则增长波动的叠加可以解释为逻辑斯蒂小波的包络线(Prigogine et al.，1977),这使我们能在产业兴衰的技术小波和宏观总量的经济波动之间建立起联系。换言之,我们找到了宏观波动的中观产业基础。

第三,我们发现结构性失业源于技术竞争造成的产能过剩。我们的经济周期理论和理性预期学派的微观基础模型完全不同。卢卡斯把失业看成工人在工作与闲暇之间的自愿选择,把凯恩斯经济学的非均衡失业看成新古典宏观经济学的一般均衡现象,政府政策对改善失业没有效果(Lucas,1981)。我们的分析否定了微观基础论,因为微观涨落的简单加总的结果,要比观察到的宏观涨落小得多。显然,存在中观(金融)层面的产业结构,放大了宏观的涨落。哲学上讲,就是还原论的失败,因为整体大于部分之和,而非等于部分之和(Chen,1996,2002)。我们发现结构性失业的另一个来源是生物多样性的减少,而生物多样性是实现充分就业和可持续发展的必要条件。

第四,我们更好地理解了知识的本质和经济增长的非线性规律。新古典经济学的外生增长理论把技术进步视为一系列的随机扰动。新古典经济学的内生增长理论宣称知识增长是简单的积累过程。我们揭示出知识发展新陈代谢的本质,也就是知识不是如文史资料般简单地积累,而是如生命组织般处于不断的新陈代谢之中。例如,人的容颜表面上看来似乎不变,但其实每个皮肤细胞都处于生老病死的过程。17世纪的数学几何图形占领导地位,到计算机出现以后,解析几何和数值计算作图完全改变了几何学的地位。可以说,是科学革命造就了现代的技术。科学思维的范式变革和间断性的技术发展(Kuhn,1962)表明,科学和技术发展的方式像小波的兴衰。小波运动的特点和新古典模型的随机游走完全不同。随机噪声没有频率和周期的特点,而小波可以描述任何生命体和经济体的生老病死的变化,即常说的生命周期。而随机噪声是没有生命的背景涨落。从非线性的视角出发,我们能够看到技术生命周期中不同阶段动态的收益变化,并理解组织和制度的共生演化。

第五,我们把文化因素引入学习竞争。风险追求的个人主义和风险规避的集体主义是市场份额竞争下不同的竞争策略。历史上不同的分工模式的形成和资源约束与文化差异都有关系。世界文化的多样性来源于生存环境的多样性。这是新古典经济学宣扬的普世价值论和演化经济学倡导的多元价值论不同的原因。新古典经济学的实质是把英美文化的特殊经验夸大为人类社会的普遍经验。但是新古典经济学的世界观违背了达尔文生物演化论的基本观念。

第六,我们发展了一般斯密定理。斯密所处的时代,工业革命刚刚开始,他只注意到分工受市场规模的限制。当代的历史经验让我们认识到分工受市场规模、资源种类和环境波动的三重限制。新古典经济学单纯强调稳定性的作用。我们发现系统稳定性和系统复杂性之间存在"鱼与熊掌不可兼得"的权衡取舍关系。经济演化是双向演化的动态过程，其发展方向是非均衡的多样，而不是均衡下的趋同。

第七，我们提出的复杂演化动态学，为建立经济学的统一理论奠定了基础。新古典经济学的各个分支是互相矛盾的，因为新古典经济学家企图用线性理论来描述非线性的现象，结果是静态的微观经济学没有产品的创新和生命周期，仅有加总而没有结构的宏观经济学无法应对结构性的经济危机，基于布朗运动的金融经济学排除了金融危机的可能性，只讲交易不讲组织的新制度经济学难以理解混合经济的不同组织产生和演化的规律。我们注意到没有动态价格方程的微观经济学无法理解利润率的变化，封闭的宏观经济学无法理解国际竞争对一国经济政策的制约，基于无套利机会的金融理论实际上为金融投机挤出实体经济打开大门，新制度经济学也难以理解市场经济内生的不稳定性和政府在混合经济中的作用。我们指出新古典经济学的优化框架不适用于工业经济，因为汉密尔顿函数的优化理论只对封闭系统成立。而工业化和现代化的本质是开放系统中开发资源的竞争过程，创新的不确定性无法用已有技术下的优化策略来处理。新古典经济学流行的基本概念，例如完全信息、理性预期、噪声驱动周期、零交易费用、无限寿命、IS 曲线、长期均衡和无限增长等，都违反了物理学基本定理，是现实不存在的乌托邦 (Chen, 2005, 2007, 2008, 2010)。因为人是具有生命周期和相互影响的社会动物，理性人的概念和人的社会性不能兼容，我们建立非线性振子模型来刻画宏观经济中观察到的色混沌和复杂周期 (Chen, 1987, 1996)；我们用生灭过程来处理宏观与金融的随机涨落 (Chen, 2002)；我们用逻辑斯蒂竞争模型来刻画代谢增长 (Chen, 1987)；我们发展的人口动态学模型可以处理开放经济的经济耗散系统。小波表象和非线性振子模型是我们构建经济学统一理论的基石，我们用统一的演化经济学视角讨论微观、中观、宏观和制度经济学的复杂演化动态学行为。新兴的复杂科学对研究非线性动态学和非均衡机制提供了新的工具 (Nicolis and Prigogine, 1977; Prigogine, 1980, 1984)。这些工具对经济发展和社会演化的理解是重大的突破。

以哈耶克为代表的演化经济学家们一度认为，经济演化太复杂了，所以很难用数学语言把演化论思想模型化 (Mirowski, 1989)。这一观念在复杂科学时代不复存在。新古典经济学理论缺乏历史观念，因为他们的模型是线性和均衡的。真实的历史发展可以用非线性和非均衡的动态学描述。研究的关键是建立理论与观察之间的联系。

参 考 文 献

[1] Aghion, P., P. Howitt, A model of growth through creative destruction, *Econometrica*, 1992, 60(2), pp. 323-351.

[2] Aghion, P., P. Howitt, *Endogenous Growth Theory*, MIT Press, Cambridge, 1998.

[3] Arrow, K. J., G. Debreu, "Existence of an Equilibrium for a Competitive Economy", *Econometrica*, 1954, 22(3), pp. 265-290.

[4] Arrow, K. J., "The Economic Implications of Learning by Doing", *Review of Economic Studies*, 1962, 39, p. 155.

[5] Arthur, W. B., *Increasing Returns and Path Dependence in the Economy*, University of Michigan Press, MI: Ann Arbor, 1994.

[6] Ayres, R. U., "Technological Transformations and Long Waves", *International Institute for Applied Systems Analysis*, Austria: Laxenburg, 1989.

[7] Barboza, D., P. Lattman, and C. Rampell, "How the U. S. Lost out on iPhone Work", *New York Times*, 2012, Jan. 21, Jan. 24.

[8] Browning, M., T. F. Crossley, "The Life-cycle Model of Consumption and Saving", *Journal of Economic Perspectives*, 2001, 15(3), pp. 3-22.

[9] Chen, P., "A Random Walk or Color Chaos on the Stock Market? Time-frequency Analysis of S&P Indexes", *Studies in Nonlinear Dynamics & Econometrics*, 1996, 1(2), pp. 87-103.

[10] Chen, P., "Complexity of Transaction Costs and Evolution of Corporate Governance", *Kyoto Economic Review*, 2007, 76(2), pp. 139-153.

[11] Chen, P., *Economic Complexity and Equilibrium Illusion: Essays on Market Instability and Macro Vitality*, Routledge, London, 2010.

[12] Chen, P., "Equilibrium Illusion, Economic Complexity, and Evolutionary Foundation of Economic Analysis", *Evolutionary and Institutional Economics Review*, 2008, 5(1), pp. 81-127.

[13] Chen, P., "Evolutionary Economic Dynamics: Persistent Business Cycles, Disruptive Technology, and the Trade-off Between Stability and Complexity", in K. Dopfer ed., *The Evolutionary Foundations of Economics*, Cambridge University Press, Cambridge, 2005, Chapter 15, pp. 472-505.

[14] Chen, P., "Microfoundations of Macroeconomic Fluctuations and the Laws of Probability Theory: The Principle of Large Numbers vs. Rational Expectations Arbitrage", *Journal of Economic Behavior & Organization*, 2002, 49, pp. 327-344.

[15] Chen, P., "Needham's Question and China's Evolution—Cases of Non-equilibrium Social Transition", in G. Scott ed., *Time, Rhythms and Chaos in the New Dialogue with*

Nature, Iowa State University Press, Iowa: Ames, 1990, Chapter 11, pp. 177-198.

[16] Chen, P., "Origin of the Division of Labor and a Stochastic Mechanism of Differentiation", *European Journal of Operational Research*, 1987, 30, pp. 246-250.

[17] Daly, H., J. Farley, *Ecological Economics: Principles and Applications*, Island Press, 2010.

[18] Darwin, C., *On the Origin of Species, by Means of Natural Selection, or the Preservation of Favoured Races in the Struggle for Life*, 1st ed., London: John Murray, London, 1859.

[19] Dasgupta, D., *Modern Growth Theory*, Oxford University Press, Oxford, 2010.

[20] David, P. A., "Clio and the Economics of QWERTY", *American Economic Review* (Papers and Proceedings), 1985, 75, pp. 332-337.

[21] Day, R. H., "Irregular Growth Cycles", *American Economic Review*, 1982, 72, pp. 404-414.

[22] Eliasson, G., *The Birth, the Life and the Death of Firms*, The Ratio Institute, Stockholm, 2005.

[23] Forrester, J. W., *Industrial Dynamics*, MIT Press, MA: Cambridge, 1961.

[24] Georgescu-Roegen, N., *The Entropy Law and Economic Process*, Harvard University Press, MA: Cambridge, 1971.

[25] Goodwin, R. M., "A Growth Cycle", in C. H. Feinstein ed., *Socialism, Capitalism and Economic Growth*, Cambridge University Press, MA: Cambridge, 1967.

[26] Johnson, S., "The Quiet Coup", *Atlantic*, 2009, 303(4), pp. 46-56.

[27] Keynes, J. M., *The General Theory of Employment, Investment, and Money*, Macmillan, London, 1936.

[28] Kikuchi, M., "Creativity and Ways of Thinking: The Japanese Style", *Physics Today*, 1981, 34, pp. 42-51.

[29] Knight, F. H., *Risk, Uncertainty and Profit*, Sentry Press, New York, 1921.

[30] Kuhn, T., *The Structure of Scientific Revolutions*, University of Chicago Press, Chicago, 1962.

[31] Kurz, H. D., *Innovation, Knowledge, and Growth: Adam Smith, Schumpeter, and Moderns*, London: Routledge, 2012.

[32] Kydland, F. E., *Business Cycle Theory*, E. Edgar, 1995.

[33] Kydland, F. E., E. C. Prescott, "Time to Build and Aggregate Fluctuations", *Econometrica*, 1982, 50(6), pp. 1345-1370.

[34] Lucas, R. E. Jr., "On the Mechanics of Economic Development", *Journal of Monetary Economics*, 1988, 22, pp. 3-42.

[35] Lucas, R. E. Jr., *Studies in Business-cycle Theory*, Cambridge: MIT Press, 1981.

[36] Maddison, A., *Chinese Economic Performance in the Long Run*, OECD, Paris, 1998.

[37] Maddison, A., *The World Economy: A Millennial Perspective/Historical Statistics*, OECD: Development Center Studies, 2007.

[38] Malthus, T. R., *An Essay on the Principle of Population*, London, 1798.

[39] May, R. M., *Stability and Complexity in Model Ecosystems*, Princeton University Press, NJ: Princeton, 1974.

[40] Meadows, D. H., J. Randers, D. L. Meadows, *Limits to Growth: The 30-year Update*, Chelsea Green, 2004.

[41] Menzies, G., *1421: The Year China Discovered the World*, Morrow, 2002.

[42] Mirowski, P., *More Heat than Light*, Cambridge University Press, Cambridge, 1989.

[43] Modigliani, F., "Life-cycle, Individual Thrift, and the Wealth of Nations", *American Economic Review*, 1976, 76(3), pp. 297-313.

[44] Morris, I., *Why the West Rules—for Now*, Farrar, New York, 2010.

[45] Needham, J., *Science and Civilization in China*, Vol. I, Cambridge University Press, Cambridge, 1954.

[46] Nicolis, G., I. Prigogine, *Self-organization in Nonequilibrium Systems*, Wiley, New York, 1977.

[47] Pianka, E. R., *Evolutionary Ecology*, 6th Ed. Benjamin Cummings, 1983.

[48] Pomeranz, K., *The Great Divergence: China, Europe, and the Making of the Modern World Economy*, Princeton University Press, Princeton, 2000.

[49] Prigogine, I., *From Being to Becoming: Time and Complexity in the Physical Sciences*, Freeman, San Francisco, 1980.

[50] Prigogine, I., M. A. Peter, R. Herman, "Long Term Trends and the Evolution of Complexity", in E. Laszlo ed., *Goals in a Global Community: A Report to the Club of Rome*, Pergamon Press, Oxford, 1977.

[51] Prigogine, I., *Order Out of Chaos*, Bantam, New York, 1984.

[52] Romer, P. M., "Increasing Returns and Long-run Growth", *Journal of Political Economy*, 1986, 94, pp. 1002-1038.

[53] Rostow, W. W., *The Stages of Economic Growth*, 3rd ed., Cambridge University Press, Cambridge, 1990.

[54] Samuelson, P. A., "Generalized Predator-prey Oscillations in Ecological and Economic Equilibrium", *Proceeding of National Academy of Sciences* (USA), 1971, 68(5), pp. 980-983.

[55] Schumpeter, J. A., *Business Cycles: A Theoretical, Historical, and Statistical Analysis of the Capitalist Process*, McGraw-Hill, New York, 1939.

[56] Schumpeter, J. A., *Capitalism, Socialism and Democracy*, 3rd ed., Harper, New York, 1950.

[57] Schumpeter, J. A., *The Theory of Economic Development*, Harvard University Press, Cambridge, 1934.

[58] Shaw, E., "Marketing Strategy: From the Origin of the Concept to the Development of a Conceptual Framework", *Journal of Historical Research in Marketing*, 2012, 4(1), pp. 30-55.

[59] Simon, H. A., "Altruism and Economics", *American Economic Review*, 1993, 83(2), pp. 156-161.

[60] Smith, A., *The Wealth of Nations*, Liberty Classics, Indianapolis, 1776.

[61] Solow, R. M., "Perspectives on Growth Theory", *Journal of Economic Perspectives*, 1994, 8(1), pp. 45-54.

[62] Solow, R. M., "Technical Change and the Aggregate Production Function", *Review of Economics and Statistics*, 1957, 39(3), pp. 312-320.

[63] Stigler, G. J., "The Division of Labor is Limited by the Extent of the Market", *Journal of Political Economy*, 1951, 59, pp. 185-193.

[64] Toffler, A., *The Third Wave*, William Morrow, New York, 1980.

[65] Vernon, R., "International Investment and International Trade in the Product Cycle", *Quarterly Journal of Economics*, 1966, 80(2), pp. 190-207.

[66] Wallerstein, I., *The Modern World System I, Capitalist Agriculture and the Origin of the European World-economy in the Sixteenth Century*, Academic Press, New York, 1974.

第 2 部分
历史的观察与启示

科学理论的发展历程可以概括为"观察—理论—检验"三个阶段。本文集第 2、第 3、第 4 部分收录的文章,反映了代谢增长论走过的三个历史阶段。

第 2 部分"历史的观察与启示"收录的文章属于经验观察的第一阶段,是 1967—1974 年间的研究札记,在 1978—1982 年间陆续发表,只有第一篇文章发表于 1996 年。

历史上的经济史研究多数从哲学思想史或政治军事史出发。笔者的研究从科学史出发,有两个原因。一是笔者是学物理出身,毕业后先后在铁路和科学院工作,自始至终对理论物理的基本问题感兴趣,利用业余时间思考中国科学落后的原因,是自然而然的事情。二是笔者通过物理学的训练,认识到中国文人传统的感想模式的思维有很大局限,于是循序渐进,从科学史、技术史、科技政策史,到古代和近代的经济史,做中西方的比较研究,用归纳和分类的办法探索科技和分工发展的一般规律,然后识别中国和西欧分工演化模式异同的主要特征,为后来的理论建模奠定经验基础。

遗憾的是,原来完整的科学史部分的稿件被编辑部遗失,科技政策史的部分内容和结论被编辑删去。调查 1500 名科学家和发明家的文献出处也没有发表。只有技术史的部分完整保留。当时在四川能找到的文献,包括 1947 年版的大英百科全书,英文的科学家与发明家词典,1958—1974 年的主要科学杂志和国内的科技情报杂志,以及国内出版的中国通史。

在第 2 部分中,第 3 章是本部分的引论,第 4—6 章是关于科技史的研究,第 7—11 章是关于经济史的研究。

应当说明的是,2014 年林毅夫出版的《新结构经济学》在新古典经济学的框架内复活了经济结构的概念。① 我们有必要比较一下常用的经济结构说法的不同含义。

严格来说,古典经济学和新古典经济学的基础是均衡论。均衡本身的含义就是趋同,也即差别和结构的消失和瓦解。原因是古典经济学和新古典经济学是从市场交易的商人角度观察世界。不同个人、不同国家,以及个人与国家之间的交易关系,在理想化的条件下是对等的(科学的说法是对称的),只有这样才可能有均衡价格。否则,交易者之间出现位势的差别,例如水往低处流,人往社会地位的高处走,就会出现差异,差异大了而且持续化,才有结构。物理学、生物学的结构如此,社会结构也如此,前提必须是非均衡结构。换言之,只要不修改新古典经济学的均衡范式,新古典经济学是没有结构存在的空间的。新古典经济学只有生产要素,即土地(资源)、劳力(人口)、资本(资产)三要素。相比之下,我们提出的经济结构,是指农业的生态技术结构(粮、牧、林、渔、果等产业)和工业的部门结构(工具机、传输机、控制机、能源、材料等部门)。林毅夫强调的是发达国家和发展中国家的要素比例不同,即发展中国家劳力多,所以劳动价格便宜;发达国家资本多,所以资产价格便宜。发展战略如果利用价格的国际比较优势,例如劳力众多的国家发展劳力密集的轻工业,难度远低于发展资本密集的重工业和高科技行业。这对穷国小国的起步阶段有道理,其前提是发达国家对发展中国家开放市场,如果大国发展重工业的目的是改变国际竞争的不利地位,目标不是谋利,而是谋求国家的独立和主权,则比较优势战略就得改为自主发展战略。后起的工业化国家,包括德国、苏联、中国、韩国,都是如此。

我在"文化大革命"期间思考的李约瑟问题,关心的是资本主义以前的社会,尤其是中国和西欧,两者的土地面积大致相当,为何分别形成人口密集和人口稀疏的经济格局。也就是林毅夫的前期问题:为什么工业化和现代化开始阶段,西方的起点是资本密集而非劳力密集? 也就是后文中提到的"华勒斯坦悖谬":西方地广人稀,中国地少人多,按照新古典经济学的稀缺逻辑,西方应当鼓励人口生育,中国应当鼓励对外殖民,为什么历史没有按照新古典经济学的"理性"逻辑发展? 显然西方经济学理论不能解释世界贫富差距的结构原因。

"文化大革命"中流行的阶级斗争理论也不能解释东西方经济的差距。因为我注意到中国农民战争的频率比西欧高得多,规模大得多,但是15世纪以后科技进步反而从唐宋时期的先进只保持到郑和下西洋的时代。按照马克思的历史唯物主义推论,先进的生产力应当产生先进的经济制度,但是比郑和落后

---

① 林毅夫,《新结构经济学》,北京大学出版社2014年版。

一百年的哥伦布发现美洲大陆后，西方在中世纪落后于东方，却在短短三百年内引发工业革命和科学革命，从世界比较的角度难以理解这一现象。倒是毛泽东关于中国农民游击战争胜利的基础在于区域发展的不均衡的分析给了我启示，于是我转而学习物理学家普里戈金开放系统中的非平衡态物理学，终于理解到结构存在的前提是世界发展的非均衡。要研究不同的结构特征，就必须研究具体问题的相互作用机制，不能泛泛而谈。

物理学存在四种不同的相互作用机制。引力相互作用最弱，所以星球之间的距离很大，相互之间的摩擦力很小，由此才有局部的能量守恒定律，可以准确地用牛顿力学预测星体运动的轨道。电磁相互作用的距离和生物大小同一量级，我们发现、观察和利用分子、原子的能力要比观察地理和生物结构的能力晚得多。核子相互作用的距离比生物细胞小得多，观察和研究基本粒子的困难也就大得多。显然物理结构的层次和生物结构的层次非常不同，因为两者的时间和空间尺度不同。

相比之下，新古典经济学的结构是最简单的平面（单层）结构，马克思的经济结构论是较为简单的两层结构。人类学家提出的是三层结构，即在马克思的经济基础之下，增加了一层生态技术结构。我在1980年出国前关心的中国小农经济结构形成的原因，最初是多山少地的地理气候环境。春秋时期开始的农耕民族与游牧民族之间的土地战争的机制，是农业民族依靠人口优势的密集步兵才能防御依靠运动优势的少数骑兵。中国从国防需要出发的屯田等经济自给自足政策，压制了发展国际分工的需要，才把工业革命的主导权让给了西欧。所以，启蒙运动家把中国文化特征作为中国落后的根源批判是本末倒置。反而是中国革命引进现代科技后，才能改变中国相对欧洲不利的自然环境，走出后来居上的新路。

通过对中西方经济结构的比较研究，我发现工业革命的本质是开发新的资源。在相同资源的条件下，集体主义文化利用资源的效率比个人主义文化为高，社会稳定性也高。个人主义文化的比较优势是开发新资源的冒险精神，代价是更高的风险和社会不稳定性。这为20世纪80年代以后发展的分工演化模型和2012年提出的代谢增长论奠定了历史观察的经验基础。

希望这一部分的文章，能帮助读者理解，从具体观察到一般抽象之间，要走过曲折的道路。

应当说明的是，作为理论物理学家，笔者只能利用历史和考古学家的第二手资料。中国20世纪70年代的历史文献和当代更新的历史数据可能有许多差异。物理学家难以识别具体历史细节的真伪，但是在数量级的判断上，物理学家可能比经济学家更靠谱。读者如果关心最新的历史文献，我给大家推荐文一的新书:《伟大的中国工业革命》(清华大学出版社,2016)。

举例言之,第7和第8章举例对比中国春秋时期和罗马共和国时期中等农户的土地单位,可以说明中国劳力密集的小农经济结构出现在春秋战国时期。论据是魏国李悝(前455—前395)时农夫一家五口,耕田百亩。中国历代面积的度量有所变动,但是量级没有改变。

西方文献中可以用以比较的人均土地数据,最早的是罗马共和国格拉古兄弟公元前133年提出的限田法,企图恢复公元前367年的罗马法,和中国春秋时期处于同一时代,可以定量比较。

我在第8章中引用的数据是国内1975年翻译的世界史文献。查西方最新的历史文献可知,格拉古限田的数额为500尤格拉(1890市亩),分给失地穷人的土地每块是30尤格拉(113市亩)。由此估计罗马共和国时代的中等农户土地应当在1000亩左右,是中国春秋时代的10倍。

对比美国2012年的数据,美国农场的平均规模是434英亩,合2 600亩。中国2008年农户平均的土地面积不到3亩。美国农场的平均规模是中国的1 000倍。美国最大的农场规模又是美国农场平均规模的1 200倍。

时间相隔两千年的数据反映了我所观察到的中西劳动分工模式的基本差异,即西方模式发展的是资源密集—节省劳力的技术路线,而中国模式发展的是节省资源—劳力密集的技术路线。如果科技革命能不断拓展人类可利用的自然资源,则西方模式仍有发展空间。如果地球生态系统的资源有限,或者人类的寿命有限,则新古典经济学假设人性贪婪是不现实的,中国模式比西方模式的发展更可持续。

新古典经济学历来强调市场的经济效率。如果走西方发展模式,人均资源消耗不断增加,社会福利的负担也不断增加,节省劳力的技术不断替代人工,导致的经济悖论是技术越先进的国家,实体经济越无国际竞争力,年轻人的就业越难,教育成本越高,女性越不敢要家庭和孩子,老龄化越严重,经济越依靠外来移民,私有产权加议会民主越来越强化利益集团冲突,这样的全球化趋势能持续吗?中国经济传统强调分享经济,宰相之选,就看主持分配是否公平。西方经济强调扩张,技术创新而非增加人口是扩张的主要工具。从生态演化动力学的角度看,物种竞争应当是种群意义上的创新竞争,即种群内的合作和种群外的竞争必须兼顾。这是柏拉图在《理想国》中关注的问题,目前在理论上并没有得到解决,实践中不同国家在不同历史阶段有多种试验。这一问题留待读者们去研究了。

3 东西方文明的分岔和演化*
——从文化人类学、微观历史学到生态文化经济学

从鸦片战争起,中国对外战争一连串的失败,引发了中国启蒙运动家对中西文化优劣的争论。以后的"五四"运动和"文化大革命"先后两次把对中国文化的批判推向高潮。在经济发展和现代化问题上,以韦伯(Weber,1904)为代表的近代西方思想家以及中国启蒙运动家一直把儒家文化视为经济和科技发展的障碍。然而近年来世势大变,越来越多的东西方学者把东亚和中国经济增长的"奇迹"归因于儒家文化的传统价值,而认为欧美社会的种种病态,是西方传统的个人主义和享乐文化泛滥的结果。

百年来中西文化优劣评价的变迁,不仅反映出世界经济发展潮流的改变,同时也深化了人们对社会和文化本质的理解。我们看到,世间种种文化都有其生长和发展的理由,每种文化的具体形态都是历史演化的结果。所谓文化的先进或落后都只是在一定历史条件下才有相对的意义。绝对论或直线式的推理是颇有问题的。

展望21世纪,我们对文化和社会复杂性的认识,与"五四"运动的启蒙家们相比,在思想方法上有不同的出发点。这也是这次我回北大所作的一系列讲演的主题:新兴的复杂系统科学所引起的思维方式的变革,如何从自然科学渗透到经济社会科学,以及传统的人文学科?下面我从自己的心路历程开始,先讨论中国知识分子极为关注的中西文化分歧问题;然后讨论经济学中的非平衡演化问题,及其对新古典经济学的挑战;最后讨论当前国人关心的一些重大问题,例如,国有企业改革和金融体制改革的策略,以及中国改革的全球战略。

我对中西文化分岔的历史原因产生兴趣,是在20世纪60年代后期的"文化大革命"时期,当时我是中国科学技术大学物理系四年级的学生。毛泽东号召读马列著作,引起我对马列原著的兴趣。我发现马克思说中国、印度未能产

---

* 本文是1996年3月在北京大学中国经济研究中心的讲演录。记录由李树锋整理,发表时作了校正。

生资本主义是地理、气候原因的说法和当时流行的"封建统治导致中国落后"的说法并不一致。毕业后我到四川当了五年铁路工人。在实际观察和国际比较中,我深感交通和通信技术在经济发展和国家兴衰中的重要地位,开始感到当时实行的统购统销、户口制度在阻止商业流通和劳动分工发展方面的害处,远大于对社会稳定的好处。农村改革的一个思想障碍是片面强调"以粮为纲"而取消多样发展。

20世纪70年代末,中国领导人开始改革传统的农业政策。首先在思想界开放对"以粮为纲"方针的讨论。我在1979年写了一篇文章,"单一小农经济结构是我国长期动乱贫穷、闭关自守的病根",从中西方经济技术不同的农业结构导致中西方政治军事不同的战略思想出发,批评"以粮为纲"、土地战争的传统路线不仅阻碍了劳动分工和科技进步,而且导致周期动乱、生态恶化。文章先作为内部会议文件印发,后来又同时在《人民日报》《光明日报》上发表。令人深思的是,对中国传统文化反叛最激烈的毛泽东,其"以粮为纲"的经济政策和农民战争的军事战略,却与中国传统的重农抑商政策和土地战争的经验一脉相承。中国的农村改革,很重要的一步就是松动粮食的指令性生产,允许多种经营,不把经济作物当作"资本主义的温床"来限制。然后是松动统购统销,允许长途贩运。包产到户初期阶段的成功在于调动了农民的积极性。但只有允许农民进城的对内开放,乃至打开国门的对外开放,才会有乡镇企业奇迹般的发展,从而走出传统小农经济的轨道。

我在国内时,思考的是中西文化分岔的经济原因,为的是探讨改革的对策问题。出国以后才发现,类似的问题正在文化人类学、微观历史学中被研究,我的许多想法与文化唯物主义和年鉴学派的观点不谋而合(Harris,1980;Braudel,1981)。我在加入布鲁塞尔-奥斯汀学派的研究以后,从复杂系统的角度进一步发展了理论生态学的模型,把文化行为模式引入学习竞争模型,研究稳定性与复杂性的关系。我们下面讨论与中国经济社会演化有关的几个问题。

3.1 对中西方文化分岔原因的生态经济结构分析

我要事先说明,我们现在讨论的中西文化比较研究,和20世纪初中国启蒙运动家们的出发点有所不同。中国20世纪30年代关于中国社会性质的争论,是和当时的革命运动紧密相关的。我们今天的讨论,重在对中国问题有一个全球视野下的研究,使中国文化的经验能对人类文明有所贡献。所以,在讨论自己出国前的工作之前,我先对当代有关的各派学说作一简单的介绍。我感兴趣的是各个学派不同观察角度的贡献,仅供大家参考,并无历史评价的褒贬之意。

鲁迅对中国民族性的批评和剖析，包含着中西文化的对比。他把中国经济落后的原因归于中国文化的落后。近十几年，中国的经济起飞让许多经济学家感到困惑：中国自然资源、人力（教育）资源、基础设施、法制传统、国外援助都不如拉丁美洲、南亚和东欧，怎么反而成为世界上经济增长最快、经济规模又很大的国家呢？于是，经济学不能解释的现象，就通通用中国儒家文化的特色来解释。那怎样理解文化呢？难道中国的停滞和起飞都源于同样的文化因素吗？

对文化的解释，从马克思的观点看，分为唯物论和唯心论两派（我这里借用传统术语，分别指社会演化的经济理论与文化理论，并无褒贬之意）。文化唯心论的典型代表人物是韦伯，他的资本主义起源得益于新教伦理说，代表了西方意识形态决定论的观点（Weber，1930）。金观涛写过《兴盛与危机》一书，强调儒家大一统是中国停滞的原因（金观涛、刘青峰，1984），他虽用了控制论的术语，但实际立足于文化决定论。另一派就是以马克思为代表的文化唯物论，认为是经济基础决定上层建筑。马克思的学说在西方人类学家中至今具有广泛影响。文化唯物论的一个具体例子是东方专制起源于水利社会说（Wittfogel，1981）。

经济学家主要研究当代资本主义现象，而人类学家主要研究前资本主义，尤其是原始民族的社会文化现象。文化人类学对民族性研究的一个重要方法是，研究不同民族所处的生态环境、地理、气候等客观因素如何影响其生活方式，进而影响其宗教行为。比较有名的代表是文化人类学家哈里斯。他发现，西方古典经济学家认为无理性的一些民风教俗，从生态角度分析来看却是合理的制度安排（Harris，1974）。例如，发源于中东的一些宗教不许吃猪肉，印度瘦弱的"圣牛"可以在大街上游荡、不许宰杀等。在经济学家看来，这些是缺少经济效益的行为，哈里斯则认为这些习俗有自然的道理。他认为，猪肉虽是一种可口的食物，能量转化率非常高，但猪不爱动，喜欢潮湿，而对一个游牧民族来说，干旱草场的载畜量有限，要经常迁徙。若喜欢上猪肉的话，老百姓就不愿迁徙，就会危及他们的生活方式。因而，禁食猪肉在干旱的游牧地区是生态经济约束下一种合理的文化制度安排。为此，哈里斯发展了文化唯物主义理论，把马克思主义学说推广到文化人类学（Harris，1980）。

马克思说经济基础（经济制度）决定上层建筑。恩格斯说过，人们必须首先解决吃、喝、住、穿等物质生存的必需问题，然后才能从事政治、科学、艺术、宗教等活动（Engles，1883；恩格斯，1972）。文化人类学进一步推广，认为物质生存（生态、人口、技术等）决定经济基础的不同形态。挪威的经济学家博斯拉普对人口在技术变革中的作用作了研究（Boserup，1965）。有人认为，中国经济技术落后的原因是人口太多（Perkins，1969）。而博斯拉普又发现，一些传统经济有了新的农业技术,但不能推广,因为人口密度太低,只有人口压力达到一定程度的时候,才会迫使人们采用新技术。在这种情况下,人口的压力还是一个起促进作用的变量。从技术、人口、生态与历史和社会相互影响的角度进行研究,引起了人类学家和经济史学家的兴趣。

以前作历史研究的人,一讲历史,就变成政治史了,主要讲一些伟大人物、宏伟战争等。法国年鉴学派的代表人物布罗代尔(Braudel,1979)的贡献是从微观历史角度研究人们是如何生活的,包括衣食住行的方式、人口的增长、技术的演变,对历史学界产生了巨大的影响。布罗代尔本人受到马克思的很大影响,也想推广马克思主义。马克思主义的基本思想是,经济基础决定上层建筑;布罗代尔把资本主义体系分为三个层次,往下和往上推广马克思主义。往下,决定经济基础的是物质生活,关注当时人们的食、住、交通、通信如何影响了社会组织和历史进程。关注很多不可思议的历史事件,人们在研究了这些历史微观层次以后,对当时政治人物的行为就感觉到自然了,这就大大加深了对当时社会状况的理解。年鉴学派从 20 世纪 70 年代起,形成了历史研究的新潮流。从物质层次往上,如马克思和新古典学派一样,研究生产和交换内容,而年鉴学派对资本主义的理解则不停留在这个层次上。布罗代尔的学生,美国社会学家沃勒斯坦(Wallerstein,1974)把第三个层次的资本主义叫作世界系统。资本主义是一个世界性现象。资本主义的兴起不是一国孤立的现象,而是世界上几个文明中心互相冲突的结果。不存在什么平等竞争的神话,而是处在中心的地区剥削边缘地区。用物理学的语言来说,新古典经济学是一个扩散模型,只讲科学技术从西方往四周传播,最后一切差别消失,达到均衡;布罗代尔、沃勒斯坦的世界资本主义体系是一个反应扩散模型,几个文明的冲突与融合产生新的文明,中心不断转移,是非均衡多样化的发展。

均衡与非均衡的世界观发源于物理学中从古典平衡态热力学到现代非平衡态热力学的发展。古典热力学第二定律告诉我们:熵(无序的度量)永远增大,差别总要消失,生命总是要死的。一个孤立的系统在一个环境里总有趋同性,趋于平衡。这样一来,世界上的所有秩序都会瓦解,这与社会、生物界的演化现象是矛盾的。生物演化经历了由简单到复杂的演化过程,多种物种共存,世界是多样化发展的。如果服从古典经济学或热力学第二定律,全世界就成了均匀一样的单调世界,而这是不可能的。生物学的观察对古典热力学的理论提出了挑战。

如何解释多样性的起源? 20 世纪 70 年代,以普里戈金为首的布鲁塞尔-奥斯汀学派的见解是:演化只能在一个开放系统中产生,而开放系统中的耗散结构(dissipative structure)与封闭系统中如晶体那样的平衡态结构(equilibrium structure)是完全不一样的(Prigogine,1980)。耗散结构是一个动态结构。人类每天需要输入能量,靠持续接收能量流、物质流、信息流来维持,一旦断流,生命就会死去。生物就是在这样的开放系统支持下才产生演化的。生命起源的概率绝不是大概率的高斯分布,而是非均衡演化的小概率事件。但在正反馈机制的作用下,滚雪球似的自催化反应,打破旧结构,产生新组织,从而驱动整个系统远离平衡,形成耗散结构。从非平衡态热力学和耗散结构理论,发展为今天的复杂系统论,在方法论上对研究物理学、化学、生物学、历史学、社会学和人类学都产生了很大影响。

认知心理学的皮亚杰(Piaget,1971)学派提出思维和大脑结构在儿童发育阶段的相互作用论,即认知发生学。抽象思维能力,例如,体积概念的产生不是生来就有的,而是儿童大脑发育到一定程度后才会从学习中获取。普里戈金在和皮亚杰的对话中,超越了唯物、唯心二元论的划分。我们在历史上观察到,世界是精神(包括文化)和物质、自然环境等因素多层次相互作用下的一个历史演化过程,在某个阶段上,环境对文化具有决定性影响;而在另一个阶段上,人类的创造性(科学和宗教意识)反过来对环境产生重要影响,这种影响一旦产生,就成为不可逆过程,留下历史烙印,进入社会的文化遗传密码,使现在的世界较之前更丰富和多样化。生态环境、技术和文化、制度之间相互作用的观点,其实和毛泽东强调人的主观能动性的观点非常相近,只是文化的反作用更多地通过群体而非个体来产生影响。

现在来回答李约瑟(Needham,1954)的问题:为什么近代资本主义产生在西欧,而不是在中国?按以前的决定论(历史必然论)的说法,所有国家必然都会产生资本主义。中国的资本主义萌芽说认为,没有西方资本主义入侵,中国也会产生科学和资本主义。他们似乎认为,任何文明中产生资本主义文明的可能是均衡系统的大概率事件。我们分析中国历史的结论相反,中国产生现代科学和劳动分工的概率和生命起源的概率类似,是非均衡演化的小概率事件。这是一种非常偶然的现象,要求的条件也十分苛刻。文明的多样性并不意味着资本主义的必然性。

最后,简单提及一些和经济学有关的领域。这些领域对经济学产生了一些重大的冲击和影响。我们必须指出:优点和缺点往往是同一事物的两个方面。新古典经济学的主要成就和主要局限在于:把人的经济行为归结于价格问题。而描述人类行为所需要的可能不只是一个标量(价格),而至少应是一个向量(例如,质量、市场份额等)或张量,需要很多变量、很高维的相空间来刻画。经济学的发展史也是边缘交叉学科的渗透史。第一个诺贝尔经济学奖的获得者——荷兰人丁伯根和挪威人弗里希分别是物理学家和数学家,凯恩斯把心理学引入经济学,西蒙是心理学家、人工智能的开创者。文化人类学研究的是前资本主义形态问题,也称为经济人类学。行为经济学是心理学与经济学的交叉。我自己在研究过程中,发现经济史、理论生物学、数理社会学、社会心理学、实验经济学和非线性经济动力学对演化经济学的研究都有帮助。

3.2 对东西方文明差别的观察

20 世纪 70 年代中国文史界争论的一个问题是:为什么中国封建社会这么长?或者说从封建社会向资本主义过渡为什么这么难?附带的问题是,如何评价中国的封建社会?中国的封建社会与西欧相比是先进还是落后?有一种观点认为,中国自秦汉以来的专制中央集权、地主小农经济,代表世界上最先进的封建经济。言下之意是地主小农经济比中世纪西欧的庄园农奴制度先进。中国之所以后来难以过渡到资本主义,是因为封建主义太先进了。

作为科学工作者,我想知道这种观点是否有定量的证据,我希望从观察中寻找各种可能的答案。马克思讲先进与否,究竟是看生产力,还是看生产关系?我算了一下,英国中世纪按人均的耕地、牧场、粮食产量,比中国秦汉到明清要高一个量级。假如中国农业的劳动生产率落后,能否认为中国的地主经济比西欧的庄园经济先进?经济发展的尺度是劳动分工的程度还是人身自由?

因为我对中国社会史的兴趣是从研究科学技术史开始的,科学技术革命始于劳动分工,所以我的问题就从研究阶级关系转为研究生产规模和农业技术。科学研究的归纳法是从现象的观察分类开始的。我在读文史以至小说、绘画时,注意到中西方文明存在以下几个方面的差别:

(1) 中国和西欧的"封建"大不一样:中国是一个集权化的小农经济,西欧在前资本主义阶段是一个王权微弱、诸侯分权的牧(业)农(业)混合经济,西欧庄园的规模比中国的地主小农大得多。

(2) 中西方统治的方式也不同:西欧的贵族一般是住在乡下的庄园,而中国从春秋战国开始,政权就以城市为中心。

(3) 西欧重商(包括罗马教会),中国一直重农抑商。

(4) 中国的人口规律、人口政策与政治、军事战略关系密切。春秋战国时各国纷纷鼓励人口生育。毛泽东的"深挖洞,广积粮,不称霸"和朱元璋的"高筑墙,广积粮,缓称王"政策极为相似,说明中国秦汉以来到毛泽东时代的战略思想一直以小农为本:有粮则有军,有军则有权。历史上的户口保甲制度、扶农抑商政策,为的是保证粮源兵源。土地战争打的是控制粮食与人口的土地战争。而西方在军事战略上自古就是控制交通要道的商路战争:从丝绸之路到海上香料贸易的航路。希腊、威尼斯、西班牙、英国都以航海通商立国,海军的作用大于陆军。中西战争规模差别很大。中国战国时代的战争规模就近似于西方两次世界大战的规模。

(5)产权继承制度不同:西欧实行长子继承制,因而易于保持大的庄园规模,实行轮作;而中国实行诸子平分制度,土地不断细分,小块经营,精耕细作,劳力密集,表现出来的小农特点特别明显。

沃勒斯坦(Wallerstein,1974)注意到世界文明的分岔点发生在15世纪。当时,中国地少人多,西欧地多人少,但中西方的演化方式却是截然相反的:中国感到缺少人口,中国是世界上在工业革命前大量增加人口的唯一大国;而西欧感到缺乏的是生存空间,因而要寻找和发现新大陆,大量向外殖民扩张。这一奇怪对比如何解释?

我认为,东西方文化差别的原因在于中国与西欧农业的技术结构不同。西欧人的主食是肉、奶。气候湿润的环境导致西欧形成了以牧业为主的混合型农业,养一头母牛及其小牛需大片牧场,但增人不增畜,所以缺的是牧场,不是劳动力。西欧轮作的农业特点也是广种薄收。中国在商代还是一个农牧混合经济,经历了周代寒冷气候阶段,大批牲畜受冻死亡,大规模牧业经济被摧垮,继而春秋时气候变暖,人口增长,生态环境发生了大的变化,华北有限的平原支持不了众多的人口,导致井田制瓦解,演变为一种以种粮为主的单一小农经济。对种粮来说,投入劳力数量增多,单产会缓慢增加,从而刺激人口增长。而西欧人口则保持相对稳定。中世纪,西欧人均土地约为2 000亩,而中国到了清代人均土地不到2亩。

我曾在美国得克萨斯州中部做过一个实地观察:平均每头母牛约需要10英亩草场,一个典型的牧牛家庭要有100头母牛才能保持不盈不亏,这就最少需要1 000英亩或6 000市亩的土地来维持三口之家的生活。若改为中国精耕式的种粮,可养活近百甚至近千的家庭。可见中西方文化中的"效率"观念是完全不同的。西方经济学从人均产量看,会认为中国的小生产没有效率,但若从生态经济学的标准来看,牛吃草、人吃牛的能量转换效率,比人吃粮的能量转换效率低1—2个量级。西方文化的特点是发展消耗资源、节约人力的技术,而中国文化则是发展消耗人力、节约资源的技术。李约瑟讲到,在传统中国的许多发明中,凡是通过吸收人力增加产量的技术,就很容易被吸收,而节省人力的机械技术却难以在中国推广。

制度规则的选择须与技术经济的基础相匹配。历史上,鲜卑人、蒙古人、满人都曾试图变中原的耕地为牧场,但无法养活众多的人口,而被迫还牧场为耕地。入主中原的游牧民族被农业文明同化,这显然不是汉族文化的力量,而是多山少地、气候干旱的生态环境所致,可见生态演化是很难逆转的过程。

西方工业革命产生的一个重要触发原因是黑死病。瘟疫消灭了当时人口的约三分之一。牧业人口恢复慢,劳务价格猛涨,雇工签的长期合同,使土地贬值,贵族破产,庄园瓦解,所以工业革命的发生是以发展节省人力、消耗资源的技术为背景的。中国历史上有13次大的农民起义和战争动荡,每次人口消灭约三分之一到一半以上。东汉末年,人口由5 000万下降到几百万,但仍是以种植为主的简单农业,没有逆归到农牧混合经济。从复杂系统的角度而言,中国农业结构从复杂系统(混合农业)退化为一种简单系统(单一农业)。中国自给自足的简单小农业结构与西欧的劳动分工向大规模复杂化发展的方向背道而驰。

西欧的城乡分治、教会独立、中产阶级兴起、科学与教会的分离都是基于农牧混合经济。庄园制的规模经营、多元结构对工业革命的劳动分工、技术革命乃至资本主义的产生与发展都具有重要影响。

3.3 科学起源于西欧的生态历史原因

从科学史来看,西欧科学的发展经历了由简单到复杂的过程,从几何、天文学到物理、化学等,生物学只是近二十年才进入定量研究的阶段。从科学方法看,西方科学史的发展是循序渐进的。但中国人的思想相当超前,生物学的观念从一开始就占有非常重要的地位。《黄帝内经》中的阴阳五行说,其实是温带农业的生命周期论,春夏秋冬的四时对应木火金水的四相,土在中央,是农业即生态的基础。人体的经络结构类似朝廷的君臣结构。《黄帝内经》认为人体、国家和自然的生命周期是互相协调的"天人合一",这是世界史上生态复杂系统宇宙观的原创思想。中国人的结构论一开始就比希腊的原子论复杂得多。所以分析科学从希腊开始,复杂科学的思想从中国开始,但是复杂系统的科学方法要到20世纪70年代才得以应用。中国复杂系统的思想比方法超前了两千多年。中国历史上的许多发明创造如火药、指南针等,都是工匠从经验中发现的。不难看出,中国人对定量的科学理论模型不感兴趣。有人试图从中国人重农抑商、科举制度等角度来解释中国科学传统的薄弱。值得注意的是,哥白尼学说的传入在中国并未引起轩然大波,不像在西方的冲击那样大。

一个非常有趣的问题是,科学是如何发展起来的?它与通商和航海有非常大的关系。如前所述,西欧经济是一种农牧混合经济,无法自给自足,谷物容易贮存,而肉类的保存十分困难,做腌肉要加盐和香料以免发臭。香料贸易在西欧中世纪占有重要地位。而香料产于印度尼西亚的爪哇一带。所以牧农经济不是自给自足的自然经济,不是封闭型的,这就要靠掠夺或贸易获得一些生活中必须进口的原料。他们的生命线和致富路都在海外。中世纪时,最有市场和厚利的是香料贸易而非瓷器或丝绸贸易。

从西欧到东亚去获取香料,东西方间的航海定位要求解决经度确定问题。中国海岸线是南北向的,只要测量太阳、星星的高度即可,用个三角板就能确定纬度,无须利用先进技术和数学模型。西欧各国国王和贵族都悬重赏征求人才,以解决经度的确定问题。经过了几代人的努力,发现有两种办法确定经度:(1)利用时差确定经度,这导致机械钟的发明和改进,推动了力学和精密机械的发展,使之成为工业革命的"温床"。自亚里士多德起,西方人的世界观就是一个机械钟模型。(2)计算行星的轨道来确定经度。天文学在科学史上首次使用数理模型来定量测算行星轨道。模型不断改进,从最初只是通过简单的圆的计算,到托勒密用 100 多个本轮叠加来计算行星的轨道。哥白尼的贡献在于改变坐标原点的位置,用日心系代替地心系,把本轮数目减少到十几个,大大提高了数学计算的效率。哥白尼是从科学近似的效率出发,并不是从哲学出发,开始天文学的理论革命。到开普勒,用一个椭圆代替同心圆,就可以达到更简单的结果,为牛顿发现万有引力奠定了基础。总之,从托勒密、哥白尼,到开普勒、牛顿,都是为了解决经度的确定问题。而在中国,却缺乏这种孜孜以求的经济动力。希腊很早就知道地球是圆的这个观念,中国人却长期持天圆地方说,置四角于不顾,这种无视天地几何不同的说法,源于方块农地的生产概念强过对太阳圆周运动的观察。航海民族和农业民族的宇宙观也是不同的。

生态环境和技术对人类思想、文化影响很大,但人类思想、文化又反作用于生态环境。例如,产权制度对于科学技术的发展有重要影响。工业革命时纺织机的发明与应用的历史告诉我们:选择规则对演化方向有巨大的影响。马克思注意到纺织机同时在西欧几个国家出现。其中,纺织机在德国出现最早,但发明人却被德国的行会通过民主投票而被判投入河中淹死,以防止手工业者失业。相比之下,英国通过严厉的法律镇压破坏机器的工人,保护了发明的产生,并制定了专利法。这对工业革命的产生起了关键的促进作用。

英国的例子对中国今后的改革有重要意义:不能低估观念改变的催化作用。有两个例子令人深思。众所周知:俄国是一个西方文化、东方专制的国家。在历史上,它本是一个地理封闭的大陆国,但从彼得大帝开始就形成了以海洋为主的全球战略。彼得早年到西方留学时意识到:俄国要与强大的西欧列强竞争,就需要有东西方的出海口。苏联打芬兰,夺库页岛、旅顺港,都继承了彼得大帝的战略路线。中国却不是这样,中国自古就抑商,认为商人对中央集权是害多益少,有封建割据、囤积居奇、地方垄断等劣迹。20 世纪 80 年代改革开放后的最大心理转变是内地干部从封锁车站、地方保护,到争修公路、争开航班,寻找外贸的新路线。现在中国省际的合作，打通出口贸易的开放思路，令人感受到中国文明的新动向。中国面向全球市场的新的战略思想开始形成。21世纪，中国的经济战略家将会考虑如何向南通过缅甸和巴基斯坦寻找印度洋的出海口，向东通过俄罗斯与朝鲜找到通往日本的出海口。

科学技术在经济发展上的重要性自不待言。第一次世界大战期间，英国海军的第一个战略行动就是切断德国与拉美间的海上往来，英国认为几个月便可以取胜，因为制造炸药用的硝酸盐德国自己没有原料生产，依靠从拉美进口原料。奇怪的是德军坚持了好几年，直到战后德国的化肥倾销于英国，德国的坚持战争之谜才被解开。德国人的技术突破是犹太化学家哈伯用空气中的氮合成氨，进而制造硝酸盐，这是制造化肥和炸药的原料。德国原本土地贫瘠，利比喜发展了农业化学，大大改良了德国农业。我们可以看到，铁路和电报在德国统一和普法战争中都发挥了重要作用，而这都源自俾斯麦科学技术优先的发展政策。

中国山多、交通不便，无法与西方在自然环境方面匹敌，中国若能在技术突破上找到可行的路子，例如，发展占地少的农业遗传生物工程、耗能少的轻便交通工具、节水节能的居住房屋等，必将会对家庭、社会结构、经济制度产生重要影响。中国需要的是适应中国生态环境的应用技术，不能全盘输入西方耗费资源的生活方式。

3.4 稳定与发展的消长关系

达尔文的生物演化论中有个著名论断：物竞天择，适者生存。理论生物学家就猜测：适者，意指系统稳定。用数学模型的语言说，结构优化的结果必趋于稳定，或稳定等于优化。控制论专家艾士比等人(Gardner and Ashby,1970)做过猜测：生物越复杂，系统就越稳定。这个问题在20世纪六七十年代分别受到控制论和理论生物学界的关注。生物学家和生态学家以为越复杂的事物当然越稳定，因为生物进化经历了由简单到复杂的过程，高级动物具有很强的生存能力，可以视为具有很好的稳定性。但艾士比通过计算机模拟得出：对线性模型而言，变量越多、系统越大(越复杂)，就越不稳定。物理学家出身的理论生物学家梅依(May,1974)对混沌理论有过开创性的贡献。他建立了几个非线性模型，得出的结论是一样的，系统越复杂越不稳定。很多人不以为然，去修改模型，结果却是同样的。大家都以为模型不对，结果错了，我却以为模型没错，是先前的信念不对。科学史上，科学家们承认永动机不存在，于是发现了热力学第二定律；承认光速有极限，便有相对论；所以承认复杂性增加不稳定性，必有更深的道理。因为发现一种界限,便是发现一种规律。对于越复杂的系统就越不稳定的规律,就生命和社会系统而言,其实是最自然的。一条蚯蚓被斩为两截,可以变成具有生命力的两条蚯蚓,简单生物的再生能力很强,而其他高级动物则不具备这样的再生能力。炸弹对纽约高楼的威胁远比对越南的农舍大,也是同理。

演化是一个双向过程,既可能由简单到复杂(进化),也可能由复杂到简单(退化)。不一定优(复杂先进的系统)胜劣(简单落后的系统)汰,这是中国革命的经验。原因是简单系统对抗灾害的生存能力强,复杂系统学习新的事物快,各有各的优势,关键看处在什么样的环境。复杂性与稳定性是此消彼长的关系。

稳定与发展、安全与机会是此消彼长的关系,有如鱼和熊掌难以兼得。对一个民族来说,要发展得快,付出的代价就是牺牲一定程度的稳定;要追求稳定,就要牺牲一定程度的发展多样性。

美国经济学家布兰德(Blinder,1990)写过一篇文章讨论日本的模式意味着什么,他注意到日本做的许多事情,从西方经济学的角度来看都是错的。西方经济学认为经济要自由化,不要干涉,而日本和韩国等都不同程度地存在国家对经济的干预。解释的途径有两个:一是文化唯心论,即认为东西方文化背景不同,经济行为也不同;二是质疑西方经济学自身的人性贪婪假设是否只是西方个人主义文化的偏见,无视东亚家庭文化中包含的合作行为。其实这两个问题可以变为一个,因为文化和经济行为是互相联系的。

日本物理学家也观察到东西文化的不同(Kikuchi,1981),他观察到的是个人主义程度的差别;假如我们用一个一维参量来表示个人主义和集体主义,则个人主义的极端是欧美文化,集体主义的极端是蚂蚁、蜜蜂,日本人的集体主义远比西方人强。

我们可以从经济学的角度考虑个人主义和集体主义的竞争行为。新古典经济学假设理性行为都是害怕风险的,这就无法理解创新行为。我在生活中注意到不同文化、性格的人的竞争方式并不一样。例如,海外老华侨做生意的方式很传统,把自己限制于几个有限的老行业,例如中餐馆、洗衣铺等。比如开中餐馆,如果一家赚钱,就连开十几家,利润不断下降,中餐馆的数量却继续增加。西方人和受过西方教育的新华侨则不一样,利润低了他们会改行,寻找利润高的行业。

由此观之,人们对风险的态度差别很大,从勇于冒险、敢于先行的到害怕风险、宁随大流的都有。若有一种结果未知的新机会、新资源出现,对于是否前往试探会有两种相反的风险选择:偏好和惧怕。我们把敢冒险的叫个人或激进主义者,怕冒险的叫集体或保守主义者(注意,两者的称号只有客观描述之意,没有主观褒贬之心)。若这两类种群进行竞争,引入学习竞争动力学方程,两者能否共存?结果有多种可能。

传统的理论生态学竞争模型只有生物差别(物种的出生率、死亡率,也即社会学的学习率、遗忘率),没有行为上的差别(文化行为因素),其结果是竞争同样资源的物种不能共存,叫作竞争排除原理(exclusion principle)。其推论是,天下的物种数必须等于资源数。这使竞争排除原理十分任意,因为资源数是无法清楚界定和测量的。

我们引入文化行为因素后,结果就多样了。两个保守物种竞争,一个会排除另一个。两个或两个以上的激进物种竞争,结果可能是多种共存。保守和冒险竞争,结果不确定:在环境涨落明显、资源有限的条件下,保守者将战胜冒险者;在环境涨落不大、不断出现新资源的条件下,爱好风险的人更有机会探索新的资源。所以冒险者的生存之道是不断创新,一旦停止就会被保守种群赶上或取代,也即熊彼特所说的"企业家精神是创造性的毁灭"。这亦能解释为什么美国个人主义适合于冒险性的开拓工作,例如,软件开发;而日本人集体感强,善于从事改进型的工作,例如,机电、造船等。

可以用资源利用率来测量文化倾向。中国的土地利用率高,而西方则相反。我们可以定量观测到:爱好风险的民族,不等资源被占满,就退出去寻找新的资源;保守的民族,不愿寻找新的资源,往往竭泽而渔,让旧资源有更高的利用率。中国人干事情喜欢赶时髦,鲁迅说过第一个吃螃蟹的人必冒风险的故事,从众行为的好处是风险小,从众行为的代价是错失新的发展机会。

3.5 西方文明的兴盛与危机

我去西方留学之初,美国人好心地告诫说,要学美国好的东西,不要学美国不好的东西,似乎很有辩证意义。但留学之后,我的观察是,好坏是一个事物的两个方面,难以将两者分开。

西方文化中许多被一度认为是成功的、好的东西,例如,民主法制、个人主义及各种制度安排,如今又成了西方问题的根源所在。例如,西方产权清晰过度,从夫妻二人各开账户,到干脆同居不结婚,免得分手时起财产纠纷。这种过分的产权清晰,可能会造成家庭瓦解、单亲家庭的子女心理问题,从而使社会成本高昂。社会学家贝拉(Bellah,1985)等人在《心的习惯》一书中,批判了家庭瓦解、社区瓦解等现象。西方社会强调个人自由和国家福利两个极端,却摧毁了民间社会,尤其是家庭和社区。这些教训对我们的改革具有重要的借鉴意义。

国企改革不能只强调利润而低估了企业办社会的建设性功能。

另一个社会问题是福利制度造成人口老化、居民惰化,从国外输入劳工,又引起了和移民有关的种族冲突。移民问题将来对欧美、俄罗斯的冲击会很大。而中国20年后也会面临类似的老龄化问题。西方现在讲人权,不敢提移民权。资本主义起源于人口流动:农奴从庄园逃到城市一定时间后即获自由,世界市场的扩张起源于海外殖民。现在的情况则相反:商品和资本可以自由流动,对人口流动的限制却越来越多!这是历史的一大悖论。

20世纪以来,后起的国家在选择发展模式时,要充分考虑历史条件、传统文化、家庭结构等因素,探讨可行性和生长点。从方法论上讲,有两种不同的观点:平衡态统计力学的各态历经理论(ergodic theory)假设相空间的均匀性(俗话说"世界是平的"),即总有途径可以连接相空间的任意两点,只要时间足够长,总是可以无限地接近任意的目标。这种思想是均衡理论的基础,即演化过程是没有历史的,任何状态都可自由达到。然而非线性的存在使演化过程像爬山一样:也许山高水深,可望而不可即。在遇到峡谷时,有时就不是一步能跳过去的。系统的演化有许多约束条件,要考虑诸如社会、经济等因素。休克疗法的不成功,在于否认历史条件的约束和多样发展的可能。

3.6 中国未来选择的几个问题

我们面向未来的时候,新的非平衡、非线性的发展观和复杂系统科学的基本原理,能对我们的思考有什么帮助呢?我想它们可以在方法上弥补前人的不足。我们来讨论下面几个问题。

(1) 小康社会与全球竞争。中国人追求小康社会是可持续的合理选择,不应当作权宜之计。大众高消费这种模式在西方已经走到尽头。现在西欧失业率达两位数,且居高不下,跨国公司不断把生产线转移到发展中国家,服务业的研发也开始出走,原因就是西欧的社会成本太高,导致国际竞争力下降。美国、日本的类似问题也变得日益严重。许多学者都承认世界上不可能人人都享受像美国、西欧那样高的人均能量和资源消耗。经济学观点认为,人的财富越多越快乐,实际上绝非如此。任何一种消费都有一定限制。肉吃多了得心血管病的概率会增加;美国人住的房子太大,不但负债太多,牺牲了教育投资的机会,而且增加了人的空虚和寂寞感。消费并非越多越好,而是万物有度,亦即非线性约束。寻求一个合理的社会、一个有全球竞争能力的国家,就要寻找适宜的消费、适宜的技术、适宜的生活形态,而这与所处的历史条件有很重要的关系。

从系统演化来思考发展战略,有很重要的意义。中国文化的缺点是很少考虑多元发展。中国在工业化之初,从军事角度出发,发展资本密集、技术密集的重工业。导弹、火箭技术发展上去了,但农村过剩的劳动力不能为工业所吸收,出现了劳力过剩。直到20世纪70年代末中国才反过来发展劳动力密集的产品出口。下一步国有企业的改造、社会保障体制的设立,能否像欧美一样由国家包下来,搞貌似公平、实是特权的福利制度,最终成为国际竞争力的包袱?中国要是背不起西方式的福利社会,就应当放弃"一刀切"的办法,发挥家庭、社区、地方、中央多层次的作用。不能片面否定企业办小社会,而应对为社会服务的企业减税,否则会像欧美一样,赚钱归企业,失业归国家,家庭瓦解,社区瓦解,贫困区从边远农村搬到大城市中心,体力活与科技活都日益依赖外国移民。

(2) 合情合理的法制和有利发展的风尚。在中国,人情常常大于法律。从《三国演义》中看,人情就大于法理,伸缩的弹性很大,这就成为人情腐败的温床。但要建成一个西方式的强调程序正义的法理、不讲实质正义的社会情理的制度,社会成本又太高。美国最离奇的某市法律,规定枪击伤者必须报警叫救护车,把伤者送往医院抢救,结果法学界报道了一个离奇案例,即该市一个在医院大门外中枪的伤者即使流血过多死在门外,门里的医生护士也不敢出门抢救。另据调查,美国医疗预防疫苗的研制,90%以上的成本是打官司造成的,这成为影响美国国际竞争力的主要因素。在美国,为了降低医生的法律风险,法律规定,夫妻双方有权隐瞒自己的病情,未经授权,医生不能把配偶的病情透露给另一方,导致在外面乱交传染的性病患者可能在自己绝望的情绪下,把疾病传染给配偶"同归于尽"。中国能否建成一个透明、公平、简明、合理合情的法制体系,并配合建立有利于社会发展的道德风尚,值得国人思考。法理不同,道德不同,产权安排必然不同。建立这样的法制和风尚当然要有改革者的远见,其设计必须要有现实的考虑,能从中国文化的树干上嫁接生长。它的选择也取决于国际竞争的影响。希望中国能在21世纪找到适合中国发展的社会规范。

(3) 先进技术的相对性和多样发展的重要性。中国和多数民族的传统思想是今不如昔,或者循环论。历史上是犹太教引入进步的观念,相信未来一定比现在好。严复把"进化论"翻译错了,"evolution"是"演化",即可能在某些方面"进化",在另一些方面"退化"。梁启超把演化论思想宣传为"优胜劣汰",更是中国传统观念对科学思想的误解。实际上的生物演化,多数遗传突变是越变越糟,只有少数良性变异才能适应环境生存下来。还有中性的演化,短期效果难以由环境选择。

我们目前所认为的优劣都是相对的。今日认为优的特质,明日或许成为劣的缘由。在经济社会决策中谨慎的态度是鼓励多样发展,而不要过早下论断。工业化以来一个严重的教训是,工业化过程中消灭了大量宝贵的生物基因。当时很难判定哪一种物种基因是优是劣,事后认识到往往就来不及了。一个非常紧迫的任务就是要尽可能多地搜集和保存生物基因,建立保存和积累这些基因的长期的文明宝库,很难讲它们未来何时有价值。文化基因也是一样。中国和西方工业化过程中,消灭了很多民俗、文化、习惯,它们并不都是没有价值的。任何一个民族都不要自高自大,要善于吸收其他文明的优秀遗产,否则是很危险的。中国以前以农耕民族自傲,毁林开荒,斩草除根,把大片森林和牧场变为沙漠。西方把印第安文明毁灭几尽,在后工业化时代,又开始寻找东方文明中的优秀因素,寻找长期积累下来的人类文明成果,包括重视家庭、与自然和谐的价值观念与生活方式等。这对中国现代化过程亦具有重要的教训和借鉴意义。

中国社会全盘西化是不可能的,传统观念在科学技术冲击下不演变也是不可能的。我们希望生态、技术、人口、经济、社会、文化之间的相互作用,能产生一个多样化发展的世界,让不同天赋、不同条件的人都能找到适合自己的发展机会。认为人类社会将会达到消灭文化差别的大同社会,是不符合历史和现实的。

(4) 产权制度和规模经济。有人问:不同的产权和继承制度对规模经济有何影响?这个问题很好。新古典经济学的均衡理论不能解释规模递增现象,因为规模递增时优化模型不存在均衡解。规模效应导致多样化发展的可能,而不是只有唯一的优化解。动态地研究规模经济变化是非常有趣的问题。美国有一本书,叫作《小的就是美的》,小的也有竞争能力,包括我们的乡镇企业。但在什么情况下,是大的有竞争能力,或者是小的能胜过大的呢?这需要看它的技术条件。比如说,做数学研究几个人合作就很不错了,做工程研究的一个组十几个人相当可观,但做加速器的研究则需要上千名科学家和工程师的共同努力。这些都是技术本身的特点决定的,不能从价值观念上进行判断。适宜的规模只有在竞争实践中才能确定。所以你会发现,不断有成长快的小公司兼并别人变成大公司,也不断有经营不善或过度多元的大公司分解为独立经营的小公司。

我们注意到不同的制度安排(例如,继承制度、婚姻制度)与不同文明的人口密度很有关系。中世纪西欧实行长子继承制,没有财产的贵族,须在外面抢地盘才有生存的余地。长子继承制使西欧庄园不能变小,于是迫使不少人向外冒险、扩张,促成十字军东征。英国实行长子继承制,所以牧场、庄园很大。《拿破仑法典》规定遗产均分,法国小农经济遗留至今。不少人认为日本是儒家文化,其实日本的封建社会跟中国很不一样,而跟西方封建庄园类似。日本的长子女继承制就类似于西欧的而非中国的体制。原因是什么呢?也许你可以把它看作一种农业和渔业混合经济。北欧海盗在西方历史上也起过作用。

中国人有一个说法：养儿防老。在中国没有社会保险和保障制度的地区，如果是一个孤寡老人，就没有老年的保障。为分散风险，越穷的老百姓生孩子越多。反而是有财产的人孩子少，因为财产就是保障。中产阶级的孩子少，因为教育的机会成本太高。没有某种财产的保障，农民就会多生孩子。

中国文化中有一个特点是家族企业，在台湾、香港地区不少企业第一代很好，若第二、三代仍不用外人就会失去活力。西方现在实行"两权分离"，又有"委托—代理"关系的新问题。经理阶层可能存在短期行为。股东也可能存在短期行为，不替公司长远利益着想，不作长期投资，因为股权太分散，找不到核心股东。所以西方的大公司也不稳定。美国20世纪90年代"杠杠兼并"的新浪潮是"化公为私"，是对两权分离的反动，即用金融工具借钱买回公司的公共股份，再把有能力的经理变成大股东，条件是他能在几年间还清债务，扭亏为盈。原因是上市大公司的股权太分散，以致无人关心公司的长远利益，后来又出现了通过重新收购上市公司股份，使其成功变回家族企业的案例。不成功的上市公司在各国都很多。欧洲的家族企业就比美国多。有人告诉过我，日本的公司继承制度有个巧妙的办法叫作选婿继承制。只要你能干，就招婿上门，女儿继承其财产，女婿主持管理。这个办法似乎有道理，因为儿子不一定聪明，外人的忠诚度难以保证，高薪雇来的人容易跳槽，女婿则可能又能干又忠诚，问题是女儿如有西方的个人主义观念，就未必按家族利益接受婚姻安排。这个办法在中国有多大可行性还有待观察。

诺贝尔经济学奖获得者米勒曾经说过：我们谈企业产权，这个问题是没有普遍解的。企业产权大体而言可分为两种类型，一个是英美型，一个是德日型。联邦德国和日本的特点跟社会主义国家非常相似，大银行交叉控股，优点是有长期行为，问题是投资过度。英美型是用股票市场的表现作为判断经理效益的量度，其结果是企业的短期行为，投资不足。所以至今找不到一个制度安排能包含各种优点而无缺点。

我的看法是，制度安排和战略选择有关。民生行业如纺织业，可让它以短期行为为主，以适应迅速变化的服装市场。如果是航空业这样的基础行业，没有长期行为是不行的。计算机的问题比较复杂，既有半导体工业的长期发展，也要求软件开发的迅速灵活。所以制度安排要跟相关产业的技术特点和具体环境相适应，在利弊得失之间进行权衡。我主张经济学家多用权衡取舍（trade-off）这一概念，少用优化的概念。我们往往不知最佳的平衡点在哪里。先进与落后的说法也不确切，技术的先进性在历史上常常只持续很短的时期。

还需要说明我们对学术争鸣的态度。中国文化中"文人相轻"的态度对科学研究是非常有害的。从历史上可以看到，不同学派的思想交锋是激发新思想的催化剂。对手批评的水平高,你应对的水平才会水涨船高。我从对手的批评中学到的东西,往往比从支持者那里得到的帮助还多。由此可见,尊重对手是学术研究的起码要求。比如,历史上唯物论与唯心论的争论,双方都对科学方法的发展有所贡献。我自己是心仪马克思唯物论的,但我也尊重柏拉图对研究方法的发展。柏拉图学园(Academy,即各国"科学院"一词的来源)门上的警语是:"不懂几何者止步!"中国的儒家就从来不重视数学。从爱因斯坦起,人们在学派之争中发现了新的出路。对立两派不一定要势不两立,新的更一般的理论可以把对立派别中有益的部分作为特殊情形包括在新理论之中。比如,唯物论和唯心论之争,你在哲学上看似乎只有这两条路线。但就认知的发展而言,认知心理学的观察发现,思维的心和物质的脑是相互作用的,但在大脑发育的不同阶段,两者的地位并不相同。这就从新的角度对过去的争论有了新的认识。令人惊奇的是,心理学中认知心理学的发现和物理学中自组织理论的发现竟然有相通之处。

古人常说:"读万卷书,行万里路。"我想就这些年的体会作一点小小的修正。最好的学习途径是会百家才,从百家交锋中学。记得读大学时,我的老师严济慈先生谈到他留学法国的经验:要想抓住一门学问的前沿,最好的办法就是加入这一学术界的沙龙,先倾听,再加入高手们的争论。这一教导让我终生受用。跨学科的知识这么多,你怎么知道关键在哪里?闭门思索成功的概率多么小!我对其他学科的了解,几乎都是从讨论中得到线索的。所以我送给大家三句话:翻万卷书,游万里路,会百家才。

现在信息这么多,如果像古代那样博闻强记就无法创新了。所以只有极少书值得精读,多数书只能浏览,从中识别重要和基本的东西。行路增长见闻不是目的,观察世界,发现理论不能解释的"反常现象",才是科学突破的起点。所以"游"要有好奇的轻松心情,太急功近利反而会对出乎意料的现象视若无睹。当然,有了初步的想法后,就该去会会各路英雄、各派高手,要是你的想法没有重复前人的工作,你就小有机会了。要是你的思路被人难住,你就有机会深入探讨。等到你和各派高手交锋之后不被批倒,你才有独树一帜的可能。你真要走得远的话,就得认真研究和你的问题有关的各派之长,看看有无建立更一般的理论的可能。

希望中国年轻一代的科学家能对21世纪的人类文明有更大的贡献!

参 考 文 献

[1] 陈平,"单一小农经济结构是我国长期动乱贫穷、闭关自守的病根",《光明日报》,1979年11月16日;《学习与探索》,1979年第4期。

[2] 陈平,"对于中国科学落后历史根源的探讨",《科学学与科学技术管理》1980年第3期。

[3] 陈平,"中国单一封闭的小农经济结构分析",《学习与探索》1982年第2期。

[4] 恩格斯,"在马克思墓前的演说",《马克思恩格斯全集》第3卷,人民出版社1972年版,第574页。

[5] 黄仁宇,《万历十五年》,中华书局1982年版。

[6] 黄宗智,《长江三角洲小农家庭与乡村发展》,中华书局1992年版。

[7] 黄宗智,《华北的小农家庭与社会变迁》,中华书局1986年版。

[8] 冀朝鼎,《中国历史上的基本经济区与水利事业的发展》,中国社会科学出版社1981年版。

[9] 金观涛,刘青峰,《兴盛与危机:中国封建社会的超稳定结构》,湖南人民出版社1984年版。

[10] 庞卓恒,"西欧封建社会延续时间较短的根本原因",《历史研究》1983年第1期。

[11] 汤普逊,《中世纪经济社会史》,商务印书馆1961年版。

[12] 詹姆斯·W. 汤普逊,《中世纪欧洲经济社会史》,商务印书馆1961年版。

[13] Ashby, W. R., "Design for a Brain", *The Origin of Adaptive Behavior*, Wiley, New York, 1960.

[14] Bellah, R. N., *Habits of Heart: Individualism and Commitment in American Life*, University of California Press, CA: Berkeley, 1985, 1996.

[15] Blinder, A., "There are Capitalist, Then There are the Japanese", *Business Week*, Oct. 8, 1990.

[16] Boserup, E., "The Conditions of Agricultural Growth", *The Economics of Agrarian Change under Population Pressure*, Aldine, Chicago, 1965.

[17] Braudel, F., "Civilisation Materielle", *Economie et Capitalisme*, Paris, 1979; "The Structure of Everyday Life", *Civilization & Capitalism, 15th-18th Century*, Vol. I, Harper & Row, New York, 1981. 中译本:费尔南·布罗代尔,《15至18世纪的物质文明、经济和资本主义》,三联书店1992年版。

[18] Braudel, F., *The Structure of Everyday Life*, *Civilization & Capitalism 15-18th Century*, Vol. I, New York: Harper & Row, 1981.

[19] Bronowski, J., "The Ascent of Man", *British Broadcasting Corporation*, London, 1973.

[20] Chen, P., "Origin of Division of Labour and a Stochastic Mechanism of Differentiability", *European Journal of Operational Research*, 1987, 30, pp. 246-250.

[21] Coveney, P., R. Highfield, "Frontiers of Complexity", *Fawcett Columbine*, New York, 1995.

[22] Engles, F., "Speech at the Graveside of Karl Marx", 1883;恩格斯,"在马克思墓前的演说",《马克思恩格斯全集》第19卷,人民出版社1972年版,第374页。

[23] Kikuchi, M., "Creativity and Ways of Thinking: The Japanese Style", *Physics*

Today, 1981, 34, pp. 42-51.

[24] Gardner, M. R., W. R. Ashby, "Connectance of Large Dynamical (Cybernetic) Systems: Critical Values for Stability", *Nature*, 1970, 228, p. 784.

[25] Harris, M., *Cows, Pigs, Wars, and Witches: The Riddle of Culture*, Vintage Books, New York, 1974.

[26] Harris, M., *Cultural Anthropology*, Harper & Row, New York, 1983. 中译本：马文·哈里斯,《文化人类学》,李培茱、高地译,东方出版社 1988 年版。

[27] Harris, M., *Cultural Materialism*, Vintage Books, New York, 1980.

[28] Marx, K., *Das Capital*, Verlag von Otto Meissner, Hamburg, 1867. 中译本：马克思,《资本论》,《马克思恩格斯全集》第 23 卷,人民出版社 1972 年版。

[29] May, R. M., *Stability and Complexity in Model Ecosystem*, Princeton University Press, Princeton, 1974.

[30] Needham, J., *Science and Civilization in China*, Vol. I, Cambridge: Cambridge University Press, 1954. 中译本：李约瑟,《中国科学技术史》,科学出版社 2013 年版。

[31] Perkins, D., *Agricultural Development in China, 1368-1968*, Aldine, Chicago, 1969.

[32] Piaget, J., *Genetic Epistimology*, Norton, 1971.

[33] Prigogine, I., "From Being to Becoming", *Time and Complexity in Physical Science*, W. H. Freeman, San Francisco, 1980.

[34] Prigogine, I., G. Nicolis, and A. Babloyantz, "Thermodynamics of Evolution", *Physics Today*, 1972, 25(11), p. 23; 26(12), p. 38.

[35] Rostow, W. W., *Theories of Economic Growth from David Hume to the Present*, Oxford University Press, Oxford, 1990.

[36] Schrodinger, E., *What Is Life? The Physical Aspect of the Living Cell*, Cambridge University Press, Cambridge, 1944.

[37] Schumpeter, J. A., *Capitalism, Socialism and Democracy*, 3rd ed., Harper, New York, 1950.

[38] Tofler, A., *The Third Wave*, William Morrow, New York, 1980. 中译本：阿尔温·托夫勒,《第三次浪潮》,三联书店 1984 年版。

[39] Wallerstein, I., *The Modern World-System I, Capitalist Agriculture and the Origin of the European World-Economy in the Sixteenth Century*, Academic Press, New York, 1974.

[40] Weber, M., *The Protestant Ethic and the Spirit of Capitalism*, tr. T. Parsons, Allen & Unwin, London, 1930. 中译本：马克斯·韦伯,《新教伦理与资本主义精神》,三联书店 1987 年版。

[41] Weber, M., *The Religion of China: Confucianism and Taoism*, Free Press, 1968. 中译本：马克斯·韦伯,《儒教与道教》,江苏人民出版社 1995 年版。

[42] Wittfogel, K. A., *Oriental Despotism*, Vintage Books, New York, 1981.

4 对于中国科学落后的历史根源的探讨*

4.1 中国的改革要从中国人自己解剖中国开始

"文化大革命"的狂热过后,中国人环顾世界,又一次惊呼:中国落后了!要求实现现代化、要求改革的呼声响彻全国。一百多年间,以四千多年的传统文化、两千多年的统一大国自傲的中国人,痛苦地承认自己的落后,发奋学习西方的科学技术,已经是第二次了。第一次是 1840 年的鸦片战争,"地大物博、人口众多"的"天朝大国"——中国,败给了"蛮夷小国"——英国。在洋枪洋炮面前,儒家礼教和法家权术都不灵了。中国人勉强承认科学技术的作用。于是有洋务运动、戊戌变法,以此来引进外国资本和技术,开办新式学校和工厂,以求富国强兵。但是东方国家引进西方资本主义和近代科学的努力,日本成功了,中国却举步维艰。日本明治维新以后,科学技术发展得很快。日本战后现代化的成功是日本一百多年来持续努力的结果,而中国的科学发展却几经大起大落,中华人民共和国成立后也屡经波折。像"文化大革命"这样的科学大退步,离开了中国的历史就无法理解。历史的经验清醒了我们的头脑,大家不禁要严肃地思考这样一些问题:日本现代化的成功和中国现代化的波折究竟给了我们哪些历史的教训?我们的改革应该怎样避免重蹈洋务运动的覆辙?中国社会的传统土壤中究竟有哪些阻碍科学发展的因素需要革除?

从科学学的观点来看,中国洋务运动的失败是必然之势,因为洋务派实行的是"中学为体,西学为用"的方针。在他们看来,只需引进外国的资本和技术,而无须引进科学的思想和体制,这是中国洋务运动与日本明治维新的最大差别。时至今日,不少中国人以为核子武器加计算机就等于科学现代化,这实在是对科学的极大误解。

什么是科学?当代科学学的创始人、著名物理学家和科学史学家贝尔纳认

---

* 原载《科学学与科学技术管理》1980 年第 3 期。初稿完成后,曾请柳树滋、钱临照、许良英同志过目,他们提出了宝贵意见,特此致谢。

为,科学是一种建制,科学是一种方法,科学是一种积累的知识传统,科学是一种发展生产的主要因素,科学是构成宇宙观的一种强大力量。因此,科学是一种高度发展的经济文化综合体。从科学史角度分析中国社会的经济结构和文化传统,研究中国科学落后的历史根源有重大的理论价值和现实意义。

鲁迅说:"中国人偏不肯研究自己。""自大"和"自欺"严重地阻碍了我们民族的更新。毛泽东印发过郭沫若论李自成的《甲申三百年祭》,以告诫全党"不要重犯胜利时骄傲的错误"。可是我们在社会主义建设远未胜利时就头脑膨胀起来,可见良好的意愿并不足以防止荒唐的错误。探索现代化的道路需要严格的、系统的科学研究,必须用马克思主义的观点和现代科学的方法来研究中国社会的国情,以作为一切行动和决策的理论基础。因此,中国的改革必须从中国人自己解剖中国开始。

4.2 欧洲和中国科学道路的比较研究

雨果说:像印刷术、火炮、气球和麻醉药这些发明,中国人都比我们早。可是有一个区别,在欧洲一旦有一种发明,马上就生机勃勃地发展成为一种奇妙的东西,而在中国却依旧停滞在胚胎状态、无声无息。"中国真是一个保存胎儿的酒精瓶。"(雨果,《笑面人》)雨果的话虽然令人痛心疾首,却一针见血地指出了中国与欧洲在文化传统和科学命运上的主要特征。

为什么近代科学和资本主义都起源于西欧?为什么中国科学的进展曲折迟缓?这个问题值得深入分析。众所周知,近代科学的思想方法溯源于两千多年前的希腊。我们的工作表明,阻碍中国分工发展的历史分岔于春秋战国的土地危机。显然关于中国科学落后历史根源的研究也要从两千多年以前的经济文化开始。但是,科学史上有一些事实模糊了人们的眼界。在中西方文化交流史上,中世纪的欧洲确实从中国获益匪浅,而中国向欧洲人学得的却为数不多。这使不少人误以为当时中国的科学领先世界,明清以后才开始落后。这固然在心理上可以减少某些中国人对于历史上落后的耻辱感,却妨碍了我们认清中国传统科学的基本弱点。实际上中国只是在某几个技术领域一度领先,例如,农耕和军事技术,这也是中国封建社会的经济结构所决定的。但中国在科学体制和科学方法的基础方面素来落后,独立完整的科学体制始终未能从封建社会中分化产生出来。不承认体制和方法的落后恰恰是近代中国落后挨打的起点。

4.2.1 古代科技史的分期比较

究竟中国科学技术的落后始于何时?中国科学技术发展的道路和经济结

构、政治体制、文化传统、哲学倾向有什么联系？只有做比较研究才能知晓。这里要说明的是：本文所指的欧洲指地中海沿岸区域，包括两河流域和北非，这是西方文化的发源地。欧洲的说法只是一个文化史上的简明称呼，不是今日的地理概念。为了简明起见，我们把欧洲和中国的古代科技史大致分为如下几个阶段（见表 4-1）。

表 4-1 古代科学技术进展对照表

（公元前 40 世纪—公元 15 世纪）

	欧洲	中国
农业	前 40 世纪，苏美尔人用家畜拉犁 前 10 世纪，用铁犁 8 世纪，采用三圃制	前 8 世纪（东周），牛耕 前 5 世纪，施肥 前 1 世纪，推广牛耕、铁犁 6 世纪，轮作、复种
纺织	前 3 世纪，从印度传入种棉 6 世纪，从中国传入养蚕 15 世纪，花样织机	前 12 世纪（商），开始养蚕取丝 前 1 世纪，提花织机 13 世纪，轧花机、织布机
冶金	前 30 世纪，苏美尔人青铜器 前 20 世纪，赫梯人炼铁 13 世纪，铸铁	前 12 世纪，青铜器 前 5 世纪，炼铁 前 3 世纪，铸铁
化学	前 25 世纪，埃及制玻璃 8 世纪，造纸从中国传入欧洲	2 世纪，造纸、青瓷 7 世纪，真瓷 9 世纪，火药
建筑	前 25 世纪，埃及金字塔 前 5 世纪，希腊神庙 前 1 世纪，罗马拱门、穹顶 5—12 世纪，教堂建筑（罗马式与哥特式等）	前 2 世纪，秦筑长城 前 2—2 世纪，汉代砖木楼房 7 世纪，石拱桥
机械和物理	前 8 世纪，斜面、杠杆、螺旋 前 1 世纪，水轮 1 世纪，蒸汽玩具 12 世纪，眼镜、风车、活字印刷 13 世纪，机械钟、传入火炮 15 世纪，水泵、设计飞行器	1 世纪，龙骨水车 7 世纪，风车、活字印刷 10 世纪，火箭
交通	前 20—10 世纪，腓尼基双层战船 13 世纪，船舵、牙樯、航海罗盘 15 世纪，发现美洲、印度	3 世纪，船舵 5 世纪，独轮车 11 世纪，指南针

(续表)

	欧洲	中国
医药	前20世纪,埃及防腐剂制木乃伊 前6世纪,希腊人体解剖脑的功能 2世纪,胚胎病理、生理、药物学 9世纪,医疗化学	前6世纪,针灸 前4世纪,气血循环 前1世纪,黄帝内经 6世纪,本草
文字	前40世纪,苏美尔出现文字 前15世纪,腓尼基字母	前15世纪,商代象形文字 前2世纪,秦统一汉字
天文	前7世纪,巴比伦发现沙罗周期 前3世纪,日心说测地球大小 前2世纪,星表岁差 2世纪,托勒密地心系 16世纪,哥白尼日心系	前6世纪,历法(19年7闰的规则) 前3世纪,星表 前1世纪,盖天说 2世纪,浑天说、地动仪 3世纪,岁差
数学	前20世纪,巴比伦勾股定理、多元二次方程 前6世纪,无理数 前3世纪,欧氏几何、圆锥曲线 1世纪,球面三角、投影坐标 13世纪,阿拉伯记数法 15世纪,三角学、代数学 16世纪,代数符号、虚数	前3世纪,算筹 前1世纪,勾股定理 2世纪,一次方程组 5世纪,圆周率 11世纪,二项式系数、高次开方 13世纪,联合一次同余式、等差级数 14世纪,算盘
自然哲学	前6世纪,元素说 前5世纪,毕达哥拉斯数学宇宙 前4世纪,原子论、柏拉图正多面体宇宙模型 前3世纪,形式逻辑 14世纪,冲力说、真空、剃刀原理 17世纪,培根"新工具"实验原理	前16世纪,阴阳二气说 前6世纪,五行说

(1) 现有的材料表明,公元前40—公元15世纪,在农业技术、青铜器、铁器、造船、防腐、建筑以及数学等方面,巴比伦和埃及的科学技术比中国领先了10—20个世纪,并对后来欧洲的文化产生了重大影响。玻璃的制造、拼音字母的使用,这些重要的发明未曾在中国出现。

(2) 公元前15—公元3世纪,相当于中国的商代到三国之间,欧洲产生了以希腊罗马为代表的奴隶制文化,在机械、建筑、解剖学、几何学、宇宙学和城市公共的文化设施方面超过了中国,中国则在农业耕作、蚕丝、瓷器、造纸、冶金等技术方面遥遥领先。虽然中国早在公元前11世纪就进入了封建社会,但是中国没有产生过原子论、形式逻辑、几何的公理化体系以及宇宙的数学模型这些早期的科学理论,没有发展"问题—观察—假设"这一系统的科学方法。

（3）公元3—13世纪，欧洲的中古封建社会，相当于中国的三国到元朝，中国和统一有关的技术领先于世界，并陆续传入阿拉伯和欧洲，例如，造纸、指南针、印刷术、火药、火箭等重大发明和纺织、瓷器等技术继续保持优势。欧洲这个时期在建筑、光学上有重要的进展，并产生了牙楔、机械钟等重要发明。中国在代数上也取得了先进的成果，但是没有发展成系统的方法，不少成果竟然散失。

（4）13世纪以后，欧洲逐渐产生资本主义的生产关系，文艺复兴运动重新发扬了希腊的科学遗产，16世纪产生了以哥白尼、维萨留斯为代表的新科学，18世纪开始了以工作机为发端的技术革命。中国社会却依然如故。

4.2.2　经济结构对科技体制的影响

（1）技术路线和学科顺序。恩格斯说："必须研究自然科学各个部门的顺序的发展。""科学的发生和发展一开始就是由生产决定的。"近代科学的发展顺序是数学、天文学、力学、物理学（首先是光学，然后是热学）、化学、生物学，这反映了科学认识本身从简单到复杂的认识规律。能走上这一条发展科学的捷径，也是和欧洲经济结构的特点分不开的。

我们看到欧洲重商主义的传统、航海贸易的发展怎样产生对解决经度问题的需要。希腊人的航海和殖民活动促使他们在公元前4—公元2世纪就研究了宇宙模型、圆锥曲线、欧氏几何和球面三角。东方航路的探求，又推动了哥白尼、开普勒、伽利略和牛顿的工作。

我们要请大家注意地理环境对经济结构和技术路线的影响。埃及很早就发现玻璃制法，因为它有大片沙漠，用火时极易发现砂粒熔融时的现象。我们从比较研究中发现，中国的海岸是南北走向，导航只要求确定纬度，简单地观察星高即可解决，无须依靠宇宙的几何模型。地中海是东西走向，尤其寻求通往印度的新航线必须确定经度，这是极为困难的课题。这里有两种可能的办法：一是给出不同季节、不同经度上观测到的行星坐标以编制航海历书，这就必须建立数理宇宙模型，精确计算行星运动的规律。航海贸易的实际需要成为欧洲数学家发展理论天文学的持续动力。二是利用时差确定经度，这导致机械钟的发明和改进，推动了力学和精密机械的发展。在中国，计时只是宫廷的点缀，因此朱元璋竟认为元代司天监留下的自动宫漏计时器为"无益害有益"，让人把这空前的科学制品打碎了事。

欧洲的地势平坦，军事防御主要依靠城堡而非山地，因此筑城术在军事工程中占有重要地位。希腊罗马的公共建筑和中世纪的宏大教堂促进了建筑技术的发展。机械钟的出现更使几代的科学家和哲学家为之着迷，这对力学的发展构成了强大的动力。

欧洲的玻璃制造有几千年的历史,教堂多用彩色玻璃来加以装饰,刺激了光学的发展。眼镜的出现又导致了望远镜和显微镜的发明,大大推动了光学的研究和实验工具的进步。

中国的航海贸易在经济中不占重要地位,罗盘用于看风水甚于航海。陶瓷制造本身是复杂的化学过程,全凭经验操作,难以像玻璃那样引致科学的分析。中国最有前途走向技术革命的纺织技术由于小农和家庭手工业相结合的经济结构,顽强地抵抗节省人力的机械的发明,失去了变革的生机。

化学的发展得力于炼金术。生物学的进步和医学、农业密切相关。中国的道士热心于制造长生不老药以骗取帝王的赏赐,欧洲的炼金术士却梦想制造黄金发财。欧洲的医药以矿物为主,中国的药物以草药为多,因此欧洲的无机化学发展得较早。欧洲的畜牧业十分重要,对动物品种的引入和改良十分关注;中国只注意植物的栽培。林奈的分类学和进化论的提出主要基于对动物物种的观察比较;中国始终停留于以植物为主的经验的描述,以本草为典型的代表。

(2) 经济结构和科学地位。近代科学和近代资本主义都是在西欧封建社会的内部发展起来的。一些科学史家仅仅把科学的产生看作以科学为代表的唯物主义与以宗教为代表的唯心主义斗争的结果,但是没有注意到西欧的科学体制是从宗教中分化出来的,而中国的儒教并没能产生类似的分化。研究其中的原因对剖析中国社会传统中阻碍科学发展的因素有很大的意义。

近代科学在西欧产生的过程中,文艺复兴在一定程度上得到教会的支持。数学、逻辑、天文、医学的研究在经院大学中有相当的地位。谋求建立中央集权国家的君主更是大力争取市民阶级的支持,对新生的科学给予奖励和保护。虽然西欧存在封建教会对科学思想的压制,但是一个多元化的社会中难以存在一种专制的政治经济力量来窒息科学的发展。原因之一是科学给西欧的统治阶级带来的经济利益远超过给某些权势集团带来的政治损害,这就在西欧封建社会的上层引起了营垒的分裂。

欧洲的经济是一个开放系统,东西方的香料贸易是农牧混合的经济生活中不可缺少的环节。航海贸易从希腊罗马时代到近代都在欧洲经济中具有重要地位,形成了西方文化以商业利益为中心的价值观念。在西方文明中,希腊罗马文化和基督教有着极为深广的影响。希腊文化发展了近代政体和近代科学的主要原型。罗马法在相当程度上体现了商品生产的法律关系。中世纪西欧普遍发展起来的相互约束的封建契约关系,产生了自治的城市、大学、商人和手工业者的行会、教派和学者的自组织团体。这使中产阶级的城市可能脱离封建领主的桎梏,也使学术中心得以形成脱离教会的独立机构。基督教是以经商著称的犹太民族创立的宗教。基督教的教义鼓励商业道德、公平交易、信守契约、善待行商,维护商业活动的利益和信誉。不少教皇自己也从事商业和贸易,关心数学和天文学的研究。《圣经》中有一个教谕很能说明基督教的价值观念:在新约中宣传天国之道时说,这好比有1个人到外国去,把家业交给3个仆人,按才干分别给予5 000银子、2 000银子和1 000银子。前两个人去做买卖,各赚了5 000和2 000银子,第三人把钱埋在地下,主人回来后如数交回。结果主人夸奖前两个人,夺过第三人的1 000银子交给有了10 000银子的人,把不会赚钱的第三个仆人丢在黑暗中哭泣。政治宗教服从经济利益是欧洲社会的传统,在两者发生严重冲突的时候,总是改变政治学说和宗教教义来适应变化的经济结构,而不是像中国那样以牺牲经济利益为代价来巩固封建帝王的统治。相反,中国专制统一的封建社会是封闭的经济体系,庞大的军队是专制统一的政治基础,以粮为主的小农经济是粮食和兵丁的基本来源。中国多山,因此海运不占重要地位。落后的交通使商业竞争易于割据垄断,而非横向竞争。囤积居奇往往加剧天灾人祸的动荡。恶性竞争的私商活动构成地主小农经济和官营企业的潜在经济威胁。儒家文化和法家体制造成了中国封建社会以治人为中心的权势观念,尽一切可能维护分散脆弱的小农经济之稳定,而牺牲技术进步之机会。中国封建社会庞大官僚机构的主要经济职能只是征集钱粮兵丁和监督水利工程,对于与农业和军事无直接关系的科学研究和技术改进缺乏兴趣,对违背封建伦理的新思想极端仇视,由此我们不难分析西欧与中国科学地位和文化传统何以有着如此巨大的差距。

  首先,哲学和科学在欧洲的社会地位远较中国为高。在西方影响很大的哲学家柏拉图在所著的《理想国》中,把哲学家置于第一等级。中世纪的封建欧洲,僧侣的地位高于贵族,教皇的权威大于世俗的君主,因此学术界有很高的地位,而科学又是哲学中的重要部分。欧洲历史上的哲学家大多是科学家,例如,毕达哥拉斯、亚里士多德和近代的笛卡儿、伽桑狄、莱布尼兹。科学革命的先驱大都来自教士和自由职业者,如哥白尼是牧师兼医生,维萨留斯、伽利略是经院大学的教授。在中国,文人术士从春秋、战国起就成为诸侯君主的门客附庸。秦始皇焚书坑儒、汉武帝独尊儒术、唐朝开科取士,形成官学制度。学术界的兴衰完全取决于帝王的好恶和意志。中国历史上的哲学家大都是政治家、军事家,研究天文数学只是个别官僚文人的副业。柏拉图学园的门上写道:"不懂几何者止步。"中世纪教会学校必修的七艺中包括天文、算术、几何和音乐,可见科学占相当的比重。在中国除了家传的天文、算学之外,社会上重文章轻技术,诸子百家都不讲数学。"巫医乐师百工之流,君子不齿",科学技术处于很低的地位。

其次,新事物遭受的命运不同。欧洲的商业活动产生对新事物的追求,一些罗马帝国的皇帝和天主教的教皇都重视希腊的科学遗产。早期教会认为大地是浮在水上的圆盘,四根柱子撑着天。西班牙的阿拉伯人翻译了希腊的古典著作,13世纪译成了拉丁文,对欧洲的思想产生了巨大的冲击,文艺复兴运动也对基督教会产生了重大的影响。1213年教皇格里高利九世下令重新评价希腊科学著作。托马斯·阿奎那的神学著作,把亚里士多德和托勒密的学说列为正统。这在思想方法上比早期教会前进了一大步,为哥白尼的革新奠定了基础。如果说文艺复兴运动得到了美第奇家族这样的财阀和若干教皇的支持,那么哥白尼的日心说则引起了封建营垒的分裂。哥白尼著作的出版得益于教皇克莱门特七世的兴趣和红衣主教吉士(Giesse)的帮助。伽利略的落体实验和使用望远镜的天文观察轰动了全欧洲。威尼斯元老院当即授予他帕都亚大学终身教授的职位,图斯卡尼大公们争聘他为宫廷科学家。伽利略在罗马起先也受到盛大的欢迎。新科学在欧洲的群众和上层能激起中国不曾有过的巨大反响,这一点离开了经济结构和社会风尚就难以理解。由于开放的经济体制使每一个新发现、新发明都给大众带来商业和经济上的利益,因此欧洲民众热烈崇拜冒险的英雄。哥伦布和伽利略的发现受到市民的欢呼和支持,统治集团也因此给予他们奖励。中国由于是闭关自守的小农经济,人们对任何新事物抱有本能的疑惧。因为在一个封闭的经济体系中,任何人地位的上升,就意味着其余人利益的损害。个体小农尤其害怕商品生产的竞争。中国的封建社会中官僚和文人合为一体,没有独立的学术传统。以往一切的新学说、新技术到头来都成为统治者变本加厉地压迫人民的新工具,中国老百姓怕新和怕官的心理是密切相关的。鲁迅指出,中国的人民是多疑的。这就使天才人物的生长缺乏肥沃的土壤。在中国,不但产生天才难,单是有培养天才的泥土也难,至今新事物的生长在群众中也要经历曲折的历程。"墙里开花墙外香"是相当普遍的社会现象,守旧疑新在中国社会的上层和下层都有深重的传统。"枪打出头鸟""擒贼先擒王"的传统政策进一步加剧了中国人不敢冒尖的心理。鲁迅指出,中国人不但"不为戎首""不为祸始",甚至于"不为福先"。所以凡事都不容易改革,前驱和闯将,大抵是谁都怕做。新思想、新学说的传播和新组织的生长相当困难。

我们的许多科学史著作强调了罗马天主教会对日心说的查禁和对伽利略的审判,却很少分析教会内部的矛盾和当时的历史背景。当时新教运动引起剧烈的教派冲突。尽管哥白尼本人是虔诚的天主教徒,但他的学说却给反宗教运动提供了炮弹。罗马的主要神学家为新学说的政治意义感到惊恐,他们出于教会政治的需要力促对伽利略进行了审判。主教会议判处对伽利略进行监禁,但由于法庭庭长和教皇乌尔班八世的同情改为了软禁。欧洲的骑士制度和宗战争,使许多人以坚守个人的信仰为荣。罗素指出,中世纪的欧洲,胜利和殉教是通向光荣的道路。当时欧洲的死刑也有贵贱之分,贵族断头,盗贼绞死,只有思想犯或信仰异端者才处以火刑。因此布鲁诺的牺牲和伽利略的受审虽然造成了意大利科学中心的衰落,但其不仅不能使科学家身败名裂,反而使日心说在欧洲各国声名远扬,教会权威急剧衰落,成为后来科学从宗教中分化出来的转折点。至于中国的封建社会,"述而不作"是儒家的传统,"标新立异"是莫大的罪名。政治上的成败轻易就可以决定科学家和新思想的命运。如果对比中国明清时代文字狱株连九族的残酷镇压和哥白尼学说传入中国时所受的冷漠待遇,就可以明了为何中国难以成为新思想的发源地。鲁迅指出:"凡中国人说一句话,做一件事,倘与传来的积习有若干抵触,须一个斤斗便告成功,才有立足的处所……否则免不了标新立异的罪名,不许说话;或者竟成了大逆不道,为天地所不容。"所以"社会上毫无改革,学术上没有发明……国人的事业,大抵是专谋时式的成功的经营,以及对于一切的冷笑"。这是旧中国愚民政策下社会风尚的深刻写照,在这样的冰雪严寒下是生长不了新思想的幼芽的。资产阶级民主革命时期的思想家批判中世纪是黑暗时代,其实中世纪的黑暗还有"月光",中国的封建时代,则几乎没有科学"呼吸"的可能。应当注意的是,鲁迅对西方文化的高估,可能缺乏更广的世界史知识。亚历山大征服波斯帝国时焚毁了世界最早的图书馆。罗马帝国接受天主教为国教后,系统毁灭希腊罗马的文献,规模远超中国的文字狱,使得当代流传的柏拉图和亚里士多德的巨著,其中有多少是文艺复兴时代伪作,有多少是真的从阿拉伯文献转译,值得研究。

(3) 政治制度和交流体制。学术民主依靠政治民主来保障,希腊城邦的奴隶主民主政治、执政官的选举制度,促进了雄辩术的发展,产生了逻辑学和辩证法。中世纪欧洲王权和教权分立,城市和社团自治,限制了宗教迫害的势力,科学思想才得以广泛传播。科学民主首先在荷兰、普鲁士、瑞典等新教国家得到保证,开明君主把反叛教会的哲学家、科学家请进宫廷。教派的斗争和大学的自治使不同的观点得以发展。没有教皇的选举制度,新兴的中产阶级就不可能把他们的影响渗入教会,使文艺复兴和新的科学获得发展的余地。应当指出,11—13世纪形成的大学学位制度、17世纪建立的科学院和学会的选举制度,对提高学术水准、防止科学的投机、保障学术的民主有深远的意义。从反对封建教会和资产阶级政治的干扰,促进科学本身的发展来说,这些制度的确立,一度保证了"为科学而科学"的研究,避开了封建政治与教派斗争的干扰。这对科学和文化的发展无疑有深远的意义。像平行线公理和圆规直尺作图这样的问题都是从科学本身产生的,和生产及政治没有直接的关系。即使哥白尼研究行星运动的初衷,也是出于数学模型改进的动机而不是基于哲学上的考虑。哥白尼说,"数学是为数学家们写的",对数学一窍不通的那些神学家的非议,他轻蔑地不予理会。这在中国的封建社会就办不到。一些卓越的天文学家往往必须用占星术的迷信来哄骗帝王权臣以求政治上的生存,这就损害了科学理论本身的彻底性。

商鞅建立的保甲制度抑制人员的来往,秦始皇焚书坑儒,所免的唯有农医等技术书,但是尽皆失传。中国的专制制度使天文历法的研究为皇家垄断,天象的变化经常被作为擅杀大臣或发动政变的借口。因此官方对天文记录严加保密,非司天监的官员都不许过问,天文官员之间互相监视。华佗被曹操所杀,张衡的浑天仪在"永嘉之乱"中失落,祖冲之的《缀术》在北宋后失传。文化专制主义和皇朝的分治政策阻碍了科学技术的交流和传播,使无数珍贵的科学技术随着王朝的更迭而散佚。在当时,中国没有建立专利制度,使"祖传秘方"、技术保密成为小生产者自保生存的主要手段,这造成无数的技术失传和社会的重复劳动。在专制历史上,中国只行人治,不行法治,没有商业、技术的法规,不鼓励学术的批评和争鸣,使中国的科学技术缺乏系统性、继承性,具有分散性、经验性的特点,始终没有形成相对独立的科技体制。专制皇朝的"愚民政策""罢黜百家、独尊儒术"使诡辩代替了说理,折中代替了争鸣,迷信代替了研究。"于是终于佛有释藏,道有道藏,不论是非,一齐存在",哲学和迷信混为一谈。中国历来以政代经、官学不分的科举制度和官僚制度,使大批读书人把读经当作做官的敲门砖,专心探求真理的人寥寥无几,为科学献身的几无所闻。中国学术界长期盛行的"文人相轻"、弄虚作假的腐朽作风,正是封建官僚制度的产物。

鲁迅指出:中国做学问全不如欧洲人那样认真,"中国的事情往往是招牌一挂就算成功了","每一新制度、新学术、新名词,传入中国,便如落在黑色染缸,立刻乌黑一团,化为济私助焰之具,科学,亦不过其一而已"。其根源在于官学合一的官僚制度,此弊不去,中国科学是无法摆脱僵化的官学传统的。

4.2.3 哲学传统和科学方法的关系

近代科学超出古代的自然哲学和传统的经验技能,科学方法的产生是一个飞跃。科学发展的继承性最明显地表现于科学思想演变的渐进性。希腊科学—经院哲学—自然科学的发展过程是一个否定中有肯定的批判继承关系。启蒙哲学家往往夸大了中世纪基督教的黑暗面。但是和中国的宋明理学相比较,就可以发现基督教采用亚里士多德的自然观和逻辑方法,实际上为哥白尼的变革作了准备。反之,中国的辩证思想长期满足于经验主义的解释,并没有去寻找认识自然的分析方法。有些人只看到哲学对科学的指导作用,却不注意不同自然观的形成,实际上深受经济结构、技术路线的制约。中国近代科学的落后,时至今日经验传统诡辩玄学还有很大的市场,在方法论和世界观上都有深刻的原因。落后的认识论不可能产生先进的方法论,这在科学史上是一个事实。

(1)形式逻辑和抽象方法。严格的逻辑和数学语言是近代科学的主要工具,哥白尼提出日心说体系的时候,他继承的科学遗产并不是张衡的浑天说,而是托勒密的本轮体系。他的改进只是移动了坐标原点。哥白尼在方法上是突破一点,而非重起炉灶。开普勒以惊人的毅力坚持繁重的计算,终于发现椭圆轨道比圆轨道更为精确,推动他的是毕达哥拉斯和柏拉图的信念:世界的规律可以用数学来完美地描述。中国的哲学家和天文学家从不追求宇宙的几何模型。牛顿的引力论有赖于质点的抽象,他把欧几里得的概念和方法引入了物理学。在中国主张元气学说的人们看来,把太阳、地球看作质点无异于异想天开的谬论。

近代科学重视逻辑和数学方法的应用,在思想上受益于西方哲学理性主义的传统。希腊人从柏拉图到亚里士多德都追求支配宇宙的普遍抽象法则。中世纪的教会采用了亚里士多德的哲学,上帝似乎是具有至高理性的立法者,为万物的运动建立了严格的数学规律。中国的哲学传统与希腊大不相同。中国的哲学有两个极端:一端是纯粹的经验主义,来源于中国的个体小农和工匠的经验传统;另一端是以伦理学(治人)为中心的诡辩玄学,完全脱离实践经验,来源于中国的士大夫阶层。两者都否认有抽象普遍的法则存在。在中国的哲学传统中,始终没有从科学方法上找到从经验上升到理论的中间环节,没有发展出近代科学赖以发展的问题、观察、假设的科学方法。一个好的科学问题应该是可以由观察回答的具体问题,一个科学假设必须明确地预言可观察的现象,才能由实验来定取舍。亚里士多德的宇宙模型断言重物比轻物下落更快,伽利略的实验就可以判别真伪。哥白尼修改的托勒密模型从近代的标准看也是一个科学的数学模型。浑天说则不是一个科学的假说,因为它不具备可以观察检验的效应。中国有不少文人爱提大而无当的问题,发表不着边际的高论,至今还在阻碍科学方法的普及。看来农业民族有重视经验和轻视规范的倾向,而商业民族更爱探求抽象理论和操作法则。

中国的哲学倾向从孔孟的天命观到王充的元气说,都带有经验论和宿命论的色彩,老庄的辩证法思想与黑格尔并不相同。在中国的哲学家看来,发展变化除了循环论以外并无其他严格的规律可循,老天和中国的帝王一样没有稳定的立法准则,只有捉摸不定的权力意志。数学的研究只是适应宫廷制定历法、丈量土地的需要,不像毕达哥拉斯的哲学、数学规律那样构成宇宙观的核心。中国人仅仅关心具体结果的实用主义抑制了人们去关心普遍的抽象体系。中国人仿制外国的技术产品历来有很高的才能,但是对科学的思想很少感兴趣。中国数学家用算筹和算盘的计算往往不记录中间步骤,他们得意的是个人的技巧而不是普遍的方法。代数的成就没有产生合理的符号系统,几何的经验无人总结为公理化体系。小农经济的经验传统强调因地制宜,这固然有它的长处,但否认严格体系却阻碍了理论科学的发展。

(2) 分析方法和渐进程序。近代科学从定性猜测发展为定量科学,从自然哲学分化为实验科学,要归功于分析方法和渐进程序的应用。不把复杂事物的各种因素分离开来,进行孤立、个别的研究,就无法进行判别性实验,也就无从发现变量之间的数量关系。近代科学最重要的结构理论,就是分析方法的产物。分子运动论、化学原子论、生物遗传学,都是用简单组元的运动来说明复杂事物的机制,这是中国传统的理气说无法企及的目标。

分析方法在欧洲发展得很早。解剖学是希腊医学的基础,文艺复兴恢复了希腊对人体自然美的爱好。达·芬奇这样的大画家首先推进了人体解剖学,成为维萨留斯的先导,这与中国重辩证轻病理的医学传统和反自然的审美观形成对比。柏拉图用两种直角三角形来组合成五种正多面体,用来代表不同元素的微粒,德谟克利特的原子论用原子形状、次序、位置等机械运动形式的不同来说明万物。亚里士多德的水晶球宇宙简直是一个用外力推动的机械模型。托勒密把复杂的行星视运动分解为本论和均论的规则运动。哥白尼的门徒则认为上帝建造宇宙的方法和造钟的机匠没什么不同。与此相反的例子是,王充用日月阴阳二气的消长变化来说明日食的成因,反对月掩日这样简单的机械运动机制。欧洲传统的思想方法是把复杂的事物分解成简单不变的问题,可以循序渐进、逐次逼近来得到解决。中国思想的固有传统是把简单的事情想得复杂和多变,这不仅受到帝王崇尚的权术政治的影响,也反映了中国小农经济地形复杂、气候多变、精耕细作、小全经营的生产特点。

应该承认,欧洲的自然观有明显的机械论的色彩,就是在现代也总是以物理学的眼光来分析问题,这反映出欧洲的技术路线,机械、建筑技术、几何学和解剖学的悠久历史在思想方法上有深刻影响。中国的自然观有清楚的有机论的痕迹,常常从生物学的角度出发观察问题,这和中国的农业社会、耕作技术、中医理论不无关系。从世界观来说,中国传统的哲学家强调综合、强调辩证,也许比欧洲传统的科学家强调分析、强调抽象更接近自然和辩证法。因为科学上任何分割、抽象都带有片面、近似的性质。但是从认识论和方法论来说,人们的认识运动总是从简单到复杂,从片面到更多的方面。所以近代科学的分析和抽象方法,远远高出古代哪怕是辩证的经验和猜测。以拉普拉斯的星云假说为例,它是以严格的牛顿力学为基础的,当代的宇宙演化理论则以广义相对论为基础，并不是定性的估计。中国近代科学落后的基本原因之一在于，中国的经验科学强调整体的复杂性，但是始终不去寻找解开复杂、简化运动的科学方法。在今天，辩证的思想只有运用逻辑和分析方法才会产生定量的科学成果。有人指责科学的分析方法和公理化方法是形而上学，他们不理解科学方法的发展史和抽象方法的简化效果。

（3）彻底精神和效率原则。科学的革命性在于彻底性，科学的假设和推论必须确定无疑，才能经受实验的检验和修正。科学的彻底性表现在科学理论的普遍性和科学假设的简单性。这是长期科学实践所产生的效率原则的要求，并非什么"思维经济"，也不能用自然本身的简单性来加以解释，只能是人类实践活动本身的规律。

从哥白尼、牛顿到爱因斯坦，科学的彻底性在理论上取得了辉煌的进展。哥白尼在《天体运行论》的序言中叙述了自己变革托勒密体系的动机，他说：我之所以要提出计算天体运行的方法，不过是由于我知道一般数学家在这方面的研究中矛盾百出。第一，数学家们不能肯定太阳和月球的运行，从而不能解释或正确测算回归年的固定长度；第二，在确定太阳、月球和其他五个行星的运行时，他们甚至在证明天体的转动和运动时也不使用相同的原理和假设。有人只用同心圆说明问题，有人用偏心论和本论，但即使用这些方法，他们也不能完全达到目的。

在科学上，任何一种现象都可能用多种不同的模型来解释，科学实践上总是取应用最广泛、计算最简单的一种，除非新的实验事实迫使人们作进一步的修正。科学上尽量减少不必要的假设，使理论形式简明彻底。这一"剃刀原理"由14世纪的经院哲学家威廉·奥卡姆首先倡导，对后来的科学研究产生了重大影响。哥白尼体系的精度并不比托勒密更高，但是把使用的本论和均论数目从80个减少到34个。亚里士多德原来把天体的运动用圆描述、地上的落体运动用直线描述。牛顿的引力理论则更加彻底，使宇宙和地上的物体满足同样的引力规律，勒维叶据此预言了海王星的发现。科学家们一代接一代地努力，把科学理论推进到经验直观难以想象的高度。离开了科学的彻底精神，科学的进步就无从谈起。

中国的科学家在勤奋和技巧方面著称于世。祖冲之的圆周率和唐代的瓷器在精度和工巧方面遥遥领先，为世界所钦佩。但是在理论的彻底性和严整性方面，中国的科学家难得有认真的努力。中国古代的哲学少有彻底的唯物论和彻底的唯心论，互相矛盾的儒释道三教可以合流，儒法诸家的哲学面目相当模糊，自身不成一个自洽的理论体系，在不同的问题上往往采取互相矛盾的出发点。其原因在于：一是为了适应专制帝王的需要，越是模棱两可的理论越容易求得政治上的生存。二是中国很少注重形式逻辑,仅仅发展了辩证思想。应当指出,近代科学的辩证综合是在分析研究的基础上进行的,辩证的思想离开严格的逻辑不仅不可能构成科学的理论,反而有走向诡辩的危险。自然界的辩证关系有确切的规律可循,否认规律、不讲条件、空谈变化、似是而非,实际上是一种不可知论。三是经验主义否认理性的力量,往往满足于具体问题的解决,拒绝对理论作深入的研究。短见的实用主义看不到长远的利益,阻碍了科学的深入。中国的小农经济对一针一线珍惜无比,但是对人才、时间、资源的浪费熟视无睹,所以也不可能产生效率的概念。

4.3 科学学打开了历史研究的新途径

历史是一门古老而又年轻的学科。人类社会自文字出现起,就开始了人类活动的记载。但是,只是在马克思把政治经济学引入了历史领域,用历史唯物主义的方法建立了科学的社会发展史之后,历史学才真正开始了理论的研究。今天,科学学的诞生有可能打开历史研究的一个新途径,产生研究方法上的新飞跃。因为人类社会产生以来,生产活动就是人类最基本的实践活动,研究生产发展规律的经济学自然是历史研究的一个理论基础。随着人类社会的发展,科学活动分化为一种独立的社会实践,同时越来越强大地影响到生产斗争的社会组织的变革。科学学将成为历史研究的另一个理论支柱是无疑的了。

4.3.1 科学学和科技史

科学学本身是在科学史基础上进行理论概括而产生的,科学学的产生为中国科技史的研究指明了新的方向。目前国内已有的科技史研究的重点在于分别整理各个学科的历史成就,系统地把中国科技史作为一个整体来分析的工作还做得很少。李约瑟开创了用中西方比较研究中国科技史的方法,给我们的工作以很大启发。在世界史上,欧洲文明和中国文明是两种有代表性的文化典型。研究欧洲科学起源的背景,分析中国科学停滞的原因,从比较研究中发现近代科学得以产生的基本条件,对研究科学发展的基本规律、推断未来科学发展的趋势有重要的启示意义。

4.3.2 科学学和哲学史

科学学对哲学史的研究提出了新的挑战。既然哲学是世界观和方法论的统一,哲学史也就是人类的认识史,而且科学是人类认识发展的重要源泉之一,那么科学方法论的研究必然会对传统的哲学史观提出新的问题。从科学史的角度来看,唯心主义的哲学家(如毕达哥拉斯、柏拉图)和唯物主义的哲学家(如德谟克利特、伊壁鸠鲁、亚里士多德)都对科学方法论的发展有重大的贡献。当代科学史上,苏联哲学界对相对论、量子力学和控制论的批判,都是企图用唯物与唯心的标准来判定科学假设的真伪,结果由于在科学方法论上失当而遭到失败。这就说明了一个问题:把科学的哲学史仅仅归结为唯物主义与唯心主义、辩证法与形而上学斗争的历史是不充分的。科学学有可能从科学方法论的角度对哲学史的批评提出新的补充判据。对科学史上的历次变革,应该进一步从方法论的角度深入探求哲学和科学的关系。对中国科学落后的根源从方法论上进行的研究,使我们发现中国哲学与西方哲学有深刻的差别。朴素唯物主义与辩证法的形式和内容并不相同。我们这里只是提出一些问题,我们相信进一步的研究将有助于中国传统思想的批判和改造,也将推动辩证唯物主义哲学的发展。

4.3.3 科学学和社会发展史

我们想强调指出,科学学的意义绝不仅限于科学史和哲学史,因为科学史和科学哲学本身都属于科学学的有机组成部分。对历史学的研究来说,意义更为重大的是科学学将对社会发展史的研究提供新的方法和新的观点。马克思关于分工的理论对于发展科学学的社会史观有特别重大的意义。

马克思指出:一个民族的生产力发展水平,最明显地表现在该民族分工的发展程度上。恩格斯认为,人类社会史上先后有三次社会大分工出现,第一次是畜牧业和农业的分工,第二次是手工业和农业的分工,第三次是商人阶级出现形成的分工,三次大分工的结果,又产生了体力劳动和脑力劳动的分工。这三次分工出现于原始社会和奴隶制社会,经过了漫长的历史阶段。但是,在近代史上,没有比科学的出现更大的社会分工,工业的出现只是手工业发展的直接产物。毛泽东高度评价了科学技术的作用,把生产斗争、阶级斗争、科学实验并列为三项伟大的革命运动。从社会分工的角度来看,阶级斗争在人类活动中产生军队和国家机器,科学实验却成为一个独立于政治和生产的特殊体系。在美国,从事信息加工的情报部门人员比例已经超过了从事物质加工的生产部门,从而进入了所谓"超工业社会"或"情报化社会"。[①] 我们认为应该把科学部

---

① 辛歌亦,"国外科技情报系统发展的一些情况",《科技情报工作》,1980 年第 4 期。美国的情报行业指生产、传播、利用情报的行业,包括科研、教育、管理、情报人员等,1980 年其从业人员已占劳动力总数的 46%,工农业从业人员仅占 25%。

门的出现评价为第四次社会大分工,即信息生产和物质生产的分离。这和体力劳动与脑力劳动的分离具有不尽相同的意义,因为自动化的发展可能取代大部分工农业生产中的体力劳动,但不能取代物质生产本身。我们认为有必要认真研究新的社会分工产生和发展的规律。

龚育之认为,科学实验是从生产斗争中分化出来的,这虽然在理论上强调了科学与生产的关系,但不尽符合科学史的事实。从历史上看,技术革命的第一代发明家都是手工业者,但科学革命的第一代科学家却是教士、医生、律师和经院大学的教授这样的有闲阶级。由于科学研究的成果转化为生产技术要经历很长的过程,因此私有制下的劳动者不可能有充分的时间和条件来进行长期独立的科学研究。从科学方法论的角度来看,近代科学的诞生是希腊哲学的思想方法和工匠传统的实验方法的结合,而这一结合是由传统的自然哲学家中分化出来的职业知识分子完成的。在欧洲,近代科学主要是从教会活动中分化出来的,然后得到资产阶级的支持。教士在中世纪是一个独立的阶级,经院大学是独立的学术中心,这是近代科学得以分化独立的社会基础。反叛的教士、经院大学的哲学家与资产阶级业余研究家的结合,产生了最早的科学家团体,在资产阶级革命后获得了合法地位和经济支持。在中国的封建社会,知识分子只是地主阶级中附属的一个士大夫阶层,没有形成独立的阶层,官学合一的体制阻止了科学的分化。科学史表明,生产发展的需要当然是科学发展的一个重要动力,近代科学是随着资本主义的发展而诞生的,此外生产技术的发展又为科学实验提供了观察实验的工具。但是,生产经验的积累绝不能自动地上升为科学的理论,科学体系的发展还有本身内在的动力独立存在,科学问题的提出有其自身的逻辑性。科学方法则是人们的主观世界认识客观世界的重要桥梁。凯德洛夫指出,纯粹的经验在科学认识史上并不存在,科学知识总是用理论语言记录的,舍此不能作为实验确定的事实被考察。科学方法的发现有一个很长的发展过程,从希腊哲学经过哥白尼、伽利略的工作,到牛顿集逻辑方法、数学方法和实验方法等科学方法之大成,终于奠定了科学方法的基本体系。科学思想和科学方法的探索在伽利略以前始终只在少数学者中间进行。因此,认为科学实验是从生产斗争中分化出来的观点并不准确,倒是科学独立发展以后,才有和生产活动日益结合的趋势。从科学史来看,科学革命和技术革命最初是分别进行的,后来才互相渗透,使科学、技术、工程、管理成为互相联系的整体。基础研究和应用研究仍然具有清晰可辨的不同目标,前者探求的是科学知识的思想体系,后者生产的是工程技术的物质装备。

4.3.4 重新认识我们的历史

如果我们把马克思再三强调的分工协作作为社会发展的基本规律，如果我们承认科学成为一种独立的社会活动是人类社会史上一个伟大的进步，则我们就必把科学发展所依赖的基本规律作为历史现象分析的重要标准之一，这样我们便能发现以往的历史研究中忽视科技史所带来的严重错误。

我们已经指出，商鞅变法以后的秦汉体制强化了以粮为主的单一小农经济结构，重农抑商政策和地主官僚制度抑制了商品人员的流通和分工协作的发展，导致周期性的土地危机和农民战争，却没有自行过渡到资本主义的可能。我们在本文中又进一步指出，封建专制政权实行的重农抑商政策、官学合一体制和户口保甲制度扼杀了学术交流和科学分化的可能，使中国无法产生近代科学的萌芽。因此，把春秋战国时代中国社会的演变视为生产力的革命和生产关系的进步，不仅在经济史上的证据不足，而且从科学史上看也是缺乏说服力的。地主小农经济的确立是劳动分工进程的一种退化而不是进步。研究世界史上中国发生的这一特殊现象不仅可以解开中国社会演变的历史奥秘，而且有助于了解其他发展中国家的历史，加深对社会发展普遍规律的了解。

应该指出，中国的封建传统是实现现代化的重大障碍，今天虽然大家对封建主义都有了强烈的感觉，但是并不等于对中国特殊的封建主义的本质有了深刻的认识。实际上，人们常常混淆了封建主义、资本主义和社会主义之间的界限，更不用说明白西欧的封建主义（贵族领主）与中国的封建主义（地主官僚）之间的区别了。认识这种界限和区别，对探索中国的改革之路，有重大的理论和现实意义。

社会分工的研究和实践，不仅有助于我们克服官僚化、衙门化的传统积弊，同时，用竞争办法引导经济，用科学规范引导科学，要求我们对经济学和科学学的研究进行一个大发展。经济学的基本问题是"生产什么、怎样生产、怎样交换、怎样分配"，政治经济学重点研究了交换和分配的问题。生产什么、怎样生产的问题有待于生产力经济学来解决。由于科学和生产的联系日益紧密，我们感到科学学的观点和方法将会渗透到生产力经济学的研究中去。我们对于社会经济问题的关注，就是从科学技术史的分期问题引起的。我们认为，系统方法和结构概念在科学学和经济学中的发展，将在现代化的进程中结出丰硕的果实。

我们相信，科学学这一新生的"婴儿"在中国将会成长为一个"巨人"，科技史的研究将会推动古老中国的新生。历史给予中国的这一宝贵机会，让我们紧紧抓住！

参 考 文 献

[1] 贝尔纳,《历史上的科学》导言,科学出版社 1959 年版。
[2] 陈平,"单一小农经济结构是中国两千年来闭关自守、动乱贫穷的病根",《学习与探索》,1979 年第 4 期,《光明日报》,1979 年 11 月 16 日。
[3] 陈平,"技术革命史分期问题初论",《自然辩证法通讯》,1980 年第 3 期。
[4] 陈平,"历史研究的一些方法论问题",《学习与探索》,1980 年第 4 期。
[5] 陈平、温元凯,"历史上的科学人才",《人民教育》,1979 年第 4 期。
[6] 人才学筹备组,《人才,人才!》,天津人民出版社 1980 年版。
[7] 敦尼克,《哲学史》(第一卷),三联书店 1962 年版。
[8] 恩格斯,《马克思恩格斯全集》(第 4 卷),人民出版社 1972 年版。
[9] 恩格斯,《自然辩证法》,人民出版社 1971 年版。
[10] 龚育之,"试论科学实验",《红旗》,1965 年第 1 期。
[11] 凯德洛夫,《物理学的方法论原理》,柳树滋等译,知识出版社 1990 年版。
[12] 李光璧、钱君晔,《中国科学技术发明和科学技术人物论集》,三联书店 1955 年版。
[13] 李约瑟,《中国科学技术史》(第三卷数学),科学出版社 1978 年版。
[14] 李约瑟,《中国科学技术史》(第五卷天学),科学出版社 1978 年版。
[15] 鲁迅,《坟》,人民出版社 1973 年版。
[16] 鲁迅,《花边文学》,人民出版社 1973 年版。
[17] 鲁迅,《华盖集》,人民出版社 1973 年版。
[18] 鲁迅,《华盖集续编》,人民出版社 1973 年版。
[19] 鲁迅,《集外集拾遗》,人民出版社 1973 年版。
[20] 鲁迅,《且介亭杂文末编》,人民出版社 1973 年版。
[21] 鲁迅,《热风》,人民出版社 1973 年版。
[22] 罗素,《古方哲学史》,下卷,商务印书馆 1976 年版。
[23] 马克思,"德意志意识形态",《马克思恩格斯全集》(第 3 卷),人民出版社 1972 年版,第 24 页。
[24] 毛泽东,《毛泽东选集》合订本,人民出版社 1966 年版。
[25] 梅森,《自然科学史》,上海人民出版社 1977 年版。
[26] 吴含,《朱元璋传》,三联书店 1965 年版。
[27] 辛歌亦,"国外科技情报系统发展的一些情况",《科技情报工作》,1980 年第 4 期。
[28] 雨果,《笑面人》,上海译文出版社 1978 年版。
[29]《自然科学大事年表》,上海人民出版社 1975 年版。
[30] 自然科学史研究所,《中国古代科技成就》,中国青年出版社 1978 年版。
[31] *Encyclopaedia Britannica*,University of Chicago,1964,"Galilei" 词条。

5 技术革命史分期问题初论*

5.1 为什么要研究技术革命史的分期

历史是一门描述性的学科,历史分期是理论研究的一个重要课题。马克思主义对社会经济发展史分期的研究,第一次把历史变成了科学。今天,我们要把握科学技术发展的规律,要把科学技术史的研究从搜集材料的阶段上升到理论概括的阶段,就需要研究科学技术史的分期问题。科学技术的发展有自己的规律,科学技术活动对近代社会的发展具有极其重要的作用。经济史的研究并不能取代科学技术史的研究。

应该指出,科学技术史的研究在我国还没有获得应有的重视,在历史学界,科学史只占有"婢女"的地位。在几千年的社会发展史上,三百多年来,世界发生了空前的变化。科学技术的重要性在两次世界大战以后已为各国所公认。但我国对科学技术发展的规律还缺乏系统的研究,这在理论上和实践上都带来许多问题。长期以来,一些历史学家把商鞅变法、秦汉之制从政治上评价为革命和进步,却不从经济上考虑这样一个基本的事实:恰恰是秦汉以后取得统治地位的地主官僚集团所奉行的重农抑商政策、官商官工制度和户口保甲制度,不仅扼杀了中国向资本主义大生产转化的可能,而且扼制了科学技术的交流和分工协作的发展,使得直到今天小生产的传统仍然是科学技术发展的重大障碍。人们在分析中国问题的时候往往只是在生产关系上找原因,很少在生产力上做调查。科学技术在中国的历史命运几乎没有引起大家的注意,更不用说作为历史活动评价的一条重要标准了。这充分说明,我们的社会科学如果不考虑当代科学实践的新经验,就不可能跳出封建正史的框框,就不可能打破复古守旧的传统。还应当指出,我们的社会主义建设在实践上走了不少弯路,但在理论上并没有从科学技术的角度作深入的分析。我们有一些同志热衷于传统的人海战术,用小生产的办法指挥大生产,甚至从大生产向小生产倒退,对当代科

---

* 原载《自然辩证法通讯》1980 年第 3 期。

学技术发展的主流几乎一无所知。也有人盲目照抄外国的新技术,企图一蹴而就,不了解科学技术发展有一个客观历史过程。两者都是不尊重科学技术发展规律的表现。有些片面的科学技术史观在实践上也产生了不利的影响。例如,我国国民经济的长期失调,与片面强调钢铁在工业上的地位有很大关系。而孤立发展原子能、火箭、计算机等尖端技术,在脱离整个工业和科学基础的情况下,也不可能达到预期的目的。这就从实践上提出了深入分析科学技术发展规律,从而为制定我国的技术经济政策提供理论依据的问题。

我国目前已有学科史的研究,而对科学学的研究才刚开始。英国物理学家和科学史家贝尔纳的《科学的社会功能》和《历史上的科学》两本著作,奠定了科学学的基础。贝尔纳比较全面地考察了社会发展的各个环节对科学技术的影响,这对我们的工作有很大的启发。我们希望进一步研究技术革命和科学革命具体发展的阶段性,以深入探讨科学技术发展的主要规律。

5.2 对已有技术革命史理论的评价

已有的科技史大多侧重于分科或断代史的研究,对整个科技史的研究大致是在已有政治经济史分期的框架中论述科技成就的史实,建立独立的科技史分期体系的工作做得不多。我们可以把历来对于技术革命的种种议论大致归纳为以下三种:

(1) 技术路线论。正统的历史学家历来以材料的演变作为古代技术史的基本线索:原始社会——石器时代,奴隶社会——青铜时代,封建社会——铁器时代。一些科学家也据此推广为:资本主义——钢铁时代。将来,或许是高分子材料时代。我国受苏联影响,一直有"以钢为纲"的提法。列宁十分强调能源的发展,他有一句名言:"共产主义就是苏维埃政权加全国电气化。"苏联有人主张以能源演变为技术发展史的主线:古代社会——人力和天然力(如畜力、风力、水力等)时代,资本主义——蒸汽时代,社会主义——电力时代,共产主义——核能时代。各个部门的科学家常常强调各自的学科对技术革命和未来发展主流的影响,如信息革命、宇航时代、海洋世纪等,实质上把通信、运输工具的变革作为当代技术革命的主要标志。这些说法的重点不同,但在分析问题采用的方法上相似,即以某种技术部门(材料、动力或传输工具)的变革作为技术发展的基础,我们可称之为技术路线论。

技术路线论在分门别类地叙述技术发展的来龙去脉时有显著的优点。以材料分期的方法在古代史的研究上特别成功。成功的原因并不在于它在理论上正确地概括了古代技术史发展的完整规律,而是对考古学家而言,石器、青铜器、铁器的发掘、断代在方法上有简单和确定的优点。从技术史的观点看,火的利用、轮子的发明比石器、青铜器的制造可能有更大的意义。就当代的能源问题来看,电力和内燃机同等重要,将来裂变能、聚变能、太阳能孰长孰短还有待实践检验。在当代科学技术发展日益综合化的趋势下,沿用技术路线论的方法就难以把握当代技术革命的整体特征。

(2) 技术倾向论。马克思早就提出"工业革命"的思想,20 世纪 30 年代弗里德曼就有"第二次工业革命"的提法,贝尔纳进一步采用"科学技术革命"的概念,在各国得到广泛的赞同。一般认为:第一次工业革命的特征是机械化,而第二次工业革命的标志是自动化。与此相似的还有电子化、管理革命论、科学—技术—生产—管理的统一体制论等提法,其核心都在于强调计算机对当代社会发展产生的巨大影响。他们与强调技术发展纵向沿革的技术路线论不同,他们重视的是当代技术革命的横向发展,我们可以从方法上称之为技术倾向论。

技术倾向论反映了当代技术发展的主流,如果把机械化理解为体力劳动的解放,把自动化理解为脑力劳动的解放,则二次工业革命的提法在哲学上也有深刻的内容,就如我们常把人类社会发展史划分为私有制和公有制社会一样。其缺点是忽略了历史发展的中间过程。对发展中国家来说,不仅要关心未来技术革命的目标,而且要探索技术革命必经的道路。而各国技术发展的道路不可能不和经济文化的演变有密切的关系,技术倾向论则常常忽略了这一点。

(3) 综合体系论。并不是所有的经济学家都同意二次工业革命论的观点,比利时经济学家曼德尔就把 19 世纪蒸汽机的出现称为第一次技术革命;把 20 世纪初内燃机、电力等技术的出现称为第二次技术革命;把 20 世纪 30 年代以来电子技术、核动力等的出现称为第三次技术革命。日本则根据典型工业国的发展史,提出"三次综合体系论",认为纺织机、蒸汽机、机床、高炉、坩埚炼钢、蒸汽机车等组成第一次技术体系,形成于 1830 年左右;炼钢技术、合成化学、电力技术、热力机、汽轮机、电话和第一次世界大战后发展起来的电视、导弹等组成第二次技术体系;20 世纪 60 年代以后,固体电子学、高分子化学带头的第三次技术体系开始出现。

三次技术革命论或综合体系论的优点在于没有孤立强调某一技术的作用,力图历史地、综合地把握技术革命的全貌,无疑更真切地反映了技术发展的阶段性,也注意到未来发展的动向,引起我们很大的兴趣。但是综合体系论只是罗列了各个阶段技术发展的内容,并没有从理论上深入分析技术革命内部的矛盾运动规律。有必要和其他理论取长补短,深入分析技术革命史。

5.3 技术革命史分期的基点

鉴于前人工作的得失,我们把以下考虑作为技术革命史分期出发的基点。

第一,技术革命史的分期必须和经济发展史、科学革命史的分期紧密联系。所谓技术,乃是运用科学的方法和知识来解决人类生活所面临的问题,以获得尽可能大的经济利益。因此,我们虽然不一定以重大政治或科学事件作为技术史的分界,但是必须使技术革命史成为社会发展史的有机组成部分。技术史的分期不仅要反映技术革命本身的规律,而且要反映技术革命与科学革命、经济变革之间的关系。因此我们在分析技术史的时候,同时注意到经济发展史、科学革命史、科技政策史、教育改革史和科技体制的演变史,力求从整体观点出发,研究政治、经济、科学、技术、文化之间的相互作用,反对孤立地研究科技史。同时,我们也希望今后编写的世界史教材能改变在政治经济史之下简单地罗列若干科技大事的习惯做法,把科学实验本身的发展规律作为历史研究的重要内容。

第二,技术史不应当仅仅成为技术编年史,技术革命史的分期应该从理论上概括技术革命矛盾运动的规律,即应该明确地提出和回答下列问题:各个历史阶段技术发展的矛盾焦点是什么?主要矛盾是怎样产生、怎样解决又怎样引起新的矛盾的?我们注意的是整个科技发展史,不是专门的科学史。因此我们特别注意各个学科、各种技术之间的相互作用,反对孤立地夸大单项技术的意义,也不应停留于罗列一大堆技术的清单,而必须通过对具体矛盾的具体分析,来抓住技术革命的中心环节。

第三,技术革命史的分期应该正确反映技术革命走过的道路。我们特别注意概括典型工业化国家具体的历史经验,反对闭门构思抽象的理论体系。马克思说:"……工业较发达的国家向工业较不发达的国家所显示的,只是后者未来的景象。"总结前人的经验,对于探索我国自己的道路,无疑具有现实的意义。

第四,在研究方法上,我们试图采用结构模型和抽象分析的方法,把复杂的史实分解、简化,以突出基本线索,避免一开始就提出包罗万象的体系,把事情搞得相当玄妙。因此,我们不采用贝尔纳的"科学技术革命"的提法,宁愿分别讨论技术革命和科学革命的规律。因为当代科学和技术的发展虽然有日渐紧密的趋势,但并没有达到相互融合的程度。同时我们尝试运用马克思在《资本论》中运用过的抽象方法,把机器体系抽象化为工作机、传输机、动力机和控制机四个基本部分,把产业结构也相应地分为几个基本的部门,然后分析其间的矛盾运动。

我们把技术革命史分为三个阶段：工作机革命(1764—1830)、传输机革命(1830—1945)、控制机革命(1945年至今)。三次技术革命的结果，是经济体制也发生了相应的演变，即工厂—托拉斯—跨国公司，生产向大型、综合、集中的方向发展。三次科学革命则成为三次技术革命的前导（我们把科学革命划分为三个阶段，即1543—1796年、1796—1900年、1900年至今，关于科学革命史的分期问题将另行讨论）。可以把我们尝试建立的技术革命史的分期体系称为"技术结构论"，以强调经济技术结构的概念。因为历来把生产力的发展归结于生产工具和劳动者技能的进步，而在实践上，我们常常看到，如果没有一个合理的经济结构，即使某种生产工具取得巨大的进步，也无法推动整个社会劳动生产率的提高。中国的四大发明在西欧而不是在中国造成深刻的社会变革就是历史上很值得思考的一个例子。马克思特别强调分工在生产力发展中的作用。分工不断发展、协作不断加强是全部经济史和科学史所表明的最重要的社会发展趋势。我们觉得有理由把经济结构列为决定生产力发展的一个主要因素。从概念分析来看，科学、技术、工业、管理之间尽管有密切的关系，但是各自都有独特的含义。因此，我们认为"三次技术革命"的提法可能比"工业革命"的提法更为确切，因为它强调了技术变革自下而上对生产力带来的影响，与生产关系的变革自上而下对生产力带来的影响具有不同的方向。我们研究的重点并不是资本主义或者社会主义制度下工业体制和生产关系的变革问题。所以，我们的技术结构论既可看成"科学学"的一个课题，也可作为"生产力经济学"中的一个方面。我们深信，经济结构的思想会给将来的研究带来深远的影响。

6 技术革命的道路与技术经济的规律[*]

6.1 三次技术革命的道路

6.1.1 机器和产业的基本结构

对技术革命的认识要从经验上升到理论,必须经过科学的分析和抽象。马克思对一般机器的分析,做出了运用科学方法的典范。他指出:所有发达的机器都由三个本质上不同的部分组成:发动机、传动机构、工具机或工作机。……机器的这一部分——工具机,是 18 世纪工业革命的起点。[①] 马克思的方法提供了剖析技术革命的范例。

根据现实的历史经验,我们可以把马克思的分析推广到一般的机器体系和产业结构,如图 6-1 所示。

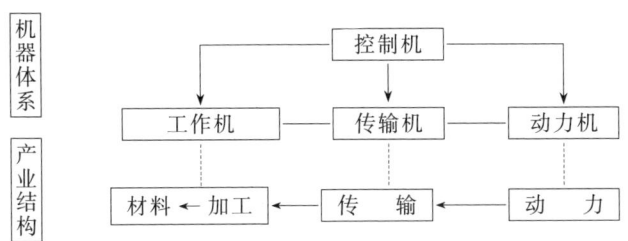

图 6-1 机器和产业基本构成

注:带箭头的线表示相互作用,虚线表示相应的联系。

一般说来,具有完整功能的机器或是工厂、大型综合企业中的机器体系,都包括动力机、传输机、工作机、控制机四个基本部分。工作机,例如,机床中相对于被加工钢材的刀具或收割小麦的收割机等。动力机包括蒸汽机、内燃机、发电机等。传输机最初的机床中只是皮带、齿轮等简单部件以传递能量,后来出现以传递能量、信息(信息的传递必须利用变化的能量作为载体)为不同使命的

---

[*] 原载《科学与科学技术管理》1981 年第 6 期,1982 年第 1、2 期。
[①] 马克思,《资本论》(1867),《马克思恩格斯全集》第 32 卷,人民出版社 1974 年版,第 410 页。

变电网、通信机等。控制机最初是操纵杆、调节器等部件，主要依附于人进行控制；电子计算机出现以后，产生了独立的控制机。控制机本身可以看成工作机的革命，即从加工物质变为加工信息。

相应地，整个社会的产业结构也可以划分为动力、传输、加工、材料四大部类。动力包括电力、燃料、核能、水力等工业。传输包括运输（物质、能量的输送）和通信（信息的传递）两个部门，例如，航空、海运、铁路、公路、输电、输油、输气和广播、电视、电信等部门。材料指冶金、化学、采矿等工业，采用工业化生产的农业也可视为材料工业，例如，用石油生产饲料蛋白。加工指通常的机械、电器、轻工等工业。加工和材料的生产都是工作机的对象，把两者加以细分主要是考虑到两者在技术方法和产品上的差异。材料工业从自然物中分离、提取粗制品作为进一步加工的原料，主要采用化学或生物学的方法进行生产。加工工业把原料再精加工成机器或成品，主要采用机械、物理的方法进行生产。材料工业和加工工业的细分与苏联产业经济学的概念比较相合，但无法纳入西方经济学三次产业的范畴。因为西方三次产业中的服务业包括交通和通信产业，而后者在苏联的产业经济学中属于重工业而非服务业。我们认为，苏联的产业经济学可以比西方经济学更好地理解产业结构的辩证关系。产业结构中与控制机相当的部分，在计划经济中，由计委等政府部门进行。在市场经济中，金融中介起到分权化的调节作用。

研究机器和产业基本构成间的辩证发展关系，就可以把握技术革命的规律。

6.1.2 技术革命的分期和进展

考察机器体系的历史发展，关注典型国家的具体进程，可以发现技术革命史明显地存在三个阶段，我们称之为三次技术革命。

（1）第一次技术革命——工作机革命（1764—1830）

英国是第一次技术革命的发源地和代表国。美洲的殖民和东方航路的开辟使海外市场急剧扩大，资本主义工商业急剧增长。英国早在1624年始建的专利制度鼓励了技术的发明。1640年开始的英国资产阶级革命，则为资本主义生产的发展扫清了道路。工场手工业再也不能满足市场的需要，工作机的革命应运而生。新兴的棉织业受旧法规的限制较少，又受着传统毛织业的压抑，首先开始变革。

1764年工人哈格利夫斯发明了纺纱机，纺织业开始了一系列的变革。1769年瓦特改造了蒸汽机，产生了用机器生产的工厂。工作机和动力机的结合使技术革命的浪潮迅速扩展到其他部门，机械、冶铁、采煤等工业相应发展。1830年左右，英国基本完成了以纺织机和蒸汽机为代表的第一次技术革命，实现了纺织业的机械生产，从而成为世界工厂。在运输便利的河海口岸和煤铁产地，出现了工业中心，城市人口增加了1/3。这个阶段前后约经过七八十年。当然，工作机革命并没有停止。工作机在19世纪30年代进入农业，40年代进入商业和服务业，而美国农业机械化的完成延迟到20世纪上半叶。

这一时期主要的技术发明的进展见表 6-1。

表 6-1 工作机主导的技术革命(1764—1830)

年代	科学	加工	材料	传输	动力	政治经济
1700	经典力学 1687	摆钟 1659(荷) 惠更斯				1600(英) 东印度公司
						1624(英) 专利制度
		航海时计 1728—1765(英) 哈里森			矿山蒸汽机 1705(英) 纽柯门	1650(英) 航海条例
1760		多轴纺纱车 1764(英) 哈格利夫斯	焦炭炼生铁 1735(英) 德尔比			海运、贸易 毛织业发展
		水力细纱机 1769(英) 阿克莱特			单式蒸汽机 1769(英) 瓦特	1718(英) 禁止出国设厂和机器出口
1780		"骡子"精纺机 1779(英) 克伦普顿	反射炉炼熟铁 1784(英) 科特		复式蒸汽机 1782(英) 瓦特	工场手工业发达 纺织业发展
		水力织布机 1785(英) 卡特莱特	铁代木做机床 1794(英) 莫兹利		第一座蒸汽纱厂 1784(英)	英国商品输出兴盛
		轧棉机 1793(美) 惠特尼	漂白粉 1799(英) 台耐特			工厂、机器生产、工业城市兴起
1800	化学原子论 1807	水压机 1795(英) 布拉默				
		穿孔卡 1801(法) 雅卡尔		汽船 1807(美) 富尔顿		英国解除机器技术的出口禁令
		螺丝车床 1810(英) 莫兹利		蒸汽机车 1814(英) 史蒂文逊		英国成为"世界工厂"
1830		割草机 1834(美) 麦考密克				英国资本输出发展

第一次科学革命从哥白尼1543年发表的日心说开始,发展得很早,但是第一次技术革命的发明大多来自经验而不是科学。科学家和发明家多数独自进行业余的活动,科学和技术之间缺少直接的交流和联系,古典大学和教会学校固守着传统的经院哲学的阵地。这一阶段正是自由资本主义时期,英国对内实行自由放任政策,对外禁止机器技术出口、实行保护政策,用商品输出和对外殖民来建立世界霸权。为了适应技术革命的需要,英国开始制定工厂法规,对童工实行半工半读,推行初步的技术教育。技术革命改变了英国传统的田园牧歌的景象。

(2) 第二次技术革命——传输机革命(1830—1945)

大机器生产的发展大大增加了生产的速度,棉织品和煤铁等大宗货物取代了以前量少、昂贵的奢侈品和毛织物,这就使运输的矛盾空前尖锐。竞争和战争的激化使信息的传输也上升为新的矛盾,传输机的革命势在必行。在英国,19世纪初即不断有人试图用蒸汽机来推动更强大的交通工具,第二次科学革命中,尤其是电磁学和化学的发展为技术变革指出了新的方向。后起的大陆国家中,美国和德国比小岛英国的传输困难更大。它们利用英国取得霸主地位以后推行的自由贸易和资本输出政策,迅速实行了棉织业的机械化,便能集中全力解决物质、能量、信息的传输问题,一跃成为第二次技术革命的引领国。

第二次技术革命可以细分为前期和后期两个阶段。前期大致为1830—1900年。蒸汽船出现在1807年,1838年首次横渡大西洋。19世纪30年代开始,铁路电报的大发展带动了工业的迅速高涨,实现了资源的全面开发。19世纪70年代电话的发展加速了竞争造成的生产集中过程。发电机、内燃机、汽轮机等新型动力机的出现,石油、天然气的大规模开采,转炉、平炉炼钢,以及合成染料与橡胶的生产使重工业和新兴的电气、化学等科学工业取代了轻工业的传统地位,托拉斯型的大型综合企业开始成长。美国和德国后来居上,超过了英国和法国。

第二次技术革命的后期为1900—1945年。20世纪20年代汽车、无线电的普及加快了整个社会生活的节奏,加速了科技知识的传播和管理方法的改进,促进了标准化、流水线和合理化生产。变电网、输油管的铺设改变了工业的布局,加速了农业的进步。两次世界大战中飞机、坦克、潜艇、火箭、雷达和原子弹等新式武器的出现,引起了科学政策、科研管理、教育制度、工业体制的一系列变化。

这一时期主要的技术发明的进展见表6-2。

表 6-2　传输机主导的技术革命(1830—1945)

年代	科学	加工	材料	传输	动力	政治经济
1830	电磁感应 1831		硫化橡胶 1839(美) 古德伊尔	汽船 1807 汽车 1814 第一条铁路 1825(英) 电报,电码 1838(美) 莫尔斯	电动机 1835(美) 亨利	1846 英国废除 "航海条例" 自由贸易政策
1850	细胞 1838 能量守恒 1842 热力学 1850 演化论 1858	汽锤 1839(英) 纳斯密士	转炉炼钢 1856(英) 贝塞麦 合成染料 1856(英) 珀金	大西洋汽船 1838(英) 大西洋号 火车空气 制动器 1869(美) 威斯汀豪斯	钻探石油 1859(美) 德雷克	英国城市人口 超过农村人口
1870	元素周期律 1869 电磁场论 1873 电磁波 1888 电子 1897	联合收割机 1875(美) 阿普列比	平炉 1867 (德—英) 西门子 安全炸药 1867(瑞典) 诺贝尔	电话 1876(美) 贝尔 电气铁道 1879(德) 西门子	自激发电机 1867(德) 西门子 内燃机 1876(德) 奥托	美、德、日先后 开始工业化 1873 经济危机 1879 托拉斯建立 (美)洛克菲勒 垄断企业发展 美国工业 居首位
1900	遗传学 1900 相对论 1904—1916	电灯 1879 (美)爱迪生 照相机 1888(美) 伊斯特曼 拖拉机 1890(美) 哈里斯 电子管 1902(美) 弗莱明	工业硝酸 1900(德) 奥斯特瓦尔德 酚醛塑料 1906(美) 贝克兰德 合成药 606 1910(德) 艾里希	汽车 1885(德) 达勒姆 交流输电 1893(美) 威斯汀豪斯 无线电 1894(意) 马可尼 飞机 1903(美) 莱特兄弟 汽车流水线 生产 1908(美) 福特	电站供电 1882(美) 爱迪生 汽轮机 1884(英) 帕森斯 柴油机 1897(德) 狄塞尔	德国工业 超英国 第一次世界大战

(续表)

年代	科学	加工	材料	传输	动力	政治经济
1920	量子力学 1926 基本粒子 1930 计算机理论 1936 铀裂变 1939	加速器 1930（美） 劳伦斯 电子显微镜 1937（美） 海勒 原子弹 1945（美） 奥本海默	合成氨 1912（德） 哈柏 合成橡胶 1928（美） 卡罗塞尔斯 尼龙 1939（美） 卡罗塞尔斯	企业科学管理 1911（美） 泰勒 电视 1926（美） 贝尔德 雷达 1936（美） 远程导弹 1944（德） 冯·布劳恩	燃气轮机 1937（英） 惠特尔 原子反应堆 1942（美） 费米	1928苏联开始五年计划 1929—1933 经济危机 第二次世界大战

第二次技术革命以传输机的变革为核心，前后也经过了七八十年。重工业和新兴工业构成了第二次技术体系。19世纪20年代英国解除机器、技术出口禁令之后，资本输出取代商品输出占据主要地位。托拉斯加速了生产集中的趋势，各大型企业设立了大规模的工业研究机构来适应技术革命的需要。以相对论、量子论为标志的第三次科学革命产生了火箭、原子能等尖端军事技术，各国开始建立国家机构来组织科研、改革教育，有组织的工程师和科学家的工作取代了业余科学家和发明家的活动。各大学、公司大力扩建实验室，第一次世界大战前后各国普及了初等和中等教育。传输机的革命造成了工业区的广泛分布和大城市的扩张，工业人口大大超过农业人口。科学技术成为国力强弱的主要影响因素。

（3）第三次技术革命——控制机革命（1945年至今）

飞机、火箭等高速运载工具的出现，使传统的人机操纵方式发生根本性的危机。20世纪上半叶通信技术的发展促进了电子学的建立，为控制机的实现创造了条件。第二次世界大战中对军事技术的迫切需要，使美国调集各个学科的科学家进行大规模协作，为计算机的研制和控制论的创立提供了组织上的保证。

1946年美国制成第一台电子计算机，最初用于计算弹道参数。为了解决高速飞机的高炮瞄准问题，数学家维纳和神经生理学家罗森勃吕特合作，在1948年建立了控制论。控制机的出现首先保证了高速运输工具，如导弹、飞船、超音速飞机、高速铁路和卫星通信的发展。尖端军事技术向民用工业的转移，导致了生产自动化和生活社会化。计算机性能的飞速改善在生产、科研、军事、管理、生活等领域产生了不可估量的影响。生产日益转移到科研的轨道上来，直接生产人员的比例下降,科教、管理人员的比例不断增长。美国目前在第三次技术革命中占据主导地位,其产业人口比例下降到不足40%,其中农业人口比例低于5%,而在核能等尖端研究工业中,科技人员的比例竟高达40%,这个趋势还将进一步显现(1945—1975年主要的技术发明进展见表6-3)。

表6-3 控制机主导的技术革命(1945—1975)

年代	科学	加工	材料	控制	传输	动力	政治经济
1940				机电计算机1944(美)			美国非生产人口超过产业人口
1945		晶体管1948(美)		电子计算机1946(美)			
1950	控制论1948	全息照相1949(英)	生产单晶硅1952(美)			受控核聚变研究1950起(苏、美、英)	部分军事技术解密加速向工业转移
	分子生物学1953	数控机床1952(美)	人造金刚石1957(美)	晶体管计算机1956(美)	核潜艇1955(美)		中国社会主义革命开始
1955	量子放大器1954	氢弹1952(美)	集成电路1960(美)	科研管理技术"PERT"用于"北极星"计划1958(美)	人造卫星1957(苏)	核电站1954(苏)	苏联成为超级大国
1960	激光器1960		绿色革命小麦1961(美、墨)		超音速客机,气垫船1958(美、苏、英)		联邦德国工业超英国
			石油蛋白生产1962(英)	集成电路计算机1962(美)	通信卫星1963(美)		日本工业超英国
1965	非平衡态物理			小型计算机1965(美)			日本工业超联邦德国
1970				大规模集成电路计算机1970(美)	载人登月飞船1969(美)		美国产业人口下降到近1/3,农业人口占3.5%
1975	非线性动力学			光学计算机	资源卫星1972(美)		

生产的集中化、科研的大型化和科学技术畸形发展带来了工业污染、城市拥挤、人口过多和军备竞赛等一系列严重问题。这迫使各国在最高领导阶层建立内阁一级的科技政策管理机构,全力改革科技体制,普及高等教育,组织合作研究。跨国公司和国际研究机构有了巨大的发展,技术输出正在兴起,成为和资本输出并列的重要的竞争手段。科学技术和教育的优势成为超级大国维持

霸权的主要基石。

6.1.3 技术革命的影响和趋势

三次技术革命深刻地影响了社会发展的进程。工作机革命改变了生产的面貌，使传统的农业国转变为工业国。工作机的深入发展使农业工厂化，为将来消除工农差别奠定了物质基础。传输机革命更新了交流的工具，城市人口超过了乡村人口。传输机的继续进步改变了工业的布局，缩小了地区的差距，加速了科学的传播，为将来消除城乡差别创造了技术前提。控制机革命导致了管理的变革，非直接生产人数超过了产业人口，劳动变为更有创造性的活动。计算机的进步，为将来消除脑、体力劳动的差别提供了科学的可能。技术革命引起科技政策的改变和产业结构的发展，资本主义的工业经历了"工厂—托拉斯—跨国公司"的阶段，表现出生产集中化、管理合理化的过程。"商品输出—资本输出—技术输出"政策的演变反映了技术科学化、交流国际化的趋势，工业研究组织"业余发明家—工业实验室—大型研究中心"的发展显示了分工专业化、研究综合化的规律。科学从间接生产力转变为直接生产力。劳动生产率不断提高，研制周期不断缩短，生产和生活的社会化不断扩大。在将来，科学和技术、生产和科研之间的界线可能消失。技术革命的历史联系的大致图景可见表 6-4。

马克思说："现代工业的技术基础是革命的，而所有以往的生产方式的技术基础本质上是保守的。"[①]资产阶级革命的胜利扫除了生产发展的封建障碍，三次科学革命成为新的技术革命的前导，技术革命的浪潮又加速了社会的变革。我们相信，科学革命和技术革命不仅是改变经济技术结构的主要杠杆，而且是改造社会结构体制的强大动力。

6.2 传输机革命的历史地位

我们的三次技术革命论与传统的二次工业革命论的主要区别是：在工作机革命与控制机革命之间划出了一个独立的阶段——传输机革命。我们认为这一阶段不仅在技术史上是从机械化生产过渡到自动化生产的中心环节，而且在经济史上是从分散的手工业生产向集中的大工业生产转变的时期。实际上欧洲的学者始终强调通信运输工具的重要意义，但在长期固守小农经济的中国，商业和交流的巨大作用历来不受重视，因此我们必须作深入的讨论。

---

① 马克思，《马克思恩格斯全集》第 23 卷，人民出版社 1972 年版，第 534 页。

表 6-4　技术革命的历史联系(资本主义时期)

年代	政治	经济	科学	技术	教育	管理
	哥伦布发现新大陆 1492	工场手工业生产				
	对美洲殖民	价格革命	第一次科学革命 1543—1796		贵族学校与教会学校	
1600	对印度和亚非殖民	资本主义的原始积累				
	自由资本主义 1640—1870	毛织业发展	业余科学和私人通信	宗教和古典教育		
	英国革命 1640—1689					英国设立专利制度 1617
1700	美国独立战争 1775—1783	棉织业发展	英国皇家学会 1663			
	法国革命 1789—1794	机器大工业生产		第一次技术革命 1764—1830	普鲁士实行儿童强制义务教育	英禁止出国设厂和机器出口 1718
1800		轻工业发展	第二次科学革命 1796—1900	业余发明家的分散活动	法创理工学院高等师范 1794	
	美国南北战争 1861—1865			第二次技术革命 1830—1945	英童工半工半读法令 1802—1834	英国解除机器技术出口禁令 1825
1850	日本明治维新 1867—1885	重工业发展	英国科学促进会 1831		大学扩展 英国教育改革 1877—1889	英废除航海条例,自由贸易资本输出 1849
	普法战争 1870		大学建立科学实验室	工业实验室建立		
	巴黎公社 1871	托拉斯出现			普及初等教育	美设农业部,组织农业研究 1862
	帝国主义过渡 1871—1914		专门学会激增	托拉斯建大型研究机构		
	帝国主义和社会主义 1917—					英创科学与工业研究署 1916
1900	第一次世界大战	科学工业发展	第三次科学革命 1900—	第三次技术革命 1945—	普及中等教育	美设科学与研究发展局 1942
	十月革命 1917	跨国公司发展	国立大型研究所成立			技术输出发展
1950	第二次世界大战		国际研究机构发展	国际合作研究发展	美国教育改革 1958	各国建国家科学委员会(部) 1958
	中国革命				普及高等教育	

6.2.1 航海和贸易是变革的前导

回顾世界近代史,可以清楚地看到,首先是航海和商业推动了资本主义的发展。马克思说:商品流通是资本的起点。商品生产和发达的商品流通,即贸易,是资本产生的历史前提。世界贸易和世界市场在 16 世纪揭开了资本的近代生活史。① 恩格斯进一步指出,生产方式"包括生产和运输的全部技术装备。这种技术装备……同时决定着产品的交换方式,以及分配方式,从而……也决定着阶级的划分……"②正是传输机对促进商品交换的发展起到巨大的作用。

(1) 市场的扩大促进了分工的发展。马克思、恩格斯在《共产党宣言》中概括了这一历史进程,美洲的发现,绕过非洲的航行,给新兴的资产阶级开辟了新的活动场所。③ 商业和航海的发展促使了工场手工业分工的发展。市场的继续扩大则引起了蒸汽机和机器的发明,导致了工业革命。我们知道,通往美洲、非洲的航线之所以能够被开辟,完全有赖于传输机的改进。15 世纪轻便帆船在西班牙、葡萄牙的发展,使这两个国家成为地理大发现的主角。④

(2) 航海的需要推动了科学的新生。15—18 世纪,海上经度的确定一直是科学技术界关注的中心问题⑤,英法等国不惜巨资建立天文台并悬赏征求解答。经度问题的解决产生了两个重大成果:一是点燃了第一次科学革命(从哥白尼的日心系理论到牛顿的经典力学);二是为技术革命做好了准备,产生了近代机械的原型(从伽利略、惠更斯的钟摆到哈里逊的时计),促进了机械学的发展。

(3) 交往的扩展加速了文化的传播。马克思指出:某一个地方创造出来的生产力,特别是发明,在往后的发展中是否会失传,取决于交往扩展的情况。当交往只限于比邻地区的时候,每一种发明在每一个地方都必须重新开始。……只有在交往具有世界性质,并以大工业为基础的时候,保存住已创造出来的生产力才有了保障。……工场手工业的初次繁荣的历史前提,乃是同外国各民族的交往。⑥ 交流是科学和技术发展的命脉。新旧时代之交,处于东西方交通中

---

① 马克思,《马克思恩格斯全集》第 23 卷,人民出版社 1972 年版,第 167 页。
② 恩格斯,《致海·施塔尔根堡》(1894 年 1 月 25 日),《马克思恩格斯全集》第 39 卷,人民出版社 1974 年版,第 198 页。
③ 马克思、恩格斯,《共产党宣言》(1848),《马克思恩格斯全集》第 4 卷,人民出版社 1958 年版,第 467 页。
④ 班图洛夫,《外国经济史》,上海人民出版社 1962 年版,第 189 页。
⑤ 梅森,《自然科学史》,上海人民出版社 1977 年版,第 12、23 章。
⑥ 马克思、恩格斯,《德意志意识形态》,《马克思恩格斯全集》第 3 卷,人民出版社 1956 年版,第 60—62 页。

心的几个国家,扮演了重要的角色。意大利成为科学革命的发源地,热那亚的水手是探索新航路的先锋。外贸中心荷兰成为启蒙哲学家的活动场所,斯宾诺莎、笛卡儿的思想从这里往欧洲传播。英国唯物主义的始祖培根则热烈欢呼新工具的意义,预见到飞机和潜艇的发明。①

马克思说:现在工业上的霸权带来商业上的霸权。在真正的工场手工业时期,却是商业上的霸权造成了工业上的优势。② 与此相反,与外界完全隔绝是保存旧中国的首要条件。③ 近代史上西方的兴起和中国的落伍,其原因值得深究。

6.2.2 各国发展道路的比较

英国是运河发达、海港优良的小国,在交通上具有优越的条件,所以传输机的矛盾并不尖锐。19世纪中期英国的科学革命和技术革命达到顶峰以后,对新的传输机的发展就渐渐失去了动力,固守轻工业和机械工业的传统。英国最初对汽船和铁路的发展虽一度领先,却不重视新兴的汽车、电器的发明。工厂集中化程度不高,半个世纪后就在第二次技术革命中丧失了优势。

美国和德国都是航运困难的大陆国家,19世纪上半叶开始工业化的时候,先花了二三十年时间仿效英国发展纺织机和蒸汽机,然后全力进行第二次技术革命。19世纪中期,铁路和电报的平行架设成为美国大举拓荒、移民和设厂的先导。④ 1850—1870年,美国生铁产量增长2.8倍,平均每年增长5.4%,同期铁路的长度却增加6倍,平均每年递增9.5%。1869年威斯汀豪斯发明了空气制动器,火车速度提高,钢轨取代铁轨以后,刺激了钢铁工业大发展。美国铁路长度1850年为1.4万公里,1870年为8.6万公里,1900年为31万公里,占全世界铁路总长的一半,此后30年间每年递增4.4%。1894年美国工业跃居世界首位。1870年美国钢产量仅4万吨,1900年为1 019万吨,1915年达3 215万吨,超过了德、英、俄、法、日五国的总和。⑤ 美国电话的发展更为迅速,1876年方始发明,1880年电话为5万部,1900年即达136万部,1920年达1 333万部,平均每年递增15%。⑥ 在第二次技术革命的后期,福特首先开始标准化流水线生产。美国汽车年产量1895年仅300辆,1905年即达7.3万辆,1915年达245

---

① 敦尼克等主编,《哲学史》,第1卷下册,三联书店1962年版,第5章。
② 马克思,《资本论》第1卷,《马克思恩格斯全集》第23卷,人民出版社1972年版,第822页。
③ 马克思,《中国革命和欧洲革命》,《马克思恩格斯全集》第9卷,人民出版社1961年版,第111页。
④ 祖波克,《美国史略》,三联书店1959年版。
⑤ *Encyclopaedia Britannica*,1947,"railway""iron""steel"词条。
⑥ 梅森,《自然科学史》,上海人民出版社1977年版,第12、23章。

万辆①，10 年间平均每年递增 41.2％，继续促进钢铁的发展。许多美国史学家谈到，铁路是美国工业初期发展的象征，而汽车和电器则是美国工业 20 世纪 20 年代发展的标志。② 在德国，传输机革命不仅作为工业发展的动力，而且成为统一国家赢得战争的战略措施。德国直到 19 世纪中叶还是分裂割据、工商落后、土壤贫瘠的国家。1806 年拿破仑的大军不到一个月就消灭了苦心经营的普鲁士军队，成为德意志民族的奇耻大辱。为了复兴德国，1850—1870 年间，普鲁士投资的 70％集中于铁路③，1855—1909 年德国铁路长度年均递增 3.6％。德国 19 世纪最大的电器康采恩的创立人西门子，则是 1840 年前后在德国铺设第一条电报线的军事工程师④，他后来又发展了电气铁道。德国首相俾斯麦对电话的发明极为重视，1877 年始设电话，两年后电话网连接了 800 多个村镇。⑤ 铁路和电报在 1870 年的普法战争中起到重大作用，法国首先向普鲁士宣战，而普军却利用先进的交通工具出人意料地迅速进入法国境内，使陷于混乱的法军在 3 个月之内投降。第二次世界大战之后，日本、联邦德国的复兴，实质上是重走了美国 19 世纪 20 年代的道路。汽车、电视机的普及刺激了工业的高速发展。1950 年日本汽车产量为 3 万辆，1970 年达 530 万辆，增长了 177 倍，为钢铁工业发展速度的 10 倍。⑥ 1970 年日本电视机产量达到 1 364 万台，刺激了电子工业的发展。⑦ 与此相反，苏联片面强调材料、加工部门的发展，忽视了运输、通信工具的作用，影响到工业布局和生产效率，在第二次世界大战中得到血的教训。两次世界大战中军事技术的急剧发展主要反映了传输机革命的结果。在第二次世界大战之初，苏联通信指挥系统的落后使指挥完全中断，整个集团军失去联系。苏联的空军和装甲部队的劣势，使德国摩托化部队迅速占领了西部主要工业区。⑧ 虽然战争开始前苏联工业产量已居欧洲首位，但在战争中不得不全力改组工业以增加坦克和飞机的生产，并被迫从美国租借 40 多万辆汽车和大批通信器材来应付德国的摩托化战争，3 年之后才在军事装备上扭转了劣势。20 世纪 70 年代的苏联钢产量虽达世界第一，但传输机的落后使整个社会效率很低。苏联引入外资兴建的最大工程是卡马河汽车厂，这正说明了苏联工业的

---

① 马克思、恩格斯，《德意志意识形态》，《马克思恩格斯全集》第 3 卷，人民出版社 1956 年版，第 60—62 页。
② 罗斯托，《美国在世界舞台上》，世界知识出版社 1964 年版，第 2 章。
③ 维纳·咯赫，《德国史》，三联书店 1959 年版，第 2 章。
④ *Encyclopaedia Britannica*，1974，"Telephone""Sir William Siemens"词条。
⑤ 同上。
⑥ 樊亢，《主要资本主义国家经济简史》，人民出版社 1973 年版，第 370 页。
⑦ 《各国概况》，人民出版社 1972 年版，第 87 页。
⑧ 参阅朱可夫，《回忆与思考》，三联书店 1972 年版。

致命弱点。苏联西伯利亚开发迟缓,交通困难是主要原因。

6.2.3 走向现代化的中心环节

总结外国的经验,研究我国的现实,可以进一步认识到传输机革命是我国现代化的中心问题。

(1) 布局的均衡和资源的开发。英国工业城市的兴起最初限于煤铁产地和通商口岸。人多地少的资源小国日本,能够进口粮食和原料,输出制成品,充分利用国际贸易的便利,优越的海运条件是重要的前提。为此,日本建立了世界第一的造船工业,公路密度为美国的 4 倍,高速铁道也位居世界前列。中国要学习日本的经验,引进设备,进口矿砂,充分利用国内的劳力加工出口,不利的海运条件和落后的陆上交通系统是最大障碍。从经济上看,只有发展交通工具,才能打破各地分散自给的状态;只有加速商品的流通,价值规律才能发生作用。中国几千年来之所以政治上封建割据、经济上闭关自守,山脉纵横、交通阻隔是一个重要原因。恩格斯说:资产阶级文明沿着海岸、顺着江河传播开来。内地,特别是贫瘠而交通阻塞的山区就成了野蛮和封建的避难所。现在,这种屏障在铁路面前粉碎了。……各地相互间的贸易,和其他文明国家的贸易,具有了前所未有的重大意义。[①]

欧洲和美国的面积与中国相当,但是平原面积占 1/2 以上。中国山地面积占 2/3 以上,平原面积仅 1/10。[②] 中国多山少地、人口众多,不利于发展欧美那样的大规模机械化粮食生产,但有利于发展日本那样的多种经营。然而几千年以来,中国农业单一种植,生态被破坏,畜牧业和林业衰败。造成单一经营的原因,除了中国自古以来片面强调粮食生产的传统偏见之外,交通困难是多种经营的主要障碍。肉蛋果菜不像粮食那样易于储积和运输,限于就地消费,就无法扩大生产。要发展西北的牧业和东北、西南的林业,大规模出口农副产品,就必须极大地发展农产品的冷藏、加工工业,改善交通系统。江南传统的园艺大有发展的前景,但像新鲜菜果、花卉这样的产品,不及时空运就不可能具有国际竞争的能力。

目前我国工农业总产值超过 20 世纪 70 年代初期的日本,按绝对数计,钢、煤、原油、机床等主要工业产品的产量已居世界前列[③],与美国、日本相比只差几倍。但中国铁路长度仅及美国 1865 年的水平,铁路密度为美国的 1/7,公路密

---

① 恩格斯,《奥地利末日的开端》,《马克思恩格斯全集》第 4 卷,人民出版社 1958 年版,第 517、520 页。
② 侯学煜,"对发展我国农业的一些意见",《人民日报》,1979 年 7 月 26 日。
③ "国家统计局关于 1978 年国民经济计划执行结果的公报",《人民日报》,1979 年 6 月 28 日。

度为日本的 1/30，汽车拥有量不到美国的 1%。日本农户平均汽车拥有量高于城市。中国不搞农用汽车，拖拉机大都用作运输，效率为汽车的十几分之一，造成机械和燃料的极大浪费。中国能源结构以煤为主，而不是以便于传输的电力、石油、天然气为主，尽管能源总消耗量已经超过日本，但是中国的能源供应紧张，能源利用率很低。① 整个工业生产的效率和质量仍然停留在 20 世纪 50 年代的水平。

（2）分工的发展和社会的效率。传输机的革命加速了分工的发展和生产的集中。美国洛克菲勒建立的第一个石油托拉斯，依靠了铁路公司的秘密协议来打垮其余的竞争者。② 美国最先建立的大企业都直接或间接靠传输机革命的成果起家：爱迪生建立的中心电站是通用电气公司的前身；威斯汀豪斯公司靠火车空气制动器、铁路信号和交流电网起家，更不用说福特的汽车公司和贝尔的电报电话公司了。正是这些大公司首先创立大型工业研究中心，把科学成果大规模应用于技术。以贝尔电话实验室为例，其在 20 世纪 20 年代即拥有科学家 2 000 人，50 年代达到 1 万人，对通信和电子技术的研究产生了举足轻重的影响。

应该指出，传输机革命提高的是整个社会而不是局部企业的生产效率。对于日本战后保持高速度经济增长的规律，田中角荣总结了两条：一是国民生产总值的增加和农业人口的下降成比例，二是国民生产总值的增加和人活动范围的扩大成正比。他举了一个例子，日本东海道高速铁路建成后，由于提高车速，在 1964 年 10 月至 1971 年 3 月运送旅客 3.6 亿人次，节约的时间相当于 35 万劳动力，创造价值 5 500 亿日元。③ 与此相反的例子是，日本钢铁的周转量仅 600 万吨，中国钢铁的库存积压却高达 1 600 万吨，浪费程度惊人。造成这一差别的重要原因是日本交通发达，无须大量储存物资、配件。丰田公司只备一天的库存量，许多工厂甚至没有仓库④，加工配件都按需要准时运来。中国的运输、通信系统落后，工厂不囤积物资就是停工待料，采购员满天飞。不解决传输问题，要发展专业化生产、鼓励市场竞争就失去了物质基础。现代工业是互相制约的综合体系，通信运输是工业的神经和脉搏。已经展开第三次技术革命的国家，都首先把计算机用于导航、通信、交通控制等传输部门，大大提高传输效率，然后才推广到生产和生活部门。我国建在内地的自动化企业，大都无法达到预定的设计能力。离开了现代化的传输系统，局部的生产自动化几乎毫无意义。

由此可见，虽然工业化国家已经进入了第三次技术革命的新时期，但是发

---

① Adams, J. T., *The Epic of America*, Blue Ribbon Books, New York, 1941, p.299.
② Ibid.
③ 田中角荣，《日本列岛改造论》，商务印书馆 1972 年版，第 2、4 部分。
④ 邓立群，"访日归来的思索"，《经济管理》，1979 年第 3 期，第 7 页。

展中国家不可能跨越传输机革命的阶段,山岭纵横的中国尤其是这样。

(3) 发展的速度和部类的比例。各个产业部门的发展速度应该保持怎样的比例?在技术革命的不同阶段,各部门发展比例的变化有何规律?这是各国制定经济发展规划的时候必须考虑的问题。尽管各国的具体情况不同,但是分析典型工业国的发展史,可以对变化趋势做出基本的估计。

第一次技术革命中纺织机、蒸汽机发展的规模可以从棉布、生铁、煤炭产量增长的速度得到反映。1785—1887 年,英国棉布产量从 0.4 亿码增到 65 亿码,平均每年增长 5.1%;1780—1880 年,英国生铁产量从 6.8 万吨增到 775 万吨,煤产量从 0.1 亿吨增到 1.5 亿吨,年平均增长率分别为 4.8% 和 2.8%。[1] 因此,加工、材料、能源部门的发展速度之比大致为 1∶1∶0.5,纺织业的发展速度最快。

第二次技术革命中传输部门的发展速度远高于国民生产总值的增长速度。1870—1913 年,国民生产总值按人平均的年增长率来计算,德国为 1.7%,美国为 2.2%。[2] 在这段时间内德国和美国铁路增长率为国民生产总值增长率的 2 倍,美国电话的增长率为其 6 倍,汽车的增长率为其近 20 倍。

第三次技术革命中,传输部门仍然保持高于国民生产总值的增长速度,在国民经济中占有重要地位。据估计,美国经济的 1/5 与汽车有关。[3] 航空空间工业的发展也很快。同时,信息传输部门比交通运输部门发展得更快。1947—1954 年间,美国电视机产量年增长 63%。[4] 计算机在 30 年间更新了 4 代。20 世纪 70 年代日本强调发展附加价值高的"知识密集工业",就是以信息传播为目的的情报、教育、科学等服务产业。

英国的材料工业在第一次技术革命期间与加工工业平行发展。第二次技术革命中美国钢产量的增长率在 1870—1900 年间高达 20.3%,1900—1915 年仍达 8%,高于工业平均增长速度。前期由于用钢轨替代铁轨导致对钢铁的猛烈需求,后来则受汽车激增的刺激。铁路、汽车的发展达到高峰以后,钢的增长速度就大大下降,1937—1970 年的年平均增长率为 2.7%,与国民生产总值的增长率基本一致。化工材料的发展比钢铁要快得多。可见,材料工业固然是经济增长的基础部门,但并不能起到主导的作用,钢铁工业尤其如此。

动力工业的发展速度有所变化。英国在第一次技术革命期间能源消耗的增长率仅及材料工业的一半,后起的美国在 1880—1920 年间能源增长速度为

---

[1] Bernal, J.D., *Science and Industry in the Nineteenth Century*, Routledge & Paul, London, 1953, pp.20-21.
[2] 维·佩洛,《不稳定的经济》,商务印书馆 1975 年版,第 208 页。
[3] Owen, W., *Wheels*, Time-Life Books, 1975, p.94.
[4] 《苏联大百科全书·美国卷》,三联书店 1957 年版,第 75 页。

国民生产总值增长速度的1.6倍,1926—1965年间下降为0.8倍。[①] 通常发展中国家的能源增长速度较快,工业化国家较低。这可以从工业化国家耗能大的原材料工业比重下降、能源设备效率提高得到解释。总的来看,能源耗费速度与国民经济增长速度之比大致在1∶1左右,但是交通运输部门耗能的速度不断增加。美国工业目前的相对耗能增长速度为4.5%,但是交通运输部门相对耗能的增长速度远高于此,1960年为23.5%,预计2000年将达33%。[②] 这进一步表明了传输部门在现代化中的地位。

与此相比较,我国经济比例失调的问题所在就十分清楚了。根据最近的数字估算[③],1953—1978年间,我国工农业总产值的平均年增长率为7.5%,其中,工业产值年增11.4%,钢产量年增12.2%,煤年增9.4%,原油年增12%,发电量年增14.5%,机床年增9.2%,加工、材料、能源部门的发展速度大致相当。目前存在的动力紧张,并非由于燃料生产不足,而是传输效率太低。[④] 但是铁路里程的年增长率仅3.5%,不到工农业总产值增长率的一半,公路里程的增长速度也仅比工业产值增长率的一半多一点,如果参照德、美两国的经验,我国铁路增长率应四倍于此。此外,我国管道运输、海运、空运和通信的能力差距更大,人均汽车拥有量为美国的0.17%,人均电视机拥有量为美国的近0.1%。因此,说中国传输部门落后半个世纪以上并不为过。我国内陆地区和农村实际上仍处于与世隔绝、耳目闭塞的半自然经济状态,中国虽然工厂设备多是20世纪五六十年代的,但经济交流的规模、工业生产的方式仍是小生产时代的,科技教育水平的提高受到极大的阻碍,传输部门是我国国民经济中最薄弱的一环。

我国经济比例的失调、传输部门的落后,不能不认为是受到苏联片面强调钢铁工业的影响。依据国内外的新经验,深入认识技术革命的规律,重新评价以往的成败得失,对探索中国走向现代化的道路,有重大的现实意义。我们认为自动化并不是当前的急需,传输机革命才是我国目前技术经济矛盾的焦点。只有解决了传输问题,进一步开展第三次技术革命才有坚实的基础。

6.3 技术革命的几个辩证关系

考察三次技术革命之间的相互关系,总结前人的实践经验,以下几个关系值得认真研究:

[①] 《国外能源利用和电力工业》,水利电力部科技情报所1977年版。
[②] 拜因豪尔、施马克,《展望公元2000年的世界》,人民出版社1978年版,第123页。
[③] 《人民手册》,大公报社1956年版,第413页。
[④] 陈希,"有效利用能源是发展国民经济的重要问题",《经济研究》,1975年第5期,第20—24页。

6.3.1 起点和主线

什么是技术革命的起点？马克思对第一次技术革命的规律做过深入的分析，并得出了明确的结论："如果我们研究一下机器的基本形式，那就毫无疑问，工业革命并非开始于动力，而是开始于英国人称为工作机的那部分机器。"[①]历史完全证明了这一论断。

我们看到，工作机是第一次技术革命的出发点，它的发展引起了传输问题的尖锐矛盾，同时工作机尤其是冶金、机械工业的发展又为第二次技术革命做好了准备。传输机是第二次技术革命的出发点，它的变革又引起控制机的出现，成为第三次技术革命的出发点，通信的发展带动了电子工业，为计算机的研制奠定了基础。三者依次互为因果，构成技术革命的主线。一个工业部门生产方式的变革，必定引起其他部门生产方式的变革。[②] 这是历史的辩证法。

应当指出，科学技术的发展有自己的规律，外部的政治经济条件只能加速或延缓而不能违背历史的进程，需要和可能并不总是一致。历史上，航海和贸易产生的对传输工具发展的需要早于对工作机发展的需要，然而这一需要只导致了旧式帆船的改进而不是革命。正如历史所表明的，只有在工作机发展到能制造精密的动力机和金属船身之后，只有在发现了新的科学原理之后，传输机的变革才成为汹涌的巨流，这正是下面要讨论的互相制约的关系。但在条件已经具备时，新兴国家就可以直接进入传输机革命的阶段，而无须重复英国的弯路。

6.3.2 基础和主导

我们看到：工作机、传输机、控制机先后是技术革命的主导部门，带动了技术革命的全面发展。同时，动力机的发展贯穿于技术革命的全过程，是技术革命的基础。蒸汽机的应用加速了工作机在纺织业的发展，并使机械、矿冶工业的发展和汽船机车的制造成为可能。电力和内燃机的出现催产生了电信、汽车、飞机、潜艇等一系列新的传输机。在第二次技术革命中，电动机和内燃机之所以能取代蒸汽机，正是因为电力和石油的输送比煤方便得多，适应了传输机革命的需要。[③] 控制机带动的生产自动化使能量需求猛增，不开辟多种能源

[①] 马克思，《马克思恩格斯全集》第 30 卷，人民出版社 1974 年版，第 139 页。
[②] 马克思，《马克思恩格斯全集》第 23 卷，人民出版社 1972 年版，第 421 页。
[③] Bernal, J. D., *Science and Industry in the Nineteenth Century*, Routledge & Kegan Paul Ltd. London, 1953, Chap. 2.4.5.

以确保能量的供应，势必拖自动化的后腿。因此，必须研究基础和主导的辩证关系。

在工作机发展的内部，材料和加工工业之间也存在基础和主导的关系。纺织机的制造刺激了煤铁的生产。空气制动机的发明减少了制动距离，大大提高了火车速度，要求钢轨来取代铁轨，促进了钢铁工业的大发展，催生了转炉、平炉等一系列新发明。① 汽车、电信工业需要燃料、轮胎、绝缘材料，又促进了石油和合成化学工业的发展。反之，在高温轻合金研制成功之前，喷气机的设计一直不能实现。电子材料、激光材料的研究，导致了电子器件、光学器件的变革，为电子计算机和光学计算机的发展插上了翅膀。

6.3.3 延伸和交叉

传统技术的延伸是常见的技术发展方式。纺织机、蒸汽机、汽船、机车、拖拉机的出现，大都是传统的机械工程依据经验改进的结果，量变的积累也会导致质变。这方面，有实践经验的工人常常做出主要的贡献。

近代科学革命加强了学科之间互相渗透的趋势。不同技术的交叉和转移，往往在传统领域中造成技术的飞跃。合成化学的出现，改变了材料工业的面貌。引入光学的定位方法、计算机的人工智能，使传统的机械加工获得前所未有的精度和速度。为了跟上时代的步伐，必须改变固守本行的工作方式。技术革命一开始就是非本行的改革家做出了重大的贡献。马克思尖锐地指出："鞋匠，管你自己的事吧！"——手工业智慧的这一顶峰，在钟表匠瓦特发明蒸汽机、理发师阿克莱特发明经线织机、宝石工人富尔顿发明轮船以来，已成为一种可怕的愚蠢了。②

6.3.4 协作和法规

技术变革使分工加剧、生产集中，科学发展使专业细分、互相渗透，如何组织协作进行管理已成为当代日益尖锐的问题。这就必须依据科学技术的客观规律来确定、完善工业技术活动的法规，以协调高度复杂、互相制约的大工业生产，有效地发挥每个成员的潜力。

小生产者不懂得大工业生产中法规的重要性，不懂得工业法规正是生产民主的保证，反而把法规视作对个体生产的束缚。马克思指出：如果没有限制，在

---

① Bernal, J. D., *Science and Industry in the Nineteenth Century*, Routledge & Kegan Paul Ltd. London, 1953, Chap. 2.4.5.

② 马克思,《马克思恩格斯全集》第 23 卷，人民出版社 1972 年版，第 535 页。

任何地方都做不出重要的事情。① 古代也有大规模调动人力来完成的水利和建筑等工程，这种简单协作是以统治关系和从属关系为基础的。② 因此，农村家长制生产③中屡见不鲜的独断专行、瞒上压下、单项突击、各行其是的管理作风，搬到大工业中必然带来混乱和灾难。中国商品经济的落后，原因不仅在于技术的停滞，更在于缺乏合理的商业法规对经济行为的规范和引导。中国历代统治者的立法只管制商人的地位，不管制经商的方法，只要是比皇家富，商人就会以种种政治借口被剥夺资产和经营权，胡雪岩就是著名的历史案例。但对大量有害的经济行为，并无严格的管制。中国要实行现代化，必须要把经济技术法规的完善和相应的体制建设放在改革工作的首位，当作百年大计来抓。

马克思说：工业企业规模的扩大……使分散的按习惯进行的生产过程不断地变成社会结合的、用科学进行的生产过程。④ 工厂法的制定，是社会对其生产过程自发形式的第一次有意识的反作用。……它像棉纱、走锭精纺机和电报一样，是大工业的必然产物。⑤ 没有科学的合理的法规，就既没有生产的现代化，也没有科学技术的进步。

这里，我们以发明管理制度为例来说明法规对于当代技术进步所起的生死攸关的作用。在封建社会中，发明家是没有保障的，小生产者被迫用"祖传秘方"的办法保护自己的生存，造成了技术停滞、发明失传和无数发明的重复浪费、自生自灭。马克思注意到，早在1580年左右，但泽就出现了花边织机，可是但泽市议会怕手工业者失业引起暴动，秘密将发明人处死。此后荷兰、德意志各邦一直禁用这种机器到18世纪中叶。⑥ 英国纺织机出现时也被手工业者捣毁，发明家被迫漂泊他乡。正是由于17世纪就制定了专利法，英国（而不是先完成了资产阶级革命、商业同样发达的荷兰）才成为技术革命的发源地。英国初期的发明家大都是地位低微的工人，后来才靠发明权转化为新兴工厂主。

科学技术的继承是发展的前提，事事从头开始必然导致停滞和灭亡。在当代科学技术迅猛发展的情况下，如何掌握前人的经验，避免大量重复的发明，是技术管理中至关重要的问题。英国专利局规定新专利的申请要查核50年之内

---

① 马克思，《马克思恩格斯全集》第23卷，第404页。
② 同上书，第370—371页。
③ 同上书，第95页。
④ 同上书，第688页。
⑤ 同上书，第527页。
⑥ 同上书，第469页。

的专利记录。美国和苏联的"新颖性"规定了审查的范围是世界性的,进一步提高了发明的效率和水准。实践证明这是十分有效的技术管理制度。

近年来科学技术的发展产生了新的问题,各国建立了内阁级的科技政策管理机构,制定原子能法、环境保护法等一系列技术法规,并采取相应的国际协调。这一切充分说明了工业技术法规在大工业生产和科学技术革命中的地位。

6.3.5 生产和生活

第一次技术革命的发明大都直接与生产有关,第二次技术革命的发明中不少是用于生活条件的改善。爱迪生建立的美国第一个电站首先被用于纽约的照明用电,后来才扩展到生产部门,用于生活的技术促进了生产的发展。小汽车、收音机、电视机、电冰箱、尼龙的发明促进了运输、通信、电器、化学工业的发展,也改善了人们衣食住行的条件。目前国外努力研究的技术中,小的项目(如一根火柴即可点燃的蜂窝煤、易藏速用的营养食品)、复杂的系统(如高效无污染的城市交通设施、家用情报闭路电视、自动化的医疗和家用设备等),对改善人们的生活条件有着重大的意义。

生产和生活物资的分配之间确实有一定的矛盾,但是正确地处理这种矛盾只会促进生产的发展。劳动生产率的提高归根到底在于时间的节约。用于生活的必需时间减少了,用于生产和科学文化活动的时间就增加了,科学、教育和健康水平的提高又进一步提高了整个社会的劳动生产率。随着计算机应用范围的扩大,在已经进入第三次技术革命的国家中,社会服务部门的职工人数占比达60%,产业职工人数占比却低于40%,这一发展趋势大大提高而不是降低了社会生产的效率。[1] 生活社会化与生产社会化一样,是技术革命的必然结果。

技术发展的道路是曲折的,实践的土壤往往开出播种家意想不到的花朵。爱迪生发明留声机的时候,并没有想到这是未来计算机记忆系统的原型;鞋油工程师贝尔德在业余研究电视机的时候,大概想不到半世纪以后它会用来传送飞船拍摄的火星照片;直升机的原理,最初是在玩具竹蜻蜓中实现的。这也是技术发展的辩证法。

6.3.6 引进和转移

小生产把技术的优势建立在垄断之上,特色在于保守。大生产的基础却在于变革,停滞就等于灭亡。当代的技术发展很快,发明刚出现就开始贬值,迫使

---

[1] *Science*,1971,173, p.679.

各国把技术作为商品输出,尽快收回投资,促进更新。当代的研究规模如此之大,各大国和大企业都无力面面俱到,日益依赖交流和协作,后进国家都把资本、技术的输入作为缩短差距的捷径。能否健康消化外国技术,取决于自己科技政策和组织体制的适宜,而不在资本和技术本身。

英国最初实行技术封锁。1789年英国人斯莱特来到美国,凭记忆造出阿克莱特的纺织机,成为美国近代工业的开端,并传到欧洲各国。[①] 19世纪中叶,德国、美国铁路开通之始,输入了英国的机器和资本。在两次世界大战之后,德国、日本大量引入美国资本进行工业更新,并未阻碍它们对美国发动战争。苏联早期列宁的新经济政策曾把某些企业租给美、日等国经营。第一个五年计划中,斯大林聘请了美、德等国的专家做重点企业建设的顾问。[②] 日本战后工业年平均增长率达14.1%,为联邦德国的2倍、美国的3.4倍。[③] 日本的科学教育、基础研究的投资和规模都不如美、德,增长迅速的主要原因在于大量输入并有效地吸收了外国先进技术。以造船为例,日本20世纪50年代从英国引进技术,不久造船吨位就超过了英国,居世界首位。日本从美国引进电子、汽车的新技术,目前却大量向美国输出电视机和汽车。日本的经验在于建立了有效的技术输入的管理机构,又改组了产业结构,摆脱了第二次世界大战以前的军事封建色彩,终于从模仿发展为自立。

即使在一国之内,也有技术交流和转移的问题。各部门、企业之间的隔绝和保密是技术进步的大敌。苏联僵化的保密制度和科学院与工业部之间的互不来往,使得投资浩大的军事与空间科学的成果很少用于工业,研究到应用的周期比美国长得多。[④] 苏联在不载人飞船技术上领先,在工业上却从美国输入自动控制技术。苏联的激光科学家在世界上享有很高地位,激光的工业应用却进展很慢,这正是过时政策的必然结果。相反,美国在第二次世界大战中信任大批流亡的外国科学家和非军事部门的大学教授,放手让他们从事绝密的军事研究,几年间就制成了原子弹。20世纪60年代以后,美国降低了军事技术的保密年限,建立军事部门为民用企业服务的技术咨询机构,加速军事技术向工业生产的转移,使军事和空间领域中首先研制的自动化技术扩展到社会的各个方面,从间谍卫星到资源卫星就是一个典型的例子。[⑤]

[①] 海斯等,《世界史》中册,三联书店1974年版,第877页。
[②] *Encyclopaedia Britannica*,1947,"Russia"词条。
[③] 樊亢等编,《主要资本主义国家经济简史》,人民出版社1973年版,第346页。
[④] *Industrial Research*,1972,14(11),p.47。
[⑤] *Space Flight*,1970,12,p.17。

6.4 技术经济的基本规律

马克思指出,生产关系要符合生产力的发展是最基本的经济规律。从这一基本规律出发,总结技术革命的历史经验,我们可以把技术经济的基本规律归结为如下几点:

6.4.1 任何经济制度都必须有一定的技术基础

因为发达的商品流通是资本主义发展的前提,便于交通的地理条件和发达的交通设备则是商品经济发展的基础。由此我们便可以理解,为何多山的地形和落后的交通使旧中国的商品经济异常薄弱[1],资本主义的发展为何总是从国际贸易通道上的海洋小国(如西欧的意大利、荷兰、英国和亚洲的日本)开始。传输机革命以后,世界经济重心才转移到资源丰富的大陆国家(如德国、美国和苏联)。中国要打破闭关自守、改造小农经济、发展商品生产,必须改善传输的技术基础。

我国目前工业效率低的原因,不仅在于经济体制,也在于技术经济政策的失误。以通信工业的发展而言,中华人民共和国成立后市内电话只增加了 2.3 倍,而同期工业生产增长了 24.3 倍[2],发展速度之比为 1∶11,而德国、美国通信部门的发展速度远高于工业平均增长速度,这大大加剧了中国经济流通阻塞的瘫痪状态。国外几个电话便可解决的问题,中国要派几个人跑上十天半个月还解决不了。提高效率必须从调整技术经济结构做起。

从根本上说,中国目前的指令性经济体制在很大程度上具有战时共产主义那种配给经济的特征。要真正发展科学性的计划经济,只有在通信、交通系统现代化之后,才有实现的技术基础。即使到了发达工业国的阶段,任何政府也都不可能对一切经济活动作精确的计划,因为这意味着需要计算量无限大的计算机,导致为控制而消耗的能量也将是无限大的。这就从理论上排除了单纯计划经济实现的可能性,因为这相当于一种第三类永动机,是不可能的。现实的经济系统是市场经济与计划经济的有机结合,并适应当时技术发展的实际状况。这是中国改革的领导者必须注意的。

---

[1] 陈平,"单一小农经济结构是中国两千年来动乱贫穷的病根",《光明日报》,1979 年 11 月 16 日。
[2] "全国政协委员刘宜伦的发言",《光明日报》,1980 年 9 月 13 日。

6.4.2 经济管理体制要适合技术活动的特点

技术发展史表明：分工协作的形式是由技术活动本身的特点决定的，经济管理体制必须适应技术发展的要求。例如，开汽车是个体行动，远洋船却像一座水上工厂。数学家往往个人单干，居里夫妇的实验室只有几个人，大加速器却要有几千名科学家和工程师一起工作。任何头脑健全的人都不会把数学家的工作方式批判为个人主义，要大家都像加速器一样集体作战，也不会把科学家的成就按他所指挥的部属人数来衡量。但实际上，我们不少同志却常常把经济管理体制和所有制问题混为一谈，用政治标准来代替技术要求。例如，生产连续性要求很强的工厂也采取农村日出而作、日午而息的办法搞午休制度；农业生产高度分散和多样化，却大搞工业式的集体出工。或者把公司的级别与军队的编制联系起来，诸如部、省、军级或局、地、师级的企业之类，按人数而不是按效率来决定待遇的高低。这都是不承认技术活动特点的典型表现。以前在宣传人民公社的"一大二公"时，往往都是从分配角度而不是从生产角度出发的。中国的公社虽大，但土地经营的规模和社会化生产的程度却远比美国的家庭农场要小。最近几年实行的承包制度之所以在农村初见成效，从根本上说，正是使经济管理体制适应了当前中国农村小规模的手工劳动为主的技术特点。经济和科学文化的多样化发展，要求多样化的管理形式。例如，理论研究和文艺创作就不应该像机关一样实行坐班制；服务行业适于分散经营；农业劳动要灵活简便，等等。只要我们把所有权和管理权分开处理，经济体制的改革就易于解放思想，广开门路。

6.4.3 经济结构的演变是一个自然历史过程

技术经济结构的形成不能离开生态经济结构的制约。技术经济人才的培养、经济组织的形成和发展都是一个自组织的发展过程，决不能拔苗助长。分工协作的发展和生产集约化社会化的规模，是随着技术革命"工作机—传输机—控制机"的发展相应变化的。中国不可能超越传输机发展的阶段而直接发展自动化生产。

考虑中国经济的现状和工业化国家的经验，中国的现代化要经过如下三个阶段：

（1）政策调整时期，即在技术落后、人才缺乏、劳力过剩的条件下，还不可能一下子大规模引进外国资本和先进技术，而需要侧重政策的调整和体制的改革，进一步解放现有技术条件下没有充分发挥出来的人的生产潜力。技术不复杂的农业和轻工业的较快增长，可提供初步的资金积累；国家重点投资运输、通信和能源工业,以扩大商品流通的技术基础。发展教育需要特别的努力,只有培养出一代新的科学技术和管理人才,才有可能过渡到更高的经济发展阶段。当依靠政策调整取得的经济增长达到了已有技术水平的限制,这就要过渡到下一阶段了。

(2) 技术更新时期,即在经济体制调整、人才培养有一定规模的基础上,大规模引进外国资本和先进技术,更新工业技术装备,淘汰落后企业,发展大规模生产。此时,农业人口比例要有计划地下降,重点科学技术领域大规模突破,教育向高等化方向普及,国际贸易大大增加。

(3) 全面发展时期,即在科学、教育、工业全面发展的基础上加入国际经济竞争,逐步降低关税壁垒,实行全面的开放经济,情报业和服务业的比重大大增加,向发达国家过渡。

历史上,西方国家第一个阶段时间最长,第二个阶段也要半个世纪到一个世纪。我国的这两个阶段估计需要半个世纪左右。如果稳些,可能快些,但欲速则不达。我们这样一个商品经济落后、法制系统不完善的国家,单就研究制定经济法规而言,从了解国外的经验、培养自己的人才、调整中国的实际做起,大致也要两代人的时间才能初具规模。我们觉得,第一阶段最好不要追求产量指标,倒要规定改革的步骤,例如,制定科学教育规划以及企业法、专利法等。要在时间上提出明确的要求,组织上建立有力的机构,法律上定有各项实际措施,同心同力,才能切实地实行。

如果我们能充分尊重技术经济的规律,认真研究科学技术的特点,那么,我相信中国的现代化进程可以比资本主义国家更快。

7 单一小农经济结构是我国动乱贫穷、闭关自守的病根*

两千多年来,中华民族的农业生产就是以种粮为主,肉奶制品在占人口多数的汉族农民中占有很小的比重。而西欧一直是半牧半农,以牛羊为主,肉奶制品在食物构成中占有重要的地位。到现在,中国以世界上 1/4 的人口,密集在世界 7% 的耕地上搞粮吃,路子越走越窄;而欧洲、美国都保持牧农林的混合经济结构,3%—10% 的农业人口为全民提供了高营养的食物结构。近几百年来,中国分工协作的发展始终步履维艰,小生产的传统紧紧地捆住了我们的手脚;而欧洲、美国和日本的工农业生产方式和经济结构发生了很大的变化。这一切都促使我们把眼光放得远些,从全球性的经验,整个历史的角度,来重新审视评价中国以粮为主的单一农业经济,究竟是通向现代化的大路,还是小生产的绝路?为什么每朝每代都奖励开荒、兴修水利,但自然灾害不仅没有得到根本治理,反而日益频繁?看来一个极其重要的原因是,中国历来的经济政策都只考虑政治特别是军事的需要,而不顾虑这些经济政策是否根本上违反了客观的科学规律,甚至根本不承认中国自然生态条件对经济结构所施加的基本限制。然而,违背科学规律是不能不受惩罚的。两千年来,中国农业劳动生产率的不断下降和周期性的土地危机,就是单一农业经济的直接恶果。对当前农业问题的讨论,我们希望从单纯技术经济的角度上升到整个历史和全球的角度来加以考虑,否则难以彻底解放思想,选择良方。

7.1 单一小农经济结构形成的历史原因

从历史上看,造成中国以粮为主的单一小农经济结构,有两方面的原因:一

---

* 本文是为农业现代化讨论会准备的一篇论文,可作为后面加以展开的经济结构的比较研究的一个引言。本文先由《人民日报》和《光明日报》加编者按,同时发表于 1979 年 11 月 16 日,然后由《学习与探索》(1979 年第 4 期)等几十家报刊转载。文章从非平衡的发展战略出发,讨论了现代化的方向是开放竞争、多样发展。

是多山少地、交通阻隔的自然条件；二是土地战争产生的经济政策。这两方面是中国特殊的历史条件的必然产物，并不取决于个别帝王的意志。

(1) 多山少地、人口增长，促使农牧混合经济转变为单一农业经济，并进一步从大土地经营(井田制)瓦解为小土地经营(地主制)。

牧业经济的基本特点是所需劳力少，但是单位面积可供养的人口也少。因此有无充分的土地资源是古代能否发展牧业的前提。欧洲、美国和中国的纬度、面积大致相当，但是欧洲和美国的平原面积占一半以上，中国的平原面积只有 1/10。欧洲宜垦土地面积为中国的 7 倍。而且西欧雨量丰富终年不断，使长草远比除草容易。因此，欧洲一直保持牧农林混合的经济结构，牧业产值历来高于农业产值。中世纪的西欧，农业布局的一般方式为将耕地分成几个长条，中间隔以草地，耕地之外是牧场、林地，始终有大量未垦荒地存在。直到现代，西欧仍然保持这种牧农林混合的农业结构，森林覆盖率高达 1/3，而且均匀分布。因此西欧气候良好，农业区基本上不存在土壤沙化、盐碱化的威胁。中国 2/3 是山地，海拔 1 000 米以上的占 40%。中国很早就感到耕地不足的威胁。考古证明，早在夏代，畜牧业就以喂粮的猪狗为主，食草的牛羊次之。祭祀用牲，商代数百头，西周降为 1 牛 1 羊 1 猪，春秋以后大牧场几乎不存在。所以可能早在西周，迟至春秋战国，中国已经由农牧混合经济转变为种粮为主的单一农业经济。

春秋各国争霸，竞相奖励生育，人口激增。人均土地下降，不足以供养增多的人口，迫使人们毁林开荒、扩大耕地。到战国时期，井田制瓦解，种植方式从大土地种植转为小土地种植，产生了中国特有的地主小农经济。这种情况，从商鞅以后持续了两千多年。值得注意的是，井田制的瓦解不是生产力发展引起的生产关系的变革，而是土地危机的加深逐渐造成的农业经济结构的恶化。尽管当时的生产工具逐渐进步，但经济结构的恶化不仅没有提高反而降低了劳动生产率。

应该指出，西欧的经济以牧为主，不需要大量人力，无须奖励人口生育，整个中世纪的西欧人口基本稳定。在我国的西藏原有一妻多夫的风俗，原因是草原的载畜量有限，增人难增畜，母亲不愿畜群分散，要求几个儿子共娶一妻。与此相反，种植业需要大量劳力，谁家壮丁多、垦地多，谁家就相对实力强，这就刺激人口增长，多生男子一直是农民的传统愿望。其结果是进一步导致人均耕地下降，造成恶性循环。理解农业经济的这一特点，对分析中国历代的经济政策有重大意义。值得注意的是，中国历史上，奴隶社会只存在到商代。奴隶社会的瓦解比西欧早得多，而不少游牧民族的奴隶制一直保持到近代。这可以从农业经济比牧业经济更多地依靠人力的因素得到解释。周代的农业经济以粮食种植业为主，畜牧业为次，看来和周代已进入了封建社会有密切的关系。

(2) 土地战争、征兵积谷强化了以粮为主的单一农业经济。

春秋战国时代中国已经形成单一农业经济。此后中国历代的群雄争霸、农民起义，实质上进行的都是土地战争。地多则粮多，人多则兵多；有粮则有军，有军则有权。这是中国两千多年来内战的规律。司马懿说：灭贼之要，在于积谷。朱升向朱元璋献策，把广积粮作为称王的经济基础。秦修驰道，隋开运河，都是为了运输征收的粮食进京。历代帝王兴修水利、奖励生育、厉行屯田，都是从维持统治所需的军队出发。据统计，公元3世纪罗马帝国的人口大致在1亿左右，以后变动不大。中国西汉到明代的人口大致不超过5 000万。但是中国历史上战争的规模和军队数量为欧洲的10倍以上。公元前4世纪，亚历山大的远征军为三四万人，中世纪的十字军也只有几万人。欧洲历史上只有罗马帝国建立过数量高达20万人的常备军。但是牧农混合经济无法支撑这样庞大的官僚和军事机构，造成大农场的破产和城市商业的衰落。蛮族入侵时西罗马帝国不堪一击，导致奴隶制的瓦解。中国自战国起战争规模都在几十万到几百万兵力。其基本原因是中国的农民军队以步兵为主，给养以粮食为重。粮食易于储积和运输，因此易于征集、囤积，以维持庞大的常备军。以牧业为主的国家的军队以骑兵为主，给养中肉食占相当比重。肉类无法久藏，腌肉数量也不宜多。西欧骑士作战须自带给养和侍从，秋天打仗、冬春休战，无法维持庞大的常备军。中国土地战争的结果进一步强化了历代皇朝实行的重农抑商政策。中国历代的改革家都没有触动过中国分散经营的土地制度和单一农业的经济结构。

(3) 山岭纵横、交通阻隔造成了封闭的经济体系，阻止了农牧业经济的混合。

欧洲山脉不高，东西走向，海岸曲折，交通方便。加上肉类不易储藏，需要东方的香料来制作腌肉，压制臭味，因此东西方贸易一直是欧洲经济生活中的重要环节。从公元前6世纪希腊人开始的商业殖民，到中世纪的十字军运动和近代的英西战争，实质上都是商业战争，目的在于争夺陆地和海上贸易交通线的控制权。这与中国的土地战争具有全然不同的目标。

中国地形复杂，全国分割为许多大大小小的经济自给区。中国北部地区，游牧民族的主要产品牲畜，在中国多山的内地极难赶运，粗重的皮革、羊毛也由于运输困难不受欢迎。相反，中国轻便的丝绸、棉布销路很广。除了汉、唐两代中国从西域换得大批马匹用于军事之外，中国单一的农业经济加上交通困难的地形限制，使中国经济对外来经济的需求极小。筑长城虽然是基于军事上的考虑，但在客观上将农业区与牧业区分割开来，强化了单一农业的封闭体系，阻碍了混合经济的发展。

7.2 单一农业封闭经济造成的严重恶果

在世界历史上,大国之中只有中国形成了单一小农的经济结构,只有中国存在灾害频繁的地上黄河,也只有中国患有改朝换代周期动乱的顽症。特别要指出的是,直到今天,中国单一种植的农业结构和分散经营的小农思想,仍顽强地抵抗劳动分工的发展和科学技术的进步。在中国,专制僵化的小农思想是这样顽固,从经济根源上看,都来自同一病根。因为单一小农经济结构是产生地主官僚专制制度和封建宗法思想的深厚土壤。

7.2.1 自然生态破坏,造成农业劳动生产率的递减

牧农林混合经济结构的最大优点在于保护了地球的自然生态系统,而毁林开荒、消灭草场彻底破坏了长期形成的生态结构,导致水土流失、气候恶化、地力贫瘠,这就从根本上动摇了农业生产的自然基础。我国人口密集的文明发源地——黄河流域首先遭到过度开垦的严重破坏。汉书记载,陕西绥德一带"富饶多畜牧",汉长城到明长城向内推移的地区,由昔日的牧场变成今日的沙漠。半干旱地带片面开垦的荒地不可能维持。黄河水灾的周期不断缩短,据统计,秦汉间平均26年一次,三国五代时期10年一次,北宋时期为1年一次,元明清时期为4—7个月一次,到北洋军阀和国民党时期竟3个月一次。两千年间黄河决口1500多次,其中大改道26次,河道高出地面3—10米,为世界害河之冠。中国改朝换代政权不稳、连年战争、火攻烧山、代代新修宫室,又不像欧洲那样采用石料,而采用无法耐久的砖木结构,因而大量耗木。尤其北宋年间大兴土木,加剧了内地森林的毁灭。同样系多山之国,日本森林覆盖率为68%,中国仅12%,且都在边远地区。中国的农民越垦越穷、越穷越垦,陷入恶性循环;水利工程代代修、常常垮,工程越拉越大,效果越来越差。此外,森林伐尽造成农村的能源危机,只好将可作绿肥的宝贵秸秆充作燃料。精耕细作、复种套种,加上灌溉不当使地力不得休息,土壤沙化、盐碱化日益严重。据统计,我国现有耕地的1/3为低产土壤,农田平均有机质含量只有欧美国家的1/2—1/5。尽管中国汉代以后铁器农具和耕作技术高于西欧,农民辛苦的程度举世罕见,单位面积产量缓慢增加,但人均粮食产量却不断下降。

按范文澜的数据估算,西汉时期年均亩产约50斤,北宋时期苏州地区亩产可达700—1000斤,这并不比现在的水平低,西汉按农业人口平均的粮食在1500斤左右,既高于北宋时期的水平,也高于现在的水平。这就充分说明了单一农业经济的弊病。两千多年来,中国的农业周期性地处于破坏与恢复的循环

之中,整体看来却处于绝对贫困化的趋势之中。

7.2.2 人口问题和周期性的土地危机

自然界周期性现象的出现都以一定的边界条件为前提。对于一个封闭的经济体系,周期性波动较易激化为猛烈的周期性振荡。欧洲在资本主义制度下出现周期性的商业危机。尤其在第二次世界大战前,各资本主义国家企图用关税壁垒保护本国经济,对外转嫁经济危机,结果导致了世界性的经济危机。战后,美国利用自己的经济优势,强迫西欧、日本等国实行自由贸易制度,扩大了世界市场,再加上第三世界的市场不断扩大,所以在相当程度上减缓了经济波动的程度。战后日本的经济增长,如果不利用自由多边的世界贸易体系,是不可能实现的。当前有几个重大的全球性问题:污染、人口、能源危机等。如何解决这些问题,受到地球本身自然界条件的限制。我们分析中国的问题,不可不注意这一点。

中国目前耕地约为15亿亩。西汉垦地8亿亩,黄河流域基本穷尽。唐代垦地14亿亩,东南地区大体开发。西汉人均耕地14亩,唐代30亩,此后不断下降。可见汉唐两代的盛大,并不表明人均粮食有多大的提高,而是在于耕地面积的扩大,从而使朝廷可征集的钱粮总数大大增加。从经济结构上看,西周到战国的一千年间为中国封建社会的上升期。西周经济结构为农牧混合的井田制,社会稳定;春秋时期,演变为单一农业经济;战国时期,人口增长和土地危机导致井田制瓦解,地主制出现。秦汉到五代的一千多年间为停滞期,地主制确立,但大庄园还局部存在,出现周期性动乱。宋代以后的几百年,耕地扩大走到尽头,土地分割更加细碎,经济危机全面加深,封建社会进入没落期。

西欧在中世纪土地不许自由买卖,长子继承制使庄园保持很大的规模,到资本主义时期土地才允许自由买卖,使庄园转化为资本主义经营的大农场。中国早在商鞅变法时就允许土地自由买卖,诸子平分制使土地经营向分散的小农方向发展,毁林开荒亦不受限制。人口增长伴随土地兼并的无限趋势和有限的耕地面积发生不可克服的矛盾,造成周期性的土地危机或粮食危机,直到爆发大规模的农民起义和内战,消灭大量人口导致大量荒地出现,才使危机获得暂时的解决。

认真分析秦汉以后社会动乱的状况,可以发现存在长短两种周期。短周期在几年到几十年之间,主要系周期性的天灾引起,当然统治者的暴政也是一个因素。长周期为一二百年左右,表现为全国性内战或起义,有的还招致边远地区少数民族的入侵。周期的长短取决于上次大动乱的破坏对过剩人口消灭的程度。隋末农民战争造成大量人口死亡,出现广大荒地,使唐朝统治者的"均田"较为彻底,土地自然兼并的周期就较长。中国历史上的周期性土地危机对生产力的破坏是世界上仅有的。以人口升降为例,战国末年人口共 2 000 万,秦末农民战争后仅余 1/10。西汉人口高达 6 000 万,三国时仅剩 1%,此后到盛唐的一千年间都恢复不到西汉的数目。人口死亡 1/3—1/2 的破坏在中国两千年间至少发生了 10 次。西欧仅发生了两次:一次系蛮族入侵灭亡了西罗马帝国,导致奴隶制的瓦解和封建制的产生;另一次系黑死病导致劳力稀缺、价格革命,促进了工业革命和近代资本主义的诞生。此后西欧虽然教派冲突和各国战争不断,但没有再产生巨大的破坏,经济稳定,资本主义生产关系逐渐发展。只有两次世界大战的破坏程度才达到中国两千年前战争的规模,但大战的经济基础已是工业而非农业了。直到 20 世纪,农业危机的阴影始终笼罩着中国这块大地。虽然我国目前的工业产值表面上已远远超过农业产值,但从经济的人口结构上看,农业人口的比例并未随着工业的发展大幅下降。从经济运行方式、行政管理体制,到思想文化心态,中国仍然具有古代单一农业社会的许多特征。

7.2.3 阻碍分工、抑制交流的超稳定经济结构

从现代科学的观点来看,事物适度的稳定性和进化度是任何一个生物物种或社会组织能否具有生命力的首要特征。量子力学、控制论和非平衡态统计物理学都从不同的角度研究过这个问题。我们从经济结构的角度同样可以深入研究这个问题。

单纯游牧经济是极不稳定的经济结构。以放牧、劫掠为生的民族具有极大的流动性。历史上的亚历山大帝国和伊斯兰帝国都是短暂的军事行政联合,很快就归于瓦解,只留下部分稳定的已开发的农业区,如埃及和叙利亚。

单一小农经济是类似于晶体结构的某种超稳定的简单经济结构,这是中国尽管动乱频繁,却始终维持一个再生机能极强的专制帝国的重要原因。历史上以游牧为生的鲜卑人、金人、蒙古人、满人等少数民族几次入侵中国内地,最后都从军事贵族转化为农业地主。其主要原因难以从儒家文化的保守性加以理解,而可以解释为生态破坏是难以逆转的演化历程。地球是高度复杂的生态系统,森林、草原、各种生物之间相互制约的平衡关系是几百万年间形成的,一旦破坏就会贻害无穷。即使在科学技术高度发展的今天,要恢复局部的生态结构也要求大量资金和相当岁月,在技术低下的古代几乎是无法挽回的。黄河流域狭小的耕地要供养众多的人口,在不能从外部输入食物的条件下,只能走精耕细作、单一产粮的老路。中国传统的农业政策恰如鸦片,越是病入膏肓越赖以进行刺激,在工业革命发生前,必然陷入不能自拔的危机。

应该指出,中世纪欧洲农民在农奴制下受剥削的程度远较在地主制下的中

国农民为轻。中国的地租率在 1/2 以上,外加官府的沉重捐税。西欧教会的征税率为 1/10,佃农向领主交纳实物的惯例,鸡和蛋为 1/12,蜂蜜为 1/10。原因在于畜产品不能久藏,剥削量仅以贵族的适时消费为限。粮食的掠夺则少受产品储藏问题的限制。中国的农民极端贫困,残酷的压榨使中国的单一小农经济的劳动生产率极端低下,只能维持简单再生产。中国穿衣主要用棉麻,植物纤维易于加工的性质与过剩农村劳动力的大量存在促使家庭手工业和分散经营的农业结合,造成手工业和农业分工和发展的重大障碍。中国的运输困难加上历代实行的官商官工制度、户口保甲制度、闭关自锁政策,都进一步抑制了商品的流通、人员的交流和协作的发展。整个社会内外缺乏横向经济联系。社会体制不是一种复杂的多层网络结构,而是一种简单的垂直辐射系统。因此,虽然政权极不稳定,但是经济结构却超稳定,外来资本主义也极难动摇中国传统的经济结构。

西欧的牧农混合经济,是一种亚稳态的经济结构。其稳定性多基于农业,可变性多出于牧业。农牧混合经济要求贸易和分工的发展。比如羊毛和皮革,牧民一般加工不了,使衣着用品的生产逐渐集中于手工业者和商人聚居的城市,贵族却爱住在乡下的庄园,以享受新鲜的肉、奶,这就形成了工业和农业的城乡分工发展。对香料的需求,又推动着人们探求东方的航路,扩大了世界市场,产生了资本主义的生产关系。中国恰恰相反,尽管中世纪中国城市的规模比欧洲城市大十几倍,城市却是地主官僚聚居的军事政治中心,商人和手工业者在经济和政治生活中都不占重要地位。农村对城市也不存在经济上的依赖关系,而城市却依赖农村而存在。这就构成了中国农民游击战争得以发展和包围城市的经济基础,同时也造成了中国商品经济发展的重大障碍。

由此可见,存在了几千年的单一农业经济结构,是长期阻碍中国发展分工协作的大生产方式和阻碍科学技术进步的一个根本原因。据此我们可以理解鸦片战争以后,中国的洋务运动、戊戌变法、辛亥革命屡遭失败,至今官僚专制传统仍然十分强大的病根。不改造保守的经济结构,就不可能建立革新的政治体制。

7.3 我国农业在现代化中的地位和前途

7.3.1 我国农业现代化在客观条件上受到的基本限制

要真正发挥主观能动性,必须首先认清客观规律,特别是客观条件的限制,分清在目前条件下哪些事情可以做到,哪些事情是不可能做到的,否则会付出惨重的代价。

我国农业发展的第一个限制是,多山少地的自然条件形成的精耕细作的生产方式。中华人民共和国成立后,尽管花了极大力气,但粮食增长率只略高于人口增长率。考虑到扩大耕地面积的可能性小,增施肥料对单位面积产量的提高也不能估计太高。更值得注意的是,产粮区成本高、产值低,对农机的要求复杂,使得耕作机械化在工业高度发展以前,不可能成为粮食大幅度增产的根本出路。

以日本为例,其耕作方式与中国相似,而和美国、联邦德国不同。从技术经济的角度看,农场越大、农业机械化程度越高,效率就越高,欧美国家就是这样。而日本农田采取小块耕作,农业投资远高于欧美。日本同美国相比,单位面积投入的化肥高5倍,拖拉机台数高30倍,水稻工时高30倍,但每个劳力生产的粮食仅为美国的1/30,至今粮食、肉类都不能自给。只是20世纪60年代以来,由于日本的工业高度发展,得以大规模生产廉价、高效的农机以后,日本农业现代化才有较大的进展。如果说自古以来的国计民生必须以农业为基础,那么农业现代化则必须以工业现代化为基础。日本在明治维新以后,首先抓的是教育和工业,工业中又首先发展很快能赚取外汇的轻工业,大力扩展对外经济交流的海运业,同时也照顾农业,这是一个历史的事实。

我国经济还面临第二个困难,即缺少优良海港和陆上交通网。在运输首先现代化之前,不能像日本那样利用优越的海运条件大量进口原料,迅速输出制成品。西方国家进入资本主义阶段以后,由于世界市场的发展,决定经济命运的是工业而非农业。中华人民共和国成立后,农业上的波动对整个经济造成重大影响,不得不放慢工业发展速度,提出以农业为基础的方针,其原因在于中国大体上仍然是一个处于世界市场之外的封闭的经济体系。我国工业企业的效率很低,工业品在国际市场上缺乏竞争能力。农业商品生产的比例也很小,既不能像日本那样用工业品换粮食,也不能像一些东南亚国家那样用高产值的经济作物去换取粮食。农业被迫自给自足,造成工业受农业拖累。

从长远来看,正确的方针是不能因为交通困难而要求牧区粮食自给,反对南粮北调,反对进口粮食;而是恰恰相反,应该大力发展交通网,以促进多种经营、区域分工,发展商品生产和规模经济。如果能充分利用国际市场,则中国的林、牧、渔业和经济作物会大有发展的余地,即使粮食生产暂时缩减也是值得的,粮食可以部分依赖进口。算大账,这是更有利的。

7.3.2 建立生态平衡的农林牧的混合经济结构是改造我国农业的百年大计

目前,大家都认识到在我国西北发展畜牧业和林业的重要性。虽然有人已警告长江流域有变为第二个黄河、东北平原有变为第二个黄土高原的危险,但是单一农业造成的生态危机远没有引起普遍的重视。在人类发展史上,中国传统农业片面发展引起的生态危机在历史上远远超过近代西方工业污染造成的第二次生态危机。只有不出国门、故步自封的人们才无法意识到中国的脆弱农业如同坐在一座活火山上。那高出地平面约 10 米的地上黄河比核战争的威胁更为现实。

从长远看,不仅黄土高原,而且东北、东南、西南等所有农业区都应逐步改造为生态平衡的农林牧混合经济布局。这样做,在一个时期内耕地面积可能要缩小一些,但如果措施得当,仍然能够提高粮食总产,而且可以开展多种经营。同时,在人口密集的农业区也应当扩大树林和草地。这样才能逐步恢复或者建立新的生态平衡系统,从根本上使单一的小农业面貌得到改观,打破两千年以来的恶性循环。由于我们的祖先缺乏远见,给我们留下了一个如此沉重的包袱,我们必须从现在起就付出艰苦的努力来为子孙后代造福。改造农业经济结构是比农业机械化远为根本的大事。我们需要的不是什么愚公移山,而是愚公造林、种草。由于生态学是一门极端复杂的科学,造林、种草并且要求同粮食作物搭配得当,争取尽可能高的经济收益,这实质上比单纯种粮更需要科学。为此必须开展大规模的科学调查,进行全面的规划,投入大规模的农业基本建设资金。

7.3.3 解决农村的物资、能源传输问题是农业发展的关键一环

粮食的生产、林木的发展,只要因地制宜,只要政策对头、措施得力,广大农民有极大的潜力。问题在于工业究竟应该怎样真正促进农业的发展。

以往片面追求拖拉机数量的做法,不符合我国农村的实际状况,不受农民欢迎。农业机械化的口号,也没有研究分析农村实际,指明从何处"化"起。据美国和联邦德国调查,农村户外作业中运输量占一半以上。中国地幅辽阔,地形复杂,估计中国农村运输作业高达 50%—70% 是完全可能的。日本农户平均拥有的汽车数高于城市,而我国农村汽车很少,且不适合农用。目前,我国的拖拉机绝大部分用于运输,效率只有汽车的十几分之一。不大力发展农用公路和农用汽车,不建立汽车和拖拉机的合理比例,钢材、燃料都会产生极大的浪费。我国的林区、牧区都是内陆和边区,不发展运输和农副产品的加工、冷藏、包装

工业,产品不仅无法输出到国外市场,而且运到国内各地也很困难,使不少好东西就地腐烂。我国江南人多地少,发展传统的园艺有很大潜力,但是只有空运才能使花卉果菜一类的农产品具有更强的竞争能力。要想把我国农产品打入国际市场,落后的交通系统是目前的主要障碍。

我国农业区能源短缺,秸秆不能还田。我国高原牧场载畜量历来很低,草原过载造成严重的草场退化和沙化。美国西欧农牧业的现代化,从能量转换的角度来看,就是把大量矿物能转换为食物中的化学能。例如,电力、天然气取代秸秆作为燃料,后者即可用来肥田或喂牲畜。生产化肥、建设保温牛舍都要消耗大量能源。工业不向农村提供廉价高效的充足能源,农牧业就只能是古代的少米之炊,农业现代化就不可能实现。我国的高原和山区运煤是极其困难的,能量利用率也低。要解决这一问题,应该给交通不便的农村提供更多的电力、煤气或燃油等便于传输的二次能源。这就向工业提出了迫切的需要:要想办法改变目前以燃烧固态煤为主的能源结构,发展便于传输的其他能源。

7.4 应当研究经济结构在生产力发展中的地位和规律

要推进农业现代化,必须建立合理的经济结构。全部经济史和科学技术史都无可置疑地表明,分工不断发展、协作不断加强是生产力发展的必然趋势。整个自然和社会、整个经济体系都是有机联系的整体。片面夸大单一技术部门的作用,以某种片面发展的技术路线来取代综合平衡的经济和技术政策,在历史上造成了无数的灾难。存在了两千年的我国单一农业经济所带来的恶果,就是明显的例证。今天,我们主张采用经济结构的概念,全面研究生态—科技—经济—文化—政治之间的相互关系与作用,以免重犯单一技术路线的错误。

应当说明,目前通行的术语中,把社会经济形态和社会经济结构等同使用。为了避免概念上的混淆,我们建议今后只限于用社会经济形态来表示社会经济制度,而把社会经济结构理解为具体的经济技术结构(如农牧林渔混合经济,各产业部门之间的比例关系,生产和流通、消费之间的关系,国内与国外市场之间的关系等)、经济管理结构(如垂直还是网络体制)、经济生态结构(如生产的布局与环境、人口、能源之间的关系等)。粗略地说,经济结构主要研究生产过程中人与自然和人与人之间的关系。

我们前面已分析了我国农业的经济结构如何与中国社会一系列特殊问题存在密切的关系。我们同时看到,近两百年间科学技术突飞猛进的发展,使资本主义国家的经济结构发生了迅速的变化,生产关系也有一些变化。这使我们深深感到经济结构是决定社会生产力的一个重要因素,同时对生产关系也产生一定的影响。

马克思把生产力的要素归纳为劳动对象、生产工具和劳动者三个因素。他强调了分工协作的意义。这实际上就是经济结构的思想。我们建议根据当代生产发展的新实践,明确地把经济结构列为生产力的第四个因素,并深入研究经济结构矛盾运动的规律。

我们希望历史学家和经济学家都来讨论经济结构的规律,运用科学方法来分析中国的实际问题,探讨实现现代化的正确道路。

8 社会传统与经济结构的关系*

中国封建社会长期停滞的根源何在？为什么资本主义和近代科学都产生于欧洲而不是中国？阻碍中国发展商品生产和科学技术的因素是什么？中国的现代化可能走什么样的道路？一句话：我们如何运用马克思主义的科学方法来分析中国特殊的历史和现实？

恩格斯指出："一切社会变迁和政治变革的终极原因……不应当在有关的时代的哲学中去寻找，而应当在有关的时代的经济学中去寻找。"生产关系是由生产什么、怎样生产以及怎样交换产品来决定的。[①] 我们将从历史唯物主义的基本思想出发，具体地研究生态地理、技术路线和经济结构怎样对社会体制、政策传统和文化模式产生深远的影响。为了明确地提出问题，我们用中国和欧洲互相比较的方法来发现差异，探求原因。对于经济、技术发展的史实由于篇幅所限，我们不予详述。对于阶级斗争的状况，前人已有大量的工作，我们也不作为讨论的重点。我们的工作只是提醒大家在以往研究社会发展史时注意不够的方面。依据当代科学发展的新经验，从更高的角度编写全面的社会发展史，还有待于将来的努力。

8.1 欧洲和中国政策传统的比较

我们要说明，这里所说的"欧洲"是一种文化的概念。资本主义和近代科学主要发源于地中海沿岸的地区，包括两河流域和北非，不完全限于今日的欧洲部分。

欧洲和中国的封建社会，虽然阶级关系的本质似乎相近，但是政治经济的具体形态大异。欧洲的贵族庄园制经济、骑士封建制度和商业、殖民政策是欧洲中世纪史的主要特征。中国很早就进入了封建社会，周朝的领主分封制度和

---

* 原载《学习与探索》1981 年第 1 期。
① 恩格斯，《社会主义从空想到科学的发展》，《马克思恩格斯选集》第三卷，人民出版社 1972 年版，第 425 页。

井田制曾经存在了几百年，但是战国以后，出现了地主小农制经济、官僚专制制度和重农抑商政策。让我们看看，政治、经济上的这些不同道路对社会发展产生了怎样的影响。

8.1.1　商业战争和土地战争

政治是经济的集中表现，战争是政策的直接产物。中外战争史最清楚地反映出欧洲和中国经济体制的不同所在。

地中海沿岸诸国是欧洲文明的发源地。早在奴隶社会之时，航海和贸易就在经济生活中占有举足轻重的地位。公元前8—前6世纪，希腊人开始商业和殖民，希腊是多山的半岛，航海发达，内陆交通不便，粮食不能自给。他们从埃及输入粮食、纸草、香料，从黑海沿岸输入鱼类、木材、牲畜，而输出酒、橄榄油、陶器和织物等手工业品。[①] 历史上为控制地中海和东方贸易的通道，发生了一系列的战争。例如，公元前5世纪前后的希波战争、伯罗奔尼撒战争，公元前4世纪的亚历山大远征，公元前2世纪的布匿战争和11—13世纪的十字军运动。[②] 1588年的英国西班牙战争则是为了争夺大西洋海运的霸权。[③] 这些战争的实质都是商业和殖民战争。[④] 战争是打倒商业竞争者的手段，胜利者掠夺战败者的财富，订立有利于本国商业的条约，建立新的海外殖民地扩大贸易，以赢得商业的霸权和国内经济的繁荣。奴隶制时代希腊、罗马文明的确立，是海上商业霸权的结果。十字军东征削弱了君士坦丁堡的商业地位，带来意大利工商业的繁荣，造就了中产阶级的城市，产生了文艺复兴运动和近代的科学革命。[⑤] 反之，土耳其奥斯曼帝国的扩张阻断了东方贸易，促使哥伦布、达·伽马等人去寻找通往东方的新航路。新航路的开辟促生了"商业革命""价格革命"，加速了封建经济的解体，使世界商业中心从意大利转移到了大西洋沿岸的荷兰和英国，成为资本主义的起点。[⑥] 可见，欧洲国家的兴衰取决于在国际贸易中的强弱地位。

中国从春秋战国起，历代的军阀内战、农民起义，无不具有土地战争的性质，战争的唯一目的是夺取政权，改朝换代。中国封建统治者外战的软弱和内战的残酷，在世界史上是罕见的。秦汉以来，从事农耕的汉族对游牧民族的斗

---

① 参见狄雅可夫，《古代世界史》，高等教育出版社1954年版，第三篇。
② 海斯，《世界史》，三联书店1975年版，第144、181、201、575、648页。
③ 周一良、吴于廑，《世界通史》（中古部分），人民出版社1973年版，第415页。
④ 参见汤普逊，《中世纪经济社会史》上册，商务印书馆1961年版，第一章。
⑤ 海斯，《世界史》，第144、181、201、575、648页。
⑥ 周一良、吴于廑，《世界通史》（中古部分），第347、353页。

争大体总居守势。秦始皇、汉武帝时期国力强盛,对匈奴进行了自卫反击性质的战争,战争的胜利不仅未带来经济的繁荣,反而造成"海内虚耗、人口减半"①,大大加剧了国内矛盾。王莽、杨广的对外扩张则招致自己的灭亡,宋代以后更是屡战屡败。战争胜败的根源不在于战争的政治性质,而在于战争的经济效益。汉武帝派张骞出使西域是出自战略和外交的需要,并无商业上的动机。西域通道打开之后,中西方的技术和文化有重要的交流,汉朝输出的商品(如丝绸)对西方经济有重要的意义,但输入的商品对汉朝的经济发展作用不大,封建帝王对珍奇贡品和夸耀权势的爱好胜于实际商业利益的需要。② 明成祖派郑和下西洋也是出于夸耀中国富强的政治目的,不久即被后人批评为花钱粮数千万但于国无益的弊政而废止。下面的例子,也可以说明中国对游牧民族的战争如何构成中国政治的首要问题和中国经济的沉重负担。

公元前121年,汉军击败匈奴,浑邪王率众数万投降,汉武帝发车2万乘迎之,"胡降者,皆衣食县官,县官不给"。对降众封官之外大加赏赐,连军费一起该年耗资百万,租税既竭,不得已动用了内帑。③ 汉武帝把财政危机转嫁到农民头上,田30亩按100亩收税,口粮从7岁起收改为从3岁起收,贫民生子多杀死,农民大量破产。④ 隋炀帝不惜用人民血汗买取虚名,他下令西域至洛阳商路的各郡县招待迎送外商,洛阳免费供给豪华的酒食百戏,赴外使节大量无端赠礼,赔尽了钱财,换来的只是西域人的讥笑和国内经济的崩溃。⑤ 相比之下,罗马人把俘虏出售为奴隶,中古骑士收取的是俘虏的赎金,他们的经济考虑始终居于首位。

中国对外战争史上的唯一例外是唐朝攻灭东、西突厥的战争带来过大约百年的经济利益。唐朝的军事与经济互相兼顾,用布匹换取马匹为主的牲畜,同时禁止铁器出口,对军事有关的技术优势实行保护政策,唐太宗还派人学习西域制糖法,在国内建立起重要的制糖业。⑥ 欧洲的商业帝国建立殖民地意在贸易获利,对殖民地的统治主要依靠经济而非军事的方式,因此只要保持强大的经济实力,就可以在平时节省军费,无须维持庞大的常备军,而以保守土地为根本的中国就难以如此。谁有更广的土地和更多的人口,谁就有更多的粮食和军队,谁就能割据称王,这是中国内战的逻辑。但是农业经济生产率的低下却使

---

① 范文澜,《中国通史简编》第二编,人民出版社1964年版,第39、85—87页。
② 同上。
③ 加藤繁,《中国经济史考证》第一卷,商务印书馆1962年版,第94页。
④ 范文澜,《中国通史简编》第二编,第39、85—87页。
⑤ 范文澜,《中国通史简编》第三编第一册,人民出版社1965年版,第38、260、269页。
⑥ 同上。

军备和经济之间产生了尖锐的矛盾,加剧了经济的恶化。据估计,公元3世纪罗马帝国的人口在1亿左右,整个中世纪欧洲人口变动不大。① 中国在战国末年为2 000万人,公元初为6 000万人②,治乱反复,人口升降,到明朝亦未超过此数。欧洲与中国的面积、人口大致相当,但是中国战争的规模远远超过欧洲。以欧洲史上几次最大的战争为例,公元前490年马拉松战役雅典军1万人③,公元前4世纪亚历山大远征军三四万人,十字军也不过几万人。④ 直到第一次世界大战前殖民帝国英国的常备军数量也很少。与此形成对照的是,秦始皇守五岭即用兵50万人,防匈奴30万人,筑长城50万人,不算修造宫坟的民夫即达130万人,约占全国壮丁的1/3。⑤ 唐朝边防驻军的庞大军费抵消了商业带来的经济利益,使之难以长久。中国对外战争的虚弱,军事胜利伴随着经济失败这种反常关系,反映出中国农业经济内向和苟安的性质,与欧洲商业帝国力图外向、进取谋利的活动形成鲜明对比。经济体制决定了战争的目的和后果。

马克思曾经指出西方商业战争的经济影响,他说:"竞争和信用"是"集中的两个最强有力的杠杆","殖民制度以及海外贸易和商业战争是公共信用制度的温床"。⑥ 早在罗马帝国时代,欧洲就已经产生了合股营业的商业公司和簿记学,在十字军东征时期,出现了银行、股份公司、商业法院,并从国际惯例体系发展出国际性的海上法和贸易法。⑦ 至于中国的土地战争,始终只是改朝换代的工具,带给人民的除了不断加强的中央集权和专制统治之外,仅有日益增加的贫困和动乱,经济结构两千年来难有些微的改善。

8.1.2 商业法规和协作方式

经济政策和经营方式的差别具体反映了欧洲和中国经济体制的不同。

公元前5世纪,罗马共和国时代制定的12铜表法就对契约、债务、遗产等商业法规有明确的规定。恩格斯指出:"古代罗马法——它差不多完满地表现了马克思称为'商品生产'的那个经济发展阶段的法律关系。"⑧罗马法对欧洲社会的发展有深远的意义,导致了欧洲商业的某种独立地位和稳定活动。中世纪

---

① 汤普逊,《中世纪经济社会史》,第78页。
② 范文澜,《中国通史简编》第二编,第18、17页。
③ 海斯,《世界史》,第137、181、551页。
④ 同上。
⑤ 范文澜,《中国通史简编》第二编,第18、17页。
⑥ 《马克思恩格斯全集》第23卷,第687页。
⑦ 桑戴克,《世界文化史》,中华书局1930年版,第282、534—536页。
⑧ 恩格斯,《社会主义从空想到科学的发展》,《马克思恩格斯选集》第3卷,人民出版社1956年版,第395页。

欧洲普遍发展起来相互约束的封建契约关系,产生了自治的城市、大学、商人和手工业者的团体,使中产阶级逐渐成长为打破封建桎梏的强大力量。基督教是以经商著称的犹太民族创立的宗教,基督教的活动对中世纪欧洲封建社会的体制有重大影响。教会鼓励商业道德、公平交易、准确分量、善待行商,教徒对宗教誓约的忠诚如同维护商业的信誉和契约。① 《圣经》中有一个故事很能反映基督教的价值观念:天国好比一个人到外国去,把家业分别交给三个仆人5 000、2 000和1 000银子。三人中二人去做买卖,分别赚了5 000和2 000银子,第三人却把钱埋藏地下,等主人回来后原封不动地交回。结果主人回来后夸奖前二人,却夺过第三人的1 000银子交给已有10 000银子的第一人,将那无用的第三个仆人丢在外面黑暗中哭泣。②

中世纪的教会,自己也从事商业和贸易。教皇格列高里一世(590—644)精明地洞察到国际市场的动向,出售木材给无森林的埃及,把麦子卖给君士坦丁堡,拜占庭教会则拥有自己的商船队。③ 佛罗伦萨的财阀梅第奇家族有两个人当上教皇,其中教皇克莱门特七世(1523—1534)是反宗教改革运动的障碍④,他事先批准了哥白尼出版他的天文学著作⑤。伊斯兰教的创始人穆罕默德(570—632)是阿拉伯富商,《古兰经》规定鼓励保护商业是信徒神圣的义务。⑥ 阿拉伯人的商业活动对保存、发展希腊罗马的科学技术,增进东西方文化交流做出了重要贡献。

在中国,私营的工商业活动从未获得过独立的地位。中国统治者只关心如何控制商业以保证国家的财政收入,很少意识到工商业发展对经济增长的作用而有意识地加以引导。公元前7世纪,管仲在齐国首创盐铁官营制度。汉代以后,封建王朝不仅垄断了盐、铁生产和钱币、兵器铸造这些有关国计民生的经济部门,并且最大的消费集团——皇室的器物玩好全都无须从市场购买,而由官营手工业自造。⑦ 官办工业凭借专制制度的权力和垄断榨取暴利,不计成本、不担风险,私营工商业无法匹敌。官营手工业的民用产品(例如,汉代官府生产的铁器)粗制滥造,不合用途,反而强迫人民高价购买。⑧ 宫廷自用的物品则穷极奢华,繁琐装饰,浪费大量人力物力。中国的封建官营企业从来没有成本、效

---

① 海斯,《世界史》,第471页。
② 《圣经·新约全书》马太福音,第25章。
③ 汤普逊,《中世纪经济社会史》,第167、206、235页。
④ 罗素,《西方哲学史》下卷,商务印书馆1976年版,第10、13页。
⑤ *Encyclopaedia Britannic*, University of Chicago, 1961, "Copernicus".
⑥ 汤普逊,《中世纪经济社会史》,第167、206、235页。
⑦ 北师大政治经济学系,《中国近代经济史》上册,人民出版社1971年版,第20页。
⑧ 范文澜,《中国通史简编》第二编,第58、14、74页。

率、实用的观念。他们贪污舞弊、低能腐朽,是社会生产力发展的严重阻碍。由于官营企业经济效能上始终低于私营企业,为了巩固自己的专制统治,封建王朝必须采用政治而非经济的手段来打击、限制私商的活动。公元前4世纪秦国商鞅变法,开创重农抑商政策,为历代王朝所奉行,其抑制的正是私商,强化的却是官商。秦始皇把商人及其子孙籍没为奴,徭役首先征发罪人和商人。汉武帝大规模没收商贾的财产来补偿政府的财用不足。[①] 商人在人身和财产上都失去法律的保障,只能寻求政治权势的保护。唐代之后官商合流,大官僚、大地主、大商人合为一体,封建商人买官做官、购置田产、囤积放债的劲头远胜于专营工商、改进技术的努力。应该指出:由于欧洲贵族都住在乡下的庄园,城市主要是商人和手工业者聚居,中国的大官僚、大地主却集中于城市,故中世纪中国城市的规模和市面的繁华远胜欧洲。但范文澜据此认为中国商业在封建经济中的重要性大于欧洲,秦汉以后形成某种全国性的统一市场作为专制帝国统一的经济基础的观点[②]是值得商榷的。我们不能只看商业绝对规模的大小,必须分析商业的构成及商业在经济生活中的相对地位。中国由于地理复杂,分割成许多区域自给的经济割据区。中央政府致力修筑的运河和驿道主要用于运输征收地方的钱粮[③],中国的大小商业城市主要是区域经济割据的政治军事中心。我们在宋代《东京梦华录》[④]中可以看到汴梁的繁华完全是由于大量酒楼、茶肆、果铺、妓院、药房、珠宝店等为宫廷官僚服务的消费行业造成的。中国各个经济区域之间的商业联系远不如地中海沿岸地区的贸易在经济生活中重要,否则无法解释商业阶级在中国社会地位的弱小和在欧洲地位的强大。在中国的私营商业中,以经济上反动的高利贷、囤积商居首位,经济上起促进作用的制造商、转运商力量远不及官办企业,有的甚至处于非法的地位。例如,黄巢就是私盐贩子。[⑤] 造成这种状况的原因,除了地理障碍,主要是封建官营企业的垄断压制。马克思说:在亚洲的形式下,高利贷制可以存在很久,而同时只是引起经济衰落和政治腐败。[⑥] 从商鞅、桑弘羊到王莽、王安石,中国的封建改革家从加强皇朝专制的目的出发,都企图利用封建官营工商业来限制高利贷的活动,同时加强对人民的镇压,就经济政策而言,无异于引虎驱狼,不可能得到农民的支持。和土地、官府相结合的商业资本,在近代不仅没有促进封建社会的解体,反

---

① 范文澜,《中国通史简编》第二编,第58、14、74页。
② 范文澜,《中国通史简编》第一编,第58页。
③ 李约瑟,《中国科学技术史》第一卷,第一分册,科学出版社1975年版,第242、263页。
④ 《东京梦华录》,古典文学出版社1957年版。
⑤ 范文澜,《中国通史简编》第二编,第783页;第三编第一册,第270、331页。
⑥ 马克思,《资本论》第2卷,人民出版社1972年版,第775页。

而加强了封建商业对外来资本主义的顽抗。[1]

马克思强调了东西方经济活动方式的差别。农业上最重要的是对共同水利工程的需要,在西方,例如弗兰德斯和意大利,曾使私人企业家结成自愿的联合。但是,在东方,由于文明程度太低,幅员广大,不能产生自愿的联合,所以就迫切需要中央集权的政府来干预。[2] 中国历史上修长城、开运河、治黄患等浩大工程都是大规模无偿调集民力,以"直接的统治关系为基础"的"简单协作"[3]。这些以人海战术为基础的公共工程虽然从经济效益上看促进了农业生产,但从经济组织上看,不但没有促进分工、协作的发展,反而强化了个体分散的小农经济,阻碍了资本主义的产生,延长了专制统治的寿命。中国到鸦片战争前一直没有实现从简单协作到手工工场的过渡。[4] 中国几千年来经济活动方式的简单、低能、分散、守旧,是专制皇朝重农抑商经济政策的结果。

8.1.3　生产面向和技术遭遇

虽然西方在铁器的使用上早于中国,然而汉宋之间,中国在许多重要的生产技术上领先于欧洲。中国的丝绸、瓷器称誉西方,造纸、印刷术、指南针、火药四大发明造福世界。但是,不同的经济体制却使同样的技术发明有着截然不同的待遇。

西方的生产面向市场,竞争决定优劣;中国的生产面向官府,由帝王任意弃取。自由竞争的价值规律促使欧洲的纺织工业产生了节省劳力的工具机,导致了技术革命的产生。在中国,政府对政治军事利益的优先考虑决定了经济和技术发展的命运,官营垄断企业的统治地位使私营工商业失去了改革技术的积极性。公元204年曹操定户调,开始对农民征收绢绵,成为后来的定制[5],强化了中国家庭手工业和个体农业的结合。马克思指出:"对华进口贸易迅速扩大的主要障碍,乃是那个依靠着小农业与家庭工业相结合的中国社会经济结构。"[6] "因农业和加工制造业直接结合而起的巨大经济和时间节约……曾对大工业产品提出非常顽强的抵抗。"[7]因此,中国的重要发明在西方获得迅速的推广,而西方机械的发明在中国却很难生根。中国发明的造纸、印刷术巩固了儒教、佛教

---

[1]　北师大政治经济学系,《中国近代经济史》,第33页。
[2]　《马克思恩格斯全集》第9卷,人民出版社1961年版,第115页。
[3]　《马克思恩格斯全集》第23卷,第371、370页。
[4]　北师大政治经济学系,《中国近代经济史》,第172页。
[5]　范文澜,《中国通史简编》第二编,第215页;第三编第一册,第220页。
[6]　马克思,《对华贸易》,《马克思恩格斯全集》第13卷,人民出版社1962年版,第601页。
[7]　马克思,《资本论》第3卷,人民出版社1972年版,第374页。

的正统地位,在西方文艺复兴中却对新思想的传播和普及起了革命的作用,指南针在中国用于看风水甚于航海,在欧洲则为地理大发现奠定了技术基础。发明火药的宋朝为蒙古所灭。火药传到欧洲,使市民的大炮成为攻破骑士城堡的利器,结束了封建时代的割据。欧洲技术史上最重要的发明——螺旋和机械钟,前者在中国竟未普传,后者只是宫廷中的玩物,与社会生产无关。中国历史上能工巧匠多为宫廷所有,他们的杰出技艺常常随某个朝代帝王的垮台一同消失。元代司天监献给元顺帝的自动宫漏计时器精巧确切,是空前的科学制品,却被朱元璋认为"无益害有益",打碎了事。[①] 由于不稳定的政治体制下不能形成累积发展的科学文化体制,后人往往重复前人已有的发明,造成文化史上惊人的重复、浪费和停滞。专制的封建制度和落后的经济结构阻碍了技术传播和生产进步。

8.1.4 土地政策和社会转化

欧洲的封建制度下,土地不准自由买卖,领主庄园制经济保持着一定的生产协作,到了封建社会的末期,土地才允许自由买卖,封建的大庄园很快转化为资本主义的大农场。虽然资产阶级革命也遭遇到封建贵族和教会的强烈反抗,但是封建社会本身已经分化瓦解。法国革命有不少资产阶级化的贵族和教士参加,英、德、日等国的封建贵族则经过革命和改革大部转化为资本家和农场主。大土地经营的贵族庄园而非零碎分割出租的地主经济是农业资本主义的生长点,因为大农场的存在为进行专业化集约化的商品生产提供了可能。

在中国,商鞅变法早已规定了土地可以自由买卖,地主官僚把土地分成无数小块租给农民耕种,坐收高额地租,他们既不像德国容克地主那样直接雇工耕地,也不像英国地主那样租给他人从事商品生产。封建时期土地自由买卖政策的结果是造成了高度分散的个体小农经济和中央集权的地主官僚制度,成为资本主义产生的严重阻碍。中国明清两代,厉行海禁,抑制商业,虽然已经出现了工场手工业的萌芽,但始终无法产生近代资本主义的生产方式。[②] 鸦片战争以后,外国资本主义用大炮打开了中国的门户,造成的不是资本主义的中国,而是半殖民地半封建的中国和封建性的官僚买办资本。中国的戊戌变法和历代自上而下的改革一样,因不可能得到统治阶级内部的支持而失败。与此同时,实行闭关锁国政策的日本,通过明治维新走上了资本主义道路,这和日本信奉中国的儒教并不相干,其原因在于日本封建时期的经济体制、政治制度与欧洲

---

① 吴晗,《朱元璋传》,三联书店1965年版,第293页。
② 北师大政治经济学系,《中国近代经济史》,第20、35、41页。

相似:日本的渔业相当于海上牧业,与农业结合构成混合经济结构,水产品在食物构成中有重要地位,森林亦保护得很好;工业革命前人口始终稳定在几百万的适度规模;土地不准自由买卖,长子继承制使经济保持领主庄园制度;日本海盗的侵略行为、日本武士的尚武传统与欧洲骑士的冒险精神十分相似,因此并不畏惧从军事冒险转向商业竞争,这与中国官僚依靠权势旱涝保收的腐朽面貌截然不同。明治维新受到相当部分武士和贵族的支持,明治的赎买政策使贵族不难转化为资本家和农场主。① 而中国历来阻绝交流、抑制分工的封建体制几乎没有自我更新的能力。

综上所述,从战国商鞅变法开始实行的土地自由买卖和重农抑商政策,产生了分散、个体的小农经济,在此基础上建立的地主官僚的专制制度取代了周代的领主贵族的统治。封建帝王利用专制权力实行的重农抑商政策,扼杀了中国从封建主义内部生长出资本主义的可能。从袁世凯、张勋到蒋介石,图谋封建复辟、黄袍加身的野心家们在中国不断出现,这一现代史上的特殊现象充分说明:中国特有的官僚专制传统的深重和资本主义影响的薄弱,不可能单用帝国主义不愿扶植民族资本的外部理由加以说明,而必须彻底解剖中国两千多年来政治经济发展的基础。

8.2　生态地理和经济技术结构

为什么英国和美国的农业在资本主义原始积累中起了重大的作用,而日本的农业现代化却迟迟才起步?为什么中国的经济技术结构和欧洲有很大的不同?马克思指出:劳动生产率是同自然条件相联系的。不同的自然资源对社会发展的不同阶段有决定性的意义。② 当代科学技术的新经验进一步指出了生态环境对人类活动的基本限制。我们有必要从历史上具体地考察生态地理对各国经济技术结构的具体形态所带来的影响。

就科学方法而言,定量的把握总是高于定性的描述。为了解答历史的疑难,我们力图搜集一切可能的统计数字来代替猜测和议论。但是,中国长期经验主义的传统使我们很难如愿,希望大家共同努力来改善这方面的研究(下面文中凡是未能注明出处的数字都系大致的估计,错误之处请予指正)。

---

① 参见别尔加林,《日本近代史纲》,三联书店 1964 年版,第一、二编。
② 《马克思恩格斯全集》第 23 卷,第 560 页。

8.2.1 平坦大陆和多山之国

欧洲与中国在面积、纬度上相近,但作为生产的物质基础的自然条件差别不小。欧洲、美国有广大的平原,地形简单、交通便利、雨量均匀;中国却是多山之国,山岭纵横、交通阻隔、气候复杂(基本特征见表 8-1)。

表 8-1 中国和欧洲基本地形的比较

	面积 (亿亩)	平原		山地				沙漠	
		面积 (亿亩)	占比 (%)	面积 (亿亩)	占比 (%)	海拔 500 米 以上(%)	海拔 4 000 米 以上(%)	面积 (亿亩)	占比 (%)
中国	144	12	8.5	96	67	40(海拔 1 000 米以上)	24	10	6.7
欧洲	174	100	57	75	43	17	0	0	0

资料来源:上海师范大学,《简明中国地理》,上海人民出版社 1974 年版,第 13、19、20 页。

欧洲平均海拔仅 340 米,是世界最低的大陆,海拔 2 000 米以上高地仅占 1.7%,宜于农业的平原面积 100 亿亩[①],为中国的 8.3 倍。即使加上海拔 500 米以下易于利用的丘陵在内,中国可垦面积约 19 亿亩,仅为欧洲的 1/7。美国的地形稍逊于欧洲,远优于中国,平原比例大于 1/2。欧美农业一直保持大规模的经营方式,是以优良的地理条件为基础的。

欧洲的山脉不高,多为东西走向,极地海洋气团可从大西洋沿岸直达乌拉尔山,大陆多为温带海洋性气候,降水量大、分布均匀、很少受害,无须兴建浩大的水利工程。因此,河网密布,广被森林草原,土壤有机质含量高,不存在沙漠扩张的威胁。中国山脉纵横交错,地形切割为许多互相阻隔的盆地、河谷和高原,气候复杂,内地降水稀少、分布不均、灾害频繁。据历史记载,公元初至 19 世纪,中国发生大旱 1 013 次,大水 658 次,平均每世纪水旱灾 88 次。[②] 由于植被不丰、森林稀少、水土流失严重,全国 1/3 的耕地为盐碱、红壤、洼地等低产地。中国农业所需劳力远高于欧洲,农业人口的分布集中于东部和中部。

欧洲河流通航里程长,海岸曲折,三面环海,半岛和岛屿的面积占 1/3,航运十分发达。[③] 由于欧洲地势平坦、草原无际,骑马或筑路相当便利,商业和文

---

① 陕西师大地理系,《欧洲自然地理》,商务印书馆 1961 年版,第 4、19、30—31 页。
② 上海师范大学,《简明中国地理》,第 205 页。
③ 陕西师大地理系,《欧洲自然地理》,第 4、19、30—31 页。

化的交流在地理上很少有不利因素。中国地形复杂,内河水浅,航运和筑路十分困难。中国内地经济割据、自给自足,地理的限制是重要原因。

8.2.2 农牧混合和单一种植

欧洲在优越的自然条件下,长期保持一种畜牧业、农业、狩猎和渔业的混合经济,其中畜牧业的比重一直高于谷物的种植业。希腊、罗马神话和《圣经》都反映出以放牧为主的生活方式。畜牧业以放牧牛、羊为主。罗马时代种田是自由民的荣誉职业,可见当时种植业的比例还很小。[①] 据估计,早期日耳曼家庭平均拥有 30 头母牛。[②] 奶制品和肉类在欧洲食品构成中一直保持很高的比例。粮食多半用作饲料,按人平均的直接消费量远低于东方。此外,日耳曼人的狩猎业和斯堪的那维亚人的渔业都相当发达。

中国由于平原面积狭小,需要广大牧场的畜牧业很早就开始被小块垦殖的种植业所排挤。城子崖的发掘证明,远在夏代,畜牧业就以喂粮的猪狗为主,食草的牛羊次之,大祭祀所用的牲数不断下降,商代用牲数百头,西周降到 1 牛 1 羊 1 猪。[③] 战国以后大牧场已很少见,饲养业以适于家养的猪鸡为主。农业以粮食的生产为中心,养猪业的发展完全依赖粮食生产。由于森林的砍伐和水面不多,狩猎和渔业都不占重要地位。中国从战国开始形成以粮食种植业为主的单一农业经济。

欧洲农牧混合、畜粮并重和中国单一农业、种粮为主的经济结构的差别一直保持到现在。值得注意的国家是日本。日本山地面积占 85%,农业几乎全部生产粮食,20 世纪 30 年代之前被称为无畜国,这一点与中国相似。但是日本的渔业十分重要,日本人食物中水产品占重要地位,从这一点上说日本又和单纯靠粮的中国不同,是一种农渔混合经济。各国农业经济构成的比较,参见表 8-2、表 8-3、表 8-4 和表 8-5。

表 8-2 农牧业比重(1970)　　　　　　　　　　　　　　　　单位:%

	美国	法国	苏联	日本	中国
种植业	40	42.8	50.7	73.8	83.9
畜牧业	60	57.2	49.3	26.2	16.1

资料来源:《农业现代化概念》(初稿),中国农林科学院科技情报研究所,1977 年 9 月。

[①] 汤普逊,《中世纪经济社会史》上册,第 24 页。
[②] 同上书,第 108 页。
[③] 范文澜,《中国通史简编》第一编,第 106、151 页。

表 8-3　按人口平均农产品产量(1975)　　　　　　　　　单位：斤

	肉类	鱼类	粮食
美国	216	28(1970)	2 744
法国	178	30(1970)	1 408
日本	1.8	189	367
中国	17	10	600

资料来源：《农业现代化概念》(初稿)，中国农林科学院、科技情报研究所，1977 年 9 月；《六国经济统计》，中国财经出版社 1974 年版。

表 8-4　食物构成比例(1947)　　　　　　　　　单位：%

	热量来源			蛋白质来源		
	粮食	畜产品	水产品	粮食	畜产品	水产品
欧美	49	50	1	17	80	3
日本	92	0.6	7.6	73	1.8	24
中国	95.5	4	0.5	93	3	4

注：按 1975 年数字估算。《农业现代化概念》(初稿)，中国农林科学院科技情报研究所，1977 年 9 月；爱·阿克曼，《日本的自然资源》，商务印书馆 1959 年版，第 42、100 页；广东哲学社会科学所，《美国农业经济概况》，人民出版社 1976 年版，第 71 页。

表 8-5　农业用地分配(1970)　　　　　　　　　单位：亿亩/%

	耕地	牧场	林木	果园
美国(1964)	26.2/25	44.4/40	38.9/35	0.3/0.003
法国	2.6/38	2.1/31	2.1/31	0.3/0.04
日本	0.7/15	0.1/2	2.8/81	0.09/2
中国	15/8.6	43/24	22/12.7	—

资料来源：《六国经济统计》，中国财经出版社 1974 年版；詹武，"完整执行农林牧副渔并举方针，加快农业现代化步伐"，《经济研究》，1979 年第 2 期，第 33 页。

8.2.3　耕作方式和生产效率

欧洲有广大的土地资源，农业保持大规模经营，采取粗放耕作。罗马共和国时代，格拉克兄弟在公元前 133 年提出限制富人占用公共土地做牧场的法案，面积限额为每块 1 000 尤格拉(666 英亩或 4 063 市亩)，出租给农民的土地分成 300—600 英亩(1 800—3 600 市亩)的大块。[1] 欧洲中世纪通行的田赋单位

---

[1] 海斯，《世界史》，第 229 页。

"海德""伊勃",面积约 120 英亩(720 亩)①,1969 年美国农场平均面积为 378 英亩(2 300 亩),其中 1 000 英亩(6 000 亩)以上农场的用地占 50%,肥牛生产的一半由养牛千头以上的大牧场提供。② 中世纪欧洲农作物稀疏,犁耕不深,1/3—1/2 的土地休闲,采用二圃和三圃轮作制。庄园的布局通常把村旁的可耕地分为几个长条,以草堤区隔开,可耕地外是种牧草的草地,再外面是牧地、林地,并有大量未开垦的荒地存在。③ 目前欧美农场很少复种,多行轮作甚至免耕,尽量节省人力,也有利于地力的保持。

中国周代土地法以田为单位,面积约 24.6 亩;春秋时记载,土地的规模在一田到百田之间;秦始皇时规定土地面积 240 方步为一亩,沿用至后代,可见土地已经划分成小块,面积大大减少。④ 春秋时期农业仍采用休耕制,公元前 1 世纪西汉赵过创造代田法,6 世纪北魏农书《齐民要术》中记载了轮作、复种的采用和锄地、栽插等技术,农业过渡到精耕细作的强化经营方式,力图在狭小土地上获得尽可能高的产量。⑤

在古代技术发展水平的限制下,农业经济的技术结构对农业劳动生产率的高低和农业商品化生产发展的潜力有很大影响。首先,生产对象本身需要的工时就大不相同。欧洲人用橄榄制油(中世纪后牛油用得更多),用葡萄酿酒,中国则用菜子榨油,用谷物制酒。橄榄和葡萄是多年生的木本植物,其种植比一年生的草本植物费工少又利于水土保持,牛羊的放牧比家庭喂猪需要少得多的粮食和人工。其次,不同的耕作方式对自然资源的保持有不同的后果。精耕细作、灌溉为主的单一农业,有土壤贫瘠、水土流失、土地盐碱化等严重问题,年复一年,循环恶化,改土改水工程效益递减,需要投入的劳动不断增加。农牧混合、田林交错的农业布局就大大减轻了自然破坏趋势。在当代技术水平下,机械、化肥、农药的使用虽然大大提高了农业的潜力,但是不同耕作制度的生产效率依然有很大的差距,因而影响到农业现代化的速度和方式。

英国和美国在资本主义生产的过程中,商品化的大牧场、大农场曾有很大的发展。圈地运动曾是英国资本主义原始积累的重要手段。美国资本主义发展的前期,农业的大发展先于工业。美国 19 世纪中完成了第一次技术革命,1870 年铁路长度达 8.6 万公里,但 1880 年农业产值仍居首位。美国农业从 19

---

① 汤普逊,《中世纪经济社会史》上册,第 112、465、455 页。
② 罗·埃斯塔尔,《美国现代地理》,北京人民出版社 1976 年版,第 100 页。
③ 海斯,《世界史》,第 229 页。
④ 范文澜,《中国通史简编》第二编,第 142、143、13 页。
⑤ 自然科学史研究所,《中国古代科学成就》,中国青年出版社 1978 年版,第 357、358、369、371、379—380 页。

世纪上半叶开始机械化，从马拉机具到拖拉机、电力的使用，主要依靠自身资金的积累，国家资助并不多。美国农业一直保持与工业相当的竞争能力，粮食除自给外，大量供应世界市场。美国农业的发展确实为工业化奠定了基础。目前世界上已经实现农业现代化的国家（如美国、加拿大、澳大利亚、联邦德国、法国等）其农业在初期一直实行农牧混合、粗放耕作，后来进一步转化为集约化、专业化的大农场生产，在新的科学技术条件下获得了更高的劳动生产率。即使像法国这样在欧洲被称为"小农"的国家，其农业经营的规模也远较中国的"小农"为大，牧场森林处处可见。与此不同的典型国家是日本。日本多山少地的条件与中国相似，然而降水和海运的条件比中国有利得多。日本的农业方式是精耕细作，因此其现代化的道路就和欧美不同。1868年日本开始明治维新以后，纺织业和重工业发展很快，但是小农经营的农业无法与工业竞争，濒临破产，裹足不前，成为工业发展的拖累。日本的粮食和轻工业原料一直不能自给而依赖进口，农业占用大批劳力，农业机械化进程远比欧美诸国迟缓。在某种意义上来说，日本的工业化是依靠引入国外资本、国外技术，而不是依靠农业积累做基础。恰恰是在工业化以后，日本农业在20世纪五六十年代才有了大发展。日本战后引入现代科学技术建立的大工业具备了大规模、标准化生产的条件，大大提高了农机的效率，降低了机械、化肥的成本，同时政府以价格、服务、贷款、补贴等不同方式对农业进行大量投资，才使较大规模的农业改造成为可能。但是，日本农业现代化所需的设备、人力的投资远高于欧美。目前日本单位面积投入的化肥量为美国的6倍，拖拉机台数为美国的30倍，水稻种植投入的工时高达美国的30倍，但是每个劳动力生产的粮食仅仅约为美国的1/30，至今不能实现粮食和肉类的完全自给。发展中国家要像日本那样进行大规模的农业投资困难更大（各国不同时期农业生产投资和效率的比较见表8-6、表8-7）。

　　两种农业耕作方式的比较向我们提出了两个问题：第一，判断一个国家、一个时代其生产力发展水平的标准是什么？在以往，我们总是自觉或不自觉地以单项技术的发展或单项产品的数量为标准，而不以综合经济指标为标准。例如，叙述技术发展史时，总是强调石器、青铜器、铁器和机械的应用，强调单位面积产量的增长等，但是很少注意生产组织、技术路线对整个生产发展的影响。比较各国技术发展水平时，不能自觉地应用劳动生产率或人均产量这样的综合经济指标，而是片面夸大局部技术的意义。这实际上正是中国传统的单一农业经营方式和小生产者不求效率、只图温饱的思想反映。第二，农业现代化的基点是什么？由于不同经济技术结构的农业，其资金积累以扩大再生产的能力不同，农业对工业水平的要求也就不同。机械在农业中的普及必须以机械本身的价

表 8-6 农业劳动生产率

	2年(西汉)①	740年(唐)②	1975年	1975年		
	中国			美国	法国	日本
平均每人耕地面积（亩）	14	30	1.7	14.5	4.9	0.7
农业劳动力平均负担面积（亩）	35	75	5	918.3	120.3	9.5
农业劳动力平均生产粮食（千斤）	2.30		1.8	173.6	31.7	6
农业人口比例（％）			80	4	15	21

资料来源：《农业现代化概念》(初稿)，中国农林科学院、科技情报研究所1977年9月。

表 8-7 农业投资比重和生产效益的对比(1975)

		美国	法国	日本
投资	每台拖拉机负担耕地面积（亩）	627	211	21
	每辆农用汽车负担耕地面积（亩）	918	(德国)104	67
	每亩化肥施用量（斤）	50	154	278
效率	每亩平均产粮（斤）	411	493	736
	每个劳动力生产粮食（万斤）	17.3	3.2	0.6
	每个劳动力生产肉类（万斤）	1.4	0.4	0.08
	每个劳动力生产奶类（万斤）	2.5	2.6	0.17

资料来源：《农业现代化概念》(初稿)，中国农林科学院、科技情报研究所1977年9月。

值低于使用机械所节省的劳动力价值为前提，技术革命的进展必须符合经济规律。粗放耕作的国家，资源丰富，劳力不足，对农机水平要求不高，农业的发展可以和工业齐头并进，甚至为工业发展提供资金。但是精耕细作的国家劳力过剩，资源不足，无力在小工业的基础上获得农业的大发展。中国近代经济停滞的原因有三个：一是过剩人口无法为足够的新兴产业所吸收，大大降低了经济上采用机械的积极性；二是单一小农经济低下的劳动生产率本身无力进行大规模技术改造；三是小生产方式经营的手工业和工业也无力提供大量高效率、低成本的农业机具，因而延迟了农业现代化的进程。像苏联那样笨重、落后、昂贵的农机产品和管理维修体制是无法提高农业劳动生产率的。这就是说，在当代大工业生产的条件下，农业是否能够成为现代化的基础，取决于农业经济技术

---

① 范文澜，《中国通史简编》第二编，第47页。
② 范文澜，《中国通史简编》第三编第一册，第236页。

结构的特点。美国和日本现代化的进程中农业的地位不大相同。如果说国计民生历来必须以农业为基础,那么中国农业的现代化则必须首先以工业现代化为基础。落后的小工业不可能作为农业现代化的基点。中国目前以农业为基础的说法只是反映了这样的一个客观事实,即中国以小生产方式经营的工业效率很低,在国际市场上缺乏竞争能力,也不能满足国内市场的需要,不得不以不合理的价格政策和统支统收的办法依靠征收农业税来填补工业(尤其是重工业)的巨大亏损,即用工业"吃"农业"大锅饭"的办法来维持经济的运转。一旦农业因天灾人祸发生大波动,工业品又难以在国际市场上换回足够的粮食,国民经济的自给自足就面临重大危险。但这并不能证明农业可以作为经济现代化的基础。恰恰相反,没有现代化的大工业生产,就没有高效率、低成本的农业机具和能源,也就不可能有真正的农业进步。科学技术现代化是农业现代化的前提,在中国尤其如此。而工业的现代化,除了引进外国资本和技术这一必要条件,应依靠科学和教育基础之上的工业结构的更新,而不是依靠传统技术和经营基础之上的农业改进。

8.3 农业生产方式对经济文化的影响

8.3.1 分工协作和社区民主

欧洲农、牧、猎、林混合经营的大型庄园,生产活动有自然的分工,种田、放牧、守林、打猎、磨坊、面包房、酿酒坊各有专人。庄园虽是一个自给自足的整体,但庄园内部有分工协作。除了私人的份地外,领主和佃农共同使用大部分土地和牧场,由于采用休耕、轮作制度,每年份地重新分配是抽签决定的。中世纪的欧洲,基督教在农村生活中占统治地位,每个庄园都有一个礼拜堂,至少在基督教的重大节日,领主和农民可以平等参加典礼和娱乐。因此在庄园制度下农民有一定的发言权,存在某种程度的公共生活和社区民主。[①] 欧洲古代衣着主要是毛皮、亚麻布和毛织品[②],丝绸和棉布主要从东方输入,工业革命前毛织业而不是棉织业占主要地位。[③] 由于皮革、羊毛和亚麻的加工比棉花困难,所以逐渐从庄园转移到城市的作坊集中生产,在欧洲没有产生中国那样广泛的家庭纺织业。欧洲历史上,分工协作的发展是自然的历史进程,未像在中国的单一小农经济中那样受到极其顽强的抵制。

---

① 海斯,《世界史》,第 459 页。
② 自然科学史研究所,《中国古代科技成就》,第 654 页。
③ 汤普逊,《中世纪经济社会史》(上册),第 204、389 页。

中国单一的农业经济彻底个体化，以家庭为自给自足的经济单位，只能进行简单再生产。农户男耕女织，养猪喂鸡，从种棉开始到织布为止，都是自己进行。煮米饭、蒸馒头全系个体家务活动，不像烤面包要依靠作坊。中国农民一年四季从早到晚不得休息，这种繁重劳动一方面造就了以勤劳节俭著称于世的中国农民，另一方面也产生了狭隘自私的思想境界，排斥自动联合、互相协作的小生产传统，以及恐惧外来商品竞争威胁的排外心理。这种个体生产造成"技术的极端低劣和停滞"[①]。"农村家长制生产"[②]和"小农业与家庭工业相结合的中国社会经济结构"[③]成为分工和协作发展的巨大障碍。这种经济结构使中国无法顺利产生资本主义的生产方式，中国农业经济以粮食生产为主的单一小农经济造成了经济体制的僵化。

8.3.2 商业需求和社会体制

古代农业是经济生活的基础。了解欧洲和中国农业技术结构的不同，就可以了解商业发展需要的差异。

欧洲农业粗放耕作，农牧兼营，食品以肉类及奶制品为主，劳动量小，营养度高，但不像粮食那样易于保藏和运输。这就产生了多方面的影响：第一，牧农混合经济限制了统治者聚敛的程度。欧洲贵族住在庄园而非城市之中，法兰克的国王甚至没有固定的首都，他带着随从从一个庄园转移到另一个庄园，只因住所靠近农场，才能经常吃到新鲜的食品。[④] 中世纪教会征收税额为 1/10，庄园佃农向领主缴纳的实物，鸡和蛋为 1/12，蜂蜜为 1/10[⑤]，远低于中国 1/2 以上的田租率。[⑥] 欧洲史上不存在中国封建王朝那种无限制的横征暴敛，其原因不在于统治者的"慈善"，而在于无法长期保存肉奶制品，征收的实物数量只能以适时消费为限，经济技术结构本身的性质对统治阶级的行为产生了制约。如果说中国专制帝国的经济基础是农业区域中心城市的大量积谷[⑦]，则欧洲王权及领主权力的分散，实在是受到农牧混合经济的限制。欧洲史上战争的规模远较中国为小，大战很难持久，这一点从积聚粮草的困难上就容易理解。欧洲骑士作战是自行装备、自带仆从的。远征军必须驱赶大批牲口同行，这就只能夏秋

---

① 列宁，《俄国资本主义的发展》，《列宁全集》第 3 卷，第 161 页。
② 《马克思恩格斯全集》第 23 卷，第 95 页。
③ 《马克思恩格斯全集》第 13 卷，第 601 页。
④ 汤普逊，《中世纪经济社会史》（上册），第 257 页。
⑤ 海斯，《世界史》，第 456 页。
⑥ 范文澜，《中国通史简编》第一编，第 56 页。
⑦ 李约瑟，《中国科学技术史》第一卷第一分册，第 242 页。

打仗、冬春休战,无法持久。第二,牧业经济不能完全自给,产生对外贸易的迫切需要。财富的集中首先要求物资的储存。制作腌肉、咸鱼是保存肉制品的主要方法,生产腌腊制品所需的香料和药品大部分产自非洲、中亚、印度、东南亚诸国。欧洲人穿着的麻织物、毛织品和皮革非常粗重,中国和印度生产的丝绸和棉布又轻又软,因此欧洲对外贸产生了持续的需求。从罗马时代到葡萄牙人远寻东方航路,吸引商人的东方贸易以香料和盐为大宗,诸如胡椒、生姜、肉豆蔻、丁香、乳香、茴香、没药等,还有棉布、丝绸这些广泛需要的衣食用品,欧洲内部贸易主要以亚麻布、毛织品、咸肉、金属器皿等类为主。[①] 国王和教会都从生活必需品的巨额贸易中获得巨大利益,竭力保护和发展商业。相反,中国和西方贸易主要是以宫廷喜好的珠宝药材等奢侈品为主,贵重量少,便于运输,但对国计民生无关紧要。汉唐和西域贸易换得大批马匹是为了军用,游牧民族的牛羊在中国多山的内地极难赶运,始终不能成为贸易的大宗,近代欧洲笨重的毛织品也不受欢迎。[②] 外国人传入中国的只是适用种植的作物如棉花、苜蓿、葡萄、胡桃等。[③] 中国的自然条件和农业结构限制了古代对外贸易的发展,强化了封闭的经济结构。

8.3.3 科学传统和民族风格

生产发展的技术路线不同,影响到科学文化的传统互异。近代科学革命是从数学、天文学、力学的建立开始的。中国农业的需要使天文学的研究集中于历法,通过观测确定年、月、节气的经验周期。欧洲航海的需要使天文学的目标集中于导航。我们注意到,中国的水手也曾远航南亚各国,他们沿海岸南北航行,要确定海上的位置所关心的只是纬度,简单地凭星高即可确定。[④] 因此中国的宇宙学长期停滞在"天圆地方"和"浑天说"的经验猜测阶段。地中海和东方航路属东西方向,经度的确定是中心问题[⑤],比之确定纬度需要考虑困难得多的宇宙学问题,这就促使托勒密、哥白尼、开普勒和牛顿根据观测资料去寻求精确的数学模型,由此建立的天体力学成为近代科学方法论的发端。欧洲力学发展的另一动力来自建筑对结构力学的需要。希腊罗马的奴隶制共和国城邦发展了平民的公共生活,用大理石建筑的神庙、剧场等容纳民众的公共建筑成为欧洲建筑技术发展的强大推动力。中世纪基督教兴建大跨度的拱门、穹隆以容纳

---

① 汤普逊,《中世纪经济社会史》(上册),第 264、637、389 页。
② 北师大政治经济学系,《中国近代经济史》(上册),第 44 页。
③ 范文澜,《中国通史简编》第二编,第 87 页。
④ 自然科学史研究所,《中国古代科技成就》,第 624 页。
⑤ 梅森,《自然科学史》,上海人民出版社 1977 年版,第 40、117、124 页。

上万会众,要求更精密的力学知识。① 中国建筑传统的砖木结构适应小家小户的个体生活,统治者爱好的园林建筑穷极装饰、气度狭小,凭经验和巧思即可成功。因此,中国的建筑技术成就始终没有上升到近代力学的理论高度。应该指出,中国农业精耕细作、因地制宜的要求,以及专制统治不行法治、只行人治,不重制度、只重权术的传统,对中国的哲学和科学的思想方法产生了很大的影响。中国历史上没有产生过彻底的唯物论、唯心论,没发生过宗教战争,也不曾为宇宙学、原子论的争论所震撼。相反,互相矛盾的儒、释、道三教合流,儒、释、道三家的面目模糊,循环论和阴阳家盛行,抽象思维和形式逻辑得不到发展,其原因除了专制统治迫使人们用模棱两可的诡辩和迷信来适从动荡不定的政局,还在于中国地形复杂、气候多样的农业生产,使从事农耕的民族偏重实际经验而否认统一规范。相比之下,从事国际竞争、等价交换的商业活动,需要超越地域界限的抽象法则。②

鲁迅指出,中华民族重实际、轻玄想,缺少系统的神话,文艺不发达,原因是太劳苦,因为中华民族先居在黄河流域,自然界的情形并不佳,为谋生起见,生活非常勤苦。③ 这是精耕细作的单一农业的产物。粗放耕作的农牧生活,使人们有很多余暇来从事文化活动,因此,欧洲的民族富于想象,音乐舞蹈发达,是以经济为基础的。宗教在中国不能立足,许多人将其归因于宗法的抵抗,实际上欧洲人由于遗产继承法的规定,对血统关系的重视胜于讲求孝道的中国。宗教对信仰的追求和对文化团体的组织都要以物质条件为基础。基督教逢七休息、礼拜不得劳作的规定,以及逢第七年豁免邻人债务,收割谷物及收获葡萄橄榄,逢第七年要留下任穷人拾取等规约④,恰恰是粗放耕作的生产方式的反映,而在精耕细作、人多地少的单一农区绝难实行。贝多芬的"田园"交响乐描写的是牧歌式而非农耕式的生活,这为中国早期的翻译家所误解。"人们必须首先吃、喝、住、穿,然后才能从事政治、科学、艺术、宗教等等"⑤,在起早摸黑不得温饱的时候,是谈不上文艺和信仰的。中国只有原始的迷信和对新学说的多疑⑥,没有系统的神话、宗教,原因大抵在此。中国民众不信宗教这一事实并不能证明中世纪时中国民众的文化水平较欧洲为高,而只能证明中国农民生活的水平较欧洲农奴更为低下,文化更为落后。

---

① 周一良、吴于廑,《世界通史》,上古部分第 229、345 页,中古部分第 214、215 页。
② 李约瑟,《中国科学技术史》第一卷第一册,第 272 页。
③ 鲁迅,《中国小说史略》,人民文学出版社 1972 年版,第 270—271 页。
④ 《圣经·旧约全书》(出埃及记),第 23 章。
⑤ 《马克思恩格斯全集》第 19 卷,人民出版社 1973 年版,第 374 页。
⑥ 鲁迅,《集外集拾遗》,人民文学出版社 1973 年版,第 424 页。

8.4 经济结构的稳定性和进化度

马克思说：不同的公社在各自的自然环境中，找到不同的生产资料和不同的生活资料。因此，它们的生产方式、生活方式和产品，也就各不相同。①

比较各个时代、各个国家政治经济发展的不同特点，我们可以从资本主义和近代科学的发展史中找到一条基本的线索，即从原始社会、传统农业社会到近代工业社会的历史进程中社会生产分工和协作发展的趋势日益增长，劳动生产率不断提高，经济和政治组织相应变革。面对生产力的发展和生产关系的变革，不同的经济结构适应和更新的能力各不相同，有的渐变而飞跃，有的稳固而僵化，动态反应有很大的差别。这里我们提出经济结构的稳定性和进化度的概念，可能有助于从定性上理解经济技术结构发展的不同形态。

从经济上来看，单纯游牧经济是稳定性最低的经济结构，亚历山大帝国、伊斯兰帝国，特别是蒙古帝国，都是"暂时的不巩固的军事行政的联合"②。这是由于以游牧、劫掠为生的草原民族本身经济结构具有的流动性和不稳定性。这些帝国分解后也留下过部分稳定的国家，如埃及、叙利亚，这是已经发展了稳定农业的地区。

相反，强化农业经济是稳定性最高，而进化度最小的经济结构。精耕细作的生产方式把社会经济单位划分成最小的家庭，把土地分割成无数碎块，造成一个生产效率、生活水平都极端低下的自给自足的封闭整体，抗拒外来的新鲜事物和内部的自我革新。中国专制统一而又不断分裂割据的封建帝国，就是建立在精耕细作、单一农业的基础之上的，这种简单的生产机体为揭示下面这个秘密提供了一把钥匙：欧洲各国不断瓦解、不断重建和经常改朝换代，与此截然相反，亚洲的社会却没有变化。这种社会的基本经济要素的结构，不为政治领域中的风暴所触动。③ 即使在技术革命高度发展的现代，要改变这种顽固性的经济结构也将是艰巨的任务，在技术简陋的古代，就只能在必然王国中挣扎了。

亚稳态的农牧混合的经济结构具有相当大的可塑性，又有一定的稳定性，其可塑性是畜牧业的易变性、牧场和耕地的经常轮换或迁移造成的，稳定性则来自种植业，农牧混合经济联结的纽带在于交往和贸易的发展。在商业不够强大的时候，这种混合经济产生的是希腊罗马的城邦和中世纪的庄园。在商业强

---

① 《马克思恩格斯全集》第23卷，第390页。
② 斯大林，《民族问题和列宁主义》。
③ 《马克思恩格斯全集》第23卷，第367页。

大到导致封建割据的消灭、民族市场的形成之时,就产生了近代资本主义民族国家。① 可见,在技术革命前传统农业的三种经济结构中,从发展眼光看来,只有农牧混合的经济结构具有适当的稳定性和进化度,给分工和交往的发展提供了可能。资本主义首先在这样的经济结构中出现并生长,终于打破了封建社会的壁垒。在建立了大工业之后,决定经济结构的主要因素就是工业而非农业了。

工业从工场手工业到工厂和托拉斯的发展,是工业结构本身发展规律的反映,我们将在技术革命史的分期研究中另行讨论。②

以上三种经济结构的稳定性和进化度的概念,在力学上有一个很好的类比。在物理世界中,最值得注意的不是具有周期振荡解的稳态和可以随意运动的自由态,而是具有一定跃迁概率的亚稳态结构,这是构成生命现象的量子力学基础。③ 稳定和进化的矛盾在人类社会和自然界中都是最重要和最普遍的发展形式,值得从哲学上抽象出更一般的概括。

---

① 斯大林,《马克思主义与语言学问题》,人民出版社 1953 年版,第 9—10 页。
② 陈平,"技术革命史分期问题初论",《自然辩证法通讯》1980 年第 3 期。
③ 参见薛定谔,《生命是什么》,上海人民出版社 1973 年版,第四章。

9 经济结构的规律和社会演化的模式[*]

马克思研究社会发展史,依据的主要是欧洲的历史经验。西欧是世界史上商品经济最发达的地区,阶级关系表现得最为彻底。因此分析它的生产关系可以清楚地看到五种社会经济形态的基本特征。

但是世界上大多数国家商品经济很不发达,政治体制的影响往往大于经济规律的作用。尤其是以农业为主的国家,土地制度和政治关系非常复杂,经济发展相对停滞,因而社会经济制度的阶段性很不明显。这给中国和其他东方国家古代社会的研究带来了困难。

我们在比较研究各国经济社会史的时候发现,对于东方国家,如果不拘泥于所有制错综复杂的具体形式,而直接从经济结构的角度出发分析农业和商业的构成,则我们不但可以从生产力发展的规律上了解西欧产生资本主义的条件和东方国家相对停滞的原因,而且可以了解各国政治体制形成的机制。经济结构的模式和社会演化的道路之间有密切的关系。

我们的工作表明,经济结构的分析方法可能是研究社会发展史的有力工具。该方法不仅有助于我们确定社会发展进化树的具体形式,讨论亚细亚生产方式的问题,而且对研究商品经济、计划经济发展的条件,也有不少的帮助。当然这些工作只算是初步的尝试,是否成功,还有待将来的探索。

9.1 农业结构、商业类型和政治体制

通过考察古代主要代表国家生态环境和农业结构之间的关系,我们可以将其归纳为以下三种类型:

9.1.1 游牧业

游牧业形成于气候干燥的山地、草原和沙漠地带。气候严酷,水源缺乏,环

---

* 原载《学习与探索》1981 年第 5 期。

境变化大,草原载畜率低。牧民不得不经常流动,寻找和争夺新的水草地。游牧民以牛羊为生,马在经济中起关键性的作用。仅在马驯化以后,游牧才得以进行。① 骑兵的机动性又是古代战争中游牧民族人数虽少但屡占上风的决定性因素。我们又一次看到传输问题的重要性。中亚的匈奴、突厥、蒙古和阿拉伯的贝都印人是游牧民族,建立波斯帝国、奥斯曼帝国和印度莫卧儿帝国的也是游牧民族。

9.1.2 农业

农业形成于大河流域的平原、高原地区和山间谷地。谷物是居民的主要食物。农业可分为两种类型:一种是灌溉农业,主要在气候比较干燥、雨量不多的地区,例如,两河流域的巴比伦和中国,以及河流泛滥、暴雨多灾的地区,如埃及和印度。前者比后者的生活艰苦,劳动量更大。水利工程、农业和家庭手工业的结合是灌溉农业最主要的特点。另一种是天然农业。欧洲大部分平原地区雨量丰富,气候温和,无须灌溉。日本虽然多山少地,但属海洋气候,也没有大型水利工程。

9.1.3 农牧业

农牧业可以分为两种类型:一种是农牧混合经济,形成于土地资源丰富、气候良好的地区,耕地和牧场交错,肉奶制品和粮食都占重要地位。通常林业、园艺也比较发达,例如,欧洲的大部分地区,以及小亚细亚和印度。其实大多数农业国都是某种程度的农牧兼营,只是有的牧业比重较小,如埃及和西亚。另一种是灌溉农业和游牧业并存的经济,形成于草原、沙漠和山地的复杂地带,如伊朗、埃及和土耳其。

应当注意,我们的分类只能是大致和相对的。西亚的定居牧业和游牧业两者兼有,灌溉农业和天然农业之间也无绝对的分界。

我们发现,土地制度的特点和农业结构的类型有很大的关系。

游牧民族的牧场开始是公共的,后来贵族逐渐占据最好的牧场,但也只能大致地划分。游牧民族由于经常战争,所以通常以部族为基础形成军事元首制,游牧民族侵入农业区以后,军事首领通常把夺来的大片土地分给部下作为领地。例如,罗马帝国崩溃以后日耳曼人建立的采邑②,11—12世纪突厥和塞尔拉的苏丹在中亚分封的领地伊克塔,蒙古的汗封给那可儿(伙伴)的忽必烈以

---

① 苏联科学院,《世界通史》第1卷,三联书店1959年版,第169、350页。
② 苏联科学院,《世界通史》第3卷,三联书店1961年版,第191、671、699、725页。

及中亚游牧民族 16 世纪在印度建立的莫卧儿帝国赠给的札吉尔①，领主都负有战时提供军队的义务。多数领地是有条件的，军事元首或君主可以收回贵族的领地，后来有的才变为世袭。

应当注意，气候和地理条件的不同，对游牧民族的民族性和政治体制有很大的影响。不利的自然条件激化了民族或阶级的矛盾，在无法用发展生产克服危机的条件下，必然走上军事专制的道路。生存斗争的残酷性与社会体制的专制性之间的正相关看来是一个普遍的规律，也许可以解释集权制度起源的机制。日耳曼人生活在资源丰富、气候适宜的欧洲，从事放牧和狩猎，个性高度独立和自由，在很大程度上保持了原始公社的军事民主制，同时接受了罗马的法律观念，形成相互约束的封建契约关系和等级制度。斯拉夫人和日耳曼人一样也是半农半牧，大土地经营，但是俄国的专制制度颇有东方色彩，气候的寒冷和东方游牧民族的威胁可能是俄国产生军事封建的专制帝国的重要原因。孟德斯鸠指出，同是游牧民族，阿拉伯人是自由的民族，鞑靼人却受政治的奴役②，因为在生活困苦的地区只有专制君主才能把游牧民族强力结合，进行生死存亡的民族斗争。中国的农业条件远比埃及、印度艰苦，政治斗争的激烈程度和政府的专制程度也远较埃及、印度为重。从刘邦到朱元璋，历次农民起义的结果并没有使历代皇朝放松，反而一步步加强了全国的专制。

农业区通常都形成自给自足的农村公社。尽管所有制形式非常复杂，有的是土地国有，有的属于王室或领主，但是基层经济组织的农村公社往往维持很长的时间。农民分别耕种一块土地，所有制的差别只表现在交粮、交税、交租的对象不同，生产方式没多大不同。因此以农为主的地区几乎都存在任命的官吏以征收钱粮。灌溉农业的官僚机构特别庞大，除了征粮以外，征兵和监督水利工程也是重要的任务。国家通常采取措施把农民固定于土地之上，防止农民流动使国家租税失去稳定的来源，这也强化了家庭手工业和农业的结合。

应该指出，牧业劳动的分散使牧业奴隶很难监视，压迫太残酷又会迫使奴隶逃跑。游牧民族人口不多，需要从被征服的民族中补充战争所消耗的兵力。所以游牧民族除了坚决镇压反抗的部族以外，对归顺的部族的压迫并不残酷，通常按各民族被征服的顺序形成等级制。部民甚至奴隶可以凭战功改变自己的地位，所以游牧民族的阶级界限往往不如民族界限鲜明。牧业中存在最久、使用最广的是家庭奴仆，奴隶劳动在牧业经济中不占主要地位。虽然游牧民族经常抢掠人口，但只能算一种不发达的奴隶制。广泛存在的封建等级制度看来

---

① 苏联科学院，《世界通史》第 4 卷，三联书店 1962 年版，第 855 页。
② 孟德斯鸠，《论法的精神》，商务印书馆 1962 年版，第 276—278 页。

是牧业经济的政治特征。只有印度的种姓制度似乎和职业分工的固定化关系更大。

农业劳动对人的积极性依赖很大，特别是在牧业比重小、灌溉要求严、精耕细作程度高的国家，人的因素对生产有决定性的影响。因此，虽然各国的土地所有权非常复杂，有的是土地国有，有的是土地不得出售的领主制，有的又是土地可以买卖的私有制，但是一般看来，农民人身关系的自由程度和农业劳动的强度成正比。半农半牧的国家是隶农或农奴，以农为主的国家是农村公社中的小农。印度的农牧业甚至手工业都很少使用奴隶，只有债务奴隶充作家务劳动[①]，17世纪农村公社的地产才变为农民的私有领地。[②] 土耳其的军事采邑制度到17世纪下半叶始发生危机。[③] 中国这样精耕细作的单一农业，农村公社甚至从战国时期起就瓦解为个体的小农。既然周代已经由农牧混合变为单一农业，则我们判断，周代从事农业的人口应当是自由的小农，而不是西欧出现的不自由的农奴。这并不妨碍中国皇室和达官贵人家中有大批家庭奴婢长期存在。在生产关系方面的材料不足的时候，经济结构的分析对阶级状况的估计看来也有不少的帮助。

古代经济生活中大量使用奴隶劳动最有利的场合是手工业和建筑工程，因为集中管理的奴隶易于监视。埃及在公元前3000年就能修建金字塔，不使用大量奴隶是难以想象的。秦始皇筑长城、修阿房宫使用大量奴隶式的罪人，汉武帝也喜欢用政治迫害的方式来获取变相的奴隶劳动。[④] 马克思说中国是普遍的奴隶制，非常切合中国的历史。但是大规模的工程不可能经常进行，故而东西方使用奴隶最重要的经济部门是手工业尤其是矿冶业，希腊和中国都是这样。[⑤] 战国的大商人吕不韦有家僮万人，四川冶铁商卓氏家僮千人，西汉大商人刁间则用大批奴隶煮盐。[⑥] 罗马共和国军队的基础原是自由的农民[⑦]，罗马共和国后期发展起来的奴隶制大田庄主要从事商品生产，不是为了自给。老普林尼建议放弃使用奴隶劳动，他认为奴隶制田庄不可能合理经营，要使用奴隶只有放弃精耕细作才较为有利。[⑧] 这充分反映了农业劳动的特点和经济制度之间的关系。由此我们可以推断，中国历史上可能不存在发达的奴隶制，在农业民

---

① 苏联科学院，《世界通史》第2卷，三联书店1960年版，第765页。
② 苏联科学院，《世界通史》第5卷，三联书店1963年版，第357页。
③ 同上书，第262页。
④ 苏联科学院，《世界通史》第2卷，第696页。
⑤ 同上书，第35页。
⑥ 同上书，第635页。
⑦ 同上书，第483页。
⑧ 同上书，第870页。

族的历史上,奴隶制和封建制之间也没有鲜明的界限。

用经济结构分析的方法研究商业活动的方式可以从两个角度着手:一是研究对外贸易在经济生活中的地位,二是研究商品运输的方式。两种办法都可以增进对各国历史异同的了解。

从东西方贸易的关系来看,中国和印度基本上是单方面的产品输出国。中国出口丝绸和陶器,但是中亚的牲畜很难在多山的内地赶运,因此只换回一些供统治阶级用的药材、香料和奢侈品。[①] 中国农业经济自给自足,外贸在经济中不占重要地位。印度输出香料和棉织品,输入黄金、白银和马匹,也是用于宫廷和军队[②],香料只产于热带的印度和印度尼西亚。中国长期阻止蚕丝技术的外传。所以印度和中国的外贸一直没有竞争的威胁,国内手工业的生产方式发展很慢。

中亚、伊朗、阿拉伯主要是东西方之间的过境贸易,拜占庭虽然手工业相当发达,但是其过境贸易也很重要。设置关卡征收关税,甚至用武力袭击过往商队都可获得巨大财富,这主要依靠地理政治的优越地位和军事政权的实力,和工商业水平关系不大。所以过境贸易发达的国家政府就有充足的财源来加强军队和官僚机器,君主专制的权力远比西欧为大。这是拜占庭帝国兼有希腊文化和东方专制的重要原因。

西欧各国牧农混合经营,牧业比重较大,所以需用香料腌肉储藏,对东方的香料有持续的需求。中国的丝绸、印度的棉布和欧洲人习用的皮革、亚麻布相比又软又轻,中国的瓷器、印度的象牙在上流社会中也大受欢迎。然而农牧经济的产品在东方却卖不出去,而西方贸易一直入超。15世纪欧洲发生了贵金属的危机,黄金奇缺,不得不拼命开辟财源。11—13世纪参加十字军东征的骑士[③],15—16世纪探求东方航线的葡萄牙、西班牙军事贵族,之所以去冒生命危险,是出于经济的动机而不是政治的欲望。[④] 黄金主要用于商品交换的货币而不是宫中点缀的珍品。日本明治维新的成功和中国戊戌变法的失败与两国的经济社会的差别有关。日本的长子继承制、贵族封建制接近西欧,而和中国的地方官体制大不相同。希腊多山少地,意大利平原狭小,农民大批进城以后,粮食也依靠输入,要平衡贸易,必须另谋出路,所以希腊罗马的手工业特别发达。各城邦之间进行商业竞争,古代的雅典、中世纪的威尼斯,这些商业共和国几乎具有近代资本主义国家的一切原型。可见共和制度只产生于自由竞争充分发

---

① 苏联科学院,《世界通史》第3卷,第389页。
② 同上书,第783页。
③ 同上书,第446—448页。
④ 苏联科学院,《世界通史》第4卷,第98—105页。

达的商品经济国家,不论是奴隶制、封建制还是近代资本主义。

值得注意的是商品经济发展最早的都是海洋国家,例如希腊、威尼斯、荷兰、英国和亚洲的日本。因为航海既有巨大的机会,也有破产的风险,要用生命和财产去进行竞争,因此航海贸易从来都是民营。春秋管仲时代就搞盐铁官营。汉武帝始榷酒酤,唐宋连茶叶也实行专卖,中国封建社会官府对工商业的垄断就连第二次世界大战时的纳粹德国也望尘莫及。原因在于中国是大陆国家,只要凭政权的力量设置关卡,用军队封锁要道,就可以控制经济命脉。明清历行海禁,完全堵死对外贸易的发展,也就卡死了打破封建垄断的可能。欧洲海岸曲折,交通方便,即使拿破仑有庞大的军队,大陆封锁除了刺激冒险家更大规模地走私以外,也只是徒有虚名。阿拉伯和拜占庭的陆上和海上贸易都很发达,君主没有多少控制商业的力量,只是满足于关税的收入,官府并不直接经营工商业。以粮为主的小农经济和官商官工的专制垄断是中国高度中央集权的专制帝国得以建立的经济基础。农村是军队的粮源和兵源,官商是宫廷和官僚的财源。军队和官僚构成专制统治的基础。多山少地、气候复杂、大陆国家、交通困难的自然条件,成为封建专制制度生长的土壤。除了资本主义的军舰轰开关闭的门户以外,要说中国能自动产生资本主义,是难以令人相信的。印度和土耳其在外界影响下进入资本主义都比中国容易很多,因为它们的农牧经济并未陷入单一化的生态困境,对外贸易的重要使闭关自守的传统无法形成,官僚机器也从未发展到中国这样专制的程度。俄国在15世纪末开始形成中央集权的统一国家,到1771年彼得大帝打败瑞典之后,才取得了波罗的海的海港[①],第一次有可能发展海上贸易。这成为俄国吸收西方文化、发展商品经济的开始。了解这一段历史,对于了解俄国这样一个西方文化、东方专制,而且历史上在大国之中专制程度仅次于中国的国家的历史特点是非常有益的。所不同的是,彼得大帝以后的俄国历代统治者都极力扩大出海口,发展远洋海军,控制海上交通线,加入国际商业竞争;而中国有的是漫长的海岸,明清却极力限制海外贸易,至多发展近海舰队,从无全球经济竞争的战略眼光。现在我们终于明白为什么从彼得大帝到斯大林都把争夺世界海上贸易通道的控制权作为全球战略的重要目标,并且高度重视西方的科学文化,而中国历史上只有农业民族的近交远攻或远交近攻的短期策略,没有商业民族控制出海口和国际商道的全球地缘战略,而且顽强抵制西方的科学思想,至多只要西方的技术,所谓"船坚炮利"而已。至于经济体制、科学方法和海上贸易的重要,中国人是难以领会的。看看我们的邻居俄国和日本的发家史,中国今天是应该醒悟的了。直到今天,水

---

① 苏联科学院,《世界通史》第5卷,第512页。

运还是最省能源、最便宜,运输量又最大的技术手段。海运和铁路是决定竞争效率的经济动脉。英国这样的岛国还大修运河,中国反而拦河筑坝、堵塞水道,只考虑农业的水利,牺牲交通的水路。单一小农的经济观念全然不顾流通是发展经济、活跃体制的生命线。农业民族的思维局限,应当克服。

下面我们来探讨一下,自然经济和商品经济不同的经济规律。为了明确起见,我们把自然经济区分为牧业经济和农业经济两种类型,分别加以讨论。

9.2 环境因素在牧业天然经济中的地位和作用

在工业化提供大量能源和化肥之前,决定古代牧业经济兴衰的主要因素是生态和气候环境。欧洲有广大的草原,气候适宜,畜牧业相当发达和稳定,所需劳力少,人民有相当多的时间发展文化生活。牧业和狩猎要求勇敢和强壮,随时为制服不驯的马和牛而搏斗,也不时为争夺牧场和猎物而动武。从荷马起欧洲文学就歌颂牧民生活,描写爱情和冒险生涯。这是以牧业为主的生活写照。但是气候一旦恶化,牲畜就会大批死亡。寒冷和干旱对沙漠草原地带的游牧民族构成致命的威胁。环境恶劣地区的游牧民族如匈奴人、突厥人、蒙古人便需为争夺刈草地进行生死存亡的斗争,不得已时靠抢掠农业区的粮食为唯一的出路。因此中亚、西亚游牧民族的民族性强悍而专断,没有欧洲牧业居民的自由、独立的个性。牧业生产依靠大片的草场,草原载畜量不高,人口分布稀疏,缺乏经济纽带的联系。所以在突然的严重的天气灾害下,环境的压力只能迫使牧业民族强力聚合,集体冲出无法生存的地区,形成一股凶猛的军事力量。但在进入环境良好的地区后就往往失掉团聚力,分散成一个个军事部族集团。历史上一些强大的游牧民族突然崛起,昔日的牧业民族悄然消失,大都和天气破坏了牧业经济的基础有关。竺可桢的研究指出了中国五千年间有几次大的低温时期[①],恰与几次少数民族的大举南下时间一致。一次低温期是三国两晋南北朝时期,正是匈奴、鲜卑、羯、羌等少数民族大举入侵中国北方之时,造成了中国历史上最长的一次分裂割据局面。值得注意的是,西方蛮族大举南下入侵罗马帝国也差不多在这个时候。我估计这次民族大迁徙也系气候的变寒破坏了牧业和猎业生产的自然条件所致,希望专家们能对此问题作深入查证。第二次低温期是宋元时期,正值辽、金、蒙古先后入侵中国,而在 12 世纪寒冷达到顶点。公

---

① 竺可桢,《中国五千年来气候变迁的初步研究》,《竺可桢文集》,中国社会科学出版社 1979 年版,第 475—498 页。

元 1111 年,太湖结冰坚可通车。1115 年金兵大举进攻辽国,并继续南侵。① 很值得注意的是,由于西伯利亚高气压向东扩展造成 12 世纪的中国变寒时,欧洲还很温暖,到 13 世纪欧洲才冷下来。所以成吉思汗在 13 世纪初进攻了金国的中都(今北京)以后,调头西向,1221 年攻占中亚,接着蒙古军在 1241 年攻入波兰和匈牙利,1258 年占领了巴格达,到 1276 年才去灭南宋。② 蒙古人的征服方向看来也受气候的支配。近 500 年间最冷的时期在 17 世纪,特别是 1650—1700 年,正是清兵入关的时期。我估计周代由农牧混合经济转变为单一农业经济,主要是气候改变而不是技术进步在起作用。殷代华北气候近于亚热带,气温远比现在为高。周代气温大大下降,牲畜必然大批死亡,只有粟、麦等作物仍可生长。春秋时期气候转暖,农作物产量增加,导致人口大幅度增长,土地紧张的状况开始加剧。环境的长期变化对农业结构的演变有重要影响。历史上只有阿拉伯人兴起的环境因素不太清楚。目前我们只知道阿拉伯人突然大举席卷中亚、北非,是因为伊朗打败拜占庭,控制也门,迫使印度商品原来经由拜占庭的过境贸易都转过伊朗,不许通过也门。商道由红海迁到波斯湾,造成阿拉伯的经济危机,破坏了麦加的商业。国际经济环境的恶化迫使以游牧和商业为生的阿拉伯人用军事手段打开出路。当时是否有气候的原因我们还不清楚,但是埃塞俄比亚军队在公元 525 年远征麦加时军中天花流行③,肯定也有环境因素在内。

我们可以得出游牧民族的若干经济特征。在环境良好的时候,牧业靠天吃肉,随时消耗,肉奶无法储藏,所以没有农业地主的囤积观念和做官欲望,只有军事贵族的尚武传统和荣誉观念。在不利的环境之下,牧民只有集体进行军事突围,才能杀出一条生路。在牧民之间搞分化瓦解、互相牵制的权术是没有多少用武之地的。据此我们可以理解阿拉伯人创立的伊斯兰教和犹太人创立的基督教,信徒之间主张兄弟姐妹之爱、对外主张圣战的原因。只不过伊斯兰教更侧重军事冒险,基督教更维护商业竞争罢了。所以牧业经济的规律其实是靠天气为生,凭勇力分配或凭武力分配。单纯渔业民族可以说是一种海上牧民,北欧和日本海盗的经济特征和民族风格都和游牧民族相似。以牧为主、农牧结合的日耳曼人和斯拉夫人保留了不少牧业经济的特点。

---

① 蔡美彪等,《中国通史》第五册,人民出版社 1978 年版,第 223 页。
② 苏联科学院,《世界通史》第 3 卷,第 730—736 页。
③ 同上书,第 119—120 页。

9.3 人口因素在农业人力经济中的作用和影响

农业在自然环境的基础上增加了人力和技术的因素,所以气候的影响可以用水利工程来部分地克服。但是古代的农业技术只有人力和自然力可以利用,没有新的大规模的能量来源,所以人力成为农业经济中的决定性因素,人口规律在农业自然经济中起主要作用。对于粗放耕作的欧洲半牧半农区,劳动强度不大,肉奶又是主要食品,故无须刺激人口增长,农牧业基本稳定,只有工商业在外界竞争的压力下逐渐发展。埃及农业依靠尼罗河的定期泛滥,劳动强度不太高,所以农村公社保持很久。印度热带作物产量高,足以供养较密的人口。天气炎热大大降低了人的活动能力,佛教、印度教都主张清静无为的生活方式,僧侣大批存在。虽然印度17世纪中人口约1亿[①],但人口相对稳定。印度的农村公社一直存在到近代,闲置的牧场森林归村社所有,有的村社还保持重新分配耕地的制度,和欧洲的庄园颇为相似[②],这说明印度的土地资源还有余裕。印度历史上没有发生过大规模的土地战争,也没有建立过专制统一的中央集权国家。直到英国把印度变成殖民地以后,外来资本主义促使农村公社解体,工业发展相对落后,人口问题才日益严重。可见人口问题是和农业劳动生产率的水平密切相关的,地理和气候对古代的农业劳动生产率又有很大的影响。

历史上只有地处温带然而气候复杂、多山少地的中国,在环境变化的压力下演变为单一农业经济,产生人口问题和土地危机。和中国相比,印度、埃及、日本等亚洲国家都不是彻底的单一农业,所以农业经济的规律在中国最为典型,正如商品经济的规律在西欧最为典型一样。中国单一农业的基础是土地和人口。大量过剩人口的存在排斥节省劳力的机械发明,单一经济又导致生态破坏,所以劳动生产率长期停滞和下降。在众多的人口、有限的资源和不充分产品的条件下,中国农业经济的分配规律必然是按势分配。中国的"权"是与"势"而不是与"法"的观念相联系的。有句老话"人多势众",这是对中国政治经济行为的一个确切的描述。中国社会集团势力的大小是和它得以控制的人口多少成比例的。经济上高度分散的地主小农依照宗法关系和政治利害结成错综复杂的人缘关系和利益集团,以人力的多寡决定政治势力的大小,进行权力和产品的分配。与西欧的市民社会依照生产分工和协作结成经济上的阶级关系不

---

① 苏联科学院,《世界通史》第5卷,第352页。
② 〔苏〕安东诺娃等主编,《印度近代史》,苏联东方书籍出版社1961年版。

同,中国在地主小农经济的社会里,财产和权力分配的物质基础是可以支配的人口,而不是资本。中国的私商敌不过官商,皇帝可以随意没收商人的财产,统治阶级买官做官的劲头远比改善经营为大,这一切正说明中国社会中起作用的是农业经济的人口规律而非商品经济的价值规律。

按势分配既是古代中国的经济规律,也是农业社会的政治规律。中国的权力机构中,没有部众的官吏是没有丝毫实权的。权力和职位名实不符、互相分离的现象,是中国官僚机构庞大低能的重要原因,这和普鲁士等国的官僚机器的效率大为不同。中国人在历史上重视权势的应变,以应付外敌的入侵和国内的豪强,但没有西方的法权意识,不重视法制和程序的稳定性,朝令夕改,不利于商业和工业社会的发展。流通、竞争、价值、法权这些观念都是商品经济的产物,中国小农经济习惯的是囤积、垄断、权势、专制这些东西。因此儒、法两家研究的都是帝王治人之术而非生产科学之道。不过儒家擅长的是天下未乱时,帝王维持各个利益集团之间关系的平衡术,用封建礼教等级制度的办法来缓和人际关系的矛盾;法家钻研的是天下已乱时,新的地主取代旧的帝王的反平衡术,用分化瓦解、各个击破的权术来加剧危机的发展,以用新的专制取代旧的专制。在经济政策方面,两者都强化闭关自守的小农经济。所以儒、法两家都是维护小农经济的地主阶级的正统学派,只存在维稳和应变的矛盾,而不是两个对立阶级间的矛盾。只是中国的土地危机循环不已,儒、法两家便轮流得势而已。没有外来资本主义的冲击,中国经济结构内部无法产生瓦解小农经济的新兴力量。

9.4 商品经济产生的条件和价值规律生效的基础

希腊的奴隶制城邦、罗马的奴隶制庄园、西欧的自治城市以及近代资本主义都是发达的商品经济,价值规律是商品经济的共有规律。因此,古希腊发展了资本主义和近代科学的几乎一切原型。资本主义和近代科学的产生是价值规律在西欧社会长期作用的自然产物。亚洲国家尽管有大规模的商业存在,尤其中国早就有了可以自由雇用的劳力,但是价值规律却不起作用。原因何在?我们来分析一下价值规律起作用的机制。

马克思说:商品流通是资本的起点。商品生产和发达的商品流通,即贸易,是资本产生的历史前提。世界贸易和世界市场在 16 世纪揭开了资本的近代生活史。① 恩格斯指出:只有通过竞争的波动从而通过商品价格的波动,商品生产

---

① 马克思,《马克思恩格斯全集》第 23 卷,人民出版社 1972 年版,第 167 页。

的价值规律才能得到贯彻,社会必要劳动时间决定商品的价值这一点才能成为现实。① 可见商品流通是商品经济发展的起点,只有实现发达的商品流通和竞争,才能使价值规律发生作用。中国交通不便的地理条件和技术落后的交通工具是商品流通的极大障碍,地主官僚政权又从维护私利出发,用重农抑商政策排斥竞争,闭关自守,因此中国单一自给的小农经济形成封闭体系,国内外市场都十分狭小,资本主义大规模生产就失去了需要和可能。地主、商人的剥削所得不是用于扩大再生产,而是用于买官做官,购置田产和寄生消费,劳动分工和规模经济怎么能发展? 可见商品经济只对于开放的经济体系才能够发展,价值规律的生效必须以一定的技术条件为基础。西欧之所以能产生资本主义,除了海运方便和重商主义之外,科学技术的积累对发现东方航路、打开新的世界市场起了关键作用。指南针的运用、数理天文学的发展和机械钟的发明,对解决导航和经度问题起了重大作用。指导哥伦布和麦哲伦航行的是希腊人的地球观念。所以科学技术的突破是资本主义的"产婆"。美国、德国这样的大陆国能在19世纪超过海洋国英国,是以铁路、电报、汽车、电话等为标志的第二次技术革命的产物,新技术手段的出现打破了地理条件对人类行为的限制。从这点上说,只有铁路、公路联系每一个村庄,电话和电视机普及每一个家庭,中国小农的保守心理才有可能得到根本改造。因为人们的眼界总是和一定的生产技术水平相联系的,耳目闭塞的生活是专制主义家长作风的深厚土壤。

顾准认为,马克思对资产阶级的定义是从劳动者对私有者的批判出发的,资产阶级是指占有生产资料并使用雇佣劳动的现代资本家阶级。这一定义可以明确地区分商品经济的不同发展阶段,但不能区分商品经济和农业、牧业经济的界限。②

我们认为,有无充分发达的经济交往,是自然经济和商品经济的主要区别,其中地理环境和技术水平是决定交通状况的主要因素。就经济结构而言,开放经济体系是资本主义诞生的必要条件。经济体系开放还是封闭,主要取决于经济结构本身对外交流的需求和国际环境的许可,政治制度、社会体制和经济政策则对强化还是改变原有的经济结构产生重要影响。开放经济和封闭经济的差别是西欧商品经济体系和亚细亚生产方式之间最本质的差异。

---

① 恩格斯,《马克思和洛贝尔图斯》,《"哲学的贫困"德文版序言》,《马克思恩格斯全集》第21卷,第215页。
② 顾准,"资本主义的原始积累和资本主义发展",《中国社会科学》,1980年第1期,第82页。

9.5 亚细亚生产方式和社会演变的进化树

斯大林的单线发展模式把人类社会分为五种社会经济形态,这虽然成功地反映了西欧社会演化途径的典型历史,但在描述东方不发达国家的社会时产生了困难。游牧民族虽然大量掠夺战俘,但是经济制度上只有不发达的奴隶制,因为家庭服务的奴隶难以监督。农业民族的农奴制(如俄国)和奴隶制(如罗马帝国)之间的界限,没有美国资本主义时代使用黑奴的庄园界限分明。中国的精耕细作如果采用农奴制或奴隶制,就不可能有自耕农的积极性和高效率。中国周代的封建社会和西欧中世纪的封建社会虽然在所有制形式上有些相似,但秦汉以后的演化趋势大不相同。多数亚洲国家的商品经济很不发达,政治关系错综复杂,社会经济长期停滞,社会经济形态的阶段性很不明显。因此我们把非西欧国家原始公社瓦解后到前资本主义的发展阶段称为"亚细亚生产方式",可能更符合马克思的经济思想。

我们从经济结构的分化来研究不同社会经济形态的发展,社会演化就不是简单并列的多线模式,而是多处分叉的进化树谱。原始农业是共同的起源,不同的生态环境分化出农业、牧业、商品经济和各种中间形态。亚细亚生产方式又可细分为次亚细亚、准亚细亚、半亚细亚和伪亚细亚等各个支系。灌溉农业兼内陆贸易国为亚细亚生产方式的典型,产生庞大的国家官僚机构。亚细亚生产方式的相对停滞并不等于完全静止,中国春秋战国时期所有制从井田制变成地主制、政治上由官僚君主制变为中央集权的官僚专制制,从经济结构上来看,是环境变化导致农牧混合经济变为单一农业造成的。中国社会的这一演变和欧洲由封建制向资本主义的转化并不相似,后者是世界市场的扩大促使工场手工业发展为大工业造成的。没有理由把任何演变都视为向上的发展,具体情况要具体分析。生物界中爬行类动物一度以恐龙最为兴盛,但其并没有向哺乳类动物进化。中国的小农经济虽然创造过高度的农业文明,但不久即盛极而衰,无力产生资本主义和近代科学。社会演化和生物进化在某些方面虽可类比,但在作用机制上有本质的不同。生物遗传和进化的机制在于遗传密码,环境随机的物理化学刺激引起了基因的突变。生物进化不可能摆脱盲目的自然力的控制,除非遗传工程开辟新的进化途径。人类社会的绵延主要靠文化模式,环境的演变通过人类的行为才起作用。先进文明传入落后国家会导致人类行为的剧变,在一定科学技术水平上,生产力的发展使人类有能力自觉地改造人类社会本身。所以在这一点上,各种文化的交流和科学思想的突破相当于人类社会的遗传工程。中国封闭的经济体系长期抗拒外来文化的影响,周期性的农民战争虽然在肉体上大批消灭旧地主,然而小农经济的传统观念却像遗传密码一样,一代代复制出几乎同样的新地主,农民起义从未摆脱小农经济观念的束缚,不可能产生新的生产方式。直到马克思主义和近代科学传入中国以后,中国社会的恶性循环才被打破。

人类社会中文化模式和经济结构之间的关系,就像遗传信息和分子结构、生物细胞之间的关系。要改造中国就必须输入科学信息,批判小农思想,改革经济体制,发展人才工程。我们指出生态地理环境和国际经济环境对一国演化道路的影响,不是降低了人的革命能动性,而是强调了科学技术在生产力发展中的重要性;不是否定阶级斗争的作用,而是突出了科学的革命理论在社会发展史上的地位。因为单凭人力不可能使社会生产力产生质的飞跃,只有科学技术才能打破自然环境对社会发展的限制。不是任何阶级斗争都能推动生产力的发展,只有在经济和技术发展的一定阶段上,具有先进科学思想的革命阶级才会对经济结构的改造产生巨大影响。我们对经济结构的研究只能得到一个结论:只有改革开放才能救中国,只有科学技术才能改变中国的现状。

为了清楚地反映出社会经济形态和社会经济结构之间的关系,反映科学技术在生产力发展中日益增强的作用,我们把社会发展的纵坐标按时间顺序划分为农业文明、工业文明和科学文明(或称后工业文明)三个阶段。前资本主义的发展都属于农业文明的阶段,长达几千年到几万年。15世纪南欧和西欧国家先后进入工业文明的阶段,在几百年内发展到顶峰。20世纪下半叶,工业化国家开始向后工业社会过渡,发展中国家则刚开始工业化的进程。看来市场经济与计划经济是现代化过程中两种互补的发展方式,人类社会中竞争将以不同形式长期存在。能源、人口、环境三大危机表明欧洲式工业化道路本身的缺陷,亚细亚生产方式的国家进入工业文明的道路可能会产生新的特点。科学技术革命的发展使分工的限制日趋缩小,学科的渗透使科学和技术之间的界限逐渐消失。第三次技术革命的进展大大缩小了三大差别。将来的社会发展即使在科学文明的阶段也将具有多样化的文化。现代化只能是全球经济发展的产物。科学技术的进步在某种程度上证明了马克思和恩格斯最初的设想。[1] 我们将来可以用示意图标出了四次社会大分工出现的次序,科学体制的形成是人类社会的第四次大分工,不同于工业是手工业的直接延续,我们将另外行文,论述它对社会发展的影响。[2]

---

[1] 恩格斯,《共产主义原理》,《马克思恩格斯选集》第1卷,人民出版社1972年版,第221页。
[2] 陈平,"中国科学落后历史根源的探讨",《科学学与科学技术管理》1980年第3期。

9.6 多因素的作用和多线性的演化

在生产力发展的不同阶段,环境、经济、政治诸因素在社会演化中的地位并不相同。原始农业的阶段技术水平很低,因此农业结构的分化主要是环境因素在起作用。马克思说:劳动生产率是同自然条件相联系的。这些自然条件都可以归结为人本身的自然(如人种等)和人周围的自然。外界自然条件在经济上可以分为两大类:生活资料的自然资源,例如,土地的肥力、渔产状况等;劳动资料的自然资源,如奔腾的瀑布、可以航行的河流、森林、金属、煤炭等。在文化初期,第一类自然资源具有决定性的意义;在较高的发展阶段,第二类自然资源具有决定性的意义。例如,可以用英国同印度比较,或者在古代,用雅典、科林斯同黑海沿岸的地方比较。[①] 马克思明确指出:在文化初期,自然条件对社会的发展有决定性的意义。随着生产技术水平的提高,经济规律的作用逐渐增大,环境因素通过经济结构对社会发展施加影响。亚细亚生产方式和西欧经济形态的差异的形成上,环境因素有很大的作用。马克思指出:资本的祖国不是草木繁茂的热带,而是温带;不是土壤的绝对肥力,而是它的差异性和它的自然产品的多样性,形成社会分工的自然基础,并且通过人所处的自然环境的变化,促使他们自己的需要、能力、劳动资料和劳动方式趋于多样化。社会地控制自然力以便经济地加以利用,用人力兴建大规模的工程以便占有或驯服自然力——这种必要性在产业史上起着最有决定性的作用。[②] 马克思用气候的原因来解释印度社会的长期停滞,同时他的这段话也使我们看到,商鞅变法所开创的用长官意志干预经济造成的单一农业,实际上使中国人民不但变成了专制帝王的奴隶,而且变成了生态环境的奴隶。即使在工业革命已经出现的资本主义时代,地理环境的优劣也对资本主义生产发展的可能和发达的顺序产生重大影响。首先进入资本主义的是意大利、尼德兰、英国、日本这样交通方便的航海国家,铁路出现之后,德国、美国、加拿大和澳大利亚这样海岸漫长、大陆平坦的国家也加快了资本主义生产的发展。韩国、新加坡等国家和中国台湾地区等地区近二十年的经济增长,也和优越的海运条件促进了对外贸易的发展大有关系。但在多山的内陆地区要进行资本主义的自由竞争就非常困难。因为资本主义法权的"平等"只是商品在市场上买卖机会的平等,但是由于历史、环境的原因,各生产者的基础、条件大不平等。交通不便、气候恶劣的地区在竞争中一开始就

---

① 马克思,《马克思恩格斯全集》第23卷,第560页。
② 同上书,第561页。

处于十分不利的地位。由此我们可以理解，为什么资本主义的大工业生产首先在交通方便、处于东西方贸易要道，又缺乏劳力的大西洋沿岸国家发展，而交通困难、人口众多的东方国家在西方资本主义的进攻下却发生经济危机和社会革命。就中国的具体条件而言，其面临的生态地理和国际环境都不具备经过资本主义进入工业文明的可能。中国要搞资本主义，必然使沿海地区畸形发展，内地农村大量破产，在农业人口众多、交通联系困难的条件下，加上官僚专制主义的腐败，导致农民战争以包围官僚资本化的城市。其前途要么是保持典型亚细亚社会的治乱反复，要么是经过社会主义进入现代化，除此难有别的出路。中国的近代史揭示了这一点。

历史唯物主义认为生产斗争才是人类社会发展的基本动力，而生产技术的综合进步是生产力发展的主要因素。不同的技术发展水平决定了经济规律有不同的形式，不同的经济结构又影响到政治体制的不同特点。马克思早就注意到农业和牧业国家在政治经济上的差异，他说：我们在亚洲各国经常可以看到，农业在某一个政府统治下衰落下去，而在另一个政府统治下又复兴起来。在那里，收成的好坏决定于政府的好坏，正像在欧洲决定于天气的好坏一样。[①] 在采用亚细亚生产方式的国家，政治统帅经济的传统是灌溉农业自身的产物，并不是先进的商品经济的特征。

经济结构和经济环境对各民族的发展道路有不同的影响。日本是开放的经济体系，虽然农业的耕作方式与中国相似。日本表面上受儒家文化影响，但经济体制和社会传统与欧洲更为接近，所以是伪亚细亚社会，在亚洲最先吸收资本主义和近代科学而进入工业文明。俄国是半封闭的经济体系，农业结构和西欧相似，政治体制受东方影响。它一方面积极吸收西方文化和科学，极力夺取出海口，另一方面又是军事封建的专制帝国。十月革命以后，西方的军事干涉促使苏联实行战时共产主义的经济体制，列宁的新经济政策实行不久，20世纪30年代西方经济的大萧条和德国军国主义的威胁，对斯大林转而实行国民经济军事化、强化中央集权的经济体制有很大影响。苏联高度集权的指令式经济体制和扩张政策是俄国半亚细亚的经济体制和西方工业文明结合的产物，是一种工业官僚主义的经济体制。苏联经济并没有实现马克思所主张的生产多样化和人的才能的全面发展，反而增大了分工的限制和个性的束缚。中国民主革命胜利以后没有及时摆脱小农经济传统体制和观念的影响，致使传统体制的危机在"文化大革命"时达到了顶点。[②] 当然，西方和苏联的经济封锁也强化了

---

① 马克思，《不列颠在印度的统治》，《马克思恩格斯选集》第二卷，人民出版社1972年版，第65页。
② 王小强，"农业社会主义批判"，《农业经济问题》1980年第2期。

中国闭关自守的经济体制。从经济结构和亚细亚生产方式的传统阻力来看,中国现代化的困难远比西欧、日本为大,但是潜在的前景却比苏联、东欧为佳。因为"文化大革命"使中国人民付出了高昂的代价,获得了空前觉醒,中国经济体制的改革很可能比苏联和东欧更为开放,更为彻底。中国地处温带可以发展多样化的农业,漫长的海岸易于发展太平洋沿岸国家的经济合作,加上大量待开发的自然资源和人力资源,只要充分利用和平的国际经济环境,稳步吸收西方的科学技术和产业资本,找到适合中国国情的适宜道路,中国向发达社会主义的过渡就有十分光明的前景。关键在于防止重复历史上急功近利的错误,保障长期稳定的发展,坚持对世界开放的方针,不怕为开放付出一定政治、经济和文化上的代价。新陈代谢必须消耗负熵和释放废热。要取得社会经济的进步,不付出沉重的代价,不淘汰落后的小生产是不可能的。

经济结构的研究使我们看到社会演化(见本文附图)是多途径、不可逆的历史进程。改革途径的选择有着生态、历史、文化等条件的约束,各国现代化的道路不可能割断历史的联系和社会的传统,以及社会的进步是多样化的发展进程。中国要探索现代化的道路,必须研究中国的特点和世界的趋势。未来社会也必然是一个开放的社会,将来还有和球外文明交往的可能。中国的经济改革要想成功,必须从对世界开放做起。

9 经济结构的规律和社会演化的模式   169

附图 社会发展的进化树

10　中国单一封闭的小农经济结构分析*

马克思创立的政治经济学证明了"社会经济形态的发展是一种自然历史过程"①，从而揭示了人类社会发展的普遍原理，这就为我们认识中国社会的具体规律在科学方法上树立了典范。

中国漫长的封建社会产生了两千多年专制统一的帝国，这是中国人历来自大、自守和自欺的主要资本。然而社会动乱、改朝换代的痼疾始终缠绕着秦汉之制，成为中国难治的病根。中国专制统一和治乱反复的根源何在？对秦汉之制和地主小农经济应该怎样评价？这是大家历来关注的重要问题。②

马克思主义认为，社会现象的根源在经济而不在政治。斯大林从经济上去寻找政治统一的基础。他认为只有在资本主义统一的民族市场形成以后，才可能产生中央集权的民族国家。③ 在此之前，只有"暂时的不巩固的军事行政的联合"④。斯大林的这一论断无疑概括了西欧的历史，包括只有200年历史的罗马帝国和短暂而不统一的阿拉伯帝国和蒙古帝国，但是不能解释长达千年的拜占庭帝国，更不用说中国了。斯大林清楚地看到封建时期形成的国家都避免不了经济割据和政治动乱，但是他对民族定义所给的四个条件包括了经济、地理和文化的因素，却忽略了政治上起码的条件。封建时期任何国家哪怕是短暂地建立，都以拥有一支强大的军队为政权的基础，这是最显然的历史事实。正是军队的给养问题与经济结构有密切的关系。

我在"社会传统和经济结构的关系"一文中比较了农牧混合经济和单一小农经济在农业劳动生产率上的不同特点，提出了经济结构的稳定性和进化度的概念，说明了不同的经济结构向资本主义生产方式转化的可能性大不相同，以解释中国封建社会长期停滞在经济上的原因。⑤ 本文主要讨论中国单一封闭的

---

* 原载《学习与探索》1982年第2期。
① 马克思，《资本论》，《马克思恩格斯全集》第23卷，第12页。
② 《范文澜历史论文选集》，中国社会科学出版社1979年版，第17页。
③ 斯大林，《马克思主义和民族问题》，《斯大林全集》第2卷，第293、300页。
④ 斯大林，《马克思主义和语言学问题》，人民出版社1966年版，第7页。
⑤ 参见陈平，"社会传统和经济结构的关系"，《学习与探索》，1981年第1期。

小农经济结构如何造成了中国封建社会一系列特殊的矛盾运动。为了清楚地显示经济结构如何成为生产力和生产关系相互作用的中介环节,我们选择了资本主义之前的三个典型国家——罗马帝国、拜占庭帝国和中国,分析它们维持统一的不同经济结构,以进一步了解社会发展过程中政治、经济、技术、文化之间相互作用的机制。

10.1 国家统一的不同道路

统一国家的形成是民族发展史上有重大意义的事件。国家统一不仅标志着统一所依赖的经济体制的巩固,更重要的是统一所走的道路对该民族的发展方向有着深远的影响。分析罗马帝国灭亡的原因、拜占庭帝国兴亡的所系和中国专制统一的基础,有助于我们认识中西方历史的不同特点和经济结构在社会发展中的作用。

10.1.1 罗马帝国灭亡的经济原因

希腊的城邦没有形成过统一的国家。罗马在公元前2—公元1世纪征服了希腊、迦太基和高卢,屋大维建立的罗马帝国维持了大约200年的稳定。西罗马帝国灭亡于476年,标志着奴隶制的崩溃。分析罗马帝国灭亡的原因,可以看到经济结构的作用。

在征服迦太基以前,意大利基本上以牧业为主,在手工业和家庭服务中使用了不少奴隶,但农业很少使用奴隶劳动,罗马共和国军队的骨干是自由的小农。① 罗马人的食物主要是小麦和肉奶制品。罗马的粮食不能自给,需要进口,肉类不易储藏,需要产自东方的香料来掩盖存放过久引起的臭味,故欧洲产生了对商业贸易的持续需要,对东方的贸易大量入超。罗马最先用战利品的掠夺和奴隶买卖来抵偿东方贸易的支出,不断发动对外战争来补充财源。征服迦太基以后,迦太基的农业技术传入了意大利,出现了大量利用奴隶劳动的大田庄,使自由的小农大量破产,成为城市游民,依靠政府施舍。农业劳动的精度远较牧业为高,对农业奴隶的监视又远不如在城市中容易,因此奴隶强制劳动积极性的低落,使大农庄的生产下降,大批田地荒芜。帝国的土地税收发生严重困难。罗马帝国建立以后,征服的力量已经穷尽,不再有大量战利品和新的奴隶来源,香料贸易的入超使黄金大量外流,城市的中等阶级大量破产,城市工商业普遍衰落。欧洲和中国不同,罗马人用经济上的捐献来换取政治上的荣誉,做

---

① 参见汤普逊,《中世纪经济社会史》上册,商务印书馆1961年版,第34—35、76、129页。

官可以成名却难以发财。屋大维用自己的钱修建庙宇、公共建筑、水道、剧场来讨好市民,用施舍和娱乐来安抚无产者。在公元1—2世纪,许多巨富竞争市政官,用私款建立公共图书馆、浴场等设施。小普林尼遗赠给城市的财产达100多万塞斯脱,以此来建立个人的声望。① 但到了公元4世纪,因为当时城市税收的不足部分必须由市议员用私款补足,许多富商宁愿降身为自耕农和隶农,来逃避市政府的官职,以致达到政府必须强迫市民做官的程度。可见罗马帝国的农业和城市工商业都已经到了崩溃的绝境。罗马帝国统一以后,农业和工商业不仅没有繁荣,反而发生了全面的危机,军事上也每况愈下,这是令人不解的历史难题。我们指出的一个事实是很有意义的:当时罗马帝国的人口约在1亿左右,比中国西汉的人口几乎多出1倍。公元4世纪前后侵入罗马帝国的蛮族在人口上少得多,据估计,西哥特人不超过15万,东哥特人不超过20万,勃艮第人不超过8万。攻入高卢的法兰克王克洛维只有6 000名士兵②,远远不及罗马军队众多。显然,罗马帝国的灭亡不能用军队人数的多寡来加以解释。罗马帝国的灭亡原因是什么,在欧洲历史界一直是个争论不休的谜。

  问题的关键在于分析帝国统一所实行的政策的经济基础。罗马帝国建立以前,地中海沿岸的国家只限于商业和殖民,没有建立直接的军事统治。希腊和罗马共和国时代,军队的基础在于战时征召的自由公民,平时无须维持庞大的军备,国家机器没有成为牧农混合经济的沉重负担,国家的强弱主要取决于贸易中的经济力量。征服迦太基以后,罗马把商业殖民转为军事占领,建立了职业军队,使奴隶制的民主共和国转化为军事统帅专政的帝国,大大加强了国家的军备和官僚机构,使土地和商业税收急剧增加,大田庄和城市工商业都濒于破产,大大加重了经济危机。屋大维时代有28个军团的常备军,分驻被占领的各个行省,军队总共大约十几万人③,比罗马共和国时代增加了许多倍,但是远远低于秦朝和汉朝的军队数量。这只能由它的经济结构来解释。欧洲混合经济比中国小农经济节省劳动力,从而效率更高,反而支撑不了比中国规模小得多的国家机器,这不是一个矛盾吗?否,这恰恰可以由两者经济结构的不同特点来加以解释。由于罗马帝国在公元2世纪前后发展了农业,才有可能建立起一支有一二十万人的军队,建成前所未有的大帝国,同时也由于它的农业仍然以牧为主,不可能像中国那样积聚大量的粮食,所以罗马军队的规模受到了限制,无法镇压广大殖民地的群众和奴隶,抵挡蛮族的入侵。使用奴隶劳动的

---

① 参见汤普逊,《中世纪经济社会史》上册,第34—35、76、129页。
② 同上。
③ 参见周一良、吴于廑,《世界通史》上古部分,人民出版社1973年版,第294、335页。

农业生产率的下降,以及对外贸易的持续入超削弱了罗马帝国的经济基础,使庞大的国家机器异常脆弱,以致不堪少数蛮族的一击。

由此可见,罗马帝国的灭亡、统治阶级的腐化和对外战争的失败只是表面的现象,根本原因在于罗马帝国以牧为主的混合经济支撑不了庞大国家机器的负担,无法用军事力量维持庞大的帝国。奴隶制不可能作为农业稳定发展的经济体制。"中国的农奴很早就转化为自由的小农"这一事实与中国农业很早就排斥了牧业这一技术经济结构的演变有关。与此同时,中国的工匠奴隶和家庭奴婢却长期存在,游牧民族的家奴也保持很久。这是因为在手工业和家庭服务中易于对奴隶进行监视,而分散劳动的农业难以控制奴隶,又比牧业更多地依靠人力和人的积极性。

西欧在罗马帝国灭亡以后的一千年间直到资本主义产生以前,一直没有再产生过类似的统一国家。尽管人口始终稳定在 1 亿左右,但是分成许多的小邦,发展了等级式的封建制度,没有重建过庞大的常备军,重大的战争和起义都不超过几万人的规模。这是和中世纪欧洲以牧为主的庄园经济相适应的。由于封建主缺乏统一的军事力量,所以统一的努力更多地依靠商业的联系并以宗教信仰为号召,基督教的势力有重大的发展,教皇的影响一度高于世俗的君主。到 15 世纪以后,商业的发展、海外的殖民发展了资本主义的生产关系,形成了统一的市场。火炮的发明攻破了领主的城堡,铁路和汽船把各地的经济连为一体,才产生了统一和稳定的资本主义国家。除了生产关系的变革以外,近代资本主义国家不再发生旧式的割据和政变。这表明资本主义的统一市场,特别是传输机革命的结果,真正造成了国家统一的经济基础。

应该指出:罗马帝国的灭亡在欧洲史上产生了几方面的深远影响。首先,在罗马帝国灭亡以后,欧洲历史上再未形成过巩固的军事帝国,欧洲各个地区的经济和文化开始了多样化的发展。即使资本主义工业兴起以后军队的规模空前扩大,拿破仑和希特勒短暂的军事胜利也不足以压制各族人民的反抗。其次,罗马帝国的灭亡使以奴隶制为基础的商业不复存在,昔日繁华的城市在几百年间破败到如此程度,使新起的封建贵族都居住在乡下的庄园,把衰微的城市留给商人和手工业者聚居,出现了希腊罗马时代和东方都不曾有过的"乡村统治城市"的特殊环境,为中产阶级在封建势力薄弱的城市独立发展提供了良机。最后,罗马帝国末期基督教会的胜利使教会取代国家成为发展文化的独立体制,中世纪又出现了独立于世俗政权的经院大学,这为科学教育体制的分化和独立创造了发展的前提。

10.1.2　中国中央集权的经济基础

中国两千多年前就形成了专制统一的帝国,但是并不存在统一经济的民族市场。与欧洲的地理条件相反,中国多山的环境交通困难,造成了大大小小的经济割据区,给商业往来造成了极大的困难,产生了互相封闭的自给自足的小农经济,给封建割据势力创造了有利条件。但是另一方面,中国的农业很早就排斥了畜牧业,发展了粮食生产。粮食便于运输和储藏的性质,使统治者得以极尽搜刮之能事,在政治中心的城市大量积谷,维持庞大的常备军和镇压人民的官僚机构。人多则粮多,粮多则兵多,"有军则有权,战争解决一切"[①],这是中国内战和统一的基本规律。秦国攻灭六国,出动几十万大军,一次即坑杀赵国降兵40万,几乎消灭了赵国的全部壮丁。当时七国总计不到2 000万人,战争对生产力的破坏远超过欧洲。三国时代,人口下降到几百万人,但是战争的规模仍在10万人以上。由此可见,中国封建统一的力量在于军队而不在于商业联系或儒家文化。农民和粮食的多寡则是军队强弱的基础。奖励种粮、刺激人口增长,是中国帝王的传统政策,目的乃在于军事。曹操用兵,先断袁绍粮道,实行屯田,首先为了保证军粮。朱升向朱元璋献策:"高筑墙、广积粮、缓称王。"[②]其政策的核心正是把积粮作为称王的基础。秦修驰道,隋开运河,都是为了运输各地征收的粮食进京,并不考虑加强地方之间的横向经济联系。所以中国封建社会的各大城市都不是经济中心而是政治军事中心。反之,这些封建的消费城市在经济上完全依靠外界的供应,本身在经济上不构成重要的一环,所以周围农村完全可以脱离城市而存在。这就使中国长期农民游击战争的存在在经济上成为可能。中国革命经由农村包围城市的成功战略,正是基于交通不便的自然条件和自给自足的小农经济。

应当指出,秦汉以后在高度分散的单一小农经济结构上建立了空前集中的统一帝国,确立了政治统治经济的长期传统,给中国封建社会造成了不可克服的周期性政治经济危机。周期性的改朝换代摧毁了把帝王神化的思想基础,加上个体经济一盘散沙,交通不便使地方割据长期存在,每一个刘邦式的野心家都看到了"取而代之"的机会,只需用计谋、利用天灾人祸的时势,不像欧洲的封建统治可以凭借贵族血统或宗教信仰作为蒙蔽人民的精神武器。由于中国的政治斗争没有一定的规则和传统用以维持统治集团内部的平衡和妥协,中国的权力交接极不稳定,权力之争空前残酷。因此,中国权力的基础不在财富的多

---

① 毛泽东,《战争和战略问题》,《毛泽东选集》合订本,人民出版社1966年版,第533—534页。
② (清)张廷玉,《明史》十三,列传,第24、39、29页。

寡和出身的贵贱,而在军队的多寡和帮派实力的强弱。"人多势众"四个字道出了中国权力斗争的基本规律。求胜之道是法家权术,其核心乃是"分而治之"的策略,即用分散一切可能的对手的经济军事实力的办法,来造成一个相对强大的集中王权。汉景帝削减诸王封地,宋太祖分散诸将兵权,朱元璋废除丞相、设立六部,用牺牲行政效能、经济统一的办法来达到互相牵制、无法独立的目的,形成一个庞大低能的垂直系统,以巩固"家天下"的专制统治。商鞅的弱民尊官政策导致了一个贫穷的经济基础之上的脆弱国家机器。与他的愿望相反,这恰恰是一种弱本强末的政策。因为对整个社会有利的自下而上的横向经济联合反而对专制帝王的垂直统治构成潜在的威胁。秦汉以后奉行的重农抑商政策,官商、官工和户口保甲制度都全力抑制商品流通和人员来往,尽可能削弱地方之间横向的联系,这就堵塞了资本主义和近代科学独立发展的可能。

值得注意的是,军事战术、政治策略和文化行为都是在一定经济结构基础之上的产物。中国传统的军事政治的特征和中世纪西欧、日本的情形大异其趣。在小农经济一盘散沙的基础上赢得内争卓有成效的法家权术,在面对不同经济体制的外族入侵时却无能为力。擅长于分化瓦解、纵横捭阖的地主官僚出现了"内战内行、外战外行"的奇特现象。唐宋以后中国集权的日趋完善伴随着少数民族入主中原的频数不断增多,中国的专制帝国成为名副其实的"泥足巨人"。离开中国特有的经济结构,就不可能理解中国地主官僚的脆弱本质。

10.1.3 拜占庭帝国存亡的所系

拜占庭帝国特殊的地理条件使它的历史成为有别于中国和西罗马帝国的另一种典型,拜占庭帝国和中国、西罗马帝国有不同的稳定机制。公元 395 年罗马帝国分裂成东西两部,到 1453 年土耳其攻占君士坦丁堡,中央集权的拜占庭帝国存在了一千多年。它的领土以巴尔干半岛为中心,包括欧亚非三洲,地中海构成帝国经济联系的重要通道。和中国相比,它的交通方便得多,只需一支较小的军队即足以应付外敌,但是农场的规模远比中国为大,外贸和商业在经济中的地位十分重要。和西罗马帝国相比,它同样是农牧混合的经济结构,但是农业的比重大得多,而且奴隶制大田庄不占主要地位,自由农和隶农较多,构成一种比中国的经营方式大得多的农业经济,因此农业比较稳定。君士坦丁堡是东西方贸易的金桥,在中介贸易中获得长期巨大的收入,足以招募雇佣军和维持中央集权的官僚机构。因此拜占庭帝国国家机器的维持对农业的压力远比西罗马帝国为小[①],没有对经济造成难以承受的负担。拜占庭帝国能一再

---

① 周一良、吴于廑,《世界通史》中古部分,人民出版社 1972 年版,第 49—50 页。

抵挡蛮族入侵以及阿拉伯人和十字军的进攻，其生命线乃是埃及的谷仓和商船队。只要保持制海权，就可以从埃及输入粮食坚持长期的战争，成为拜占庭帝国军队不大但是长期稳固的主要根基。① 我们看到，粮食和交通对维持国家机器的稳固起着何等巨大的作用！

由上可见，在资本主义统一市场形成和有力的交通工具出现以前，能否在奴隶制度或封建制度下实现中央集权的统一国家，主要取决于是否存在能维持庞大军队和国家机器的经济结构。易于储存和运输的粮食是建立强大常备军而不是民兵的基础。罗马帝国的农牧混合经济限制了军队的规模，奴隶的反抗使奴隶制大田庄的农业生产遭到破坏，导致了帝国的灭亡。中国则靠以产粮为中心的单一小农经济建立了庞大的国家机器。唯有拜占庭帝国靠着优越的交通和贸易地位，以及农业比较稳固的混合经济，以较小的经济代价维持了规模不及中国的国家机器，保持了相当时间的经济发展。但是拜占庭和威尼斯长期的商业竞争，使其从基督教的兄弟变为商业竞争的对手。13世纪初的第四次十字军东征，在威尼斯怂恿下，突然对盟友发动背信弃义的入侵，使拜占庭受到沉重打击，经济和军事力量大大削弱。拜占庭帝国的胜利和失败都与海洋有关，最后土耳其人在1453年从海上用计攻破了君士坦丁堡。拜占庭特殊的地理条件使海上交通线成为其生命线。从技术经济的角度来看，运输和通信工具的发展比铁器的使用更能影响一国的命运。把材料的发展作为生产力发展的主要标志，无论在古代还是近代史上都是缺乏根据的。②

10.2　土地危机和井田制的瓦解

既然以粮为主的单一小农经济是中国专制统一的经济基础，商鞅变法所开创的一整套地主经济政策旨在强化这种单一小农经济结构，那么，它究竟是促进还是促退了农业劳动生产率呢？换言之，我们对井田制的瓦解、地主官僚制度的兴起和专制帝国的出现究竟应作何评价呢？这一问题不仅是中国封建社会分期问题的核心，而且对今后中国的改革应汲取什么教训有重大的理论意义。

以往对生产力的研究往往限于对现象的描述，缺乏定量的统计，使定性的分析很不可靠。我们首先从农业劳动生产率数量级的估计出发，并考虑经济发展中的人口因素，来探讨井田制瓦解的原因和周期性动乱的根源。

---

① 汤普逊，《中世纪经济社会史》上册，第197、206页。
② 陈平，"技术革命史分期问题初论"，《自然辩证法通讯》，1980年第2卷第3期，第44页。

10.2.1 生态破坏和绝对贫困

和农牧混合的经济结构相比,单一农业的最大恶果在于大规模破坏了森林植被,改变了自然的生态结构,造成水土流失、地力贫瘠,使农业生产的基础日益恶化。欧洲在中世纪就有明确的法律和传统保护森林,不许随意砍伐。与此相反,中国自从商鞅变法承认了私自开荒的合法性,却一直未建立相应的规则来管理开垦的方式和规模,开创了中国政府在经济领域只注意财政收入、放任短期经济行为的先例,在历史上留下深重恶果。汉武帝开始在边郡屯田,秦长城到明长城向南推移的地区,牧场变成了沙漠,因为半干旱地带开垦的耕地无法保持。首先在人口集中的黄河流域开始了滥伐森林、消灭草原的进程。汉书记载,"翟地(陕西绥德一带)富饶多畜牧,人俗好射猎",并无今日的荒漠景象。秦汉以后森林草原的破坏日益加剧,最明显的是黄河决溢改道的周期不断缩短。据统计,黄河水灾的周期在秦汉时期平均为26年,三国五代为10年,北宋为1年,元、明、清为4—7个月,北洋军阀和国民党时代竟达3个月一次。① 两千年间黄河决口累计1500多次,大改道26次,河道高出地面3—10米,成为世界害河之冠。黄土高原平均每亩地每年流失土壤6—8吨,农民"越垦越穷,越穷越垦",陷入恶性循环。② 中国内战频繁,火攻烧山,政权不稳,朝朝新修宫室,尤其北宋皇朝大兴土木,加剧了森林的毁灭。应该指出,中国封建社会土地私有的地主制经济,由于没有独立调节体制的存在,因而比资本主义市场经济具有更大的盲目性。因为资本主义农业有相当的协作和规划,还有调节体制和经济法规的制约。中国彻底个体化的小农经济,产生了极端短期和掠夺性的经济行为。个体小农毁林开荒,农民义军弃寨时放火烧山和统治阶级大兴土木,都参与了滥毁森林。在土地私有以后,中国的公共资源被破坏得极为厉害。以森林覆盖率为例:日本为68%,美国为34%,联邦德国为30%,大都分布均匀;而中国仅为12.7%,而且大部分集中在边远地区,内地森林几乎不复存在。③ 鲁迅说:"我们中国人对于不是自己的东西,或者将不为自己所有的东西,总要破坏了才快活。"④ 由于中国的小农经济和欧洲的农牧庄园相比,缺乏经济联合和分工协作的传统,没有生产民主和公共生活,因此中国的农民一方面有极大的暴力反抗性,另一方面也有破坏的盲目性,对此必须有清醒的估计。中国农民急功近利、拔苗助长,以致杀鸡取卵的经济行为在中国历史上反复出现,并带

---

① 参见《人民黄河》1959年版。
② 上海师范大学,《简明中国地理》,上海人民出版社1974年版,第144、27页。
③ 《经济研究》1979年第2期,第31、41页。
④ 鲁迅,《记谈话》,《华盖集续编》,人民文学出版社1973年版,第145页。

至中国现代化的过程之中,造成严重的经济损失。中国现代化之路的曲折,远甚于日、俄等国,是有深刻的历史根源的。在社会主义建设时期,要从根本上改造小农的心理,只能逐步改变传统的小农经济,这是长期的历史过程。

单一种植破坏了生态链条,造成连锁反应。森林伐尽使农村能源短缺,可作绿肥的秸秆只好当作燃料。精耕细作的灌溉农业使地力不得休息,土壤沙化、盐碱化日益严重。据统计,中国现有耕地的 1/3 为低产土壤,农田平均有机质含量比欧美国家低 2—5 倍。[①] 生态破坏造成雨量稀少,气候无常,沙漠扩张,天灾频繁。自古以来水利工程代代修、常常垮。单一农业经济破坏了农业经济的根基——土壤和气候,必然导致农业基本建设的投资和劳力不断增加,而社会劳动生产率反而不断下降。

简单的核算表明,公元前 1 世纪(西汉)时,粮食平均亩产约 100 斤。南宋时平均亩产约 200 斤,高产地区亩产可达 1 000 斤左右,接近现代水平。秦汉以来尽管精耕细作的农业技术不断提高,水利工程的规模很大,人口也不断增加,粮食平均亩产增长缓慢,宋以后停滞不前。这反映了生态破坏以后农村能源危机的发展使地力无法更新。更为严重的是由于耕地扩展落后于人口增长,按人平均的粮食产量不断下降。汉唐按人平均粮食大约在 1 500 斤以上,宋明估计下降到 1 000 斤左右,清代中期以后降为 500 斤以下。从汉唐以后,按人平均国民收入每况愈下,封建专制制度不断加强,地主和官府对农民的残酷剥削不断加剧,社会动荡的程度不断加深。我们可以得出结论说:秦汉以来,中国封建专制制度统治下的农民从整体看来处于绝对贫困化的趋势之中。这就对中国秦汉以后地主小农制经济相对于西欧贵族庄园制经济所谓的"进步性"产生了疑问。

10.2.2 井田制瓦解和人口问题

秦汉以后,中国地主小农制经济的农业劳动生产率停滞和下降的这一基本事实,使我们可以推断春秋战国时代井田制的瓦解,并不是由于生产力的发展,而是由于土地危机的恶化。战国以后单一农业经济取代了农牧混合经济,是由于人口增长和可耕地的不足,因为畜牧业单位土地面积供养的人口数远低于精耕细作的农业。铁器的使用、农业技术的进步,使单位面积产量得以提高,但是单一农业发展的长期效果,又使生态破坏,人口增长,农业劳动生产率下降,构成恶性循环。单一小农经济和农牧混合经济的这一表面上矛盾的技术经济特征是了解中国经济演变的一个关键。

---

① 参见《农业现代化概念(初稿)》,中国农林科学院科技情报研究所,1977 年 9 月。

当然,我们认为井田制瓦解是由于人口增长、土地不足造成的土地危机而不是生产力发展的结果,这在目前还是一种可能的假设,因为目前没有充分可靠的春秋战国以来农牧业劳动生产率和生活水准的定量资料。但是以下几个论据可以说明我们的猜测是合理的。

其一,井田制的瓦解是一个缓慢的过程。与此同时有人口增长的明确记载,这是十分自然的联系。据范文澜估计,春秋时千乘之国的人口约20万,大国晋国人口不过80万。地旷人稀,井田存在是自然之事。公元前660年卫国人口5000,20年后增加10倍[1],人口增长率相当惊人。公元前827年,周王"不籍千亩",公元前584年,鲁国"初税亩",公元前348年,秦国"初为赋"。秦国井田制的瓦解比鲁国晚了200多年,显然系山东沿海人口密集开发较早所致。整个井田制的瓦解很慢,长达几百年,这和人口的自然增长可以相应,并非革命剧变的产物。

其二,我们可以大致估计当时土地资源的紧张状况。我们前已指出,欧洲可利用的土地资源比中国大得多,因此一直保持牧农林的混合经济结构。在11—13世纪之前,英国耕地只占全部土地的20%,德国和法国北部的耕地占比小于15%,即使人口稠密的法国南部和西班牙,耕地也只占20%—25%。[2] 考虑到当时实行二圃制和三圃制,欧洲实际耕地面积大约不到全部土地的10%。进入"大开垦时代"以后,耕地占比仍远小于50%。以英国为例,11—12世纪的英国人口只有150万[3],按人平均的国土当在200亩左右。耕地占比若按20%计,人均耕地达40亩,再加上广大的牧场,土地资源比相应的宋朝充裕得多。相比之下,中国的土地资源比欧洲紧张得多。如果我们假设战国时期人口约为2000万,人均粮食为1000斤,每亩产粮为50斤,则人均耕地为20亩,战国时代拥有耕地当为4亿亩。考虑到华北平原面积为5亿亩,长江中下游当时还未广泛开发,则当时关内可垦面积不会超过8亿亩。可见战国末年土地利用率已超过50%,随着人口继续增长,毁林开荒是不可遏制的趋势。春秋战国时代儒家"今不如昔"的观念,以及老子庄子"无为而治"的主张,可以理解为生态恶化的危机下的政策,主张维持自然经济和稳定人口,反对政府不适当地刺激经济和人口的增长,以防止农业片面发展引起的社会危机。

既然人口是决定劳动生产率和经济结构演变的重要因素,那我们应如何理解欧洲人口的相对稳定和中国人口的大起大落呢?这需要认真研究不同经济

---

[1] 范文澜,《中国通史简编》第一编,第180、240页。
[2] 董恺忱,"世界农业发展历程述略",《世界农业》1980年第3期,第11—17页。
[3] 西多罗夫主编,《世界通史》第三卷上册,三联书店1961年版,第457、447—451页。

生态结构所具有的不同的人口规律。

  首先我们要指出,不能光从生物学的角度解释人口规律。按照最简单的生态学模型,在食物资源不受限制的条件下,群体大小按指数规律增加,即所谓马尔萨斯增长。对资源有限的封闭系统,捕食者的数目按逻辑斯蒂法则增长,在一定时间后达到饱和状态。① 当然这一模型过于简化,更切合实际的生态经济学模型还有待于进一步研究。但是我们可以把生态学的因素引入经济学,先作一些定性的分析。

  马克思说:"每一种特殊的、历史的生产方式都有其特殊的、历史地起作用的人口规律。"②单一小农经济由于单位面积产量高、所需劳力多,可以容纳更多的人口,而且谁家劳力多、垦地多,谁家相对收入就高,农村小孩六七岁就可参加生产,这就刺激了人口增长。早生子、多生子一直是中国农民的传统心理。儒家的孝道也把繁殖后代作为主要的要求。土地战争的经济规律和皇朝统一的军事道路更把众多的人口作为兵丁钱粮来源的基础。无论是群雄争霸的战时还是新朝建立的初期,统治集团都竞相采取奖励种粮、刺激生育的政策,加重了人口危机。统治阶级的人口政策导致中国经济的周期性振荡十分严重。中国历史上人口飞跃最快的有三次。西汉初年人口约为战国末期的 30%,文景时代恢复到战国规模,估计人口增长率在 2% 以上。原因是刘邦和惠帝用增减钱粮劳役的经济办法奖励生子、惩罚晚婚,效果极大。汉武帝增收人头税,贫民生子多杀死,人口就急剧下降;汉武帝晚年改变政策,西汉末人口达到 6 000 万的高峰。清初人口约 2 000 万,康熙五十年宣布盛世滋丁,永不加赋,1786 年人口猛增到 3.9 亿,百余年间平均递增 2.4%,高于 1949 年后 2% 的人口增长率。可见这三次人口的飞跃增长主要和国家的经济及人口政策有关,而和技术水平、医疗条件关系较小。

  欧洲人口稳定的机制是饶有趣味的问题。一些西方历史学家将其归因于几次大瘟疫的流行,我以为这不是重要的因素。中国的卫生习惯比日本欧洲为差,每次战乱都伴随着瘟疫的流行,虽然一时消灭大量人口,但无助于人口的稳定,考虑经常起作用的因素比周期性起作用的因素更为重要。孟德斯鸠早就注意到人口和经济结构有关。他注意到游牧区人口稀少,很少人有事可做,英国牧场的增加使人口减少。麦田需要较多人力,葡萄园需人更多,因此法国当时人口稠密。我国西藏原有一妻多夫的风俗,从经济上看原因在于草原载畜量有限,增人不增畜,为了防止畜群分散,几个儿子共娶一妻。因此牧业经济本身有

---

① 参见史密斯,《生态学模型》,科学出版社 1979 年版。
② 马克思,《马克思恩格斯全集》第 23 卷,第 692 页。

稳定人口的倾向,且牧区的平均人口密度约比农区低 1—2 个数量级。中世纪欧洲封建制实行长子继承权,迫使大批没有领地的骑士从事对外战争的冒险活动。11—13 世纪十字军东征在地中海国家的运动就是由封建骑士和逃避饥荒瘟疫的农民组成的。中国历来实行的诸子平分遗产的传统则刺激了人口增长。中世纪基督教大力发展修道院,提倡禁欲生活,也有抑制人口的作用。中国多数皇朝阻止佛教超过儒教的影响,也和佛教的禁欲主义危害到小农经济的劳力生产有关。商业活动和城市公共生活也有助于抑制人口。希腊城邦实行奴隶主民主制,柏拉图把一国公民的限额规定为 5 040 人,最早提出计划生育的主张。亚里士多德也主张限制子女数目和施行堕胎。罗马时代奴隶制的商业城市高度发达时,贵族和公民都盛行不结婚和不要孩子的风尚,因为财富分给子女就意味着贫穷,据说当时大部分公民都没有结婚。恺撒不得不禁止 45 岁以下无丈夫、无子女的妇女佩戴宝石和乘坐轿舆。奥古斯都则颁布更严厉的法律对不结婚的人处以经济惩罚,给结婚和多子女的人以荣誉、特权、官位和经济的奖赏。但是所有这些法律最后都徒有虚名,因为经济结构比政治立法的影响更大。欧洲人航海和殖民的活动也是人口稳定的重要因素。据说荷兰每年派出大量水手,回来的只有 2/3。① 从古希腊到近代,欧洲的殖民活动输出了大量人口,对欧洲本土人口的稳定有相当作用。我以为,如果把经济学和人类学、民俗学的研究结合起来,将进一步搞清经济、文化与人口规律之间的关系。

中国人口问题的产生,有经济、文化、政治、心理、风俗等多方面的因素,而以经济结构为最基本的原因。地主阶级从巩固私利出发,采取急功近利的经济政策,不惜以牺牲整个民族的长远利益为代价。商代到周代农牧混合经济向单一农业经济的转化,在人口增长未曾受到土地资源的限制时,导致春秋战国的毁林开荒,井田制瓦解。在土地资源大致穷尽时,不可避免地导致周期性的土地危机。

10.2.3 土地危机和治乱周期

商鞅变法后土地可以自由买卖,土地兼并成为合法的行为。但是交通运输的限制使中国无法发展商品生产,封闭的经济体系使地主不是把剩余积累用以扩大再生产,而是用于扩大奢侈性消费和购置田产。农民依附于小块土地的分散经营也没有可能发展为大农场经营。高达 50% 的地租、官府的苛捐杂税和官差劳役对农民的部分必要劳动也加以剥夺,社会只能维持简单再生产。尽管社会劳动生产率几乎没有提高,但土地兼并的危机却不断加剧,造成中国特有的

---

① 参见孟德斯鸠,《论法的精神》下册,商务印书馆 1963 年版,第 115、118—128、134 页。

周期性土地危机。

应该指出,历史上周期性的经济危机主要受两个因素影响:一个是社会内部的经济矛盾,一个是外部的边界条件。封闭性经济的周期振荡特别剧烈。在资本主义制度下,生产无限扩大的趋势和有限的市场产生的尖锐矛盾,导致了周期性的经济波动。在第二次世界大战前,各帝国主义国家企图用关税壁垒来保护本国的经济,对外国转嫁经济危机,结果导致空前严重的世界经济危机和20世纪30年代的大萧条。第二次世界大战以后,美国利用自己的经济优势,强迫西欧和日本实行自由贸易制度,在一定程度上加强了经济和技术交流。各国经济周期的不一致和出口贸易的扩大,在相当程度上减小了经济波动的幅度。田中角荣在总结日本战后经济发展的原因时指出:没有军备和自由多边的世界贸易体制是日本战后保持高速增长的重要原因。① 可见,对外经济交流是促进劳动生产率提高、改善经济结构的必要条件。中国封建社会的经济危机的本质与资本主义不同。整个封建社会劳动生产率变化很小,生产状况主要取决于土地和人口。秦筑长城,基本上确定了农耕区域向北扩大的界限,中国的海外贸易在经济中所占的比重又微不足道。因此除了汉唐两代存在规模不大的对外贸易,中国大体上一直是一个封闭农业经济。人口增长、土地兼并的无限趋势和有限的农耕区域之间发生了不可克服的矛盾。整个历史上充满的起义和内战,归根到底是一种周期性的土地危机或粮食危机。

详细列出秦汉以后社会动乱的状况,可以看出基本存在两种周期。长周期大约为一二百年发生一次,表现为全国性的大起义或大混战。周期的长短主要取决于上次大动乱造成人口剧降的猛烈程度。隋末农民战争造成大量人口的伤亡,出现广大的荒地,使唐朝的统治者实行"均田"较为彻底,土地自然兼并的周期较长,这个朝代的寿命也就较长。中国历史上土地危机对生产力的破坏是空前严重的。以人口的变化为例:战国末年中国人口约2000万,秦末农民战争后仅剩下30%。西汉人口高达6000万,东汉初年下降到2000万,三国初年仅剩100多万人,只达西汉盛期的2%。盛唐时期不到6000万人,一千多年间都恢复不到西汉的数目。这样全面的大破坏,欧洲只在罗马帝国灭亡时发生了一次,而中国在两千多年间至少发生了10次。一些帝王的暴政或外敌入侵又大大缩短了土地自然兼并的自然周期,短命的秦朝、西晋和隋朝即是如此。

中国社会动乱的短周期在几十年到几年之间,主要因农业靠天吃饭而与自然灾害的周期有关。每次重大的水灾、旱灾往往导致饥民起义或军阀混战,短周期的不断缩短,也反映出中国单一经济的强化加剧了生态环境的恶化,导致

---

① 参见田中角荣,《日本列岛改造论》,商务印书馆1972年版,第三部分。

自然灾害频数不断增加。明清之间几乎年年有小动乱,十几年就有中等规模的动乱。中国的单一小农经济结构实在是险恶到了极点。

值得注意的是,中国封建社会周期性的土地危机和资本主义社会周期性的商业危机相比,不曾促使社会生产力螺旋式上升,而是促使其螺旋式下降。一方面,这是生态恶化的封闭经济造成的;另一方面,小农经济排斥科学技术的发展,堵塞了经过技术革命开拓新的资源、打破封闭状况的可能。秦汉以后各朝的盛衰兴亡大体上只是战乱与和平、人口减少和增长、农业破坏和恢复(不是超过!)的交替循环而已。我们并不否定一些开明君主可能采取一些有利于农业经济恢复发展的措施,但是认为农民起义通过统治阶级的让步政策促进生产力的发展是根据不足的,因为导致绝对贫困化的经济结构并未改变。

10.2.4 经济结构的僵化和封建社会的分期

鲁迅说:"中国是一个'硬化的社会'[①],每一新事物进来……并非将自己变得合于新事物,乃是将新事物变得合于自己而已。"[②]思想和体制僵化的根源必须从经济结构的分析去找。中国社会具有惊人的保守性质,资本主义生产方式和新科学技术在中国的生长遭到极大的抵制。英国军舰的大炮轻易地打开了印度的大门,在中国却遇到极大的阻力。鸦片战争以后,中国只产生了半封建半殖民地的国家,没有产生日本式的资产阶级国家。在历史上,鲜卑人、金人、蒙古人、满洲人等少数民族不断入主中原,结果都以被汉族的农耕文化同化而告终。游牧为主的军事贵族转化为农业地主,汉族儒生和地主官僚对农民的统治依然不变。这是什么原因呢?有人把它归之于汉族先进的农业经济和以儒家为代表的汉族文化异乎寻常的团聚力,这一说法缺乏定量的经济依据和比较文化之下的说服力。中国小农经济结构的顽固性从现代科学技术的经验来看有更为深刻的经济原因。从农牧混合的经济演化为单一农业经济,从地球演变和生物进化的观点看是很难逆转的退化趋势。地球是一个高度复杂的生态系统,森林、草原的形成,各种生物之间互相制约的关系是在长达几千万年的时间内形成的,一旦毁灭将产生无法估量的后果。即使在现代的技术条件下,要改善局部地区的生态结构也要投入巨额的资金和相当的时间,在中国古代技术低下、扩大再生产能力微弱的状况下,几乎没有能力挽回,历代皇朝传统的人口政策进一步加快了经济恶化的速度。实际上,鲜卑人、蒙古人、满洲人进入中原以后,都曾不同程度上把部分耕地改为牧场。但是狭小的平原使牧业无法供养众

---

① 鲁迅,"十四年的'读经'",《华盖集》,人民文学出版社 1973 年版,第 102 页。
② 鲁迅,"补白",《华盖集》,人民文学出版社 1973 年版,第 82 页。

多的人口，最终仍然回到精耕细作农业的老路上。中国传统农业政策的作用正如鸦片，越是病入膏肓越赖以进行刺激。汉族农业地主和帝王官僚的奢侈生活方式当然远甚于游牧民族，可能使某些新来的统治者腐化堕落，但这绝不能成为失败者必然要同化胜利者的理由。恰恰相反，罗马奴隶制帝国的文化和生活水平虽然远高于原始公社末期的蛮族，但是罗马帝国灭亡以后产生的等级封建制的形式，保留了不少日耳曼人氏族公社制度的成分①，封建贵族的决斗风尚也深受日耳曼人尚武传统的影响。② 因为日耳曼人以放牧、打猎和劫掠为主，比罗马人更不习惯农耕的生活。中世纪欧洲的发展是各个民族互相影响的结果，不存在中国式的单方面的同化，显然经济结构是影响文化传统的基本原因。中国历史上的正统观念和方块字从来不能阻碍大批信奉儒教的汉奸出现，成为金、元、清等少数民族统治汉人的基础。虽然儒家文化有调节地主阶级内部矛盾、抑制人口压力下人际关系紧张的作用，但不能认为它是民族统一的主要因素。

需要声明的是，我们否认中国秦汉以后的地主小农制经济比西欧中世纪的贵族庄园制经济有更高的生产率和生活水平，并不否认地主小农制经济有可能在某些时期取得生产和技术的进步，在某些方面取得世界领先的杰出成就。例如，汉唐的强盛和宋代的繁华都和贸易的发展有关，唐代的人口问题也不严重，这和某些开明君主的政策及当时的国际经济环境都有关系。但是，我们在考察地主小农经济的时候，不可对若干朝代暂时的强盛在历史上所起的作用估计过高，而看不到它在长期演化趋势中给中华民族带来的沉重包袱。因为单一小农经济结构和地主官僚专制制度本身都缺乏对统治阶级横征暴敛内在的政治经济限制，王朝盛衰的经济基础一直在农业而非商业，主要依赖粮食的生产，这就始终无法挽回生态恶化、农业劳动生产率递减的总趋势。任何朝代的改革都未曾触动以粮为主的单一小农经济结构，只是在扩大耕地上谋求一时的对策。

下面的估计可以说明中国的王朝盛衰取决于粮食生产特别是人均耕地这一基本事实。据估计，汉唐的粮食单产大致相同，宋代的粮食单产接近了近代水平，其中唐代人均耕地面积约为西汉的 1.7 倍，达历史最高水平。中国现有平原面积 12 亿亩，其中华北平原为 5 亿亩，估计当时关内可垦面积约 14 亿亩（不算东北平原，但包括南方宜耕丘陵）。西汉垦地 8 亿亩，唐代垦地 14 亿亩（合今 12 亿市亩），可见汉唐时已逐步把长江中下游地区逐渐开发，其余只剩下

---

① 参见西多罗夫主编，《世界通史》第三卷上册，三联书店 1961 年版，第 66—69、174—180、216 页。
② 参见孟德斯鸠，《论法的精神》下册，商务印书馆 1963 年版，第 232—238 页。

难以开发的西南、西北地区和强大的游牧、狩猎民族占据的东北地区，这是清代最近一次扩大农耕区域的基础。唐代以后，关内可耕地开发几尽，人均耕地面积不断下降，即使宋代生产技术有显著的进步，也不足以挽回农业经济下降的颓势。地主官僚的封建政治也就盛极而衰，对外经济来往中更日趋守势，经济体制的保守全面加强。

为方便起见，这里暂且使用"封建社会"的说法。应当指出，中国西周到明清的传统农业社会被称为"封建社会"在学术上是有争议的，因为中国此阶段的特征与西欧中世纪很不相同。用"中古小农社会"的说法可能争议较少。我们从经济结构的演变过程出发，可以把中国封建社会经济体制的演变具体划分为如下三个阶段：第一阶段为西周到战国，约历时800多年，开发了黄河流域，形成以农为主的混合经济，实行了井田制，春秋战国开始土地分割，向单一农业过渡。中国的经济体制仅在这个阶段与西欧的"封建制度"最为接近。第二阶段为秦汉到五代，约1100年，农业向精耕细作发展，开发了长江流域，取得了汉唐农业的稳定。经济以地主制为主，贵族制残余还存在。周期性土地危机出现，对资源、生态的破坏日益严重。第三阶段为两宋到明清，约900年。这一阶段农业区域扩大的余地几尽，地主小农制经济彻底实现，经济危机全面加深。少数民族入主中原多次发生，社会动乱空前加剧。中国封建社会经济发展的基本趋势是土地耕种日益分散，生产经营走向个体化，这和欧洲中世纪生产协作不断发展、土地利用走向集中化的趋势背道而驰。中国封建社会"上升—转折—没落"这三个阶段的经济趋势和欧洲封建社会"上升—分化"的经济趋势不同，劳动生产率的总趋势不是上升而是下降。明清统治者的经济政策是强化闭关自守而不是打开海外市场。因此，中国虽然存在商品生产的某些因素，但是不具备资本主义生长的基本条件，而这是单一小农经济结构和地主阶级重农抑商政策的必然结果。

从长期的演化趋势看，中国的地主小农经济是一种从农牧混合经济向单一小农经济退化的封建经济的"变种"，中国的封建专制制度是一种一开始就阻碍发展劳动分工的经济制度。井田制的瓦解和地主阶级的出现在中国历史上不是经济增长产生的生产力革命，而是生态约束下人口增长引发的土地危机的产物。商鞅变法所代表的一整套封建专制的经济政策虽然是当时历史条件下难以避免的产物，但不是中国历代统治者唯一可能的选择。地主阶级的代表人物为了巩固自己的统治，不惜一切代价来维护单一小农经济结构，给我们的民族和后代带来了深重的灾难。

附录 10.1　中国历代农业状况的估计

1. 度量衡的换算

（1）土地面积：1 亩＝240 方步（秦汉以后），按吴承洛数据[①]换算

朝代＼换算项目	周 (1 亩＝100 方步)	秦汉	唐五代	宋元	明	清
尺/步	6	6	5	5	5	5
市尺/尺	0.5973	0.8295	0.9330	0.9216	0.9330	0.9600
市亩/亩	0.2141	0.9908	0.8705	0.8493	0.8705	0.9216

注：按宁可的数据，六国 1 亩＝0.2882 市亩，汉 1 亩＝0.9617 市亩。

（2）容积：取清代 1 石为 1 市石，按吴承洛数据[②]换算

朝代＼换算项目	周	秦汉	唐五代	宋	明	清
公升/升	0.1937	0.3425	0.5944	0.6641	1.0737	1.0355
市石/石	0.1874	0.3308	0.5740	0.6413	1.0369	1.0000

注：按范文澜、宁可的数据，汉代 1 石＝0.2 市石。

（3）容重比：按阿克曼数据[③]换算

粮食种类＼换算项目	黍	粟	玉米	小麦	糙米
公升/公斤	0.6236	0.7068	0.7276	0.7588	0.8315
市斤/市石	332.1	293.0	284.6	272.9	249.1

注：原粮按宁可的数据，粟 1 市石＝135 斤，小麦 1 市石＝145 斤。[④]

2. 战国秦汉农民生活状况的记载

（1）魏国李悝（前 455—前 395）估计[⑤]：

农夫一家 5 口，耕田百亩，亩收 1.5 石，得粟 150 石，每人 30 石，1/10 的租税，每人每月食 1.5 石，余 45 石，卖钱每石 30，得钱 1350，祭祀赛会用钱 300，余

---

① 吴承洛，《中国度量衡史》，商务印书馆 1937 年版，第 76、64、70 页。
② 同上。
③ 阿克曼，《日本的自然资源》，商务印书馆 1959 年版，第 450 页。
④ 宁可，《汉代农业生产漫谈》，《光明日报》，1979 年 4 月 10 日。
⑤ 范文澜，《中国通史简编》第一编，第 251 页。

钱 1050，买衣 1500，尚缺 450，天灾人祸便入不敷出。

如亩产粟 1.5 石为原粮，1 市石粟为 135 斤计，土地按吴承洛周代亩数计，按人平均耕地 4.3 市亩，而产粟 177 斤，按人平均产量 760 市斤，每人每月食用口粮 38 市斤。

宁可数据为按人平均耕 5.8 市亩，亩产粟 140 市斤，按人平均产量 810 市斤，每人每月口粮 40.5 市斤。①

以上估计粮食单产偏高，但人均耕地太少，可能说的不是战国情况，所以亩数换算有问题。

(2) 西汉晁错(？—公元 154)估计②：

农夫一家 5 口，壮男 2 人，耕田不过 100 亩，收获不足 100 石。

董仲舒说"见税十五"，剥削率大增。③

按公元 2 年记载，西汉垦田数 827.5 万顷，人口 5 959 万人，1 顷为 100 亩，平均每人耕地 14 市亩。

按阿克曼的容量比估计，西汉约亩产粟 100 市斤或小麦 90 市斤(按吴承洛汉代度量衡计)。

按人平均耕地为 14—20 亩计，则按人平均粮食产量为 1 300—2 000 市斤。

由此可见，估计汉代按人平均粮食约 1 500 市斤，粮食平均亩产约 100 市斤是合理的。

3. 宋代农业生产状况

按蔡美彪的材料，北宋苏州每亩产米 2—3 石。南宁产稻谷 1—3 石，明州亩产可达 6—7 石。稻麦两熟相当普遍。④

按吴承洛数据换算，如是原粮，则最高亩产为 630 市斤(设原粮 1 市石＝140 市斤)，如是糙米则亩产达 1 120 市斤。

考虑到稻麦两熟普及，则估计南宋一般亩产 200 市斤，高产地区亩产约 1 000 市斤是合理的。

北宋 1021 年垦地 524.8 万顷，1034 年有户 1 029 万，人口 2 620 万⑤，平均每户 2.5 人，按人平均耕地 17 市亩。

这里每户人数太少不实。何柄棣估计中国宋金时代人口超过 1 亿。⑥ 如按

---

① 阿克曼，《日本的自然资源》，商务印书馆 1959 年版，第 450 页。
② 范文澜，《中国通史简编》第二编，第 55、56、53 页。
③ 同上。
④ 蔡美彪，《中国通史》第五册，第 64、368、61、62 页。
⑤ 同上。
⑥ 何柄棣，"宋金时代中国人口总数的估计"，《中国史研究动态》1980 年第 5 期，第 20—28 页。

各朝平均每户5人计,则宋代人口至少为5 000万人,按人平均耕地约9市亩,按人平均的粮食应当在1 800市斤左右。

4. 历代农业生产状况的大致估计

范文澜在《中国通史简编》中的中国历代的农业生产状况估计如下:

	2年（西汉）	740年（唐）	1078年（北宋）	1475年（明）	1835年（清）	1953年
人口	0.6亿	0.5亿	—0.5亿	0.6亿	4.0亿	6.0亿
耕地	830万顷	1440万顷	525万顷	701万顷	738万顷	14亿亩
亩产粮	—100市斤	—100市斤	—200市斤	—200市斤	—200市斤	239市斤
人均耕地	14市亩	24市亩	9市亩	10市亩	1.7市亩	2.3市亩
人均粮食	1400市斤	2400市斤	1800市斤	2000市斤	340市斤	555市斤

资料来源:范文澜,《中国通史简编》第二编,《国家统计局公报》第三编,1956年《辞海(试代本)》。

这里唐代的耕地数可能夸大,宋代、明代的人口数可能有所隐瞒,对中国封建王朝统计数字的真实性必须采取谨慎态度。如果我们把历代的人口数字校正为:周春秋小于1 000万人,战国2 000万人,汉到唐不超过6 000万人,宋元明1亿人上下,清中期以后4亿人,农业生产状况当如下表所示:

	西汉	唐	宋金	明	清(中后期)	1963年
人口	0.6亿	0.5亿	—1亿	—1亿	4亿	6亿
亩产粮	100市斤	100市斤	200市斤	200市斤	200市斤	239市斤
人均耕地	25市亩	20市亩	5市亩	5市亩	2市亩	2.3市亩
人均粮食	1500市斤	2000市斤	1000市斤	1000市斤	400市斤	555市斤

资料来源:中国人民大学人口问题研究室,"我国历代人口统计表",《人口研究》,1977年1月。

这里明朝的人口数估计可能偏高了一些。我们希望有更多的历史学家来定量地查明历代农业发展的确切状况,我们的工作只是抛砖引玉而已。

附录10.2 中国治乱周期划分的记录

封建王朝的纪元不能确切标明治乱周期的始末。我们以大规模的起义或战争作为乱的开始,以全国主要经济区域的统一为治的起点,将中等规模的内战或起义也一并注明,可得下表:

序号	朝代	延续时间	起止事件和年代
1	商	约500多年	前16世纪—前11世纪
2	西周 春秋 战国	约300年 320年 220年	前11世纪—前770（犬戎杀周幽王） 前770—前453（三家分晋） 前453—前231（秦灭燕）
3	秦 秦末战争	13年 15年	前221—前209（陈胜起义） 前209—前195（刘邦杀英布）
4	西汉 汉末战争	204年 {40年 128年 28年	前195—前154（七国之乱） 前119（汉败匈奴）—9（王莽改制） 8—36（刘秀灭公孙述）
5	东汉 三国	148年 96年	36—184（黄巾起义） 184—280（晋灭吴）
6	西晋 东晋 南北朝	31年 {11年 5年 278年	280—291（八王之乱） 306（平定八王）—311（永嘉之乱） 311—589（隋灭陈）
7	隋 隋末战争	22年 17年	589—611（王薄起义） 611—628（唐统一全国）
8	唐 五代	246年 {127年 111年 101年	628—755（安史之乱） 763（史思明灭）—874（王仙芝起义） 874—975（宋灭南唐）
9	北宋 宋金	145年 {18年 125年 159年	975—993（王小波起义） 995（王小波失败）—1120（方腊起义） 1120—1279（元灭南宋）
10	元 元末战争	72年 17年	1279—1351（红巾军起义） 1351—1368（明破大都）
11	明 明末战争	259年 {31年 106年 108年 56年	1368—1399（燕王起兵） 1403（杀建文帝）—1509（刘六、刘七起义） 1519（宁王反）—1627（王二起义） 1627—1683（清占台湾）
12	清	157年 {86年 27年	1683—1769（白莲教起义） 1813（天理教起义失败）—1840（鸦片战争）

　　从秦建立专制帝国（前221）开始的两千多年间，出现全国性的分裂割据时间累计为644年，爆发大规模起义和内乱但未造成分裂的战争共计132年，加上鸦片战争到中华人民共和国成立前的109年，总计885年，维持统一的时间为1285年。平均治乱周期217年。动乱时间约占40.8%。

附录10.3 中国人口增减与战争关系统计

(1) 秦末农民战争(前209—前195),人口约减70%

范文澜估计,战国末年人口2 000万。①

秦末农民战争后,汉初万户大邑只剩两三千户。汉景帝时,中国人口增1—4倍。文景之治后恢复战国规模。②汉初人口年增长率约为2%。

(2) 汉武帝对外用兵(前140—前87),人口约减50%

"海内虚耗,人口减半。"③

(3) 西汉末农民起义(17—36),人口约减60%

公元2年(西汉末)有5 959万人。

公元57年(东汉初)有2 100万人。

(4) 黄巾起义和三国内战(184—280),人口约减97%

公元156年(东汉末)有5 007万人。

公元208年赤壁大战,三方出兵28万④,按5人出1兵计,当时人口为140万。

公元265年左右三国有767万人,280年晋有1 616万人,265—280年,人口增长率为5%,加上208—280年人口增长率为3%,则赤壁战后三国初年,人口约130万。

按以上两种方法估计,三国初年人口仅为西汉盛期的2%强,三国内战是历史上对人口破坏最严重的战争。

(5) 东晋内乱和南北朝(311—589),人口约减50%以上

公元280年(西晋)有1 616万人。

公元311年,刘曜攻长安,关中人口仅余1%—2%。⑤

北朝齐代有2 000万人,周代时为900万人。

南朝宋代有469万人,陈亡时为200万人。

(6) 隋末农民战争(611—628),人口约减2/3

公元606年(隋)有4 602万人。

唐初不满300万户,估计约1 500万人。

---

① 范文澜,《中国通史简编》第一编,第239页。
② 范文澜,《中国通史简编》第二编,人民出版社1964年版,第36页。
③ 同上书,第39页。
④ 同上书,第157页。
⑤ 同上书,第311页。

(7) 唐代安史之乱(755—763),人口约减70%

公元755年(唐玄宗)有891万户,5 292万人。

公元760年(唐肃宗)有193万户,1 699万人。

(8) 唐末农民战争和五代十国(874—975),人口约减3/4

唐武宗(841—846)时有496万户。

后周世宗(955—960)时仅有120万户,宋初约为200万户。

(9) 金、元灭两宋(1126—1279),户数减90%

公元1110年(北宋)有2 088万户,4 673万人。

何炳棣估计宋金时共有人口约1亿。

金灭北宋之初中原人口稀少,1262年南宋有1 303万人,元世祖1262年时为141万户。

(10) 元末农民战争(1351—1368),人口减40%—60%

公元1290年(元世祖)有5 883万人,元末估计近亿人。

公元1393年(明太祖)有6 055万人。按明初25年间人口增长率为2%—3%估计,则元灭时人口约3 600万—2 400万人。

(11) 明末农民战争和清兵入关(1627—1683),人口约减60%

公元1621年(明熹宗)有5 166万人。

公元1661年(清世祖)有2 107万人。

(12) 清代白莲教起义(1796—1806),人口约减30%

公元1786年(清玄宗)有41 944万人。

公元1796年(清仁宗)有27 566万人。

(13) 清代太平天国起义(1851—1873),人口约减40%

公元1844年(清宣宗)有41 944万人。

公元1862年(清穆宗)有25 542万人。

据以上统计,从秦以后到辛亥革命前的2 100年间,共发生人口减少30%以上的大规模战争13次,其中除汉武帝对匈奴战争、清代白莲教起义和太平天国的伤亡可能不及半数以外,至少有9次战争导致人口减少一半以上,对社会生产力的破坏远超过两次世界大战的规模。

11 社会演化的发展观与经济结构的方法论*

11.1 马克思主义面临的新问题和经济学发展的新领域

马克思依据欧洲的历史经验,透彻地研究了商品经济,尤其是资本主义生产方式的内在矛盾,揭示了社会发展的基本规律,第一次为社会研究奠定了科学的基础。

马克思去世到现在一百多年了。在这一百多年间,可以不容置疑地说,不论是东方还是西方,都感受到了马克思主义的巨大影响。社会科学界无论是赞同还是反对马克思主义的人们,都在考虑如下的问题:这一百多年的历史现实,究竟给马克思主义带来哪些新的挑战?马克思主义如何应对这些挑战?马克思主义在20世纪行将结束的时候,能否成功地预测人类社会的前途,指导各国人民的实践?一句话,能否在马克思主义的基础上发展新方法、解决新问题就成了今日马克思主义的生命所在。

现实情况千头万绪,究竟哪些是基本问题,应当引起理论工作者的注意呢?我以为当代的马克思主义经济学应当研究下列三个问题,从而可能开拓经济学的三个新领域。

11.1.1 历史多线演化的根源和发展经济学

马克思预言无产阶级革命只有资本主义发达国家的工人阶级同时发动才会胜利,社会主义革命却首先在资本主义不发达的俄国和商品生产极端落后的中国取得胜利,殖民地半殖民地的解放运动也深受马克思主义的影响。然而苏联和中国的社会主义革命和建设都经过了曲折的道路,如今向着不同的方向分化。战后世界多样化的发展使越来越多的人认识到东方国家有自己的特点,将来也不可能重演西方的历史,这就对斯大林的单线发展模式提出了疑问。马克

---

* 原载《学习与探索》1981年第3期。

思关于"亚细亚生产方式"的思想重新引起广泛的兴趣,这就提出了世界历史多线演化的根源问题。西方以韦伯为代表的许多学者强调西方不同的文化价值观念在历史上的作用,中国的历史学家则一直把中国社会的特殊现象归结于政治斗争,特别是农民起义、秦始皇建立专制统一帝国,以及儒家文化的影响。我们在中西方历史的比较研究中发现,东方世界不同于西方的主要历史根源仍在于经济而不是政治或文化,这本是马克思的基本思想。当代文化人类学的发展进一步用生态和经济的因素去解释各民族间文化的差别,发展了马克思的观点。这里的困难在于马克思只重点研究了西欧历史上商品经济的规律,如何用马克思的方法去研究自然经济的规律,研究自然经济向商品经济、计划经济转化的道路就成了中国这样的发展中国家必须解决的课题。这就是说:应当比较研究不发达国家的社会发展史,发展以研究发展中国家经济为对象的发展经济学。

11.1.2 科学技术的作用问题和技术经济学

两次世界大战特别是战后资本主义国家的经济发展,使大家都看到了科学技术在生产力发展中的作用及其对社会结构的影响。战后联邦德国、日本的经济增长速度一度超过了社会主义国家、美国和西欧,进入所谓超工业社会和情报化社会,从事科学、情报、文化、管理的情报业人员的比例大大超过了从事工农业和服务业人员的比例。自动化的发展确实在一定程度上缩小了三大差别。越来越多的人承认,资本主义制度下的工人阶级不仅不存在绝对贫困化,而且科学技术和生产力的进一步发展,使产业工人在经济中的重要地位将被以知识分子为主的所谓从事管理和科学技术的白领阶层所取代。通信技术和计算机的进步使人们搜集和处理信息的能力不断提高,计划和预测的科学基础大大加强。跨国公司的管理方式和资本主义国家在经济上的协调使资本主义经济危机的模式有了相当的改变,同时也产生了新的社会经济问题。新的情况使我们必须科学地分析战后资本主义经济的规律。马克思虽然高度评价了科学技术在生产力发展中的作用,但在当时的历史条件下不可能清楚地认识科学技术发展的规律,所以马克思的政治经济学并没有深入研究科学技术的发展对社会经济形态带来的影响。我们研究今日的后工业社会,却不可能不把科学技术作为经济学中必须认真考虑的重要因素。我国 1957 年以后走弯路的一个重要原因就是轻视科学技术的作用,采取的主要技术经济政策与当代科学技术发展的主流背道而驰。这就给我们提出了这样的任务:不仅要具体研究各种技术的经济效果,而且应当从社会发展史的高度来研究科学技术发展的规律,结束科学史在历史学中的"婢女"地位,大力发展科学学的研究。经济学必须注意研究科学技术对生产力和生产关系带来的影响。这就是说,应当把科学学对技术革命史的研究成果引入经济学,建立一门技术经济学的边缘学科①,使它成为经济学中的一个重要组成部分。

11.1.3 三大全球危机的性质问题和生态经济学

20世纪60年代西方各国都惊呼人口、能源、环境三大危机的严重性,大力开展了科技政策的研究,加强了经济管理的体制,投入了巨大的研究力量和资金设备。在20世纪70年代中期,节育技术、环境保护技术有了重大的进展。虽然目前西方世界的能源问题还要存在相当长的时期,但是太阳能、聚变能等长期能源的开发技术在20世纪末有了相当的成就。与此同时,发展中国家的三大危机却由于工业和科学力量的薄弱而有所发展。这就使人们认识到三大危机不可能只是资本主义制度的产物,而是地球本身边界条件对人类社会发展的限制。三大危机和资本主义周期性的商业波动具有明显不同的性质。我们在研究中国问题的时候发现,三大危机出现得很早。中国早在春秋战国时期就出现了人口问题,灌溉农业的片面发展在巴比伦和中国都造成了生态的破坏,工业革命在工业化国家造成了新的环境和能源危机。从生态学的观点来看,环境、人口、能源危机都是人类生产活动对生物圈造成的不良影响。因此这三大危机可以归结为一个危机,即生态危机。生产力的片面发展使人的生产和物的生产超过了地球这一人类生活的边界条件所能容许的合理限度。人类技术发展的不协调和有限的地球资源发生了矛盾,应该用调整技术经济政策,发展适用技术的研究和加强全球经济、科学活动的国际协作来解决。以前在批判地理环境决定论的时候,学者们把地理环境作为社会发展的外部因素来考察,并未意识到自然条件是经济活动内部的一个重要因素。在今天的经济研究中应当考虑将生态环境作为数理经济模型的边界条件,同时考虑到生态环境在人类活动的作用下也有长期的变化,这就出现了一个新的综合学科——生态经济学。②

1957年苏联人造卫星上天以后,信息爆炸和教育危机震动了西方世界。目前中国也深切感受到了发展中国家的人才短缺问题。我认为当代社会还有第四种危机存在——人才危机③,它的性质和前三大危机有同有异。从哲学的角度来看,四大危机都属于人的精神世界发展的无限性和人的物质个体活动的有限性产生的矛盾,但表现的领域有所不同。生态危机发生在人的物质活动领

---

① 陈平,"技术革命史分期问题初论",《自然辩证法通讯》,1980年第3期,第44页。
② 神里公,"生态经济学的课题和方法",《国外社会科学》,1980年第2期,第61页。
③ 陈平,"人才问题和当代社会的第四危机",《人民教育》,1970年第11期,第7页。

域,人才危机则发生在人的意识活动领域。考虑到科学和技术之间的界限逐步消失,科学在越来越大的程度上转化为直接生产力,教育成为人力投资的重要组成部分,所以还应该发展教育经济学和科学经济学。人类将有可能通过人才学和优生学的研究改善人类自身的生产。这个问题我们在将来分别讨论。

以上所说的三个问题都可以用一个共同的科学方法来加以分析,这就是经济结构的概念。技术经济学和生态经济学都属于生产力经济学的内容,发展经济学虽属于生产关系经济学,但研究经济结构和经济制度之间的关系,也可以用比较经济体制的方法分析发展中国家的经济模式。

11.2 科学方法的讨论和经济结构的概念

11.2.1 分析方法:层次观念和技术经济的结构模型

在研究科学技术史时我发现有两种经济结构在技术经济学上有特别重要的意义,并为我们研究社会经济形态的演化提供了基础的线索。第一是古代农业技术结构,即是单一经济(游牧业、种植农业)还是混合经济(牧业、农业、林业、园艺和渔猎同时存在),它的一个具体表现是食物构成。例如,中国食物以谷物为主,游牧民族以肉奶为主,欧洲则肉奶制品和粮食并重。不同农业技术结构的劳动生产率、生态影响、人口规律乃至文化体制很不相同,发展商品经济和向大生产过渡的可能性也就不同。这对我们理解中国社会长期停滞的经济根源提供了钥匙。第二是现代工业的技术结构。我们推广马克思对工业革命的分析方法,把一般的机器体系抽象化为动力机、传输机、工作机、控制机四个部分,把产业结构相应划分为能源、传输、材料、加工四个部门。从结构分析出发,我们清楚地看到以材料或以能源为纲的技术路线论并不能反映技术革命的规律。当代主要工业化国家历史上发生的技术革命是三次而不是两次。三次技术革命分别以"工作机革命—传输机革命—控制机革命"为主导,而能源和动力的相应发展为历次技术革命的基础。近代史上一直是具有优良海运条件的国家在国际贸易中占据优势地位,英国和日本分别在欧洲和亚洲首先实现工业化,地理因素是重要的条件。与此相反,中国山岭纵横、交通困难一直是发展商品经济的巨大障碍,只有在新的技术条件下才可能克服。技术史证明传输机革命是德国、美国这样的大陆国家走向现代化的中心问题。我国工业发展比例失调的环节恰恰在传输部门,即运输通信部门的落后和以固态煤为主的能源结构加剧了传输困难,强化了自给自足的小而全工业体系,严重地阻碍了分工协作的发展。如果参照德国、美国的经验,中国传输部门的发展速度至少要为目前的4—6倍。中国要提高整个社会的生产效率,就必须调整技术经济政策。只有大力发展铁路、公路和通信系统,发展便于传输的电力、煤气、石油等二次能源,才能开发内地资源,发展商品生产。这样,我们的工作可以从方法论上得到两个十分重要的结论。

第一,研究社会问题必须要采用分析的方法,分别考察经济、政治、军事、技术、文化各个因素的作用,然后再进行综合,不应把什么问题都当作政治问题,把一切成功和失败都归因于生产关系和社会制度的作用。这不但不符合实际情况,而且在政治上也会造成不必要的被动,把可以解决的技术经济问题不加分析地归结为政治和思想问题,只能使解决社会矛盾的过程不必要地复杂化和情绪化。中国历代的农民起义、体制改革都在分配的问题上兜圈子,最后是通过战争解决问题,但是从根本上说并没有挽回绝对贫困化的趋势。其实,不研究怎样生产更多的东西,怎样打开新的发展途径,人口越来越多,物质总这么少,一张饼越来越小,研究任何分配方法都不会使大家满意,关键在鼓励人们研究增产的新方法、新技术。两千多年来,欧洲的经济一直是开放体系,政治为经济的利益服务,发展科学,打开市场,路子越走越宽。中国的经济却总是封闭体系,经济发展受政治限制,结果是作茧自缚,内乱愈烈,路子越走越窄。中国人民是勤劳灵巧的,但是思想方法太落后了,今天应该认真学习科学的方法,克服传统观念。在社会科学的研究中我们主张发展结构和层次的概念,不要采用"以阶级斗争为纲"的提法,这并不会否定反而有利于改善社会主义制度。因为当代社会是一个高度复杂的大系统,要反映社会发展的综合性和整体性,首先必须分别研究经济、技术、政治、文化各个层次不同的规律,然后研究各个层次之间的相互作用,方能科学地制定全面的政治经济政策和科学技术政策,不再重犯"阶级斗争一抓就灵"那种简单化的错误。结构论和系统论的方法应该在我们的研究工作中有广泛的应用。

第二,在研究某一层次的运动规律的时候,采用结构模型比强调单一路线更能反映事物之间互相制约的矛盾关系,反映事物发展的整体性。中国两千多年来以粮为主的农业技术路线不仅没有提高劳动生产率,反而造成绝对贫困化。这说明单一技术路线的观念无助于促进各种技术之间互相协调的发展。近代物理学是和原子结构的观念分不开的,遗传学和分子生物学的研究引起了生物学的变革。我们搞现代化应该舍弃旧观念,发展新思想。我们相信经济结构的研究比传统的单线发展图式更能反映历史的全貌。结构分析方法是我们研究中国问题和全球问题的出发点。

11.2.2　经济结构和生产力、生产关系的概念

目前"经济结构"一词往往在不同的意义下被使用,常常引起不必要的误解。为了明确地提出问题,我们有严格定义的必要。最常见的提法是把社会经济结构当作社会经济形态的同义语,也就是指生产关系的总和,指一定的政治经济制度。[①] 另一种提法在国外文献中经常见到,我国的经济界也开始使用。例如,马洪在关于经济结构的研究项目中提到了产业结构、投资结构、就业结构、所有制结构等[②],其中既有生产关系的结构,也有生产力的结构。

结构关系当然是普遍存在的。我们的意图是明确地区分生产力和生产关系的具体规律。马克思的阶级分析方法,实质上就是生产关系中的阶级结构。但是马克思本人并没有对生产关系的结构概念下过明确的定义,斯大林对于生产关系的三分法的定义看来还有研究的必要。因此,我们把目前工作的重点放在生产力的研究上。既然"社会经济形态"一词在社会主义国家的文献中被作为政治经济制度的名称,也就是生产关系中结构的表述,那么我们建议今后把"社会经济结构"一词只用来表述生产力中各个因素相互之间的作用关系,应该不会引起不必要的混淆。

我们定义经济结构为生产过程中(不考虑分配过程),人、技术、自然之间的相互关系,并且具体地把它区分为三个层次,即生态经济结构、技术经济结构和经济管理结构。

生态经济结构研究在一定的生态环境(包括地理、气候、土壤、资源等)的条件下,形成的人口分布、工农业布局、城乡结构、能源开发方式和能量利用的生物化学循环,生产活动和水、碳、氮等生命物质循环体制的关系,以及人类生产、科学、军事活动对人类、生物和环境的影响。

技术经济结构研究各地区适宜的农业技术结构(农、林、牧、渔)和食物构成,工业系统的结构(材料、动力、加工、传输),生产、流通、服务、情报行业之间的关系,国际市场对国内市场的影响等。

经济管理结构研究生产组织的形式,各个部门中个体劳动、简单协作和专业化协作的方式,全民企业、专业公司和托拉斯的关系,经济细胞的构成(生产计划、科研选题的主权在个人、班组、所室、工厂还是公司、研究院),协调机构的体制(垂直系统还是跨行业网络)等。由于生产管理涉及设备、资金、人员的所有权和指挥权,所以经济管理结构既是生产力的一个层次,

---

[①] 《辞海》第3分册,中华书局1961年版,第2页。
[②] 《经济学动态》,1979年第9期,第13页。

又和生产关系有密切的关系。生产力和生产关系的相互作用以经济管理结构为联系的中介。

马克思说：劳动生产力是由多种情况决定的，其中包括工人的平均熟练程度、科学的发展水平和它在工艺上应用的程度、生产过程的社会结合、生产资料的规模和效能，以及自然条件。[①] 通常认为，生产力的因素包括劳动对象、生产工具和劳动者。马克思一贯强调分工在生产力发展中的作用，这实质上就是经济结构的思想。考虑到劳动生产力的高低是生产力发展水平的标志，应该推广马克思的思想，把经济结构作为生产力发展的第四因素。

进一步的考虑可以把马克思对生产力三个因素的划分看作纵的因子分解法，而经济结构实质上是这三个因素之间横的关系。看来这种看法在逻辑上更为合理。完整的提法应该考虑到生产关系的定义方法。目前我们可以把经济结构的概念列示在图 11-1 中。

```
                ┌ 劳动对象……生态经济结构 ┐ 社会
        ┌ 生产力 ┤ 生产工具……技术经济结构 ├ 经济
生产方式 ┤       └ 劳动者……经济管理结构   ┘ 结构
        │       ┌ 所有制形式            ┐ 社会
        └ 生产关系 ┤ 社会集团在生产中的地位和关系 ├ 经济
                └ 产品分配形式          ┘ 形态
```

图 11-1　经济结构的概念

11.2.3　稳定性、非平衡态和进化树

科学史上常有这样的情形：人们的知识积累了不少，但是理论的认识却徘徊不前。新的突破需要新的方法、新的思想。今天，社会发展究竟是单线论还是多线论的争论，也许就是这样一个亟需新思想的老问题。我们想从科学哲学的角度对发展观作一点深入的讨论。

中国的哲学是很强调发展变化的，问题是发展变化遵循什么样的机制。在20世纪以前，牛顿决定论的发展观统治了经典物理的思想。经典力学运动的图像是每一个粒子都按既定的轨道运动，用拉普拉斯的话来说，只要知道宇宙中每个粒子的初始条件，就可以断言宇宙的过去和未来。牛顿在力学上获得了巨大的成功，但是从经典力学的观点出发却无法理解生命现象的特点，诸如生命的进化过程、生物发展的多样性和复杂性等。

---

① 《马克思恩格斯全集》第 23 卷，第 53 页。

量子力学的建立用概率分布取代了轨道的概念。量子力学不但在原子物理上取得了巨大的成功，而且量子跃迁的概念为理解生物系统遗传和变异的机制提供了物理学的基础。薛定谔指出，生命现象是一种非周期性晶体，生命的存在必须不断从外界吸收负熵。而生物学的量子跃迁在于分子必须是相对稳定的构型，即属于亚稳态。① 亚稳态的力学概念非常重要，发展便建立在统计规律而不是决定论的基础之上。

在生命现象面前，经典物理还面临了第二个困难。按照热力学第二定律，一个孤立系统的熵总是趋于极大。熵是物体运动无序度的一个衡量。换言之，系统的运动方向是从有序到无序，而不是从无序到有序。这和生物进化、社会演变的方向正好相反。最近十多年间发展起来的非平衡态统计物理学克服了这一困难。普里戈金指出，对于孤立系统，熵才永不减少，系统达到最大程度无序的平衡态。对于一个只和外界交换能量的封闭系统，可能在平衡态附近形成低温有序结构（例如，晶体结构）。要理解生命现象，只有和外界交换物质和能量的开放系统，由于存在来自外界的负熵流，才有可能在远离平衡态的条件下，在微观涨落的基础上通过非线性相互作用的机制形成功能有序的耗散结构，即从无序产生有序。② 非平衡态统计物理的发展为理解包括生命和社会现象在内的自组织系统开辟了道路。

在非平衡态热力学中，涨落驱动系统远离平衡态引起系统的失稳，在分叉点发生突变，出现新的结构③，这是一个不可逆的多线的历史发展过程。牛顿力学的单线发展模式，就为非平衡态统计力学的进化树所取代。近代发展起来的非线性动力学进一步否定了优化轨道的意义，因为即使对于简单的决定论系统，在非线性相互作用下，其长期行为也是不可预测的，这就为革新、创造和演化提供了机会和可能。历史观念通过非平衡和非线性运动进入了物理学。这就从方法论上打破了物理世界、生命世界和人类社会之间的壁障。

11.2.4　经济结构的稳定性和社会演化的动力学

量子力学和统计物理的思想方法对当代自然科学和社会科学产生了广泛的影响。我们认为研究经济结构的稳定性问题，理解开放系统与封闭系统不同的演化行为，对我们重新认识中国与世界的国情在科学方法上提供了有力的工具。恩格斯说：随着自然科学领域中每一个划时代的发现，唯物主义也必然要

---

① 薛定谔，《生命是什么》，上海人民出版社1973年版，第一、四、六章。
② 普里高津，"演化的热力学"，《今日物理》，1972年第25卷第11期，第23页。
③ 普里高津，"从存在到演化"，《自然杂志》，1980年第3卷第1期，第14页。

改变自己的形式①，20世纪科学的发展，从量子力学开始，经过控制论、信息论、分子遗传学到今天的非平衡态统计物理学和非线性动力学，偶然和必然互补的运动模式渗透到自然科学的所有分支，进入了经济学和政治学的领域，也必将进入社会发展史的领域。应该指出，斯大林的单线发展模式实质上是一种牛顿决定论的发展观，马克思本人并没有这样的思想。随着文化人类学、人类经济学和比较经济学的发展，多线发展模式已是无可否认的历史事实，只是有些人固守传统规范、无视新的事实而已，实践早就等待着理论上的突破了。

西方科学理性传统的最大特征之一就是抽象方法的运用。牛顿对轨道的抽象、马克思对商品的抽象，从方法论上来说都是一种理想模型。理想模型的优点在于一开始就抓住了事物发展最主要的特征，但是任何抽象都以一定的简化为代价。这就使理想模型有逐步向更复杂的综合模型发展的需要。新的发展有可能在方法论上出现极大的变革，但是可以包容而不一定否定原有理论的主要结论。

考虑到物理学规律是自然界最低层次的规律，化学、生物学、心理学和社会科学等更高层次的规律都不会被较低层次的规律所取代，但也不可能和更低层次的规律相冲突。所以我们有理由认为，物理学规律应该作为生物学规律发展的前提。既然人类本身就是生物世界的产物，生产活动也是一种能量转换过程，没有理由在自然科学和社会科学之间设置一道不可逾越的障碍，那么，我们就有信心尝试把自然科学的研究方法引入社会科学的研究之中。

20世纪40—60年代发展起来的经典控制论和系统论只能描述现存系统在平衡态附近的行为，却无法解释结构的起源和演化。现代的非平衡态统计物理学研究的是结构演化的起源和机制，因而可以用来讨论生命起源、物种进化和社会演变的基本问题。统计物理学方法考虑的是大量物体的集合运动，热力学规律和物质具体的运动性质无关。从非平衡态统计物理学的观点出发考察社会系统的演化，对于研究社会发展史，提出了哪些值得我们重新考虑的问题呢？

第一，环境、气候的变动等偶然因素对社会发展形态有怎样的影响？启蒙哲学家认为这些因素具有决定性的影响，批判地理环境决定论的人们否认其对社会体制有任何影响，这都是片面的。大家知道，基因突变的起源是宇宙辐射或环境的其他物理化学因素。这种随机的突变，99%以上是有害的，生物进化在大量随机突变的基础上能够保留罕有的有利突变，是在环境压力下自然选择的结果。环境的影响是概率论的，不是决定论的，突变方向有进化和退化的不

---

① 《马克思恩格斯选集》第4卷，人民出版社1972年版，第224页。

同可能。因此,演化意味着选择而不是宿命,人类社会的发展也是如此。按照现代非线性动力学的研究,在系统运动处于分叉点之间的时候,必然性的决定论机制起主要作用,然而在分叉点附近,偶然性的随机论机制起主要作用,这就解决了偶然和必然的发展机制之间的辩证关系问题。在原始社会的初期,地理、气候的条件对技术经济结构的形式有很大的影响,但是各种经济结构之间的作用、新技术的发明、政治斗争的结局、个人的活动都可能在分叉点附近影响突变的方向,这就使发展有了多样化的可能。

第二,是否任何国家、任何文明系统都必然会产生资本主义和近代科学?持中国资本主义萌芽说的人显然这样认为,但是"文化大革命"的历史给这种必然的信念以致命的打击。从非平衡态统计的观点来看,中国这样一个封闭系统是超稳定的经济结构,除了输出大量手工艺品以外,拒绝接收其他文明系统的信息(负熵流),只可能在平衡态附近振荡,不可能产生新的结构,中国自给自足的小农经济、小全企业都是大大小小的封闭系统。人们历来把两极分化当作一个最危险的趋势,竭力在人与人之间的关系中达到平衡,却不知道一个封闭系统中的涨落和分化只会导致平衡态附近的振荡,只有开放系统中远离平衡态时引起的分化才有可能(不是必然)产生新的结构。对经济学家来说,问题在于具体研究封闭经济结构形成的原因,探索打破平衡、淘汰落伍、发展协作的各种途径,以改变封闭的经济结构。马克思原来对资产阶级的定义是从工人阶级对资本主义剥削的批判出发的,并没有比较东西方的不同历史,明确给出资本主义和近代科学产生的必要条件。我们要实现中国的现代化,发展科学技术和商品生产,就不能不重新研究这个问题。

第三,中国的改革在全球的舞台上应该采取中国中心还是世界中心的政策导向?如果社会主义向共产主义的发展是决定论,那么我们当然可以采取自我中心主义,关起门来搞运动,实行指令式的计划经济,不必理会世界经济形势发生了什么样的变化。结果如何,我们已经领教了。如果发展既有决定论的因素又有随机论的因素,那么我们必须采取竞争的态度,把保障稳定的计划经济与鼓励创新的市场经济相结合,打开门来走上世界较量的舞台。我们必须通过国内的经济改革逐步缩小与世界水平的差距,同时避免西方国家走过的弯路,赶上和超越已经实现过工业化的国家。因此,我们必须充分掌握世界发展的信息,研究鼓励多样化发展的决策,把全国人民都动员起来加入国际经济竞争。只有在竞争中学习,才知道对中国适宜的发展道路何在;只有在竞争中获胜,才能增强民族的自信心和自尊心。

第 3 部分
演化动力学模型

这一部分只有两篇文章。第一篇是我在美国得克萨斯大学奥斯汀分校普里戈金热力学与统计力学研究中心做的博士研究的第一阶段成果。动机是用非线性的决定论和随机论两种方法来研究系统的非均衡演化。主要的问题在于,究竟想解释什么样的现象?这篇短文包括了三个原创的非线性演化模型:一是物种竞争模型,二是生灭过程的特例台阶式生长模型,三是社会分岔模型。本卷(《代谢增长论》)只讨论物种竞争的决定论模型如何转变为代谢增长模型,为第二卷(《内生周期论》)讨论的经济混沌模型奠定理论生物学的基础。第三卷(《中观基础论》)会讨论生灭过程的随机模型及其在宏观和金融经济学的应用。

研究物种竞争模型的原因是想建立分工演化的数理模型。科学研究要从最简单的问题开始。最简单的分工是生物界的蚂蚁和蜜蜂。普里戈金的两个弟子里,艾伦(Peter Allen)[1]首先用生态学的逻辑斯蒂模型从理论上来讨论生态系统的演化行为;他和德纳堡(Jean-Louis Deneubourg)合作,后者用实验研究蚂蚁寻找食物的行为[2],逻辑斯蒂模型可以对此作出定量解释。他们的工作可以推广到人的行为,问题是蚂蚁和人的分工行为的差别在哪里?工蚁合作是靠化学气味传递信息,行为单一,而人的行为多样。受鲁迅启发,我认为文化的差别影响行为的差别,那么如何用最简单的数学模型描写人类的不同文化?我

---

[1] Allen, P. M., "Evolution, Population Dynamics, and Stability", *Proceedings of National Academy of Sciences*(USA), 1976, 73(3), pp. 665-668.

[2] Verhaeghe, J. C., J. L. Deneubourg, "Experimental Study and Modelling of Food Recruitment in the Ant Tetramorium Impurum (Hym. Form.)", *Insectes Sociaux*, 1983, 30, pp. 347-360.

在《今日物理》杂志上读到日本索尼研究所所长菊池诚的文章,他认为美国人的个人主义和日本人的集体主义文化形成鲜明对比。[1] 有趣的是,菊池诚认为日本人的集体主义可以和蚂蚁的行为相比。我立刻想到,可以引进一个一维的文化因子来描写文化在学习竞争中的差别,将冒险与避险行为同经济学家谈论的利己与利他行为进行比较,通过定量模型直接进行观察。我发现模型的参数可以定量解释中西人口-资源比例的巨大差别。我以前做中西文化比较时静态的比较研究,可以升级为动态的定量模型。

数理模型的优劣在于能否用简单的假设解释多种的想象。除了经济行为,物种竞争模型还有更多的推论和应用。在生态学中,它可以排除资源数必须等于物种数的困难。在社会学和金融学的应用中,可以用单峰和双峰分布来描写社会的中庸稳定和对立动荡的不同状态。在政治学中,可以用其解释两党制比多党制稳定。在认知心理学中,可以从单峰—多峰—单峰分布的变化来识别大脑认知结构的台阶式发展。在哲学和方法论上,分岔模型给出了量变到质变的数学表象。非线性模型把辩证法和历史观引入经济和社会科学的数学模型。

原来我的博士论文题目是"社会物理学的分工演化模型",但是模型的一个预言引起普里戈金的质疑。20 世纪 80 年代西方思想界的流行见解是苏联的社会主义不如美国的资本主义,日本的集体主义不如美国的个人主义。我的模型的结论却是个人主义和集体主义的竞争各有利弊。在创新停滞和资源有限条件下的学习竞争中,集体主义的物种有可能击败个人主义的物种。这一结论与普里戈金的直觉相抵触,却得到麻省理工学院的系统科学家和研究军备竞赛的部门的高度兴趣。1984 年,我在普里戈金的建议下,抢先转入经济混沌的经验和理论研究,没时间再去展开社会分工模型,就在 1987 年的国际会议上简单报告了我的主要成果,就是本部分的第一篇文章。

1991 年苏联解体,普里戈金对祖国的科学家命运非常关切,把他领导的比利时索尔维国际物理化学研究所的宝贵资金用于挽救苏联的物理学精英,结果却回天无力。普里戈金对中国改革的成功和苏联改革的失败感慨良多,从而改变了对我的分工演化模型的看法,认为我的这一工作比 1985—1988 年间发现的经济混沌还要重要。1996 年,我开始每半年去一次北京大学中国经济研究中心讲课,从最新的历史经验来丰富分工演化模型的解释,尤其是从人地关系的角度来解释中西文化的不同,给李约瑟问题一个定量的数理模型,这就是用中文发表的第二篇文章。

---

[1] Kikuchi, M., "Creativity and Ways of Thinking: the Japanese Style", *Physics Today*, Sept. 1981, pp. 42-51.

在1985年以后，我受到的国际会议讲演的邀请，主要是让我介绍在经济混沌和经济复杂方面的研究成果，因为我们使用的数学物理工具，在分析经济和金融数据上的理论和方法都是领先的。但是2008年金融危机之后，越来越多的主流经济学家要求我解释中国崛起和西方衰落的原因。我在2012年国际熊彼特学会双年会上的主题讲演，用了一个在经济学理论上更吸引人的标题"代谢增长论"，重新解读了1987年分工演化的学习竞争模型的主要结果，引起演化经济学元老们的热烈反应。该讲演文章2014年在演化经济学会的旗舰杂志上发表，就是本书第1部分的第二篇文章。按历史顺序，该文应当是本部分的第三篇文章。

科学史上，理论的命名在很大程度上决定了理论突破的方向。"演化动力学"的提法是受普里戈金思路的影响，要把开放系统的演化模式从物理推广到生物和社会系统。取名"代谢增长论"是挑战新古典经济学的外生增长论和内生增长论，包括阿罗的知识积累论，要回答的是当代经济学的重大问题。这不仅是增长是趋同还是发散的问题，而且包括：经济增长的动力究竟是资本还是科技创新？经济决策的基本约束究竟是市场的供求关系、预算约束还是资源生态约束？什么是财富？西方模式下为什么物质财富越多，社会不稳定性越大？市场机制的核心究竟是成本价格竞争还是市场份额竞争？金融危机和历史经验的启示让我在分工演化模型建立30年之后，才看到该模型可以回答更多经济学的基本问题。

12 劳动分工的起源和社会分化的随机模型[*]

本文引入了非线性模型来描述社会演化的非均衡动力学。西方文化与东方文化之间的差异,以及它们在劳动分工起源上扮演的不同角色,可以用一个信息扩散与学习竞争的行为模型来解释。本文指出稳定性与多样性之间的此消彼长、不可兼得的关系(trade-off)。社会分化的随机模式与有关的经验证据在一个多阶段发展的随机模型中给出。结果表明,在转型时期会出现背离高斯分布的现象。最后,我们将给出一个关于社会分岔的理想实验。

12.1 引言

众所周知,社会演化是在一个非均衡世界的环境里进行的,但是以往社会科学研究中的数学模型都受均衡范式(paradigm)所统治。如今,一种新的方法和新的范式已在非均衡物理和化学中被广泛应用(Prigogine and Stengers,1984),它对社会科学的影响也将日益增强(Allen,1982)。

本文将讨论社会现象中非均衡过程的两个简单模型。在 12.2 节,我们将首先引入学习过程中的行为因素,以及竞争模型中的文化倾向,从中我们可以发现:在社会的安全与发展、稳定与复杂之间都存在着此消彼长、不可兼得的关系。这将有助于我们解释东西方文化之间的差异,以及历史上的劳动分工的起源。在 12.3 节,我们将讨论一个高斯分布瓦解和恢复的随机模型。其中,我们先引入一个多阶段发展的随机模型,它的初始与最终状态都是单峰的高斯分布,但在转型阶段会出现多峰分布的现象。然后,我们进一步讨论社会分化随机模式的经验证据。最后,我们将给出一个社会演化分岔模型的理想案例。

---

[*] 朱莉译自 Chen, P., "Origin of Division of Labor and Stochastic Mechanism of Differentiation", *European Journal of Operational Research*,1987,30(3),pp.246-250。

12.2 学习竞争中的行为模型和劳动分工的起源

为什么东西方文化之间会有令人惊异的差别与对立？为什么近代科学与资本主义最早出现在西欧而不是中国、印度、伊斯兰或其他文明之中？现代经济学中没有关于劳动分工起源的经济学模型。在理论生物学中，物种之间的竞争结果主要依赖于资源与环境(Maynard Smith,1974)，而环境变迁与动物或人的行为适应性之间并没有什么关联。

我们注意到，文化因素在资本主义与近代科学的起源中扮演了重要的角色(Weber,1930;Whorf,1956)。例如，菊池诚看到个人主义程度在东西方国家之间差别很大。他提出了一个量度个人主义程度的一维模型，假设存在着这样一根横轴，一个极端是高度个人主义的欧洲和美国，另一个极端是像蜜蜂那样有着严格分工的社会(Kikuchi,1981)。我们将从学习竞争模型出发来讨论这一观点。我们引入一个简单的行为或文化的倾向来研究劳动分工的机制。首先，我们研究关于一个种群(species)的信息扩散模型，然后再讨论两个种群的学习竞争模型。

12.2.1 信息扩散模型

数理社会学家把理论生态学中资源有限的逻辑斯蒂增长方程(logistic equation)引入社会学，描写大众传播等信息扩散过程。经济学也可以把资源对人口规模的限制作为市场大小的量度。亚当·斯密曾经指出，劳动分工取决于市场的大小。这是著名的斯密定理，在数学上就相当于资源有限的分工发展过程(Smith,1776)。通常的逻辑斯蒂方程只讨论死亡率是常数的简单情形，我们为了描述非线性学习行为，把逻辑斯蒂方程推广到死亡率(学习行为中是淘汰率)不是常数的情形。我们首先考虑一种没有中央信息源的信息扩散过程，假设：

$$\frac{\partial n}{\partial t} = kn(N-n) - dn\left(1 - \alpha \frac{n}{N}\right) \tag{12-1}$$

这里，N 代表人口规模，n 是已掌握信息者的数目，$(N-n)$ 是需要接受新信息的学习者数目，在学习过程中，k 是接受新信息者数目的增长率；最后一项代表淘汰率或者遗忘率，它的函数形式不同于传统人口模型中的常数死亡率。我们可以用 d 作为学习能力的衡量尺度或掌握技术的困难程度(Bartholomew, 1976)。

在经济学中，我们可以把 N 看作市场规模。显然市场规模是一定历史条件下技术水平和价格水平的函数。我们这里要讨论的是，即使在同样的技术水平,例如,同样的农业开发水平下,资源的有效利用率应当是文化行为倾向的函数。

这里我们引入一个新的因素 α,即敏感度。如果 $\alpha>0$,它可以用来衡量人们对陌生事物的排斥度。当很少有人能接受新信息时,即 n 很小的时候,淘汰率就很高;当很多人都能接受新信息时,淘汰率就降低。这也正是保守主义社会的特性。相反,如果 $\alpha<0$,可以用它来衡量社会对冒险行为的偏好度。可见,不同的 α 值代表了不同的行为方式或者文化倾向。例如,它可以用来刻画群居动物与独居动物之间、保守型文化与进取型文化之间的行为差别。依据(12-1)式,我们可以求出 n 的均衡解。

$$n^* = N\left(1 - \frac{d}{kN}\right) \Big/ \left(1 - \frac{d\alpha}{kN}\right) \tag{12-2}$$

我们发现:

$$n^*_{\alpha<0} < n^*_{\alpha=0} < n^*_{\alpha>0}$$

也就是说,个人主义文化的均衡人口或市场规模小于集体主义文化的均衡人口或市场规模。(历史上最显著的例子是,中国秦以后的统一帝国在中世纪的人口密度就远大于西欧的王国。)

如果面临的是一个涨落不断的环境,我们可以考虑以下的随机方程:

$$\frac{\partial x}{\partial t} = kx(N-x) - dx\left(1 - \alpha\frac{x}{N}\right) + \sigma k x \xi(t) \tag{12-3}$$

这里,x 是一个随机变量,$\xi(t)$ 是白噪声(随机扰动项),σ 是白噪声的方差。

依据(12-3)式,我们可以很容易地求出 Fokker-Planck 方程的稳态概率密度的极值,结果如下(Horsthemke and Lefever,1984):

$$x_m = N\left(1 - \frac{d}{kN} - \frac{K\alpha^2}{2N}\right) \Big/ \left(1 - \frac{d\alpha}{kN}\right), \quad \sigma<\sigma_c \tag{12-4}$$

$$x_m = 0, \qquad\qquad\qquad\qquad\qquad\qquad \sigma>\sigma_c \tag{12-5}$$

这里,$\sigma_c^2 = \frac{2}{k}\left(N - \frac{d}{k}\right)$。

现在我们可以进一步比较两个种群的情形:一种是保守型(即 $\alpha_1>0$),另一种是进取型(即 $\alpha_2<0$)。保守型种群其稳态解的人口规模 n_1 比进取型的人口规模 n_2 大,所以为了容纳同样多的人口,保守型种群所需的资源与生存空间相对于进取型的种群更少;为了容纳 n_2 规模的人口,进取型需要更多的生存空间。考虑变动环境下的稳定性,保守型种群比进取型种群的稳定性更高。如果存在某种起码的生存阈值或临界大小,则保守型种群显然比进取型种群更稳定(Zurek and Schieve,1982)。但是,当新的信息来临时,考虑到每个人的学习能力有限,保守型种群吸纳新技术的潜力要比进取型种群低。

12.2.2 学习竞争模型

现在我们考虑不同文化的两个种群的学习竞争模型。

$$\frac{\partial n_1}{\partial t} = k_1 n_1 (N_1 - n_1 - n_2) - d_1 n_1 \left(1 - \alpha_1 \frac{n_1}{N}\right) \tag{12-6}$$

$$\frac{\partial n_2}{\partial t} = k_2 n_2 (N_2 - n_2 - n_1) - d_2 n_2 \left(1 - \alpha_2 \frac{n_2}{N}\right) \tag{12-7}$$

这里,n_1、n_2 分别代表第一种群与第二种群中已掌握信息者的数目。为了简便起见,我们假设 $k_1 = k_2 = k$,$N_1 = N_2 = N$。

我们可以将等式(12-1)改写成如下形式:

$$\frac{\partial n_1}{\partial t} = s_1 n_1 (M_1 - n_1 - \beta_{12} n_2) \tag{12-8}$$

$$\frac{\partial n_2}{\partial t} = s_2 n_2 (M_2 - n_2 - \beta_{21} n_1) \tag{12-9}$$

这里,M_i、s_i、β_{ij} 分别代表对资源的有效负载力、有效增长率,以及有效竞争系数。i,j 代表 1 或 2 种群,我们可以求出:

$$M_i = \left(N - \frac{d_i}{k}\right) \Big/ \left(1 - \frac{\alpha_i d_i}{kN}\right)$$

$$s_i = k\left(1 - \frac{\alpha_i d_i}{kN}\right)$$

$$\beta_{ij} = 1 \Big/ \left(1 - \frac{\alpha_j d_j}{kN}\right) \tag{12-10}$$

注意,这里有一个不对称的重叠系数 β_{ij},当 $\alpha_j < 0$ 时,$\beta_{ij} > 1$,这个结果与传统的人口竞争方程不同(Nicolis and Prigogine,1977)。

依据(12-10)式,我们可以推出两个种群共存的条件是:

$$\beta_{ji} M_i < M_j < M_i / \beta_{ij} \tag{12-11}$$

或者:

$$\left(1 - \frac{\alpha_1 d_1}{kN}\right)\left(1 - \frac{\alpha_2 d_2}{kN}\right) > 1 \tag{12-12}$$

我们就会发现,两种保守型的种群不能共存。当他们竞争同样的资源,如土地时,其结果只能是一个种群完全取代另一个种群,这正是传统农业社会中改朝换代循环往复的历史现实。可见,劳动分工不可能在一个保守型的文化中出现。

如果两个种群具有同等的学习能力(即 $d_1 = d_2$),这时两个进取型种群可以共存。但是,如果一个是保守型,一个是进取型,则最终前者会完全取代后者。所以对于进取型种群,竞争中唯一的生存策略就是提高他们自身的学习能力

(使 d 更小)。如果我们把资本主义看作一种偏好冒险的文化,那么就可以得出与经济学家熊彼特类似的结论,即在东西方文化对资源的竞争中,不断创新起到生死存亡的作用(Schumpeter, 1950)。一旦创新停止,个人主义文化就会在争夺现有资源的竞争中输给集体主义文化。

然而,如果 $d_1 \neq d_2$,并且 $\alpha_1 \neq \alpha_2$,则两个种群间的竞争结果会有多样的可能性。展现在我们面前的将是一个多样化的世界。

我们可以用耦合的 Fokker-Planck 方程研究涨落环境下的稳定性。我们已经知道,两个种群共存体系的稳定性要比单个种群构成的体系要低。换言之,尽管多元化社会比单一化社会可能拥有更多的社会财富,但单一化社会比多元化社会更加稳定。所以,安全与发展、稳定性与多样化之间存在着此消彼长、不可兼得的关系(May, 1974)。劳动分工有利也有弊,其代价是降低了稳定性。另一个有趣的结果是,一个保守种群与一个进取种群组成的体系,比两个进取种群组成的体系更稳定,可见西方保守、自由的两党体系的普遍存在不是偶然的。

依据上述模型,我们可以进一步讨论社会历史的演化树。显然,双向演化不等于单向进化。演化树是双向的演化倾向,可能分别走向简单性或复杂性的体系,这取决于系统的环境和系统的结构。我们也可以依此推测,为什么资本主义会产生于西方文明而不是东方文明,因为东方文明的环境涨落(包括天灾和战争的频繁剧烈)大于西方,由此导致东方文明向简单的自给自足经济发展。东方文明的稳定性虽然较西方文明为高,但劳动分工多样发展的程度低。这恰好表现出本文强调的稳定与发展之间的消长关系:安全与机会难以兼得。类似的逻辑可以用来研究英美型和德日型的竞争特点,不同商业文化的企业竞争策略、技术革命以及军备竞赛模式等动力学竞争问题。和微观经济学的静态优化或动态规划模型不同,这里只有战略目标的利弊权衡,没有唯一的优化结果。在非平衡、非线性的条件下,历史偶然性会影响历史演化的不可逆路径。

12.3 社会分化中高斯分布破坏的随机论机制

高斯分布在科学中之所以被广泛应用,是因为它操作较简单,只需要两个参数,即均值与方差,就可以描述一个线性随机系统,高斯分布峰值的演变路径对应于相应的决定论方程的解(Reichl, 1980)。高斯分布的局限性在于它是一个小涨落的均衡系统的简化模型。当系统内涨落非常大时,方差可能变为无穷大,均值也可能失去代表整体的意义。在均衡条件下,满足高斯分布的微小涨落只能扰动现有秩序,不能产生新的秩序。但在非均衡、非线性条件下,随机论的机制会导致均衡的破坏、均值系统的分化,其特点是多峰分布的出现。为了理解多峰分布的机制,我们必须超越均衡理论的局限性。下面我们将首先给出一个多峰分布的数值模型,然后讨论社会现象中假想的社会分岔案例。

(1) 多阶段发展的随机模型。早期的流行病学模型已经涉及了概率分布的长尾(long tail)分布或双峰分布的研究(Levin,1978)。最近对燃烧的爆炸模型的研究发现了转型阶段的涨落特征(Frankowiz and Nicolis,1983)。这里我们先考虑一个一般的净生过程(pure birth process),其主导方程如下:

$$\frac{\partial p(n,t)}{\partial t} = b(n-1)P(n-1,t) - b(n)P(n,t) \qquad (12\text{-}13)$$

注意,$P(N,0)=\delta(1)$,$b(0)=b(N)=0$。这里,n可以看作人口数或状态数。从时期t到时期$t+Dt$,状态数从n变为$n+1$的转移概率是$b(n)$,如果出生率$b(n)$不是一个平滑函数而是一个分段光滑(piecewise)函数(这种函数经常出现在多阶段的发展过程中),我们就很容易在其转型阶段产生一个多峰分布函数。图12-1是关于一个具体的概率分布函数随时演化的数值例子。

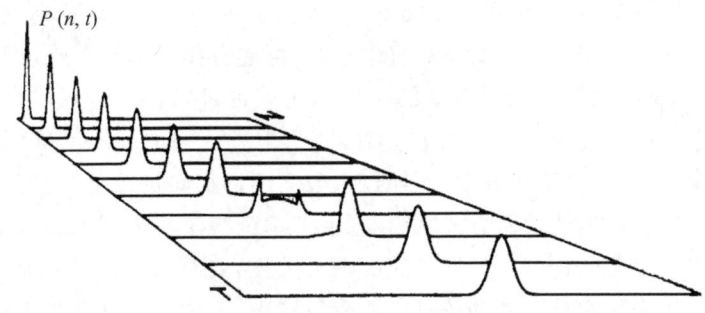

图 12-1 净生过程概率分布函数的随时演化

这里,我们取$N=1\,000$,$b=1.0(350<x<450)$,其他情形下$b=0.3$。这里的时间标度取决于出生率。

社会学家通常假定社会分化的机制是决定论的,例如,家庭、社会某种决定论因素的影响。我们这个简单模型揭示了多阶段发展过程中,社会分化可能由随机论的机制产生。由于每个系统的人口规模有限,大数定律在这里并不能排除社会现象中非高斯分布存在的可能性。

社会分化的随机性起源对于理解社会发展是至关重要的。假设我们现在调查一群儿童,检测他们的身体、心理发育情况,我们当然会发现偏离平均的行为,一些孩子可能发育得很早,而另一些则可能发育得很晚。社会科学家也许会将这些差异归因于遗传、经济或文化的因素,因为他们认为正常发育应该是遵循高斯分布的。由于未能辨析出这些潜在因素,人们往往会把对均值的偏离当作一种测量误差,而轻易忽略掉这些分布函数中的概率"小鼓包"。与流行的做法相反,我们认为即使当所有样本真正达到完全同质时,随机过程在远离均衡的情况下也会产生多峰分布。例如,学习不仅仅是个决定论过程,机会在个人发展中也起到了关键性的作用。

然而,证明分化的随机起源并不是一项容易的工作。在实验观察时,我们需要一个巨大的样本能包含不同年龄组的分布,或者在持续很长的时间内追踪某个同质人群的发展分布。在理论上,发展程度的精确定义与测量,在社会科学的许多模型中是颇有争议的问题。当没有足够的状态数时,平均化过程会轻易地掩盖掉多峰分布的实际。样本的同质性是另一个引起争议的概念,因为它很难排除任何隐变量。尽管如此,我们仍然有兴趣从社会科学的研究中寻找多峰分布的经验证据。

例如,美国做过关于女孩与男孩性成熟的调查,12 岁的白人女孩的性发育呈现一个较为平宽的分布(Harlan,1979),但 13 岁的白人男孩性发育的分布在中间出现一个凹状[如图 12-2(b)所示],这是双峰分布的苗头(Harlan,1980)。一个类似的平宽分布也从比利时的调查中观察到(Deneubourg,1985)。至少,这是一个转型时期存在巨大波动的证据,高斯分布的破坏是非均衡状态的明显标志。显然,多阶段发展过程值得我们进一步地研究。

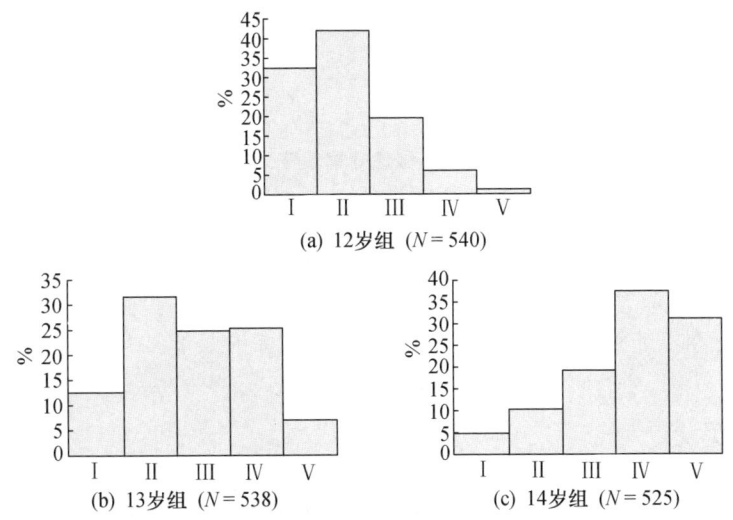

图 12-2　美国白人男孩性发育调查的分布

注:图中横轴代表性发育的阶段,纵轴代表人口百分比;N 是样本的大小。

(2) 最后会餐时的分岔现象。人们也许会对社会现象中是否存在两极分化的分岔现象提出疑问(Gould,1987)。由于社会科学家不能做实验,所以在社会历史中似乎不可能观察到分岔现象的存在。

为了回答这个问题,让我们来看一个理想的案例。假设一个半岛上的城堡被强大的敌军包围了,这个城堡无论从陆地还是海上都很难攻打,所以对于城堡中的人来说,在他们的粮食储备可以维持的那段时期内,其最优选择就是留在城堡中坚守。但是,当最后一点存粮将要吃完时,人群中就产生了混乱现象。人们面临三种选择:(A)留在城中;(B)从海路逃生;(C)从陆路逃生。第一种策略(A)显然已很不明智,等着饿死,不如冒险一试。从海路(B)或陆路(C)逃生的机会是均等的;一些人会倾向于海路,而另一些人会倾向于陆路。显然,这里就产生了分岔现象,而导致分岔节点的参数(X)就是食物储存量,分岔点在X_0(食物储存量为零),并且分岔后的三种状态空间是离散的,如图 12-3(b)所示。这一类故事在历史上并不罕见,可以说一再发生。数学上决定论的分岔理论只是这类事件的平均描述。非线性动力学理论中的草叉型分岔(pitchfork bifurcation)的表示如图 12-3(a)所示。相应地,分岔点附近应当观察到系统状态概率分布的双峰分布。在此,平均值失去意义,涨落极大,线性决定论和线性随机论的预言都告失灵,混沌产生新的秩序。

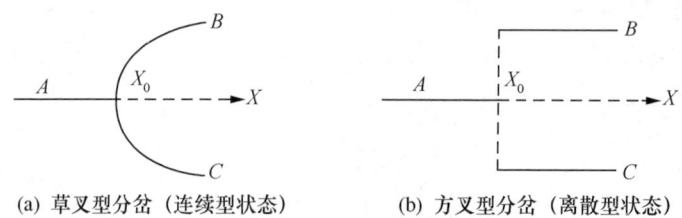

(a) 草叉型分岔(连续型状态)　　(b) 方叉型分岔(离散型状态)

图 12-3　城堡守军策略分岔

注:控制参量为城堡内存粮数。分岔现象出现于粮尽的节点 X_0。控制参量 X,$X<X_0$ 时,A 为稳定态;$X>X_0$ 时,A 变为不稳定态,B、C 变为稳定态。

虽然上述案例是一种简化的理想情形,但我们仍然可以很容易地发现,分岔、多峰分布等非线性数学的概念在描述社会现象时是非常有用的。

12.4　结论

从以上简单模型的讨论中,我们可以看到非线性随机论的机制如何在社会演化中扮演了一个重要角色。非平衡态物理学和非平衡态化学的发展不仅影响到社会科学的技术问题,而且将改变社会理论的基本观念和哲学规范。静态世界里均衡的思维范式将会被演化世界里非均衡的思维范式所取代。

参 考 文 献

[1] Allen, P. M., "Order by Fluctuation and the Urban System", in G. P. Szego, ed., *New Quantitative Techniques for Economic Analysis*, Academic Press, New York, 1982.

[2] Bartholomew, D. J., "Continuous Time Diffusion Models with Random Duration of Interest", *Journal of Mathematical Sociology*, 1976, 4, pp. 187-199.

[3] Deneubourg, J.-L., Private Communication, 1985.

[4] Frankowiz, M., G. Nicolis, "Transient Evolution Towards a Unique Stable State: Stochastic Analysis of Explosive Behavior in a Chemical System", *Journal of Statistical Physics*, 1983, 33(3), pp. 595-609.

[5] Gould, P., "A Critique of Dissipative Structures in the Human Realm", *European Journal of Operational Research*, 1987, 30(1), pp. 211-221.

[6] Harlan, W. R., E. A. Harland, and G. P. Grillo, "Secondary Sex Characteristics of Girls 12 to 17 Years of Age: the U. S. Health Examination Survey", 1980, 96(6), pp. 1074-1078.

[7] Harlan, W. R., G. P. Grillo, J. Cornoni-Huntley, and P. E. Leaverton, "Secondary Sex Characteristics of Boys 12 to 17 Years of Age: the U. S. Health Examination Survey", *Journal of Pediatrics*, 1979, 95(2), pp. 287-289.

[8] Horsthemke, W., R. Lefever, *Noise-induced Transitions*, Springer, Berlin, 1984.

[9] Kikuchi, M., "Creativity and Ways of Thinking: the Japanese Style", *Physics Today*, Sep. 1981, p. 42.

[10] Levin, S. A., ed., *Studies in Mathematical Biology*, Vol. 16, The Mathematical Association of America, 1978.

[11] Maynard Smith, J., *Model in Ecology*, Cambridge University Press, Cambridge, 1974.

[12] May, R. M., *Stability and Complexity in Model Ecosystem*, Princeton University Press, Princeton, 1974.

[13] May, R. M., "Stability in Randomly Fluctuating Versus Deterministic Environments", *The American Naturalist*, 1973, 107(957), pp. 621-650.

[14] Nicolis, G., I. Prigogine, *Self-Organization in Non-Equilibrium Systems*, Wiley, New York, 1977.

[15] Prigogine, I., I. Stengers, *Order Out of Chaos: Man's New Dialogue with Nature*, Random Books, New York, 1984. 中译本：伊·普里戈金、伊·斯唐热，《从混沌到有序——人与自然的新对话》，曾庆宏、沈小峰译，上海译文出版社1987年版。

[16] Reichl, L. E., *A Modern Course in Statistical Physics*, University of Texas Press, Austin, 1980.

[17] Schumpeter, J. A., *Capitalism, Socialism, and Democracy*, 3rd ed., Harper,

New York, 1950.

[18] Smith, A., *The Wealth of Nations*, Liberty Classics, Indianapolis, 1976.

[19] Weber, M., *The Protestant Ethic and the Spirit of Capitalism*, tr. T. Parsons, Allen & Unwin, London, 1930.

[20] Whorf, B., *Language, Thought, and Reality*, MIT Press, Cambridge, 1956.

[21] Zurek, W. H., W. C. Schieve, "Nucleation Paradigm: Survival Threshold in Population Dynamics", in W. C. Schieve and P. M. Allen, eds., *Self-Organization and Dissipative Structure*, University of Texas Press, Austin, 1982.

13 劳动分工的起源和制约
——从斯密困境到一般斯密定理*

"斯密困境"指斯密理论("看不见的手")与斯密定理(劳动分工受到市场规模的限制)不能兼容。本文用生态文化的非线性动力学模型刻画市场竞争和劳动分工。斯密困境可以用稳定性和复杂性之间的消长关系来解释。"一般斯密定理",即劳动分工受市场规模、资源种类和环境涨落的三重限制,可解释历史上劳动分工发展的多样性。

13.1 引论

2002年是严复翻译亚当·斯密《原富》的100周年纪念。严复的工作标志着中国近代经济学的开端。

亚当·斯密的研究是从劳动分工的意义和机制开始的。马克思和恩格斯在《共产党宣言》中,高度评价了劳动分工、机器生产和世界市场在资本主义经济发展中的作用。中国发展劳动分工的历史也很早。例如,中国使用纸币的历史就早于西欧。但是,除了英国和美国的发展道路比较接近亚当·斯密"看不见的手"的主张之外,后起的资本主义国家如法国、德国、日本和新兴的社会主义国家如苏联、中国,都在不同程度上实行了国家资本主义,即"看得见的手"。从五四运动到改革开放前的较长时期中,中国知识分子的关注点集中在探讨中国的社会性质和富国强兵之道上,对劳动分工发展的意义和途径很少关注。大萧条后产生的凯恩斯经济学派也在市场经济的基础上,大大加强了政府对市场

---

* 原载《经济学》(季刊)2002年第1卷第2期。本文为严复翻译亚当·斯密《原富》百年纪念而作。感激 Ilya Prigogine 教授对我一贯的支持和放任,使我在严谨的学府中有难得的自由度,得以专心研究经济学的基本问题。我衷心感谢 Kurt Dopfer 教授允许我使用剑桥大学出版社即将出版的《经济学的演化原理》一书中本人撰稿的部分内容。感谢 Peter Allen、Kurt Dopfer、James Galbraith、Andrew Reati、Walt Rostow、Immanuel Wallerstein、黄宗智、孙广镇、林毅夫、杨小凯和已故的 Herbert Simon 给我的极富启发的讨论。最后,我对中国自然科学基金会对我工作的资助表示谢意。

的干预。直到20世纪80年代，大政府的局限才逐渐为各国所认识。各国竞相发起减少政府干预、加强市场竞争的改革，在某种程度上恢复了对斯密"看不见的手"理论的兴趣。我们不禁要问：为何各国劳动分工发展的道路会有如此大的差距？从早期农业社会的劳动分工，到通向产业革命的道路，劳动分工的机制和制约究竟是什么？

两个历史问题吸引了我们对劳动分工理论问题的注意：一是为什么资本主义起源于西欧而非中国或其他文明？这就是著名的李约瑟问题。二是为什么中国小农经济自给自足的根基如此深厚？毛泽东提出的"五七道路"，要求每个人"亦工亦农亦军"的理想，比青年马克思主张消灭三大差别，反对劳动分工带来的"异化"更进了一步。西方模式的劳动分工造成的依赖经济，是否比中国模式的自力更生更为优越？这对发展中国家选择赶超战略具有时代的意义。

这两个问题都和我们着重要讨论的第三个问题相联系，即斯蒂格勒发现的斯密困境。亚当·斯密有两个著名的理论：一个是被称作"斯密理论"（Smith Theory）的"看不见的手"，即完全竞争的市场；另一个是所谓的"斯密定理"（Smith Theorem），即劳动分工受到市场规模的限制（Smith，1776）。问题是分工接近市场极限时就产生垄断，而垄断和完全竞争的"看不见的手"是对立的。这就是斯蒂格勒指出的"斯密困境"（Smith Dilemma），即斯密理论与斯密定理两者不能兼容（Stigler，1951）。这三个问题的核心是劳动分工的机制和约束问题。

古典经济学的奠基人马歇尔曾经指出，经济学更接近于生物学而非力学，但是生物学比力学复杂，故只采用力学的类比，但要牢记生物学的观念（Marshall，1920）。20世纪30年代开始的数理经济学，曾经同时借鉴了力学和生物学的两种形式：力学借用了哈密顿体系（Hamiltonian system）的优化形式；生物学则采用了理论生态学的动力学方程，包括逻辑斯蒂模型和Lotka-Volterra模型。哈密顿体系在描述斜率为负的需求曲线方面获得了广泛应用，成为微观价格理论的基本模型。企业和社区劳动分工的规模可能受到交易成本和协作成本的限制（Yang and Borland，1991；Becker and Murphy，1992），但是优化模型的特点是演化的单向性，难以解释环境涨落下多样演化的现实。用知识积累导致的规模递增来解释劳动分工的内生增长理论，忽略了技术革命的新陈代谢过程（Arrow，1962；Romer，1986）。不考虑环境涨落的不确定性，就会把劳动分工看成平滑的增长过程，也就无法理解熊彼特的创造性毁灭和企业家精神，以及产业的生命周期和经济波动。

豪萨克指出，亚当·斯密以为只有人类才有劳动分工是不正确的，他忘记了低等社会生物，如蚂蚁和蜜蜂等也有劳动分工。人类社会的劳动分工模型可以借鉴生物学的物种竞争模型（Houthakker，1956；Nicolis and Prigogine，1977）。在这篇文章里，我们发展了理论生态学的有限增长模型和物种竞争模型，研究生态约束下非线性动力学系统的稳定和演化问题，以理解亚当·斯密的基本命题：劳动分工的起源和制约。

本文用逻辑斯蒂模型来描述资源有限的产业增长，用种群竞争模型来描述资源和市场份额的竞争。我们引入学习竞争中的文化和行为因子，即面临不熟悉的新技术新资源时，是采取冒险先进还是观望从众的心态，来讨论不同文化的群体对劳动分工发展趋势的影响。我们用不同技术的替换或共存关系，来讨论劳动分工向多元化发展的条件。斯密困境可以用系统的稳定性和复杂性之间的消长关系（trade-off）来解释。我们提出广义的斯密定理，即劳动分工受市场规模、资源种类和环境涨落的限制。非线性动力学在环境涨落下的竞争模型可以描述经济学的若干基本观念，例如，斯密的市场规模、康德拉蒂耶夫长波、罗斯托的成长阶段、奈特的不确定性、熊彼特的企业家精神和韦伯的保守文化等。复杂系统科学可用于解释肖努—沃勒斯坦佯谬和李约瑟问题。劳动分工发展的复杂性和社会演化的不对称性，可以用开放系统下生命有机体的自组织过程来理解。

我们的研究表明，劳动分工的竞争机制和生态约束是理解当代演化经济学若干基本问题的关键。简单组织和复杂组织共存的关键在稳定性和复杂性之间的消长关系，这涉及复杂科学对经济复杂性的研究（Chen，1987；陈平，2000）。

13.2　资源限制、市场份额和一维逻辑斯蒂增长模型

新古典微观经济学只考虑预算的资金有限。我们进一步考虑自然资源有限和人口规模有限导致的市场规模的限制。技术进步可以被看作一个信息扩散的过程。在一个没有集中的创新来源的分散化市场中，我们引进一维的逻辑斯蒂增长模型（Bartholomew，1982）：

$$\frac{dn}{dt} = f(n) = kn(N-n) - Rn = kn(N^* - n) \tag{13-1a}$$

$$n^* = N^* = N - \frac{R}{k} \tag{13-1b}$$

这里，t 是时间，$n(t)$ 是人口或者产出；N 是特定资源的负载能力或产出上限，它本身是相应技术的函数，对同样的自然资源而言，更高的技术对应着更高的产出上限；k 是进入这一技术领域时人口或产出的增长率；R 是淘汰率。

公式（13-1）来自费尔哈斯特于1836年提出的资源限制的人口增长模型，它

在理论生物学和混沌物理学中有重要的地位(May,1974;Day,1994;Chen,1992)。N^*是资源限制下达到的稳态人口或稳态产出。实际上,理论生态学、数理社会学、经济人类学和系统动力学都早已广泛地运用逻辑斯蒂增长的概念和模型来描述生态或资源约束对人口增长的限制(Pianka,1978;Bartholomew,1982;Narotzky,1997;Meadows et al.,1972)。假如资源为无穷多,则我们得到通常的指数增长模型,如经济学中的马尔萨斯人口增长模型和索洛的新古典增长模型(Malthus,1798;Solow,1956)。

假如我们的问题是描述产业学习新技术的过程,或者企业对新兴市场份额的竞争过程,则市场的规模可以用人口或产出的规模 N 来描述。n 是掌握了新技术的先进者或已知者的数量,也即已占领的市场份额;$(N-n)$ 是后学者或未知者的数量,也即未占领的市场份额。k 和 R 表示学习的获得率和遗忘率。这个方程的解是 S 形曲线,市场规模或资源上限为 N^*。

在一定的历史条件下,市场规模 N 是已有技术、人口、资源限度、价格和成本结构的函数。我们这里市场规模的概念已经考虑了交易成本和协作成本,不仅仅是总人口的概念。例如,虽然中国清代人口已经达到 4 亿,但当时中国的商品市场局限于可以通航的河流口岸和主要驿道经过的地区。地区市场受自然条件和社会条件的限制,往往是分割而非统一的。通信工具的缺乏使大部分山区居民处在商品市场之外。只有在修建了现代铁路、公路,发展了电话、电报等通信网络之后,市场规模才急剧扩大。政府和流通中介组织管理技术的提高,也对市场规模有相当的影响。但最主要的限制来自经济的主导产业所依赖的自然资源。以农业而论,基本限制是可耕地的面积。采用矿物能源,则取决于相应的矿物资源,其大小是当时技术水平的函数。任何时代的生产技术都有它的市场极限。现代经济的特征可以用一系列的创新事件来表示,每一个创新将市场的规模提升到一个新的台阶。

逻辑斯蒂曲线有着变化的规模报酬率(先递增而后递减)。从方程(13-1)可见,当 $n<N$ 时,我们有 $f'>0$[f' 为函数 $f(n)$ 的一阶导数]。S 形曲线的拐点是 $n=\frac{N^*}{2}$,该点的二阶导数 $f''=0$。当 $0<n<\frac{N^*}{2}$ 时,$f''>0$,增长为效益递增,而当 $n>\frac{N^*}{2}$ 时,$f''<0$,增长为效益递减。可见,新古典微观经济学对生产函数单调性和凹函数的要求,使其不能描述有限增长规模变化的情形。这正是我们要跳出微观经济学生产函数的局限,而改用理论生态学的框架来讨论演化经济学的基本问题的原因,我们的意图在于解决斯密困境。

13.3 资源重叠、动态均衡和二维竞争模型

当代劳动分工的特征包括规模经济和范围经济（Chandler,1990）。我们可以从描述产业经济规模的一维逻辑斯蒂模型，推广到二维的 Lotka-Volterra 模型，用理论生态学中竞争方程组的变量数目来描述横向分工的程度和经济的范围。当两个种群或产业竞争重叠的资源时，有如下的竞争方程（Nicolis and Prigogine,1977；Murray,1989）：

$$\frac{dn_1}{dt} = k_1 n_1 (N_1 - n_1 - \beta n_2) - R_1 n_1 = k_1 n_1 \left(N_1 - \frac{R_1}{k_1} - n_1 - \beta n_2\right)$$
$$\frac{dn_2}{dt} = k_2 n_2 (N_2 - n_2 - \beta n_1) - R_2 n_2 = k_2 n_2 \left(N_2 - \frac{R_2}{k_2} - n_2 - \beta n_1\right) \quad (13\text{-}2a)$$

这里，n_1、n_2 分别是种群 1 和种群 2 的人口或产出量；N_1、N_2 分别是各自资源的负载能力；k_1、k_2 是它们的增长率；R_1、R_2 是它们的逸出率；β 是资源重叠系数（$0 \leqslant \beta \leqslant 1$）。引入有效资源负载量 $C_i = N_i - \frac{R_i}{k_i}$，则(13-2a)可简化为(13-2b)：

$$\frac{dn_1}{dt} = k_1 n_1 (C_1 - n_1 - \beta n_2)$$
$$\frac{dn_2}{dt} = k_2 n_2 (C_2 - n_2 - \beta n_1) \quad (13\text{-}2b)$$

当 β 为零的时候，竞争不存在，两个种群都增长到各自资源负载容许的最大极限 N_1 和 N_2。当 β 不为零时，它们可能共存，也可能一个替代另一个。两个种群竞争的结果依赖于公式中的参数和初始条件。

形式为(13-2b)的竞争方程是生物学家 Lotka 和 Volterra 分别于 1920 年和 1926 年提出的。经济学家曾用它来描述宏观的增长波动（Goodwin,1955；Kaldor,1957）。我们用它来描述中观（mesoeconomic）的规模和范围经济层次的市场份额竞争，个人只是种群的一分子。因为劳动分工是介于微观和宏观之间的产业结构的问题，而不只是个人选择的问题。

我们可以把两个变量推广到多个变量的情形。在一个拥有 L 种类型的生态系统中，资源的负载能力分别是 $N_1, N_2, \cdots, N_L$，显然市场 i 的规模可以用资源负载量 N_i 来表示，市场的范围可以用种群的个数 L 来表示。N 和 L 合在一起就可描述经济的规模和范围。

13.3.1 竞争排除原理、种群数和资源数相等的佯谬

我们来求种群 1 被种群 2 所取代的条件：

$$\beta\left(N_2 - \frac{R_2}{k_2}\right) = \beta C_2 > C_1 = \left(N_1 - \frac{R_1}{k_1}\right) \tag{13-3}$$

优胜者的条件是具有更高的资源负载量、更高的增长率，或更小的逸出率。这些特点同样可以描述技术竞争。

当 $\beta=1$ 时，只有一个种群可以存在。这便是理论生物学中著名的"竞争排除原理"，即两个使用同一资源的完全竞争者不可能共存。

但是，竞争排除原理也暗示着种群数必须等于资源数，这在理论生态学上的含义引起了争论，因为资源类别的界定是相当任意的（Pianka，1978）。一棵树可以界定为多种资源，例如，有的生物吃树根，有的吃树叶，有的吃果实等。这在完全竞争的微观经济理论中也产生类似的问题。因为均衡解的存在要求系统的变量数等于方程数。我们将在下面引入文化因素，以解决这一佯谬（见本文13.4节和13.5.1节的讨论）。

13.3.2 产业革命和成长阶段

理论生物学的竞争模型可以用来描述产业革命的进程中，新技术对旧技术的竞争替代关系。新技术胜出的特征是比旧技术有更高的资源负载能力。当新技术成长起来以后，旧技术的前途有两个：一是消亡，二是共存。种群1和种群2共存的条件是：

$$\beta < \frac{C_2}{C_1} < \frac{1}{\beta} \tag{13-4a}$$

两个种群共存的稳态解为：

$$n_1^* = \frac{C_1 - \beta C_2}{1 - \beta^2} < C_1$$

$$n_2^* = \frac{C_2 - \beta C_1}{1 - \beta^2} < C_2 \tag{13-4b}$$

两种技术共存的稳态值分别低于没有竞争者时独占市场的稳态值。两者加总的整体经济的包络线，呈现出宏观经济指数中常见的又有增长又有波动的特征（见图13-1）。宏观经济学通常假设增长是恒定的指数形式（Solow，1956），经济周期现象是增长趋势上叠加的波动或噪声。我们这里给出另一个可能的解释：每种技术都是从规模递增到规模递减的增长过程，可由不同资源负载量的逻辑斯蒂曲线来描述。新技术取代旧技术，或与旧技术竞争共存的转折时期，加总的宏观经济会由于旧技术产出的下降而出现暂时的下降，呈现出又有增长又有波动的运动。

图13-1可用来描述罗斯托的经济成长阶段（Rostow，1990）。经济周期理论中所谓的康特拉蒂耶夫"长波"大约在50—60年左右，在这里表现为前后两

个增长台阶之间的时间间隔。目前,我们并不知道为什么两个主导产业间技术革命的周期为50—60年。但美国4年左右的经济周期可能和4年换届一次的政治周期有关。

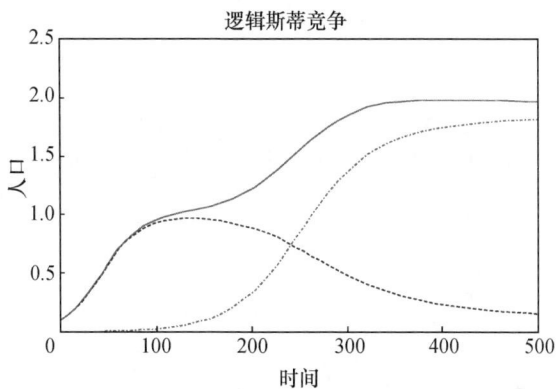

图13-1 新技术对旧技术的竞争替代或竞争共存关系

13.4 面临新技术和新市场时的文化倾向——描述风险偏好的一维参数

经济学家早就注意到逻辑斯蒂模型,他们的批评是生物模型缺少文化和行为因子(Wolfe,1927)。从劳动分工的表现来看,可观察的不是人们的理性动机,而是行为态度(Houthakker,1956)。我们来考虑文化因素在竞争行为上的表现。我们注意到在投资策略和发展战略的选择中,公司文化表现出极大的差异。研究社会心理学的学者发现在东西方文化中,个人主义的程度有很大的不同。当面对一个未知的市场或者大众尚未接受的技术时,我们经常观察到风险规避和风险爱好的相反取向。问题是:如何描述经济竞争中行为和文化的差别呢?

我们用试错学习的模型来描述在竞争新市场和新资源的过程中,风险规避和风险爱好的不同行为(见图13-2)。

原始的逻辑斯蒂方程描述了在常数退出率下的风险中性行为。要描述行为的多样化,我们引入一个非线形的退出率函数,它的变量是已知者(已入市场者)在总人口中的比率和该种群的风险偏好系数 a(Chen,1987):

$$R\left(r,a,\frac{n}{N}\right)= r\left(1-a\frac{n}{N}\right) \tag{13-5}$$

这里,$-1<a<1$。

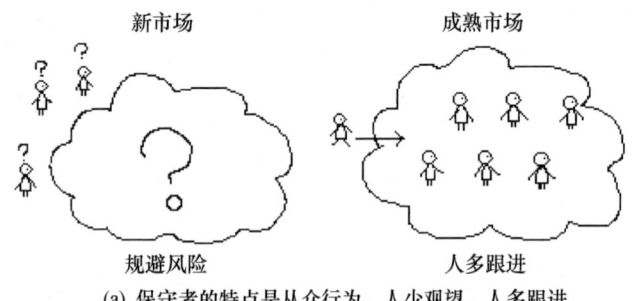

(a) 保守者的特点是从众行为，人少观望，人多跟进，
以规避进入新领域的未知风险

(b) 进取者的特点是冒险行为，人少勇进，人多离群，
以把握占领新领域的可能机会

图 13-2　在竞争市场份额和技术进步过程中的风险规避和风险爱好

我们可以将常数 r 作为学习能力的测量。系数 a 是风险倾向的测量：当 $0<a<1$ 时，它描述保守的风险规避或集体主义行为，当只有很少的人进入新市场时，退出的比率很大，当越来越多的人进入此领域时，退出的比率会减小；反之，若 $-1<a<0$，它描述进取的风险爱好或者个人主义行为，当只有很少的人进入新市场时，退出的比率很小，当越来越多的人进入此领域时，退出的比率会增大。

这样我们就建立了一个学习竞争行为的一维文化模型。例如，用一根横轴 a 来代表个人主义的程度，a 从 -1 变到 $+1$，我们可以得到一个完整的行为谱。轴的左端是高度个人主义，如美国和西欧，渐次过渡到右端高度的集体主义，如日本和中国的传统文化。多数的行为处在两个极端之间。

13.4.1　资源节约型文化、资源消耗型文化和肖努-沃勒斯坦佯谬

资源限制下的稳态人口或稳态产出 n^* 可以从方程(13-5)求出。在非中性文化和行为的条件下，公式(13-1b)的修正形式如下：

$$n^* = N\frac{\left(1-\dfrac{r}{Nk}\right)}{\left(1-\dfrac{ra}{Nk}\right)} \tag{13-6}$$

我们发现,不同的风险倾向导致了不同的资源利用效率或市场拥挤程度。个人主义的资源利用率低于集体主义的资源利用率:

$$n^*_{a<0} < n^*_{a=0} < n^*_{a>0} \tag{13-7}$$

我们来算几个数值例子(为简化计,我们这里取 $Nk=1$)。对风险规避型的 $r=0.1, a=0.5$,我们有 $n^*_{0.5}=0.95N$;对风险爱好型的 $r=0.8, a=-0.5$,我们有 $n^*_{-0.5}=0.14N$。

从(13-7)式我们可以得到一个重要推论:要维持同样的均衡人口规模 n^*,个人主义的文化比集体主义的文化需要更大的生存空间。因此,个人主义的文化构建在消耗资源但节约人力的技术之上,而集体主义的文化构建在节约资源但消耗人力的技术之上。由此,我们可以解释世界史上著名的肖努-沃勒斯坦佯谬。

沃勒斯坦在他的《世界体系》一书中注意到肖努的观察(Wallerstein, 1974)。东西文明的分岔大约发生在15世纪。当时,中国地少人多,西欧地多人少。按逻辑推理,中国应当扩张土地,西欧应当增加人口。但是历史的发展恰恰相反。肖努发现:

> 如果说欧洲缺少空间的话,那就如同说中国缺少人口一样(令人惊奇)……

中国文明和欧洲文明的行为之间有着惊人的反差,历史学家常常为此感到困惑。欧洲文明从15世纪以来一直在"寻求生存空间"的借口下进行扩张,似乎欧洲人需要一个比中国人更大的生存空间。人们往往将这种分歧归因于文化的差异。我们的解释是,文化形态是由生存所需的食物结构所决定的,这也是历史唯物主义和文化人类学的基本出发点。

为了解决食物问题,人们可以打猎、采集、捕鱼、牧牛或种粮,选取哪种方式取决于当时当地的地理气候等生态环境。但是,不同技术所需的资源大小和投入劳力的数量是大不相同的。

西欧地势平坦,雨量丰富,故草场养牛是比除草种粮远为省力的选择。所以欧美的食物结构中,肉奶占很大的比重。中国人以粮食蔬菜为主,肉食也以家养的猪肉而非放牧的牛羊肉为主,奶制品在汉族中几乎没有历史地位。原因是中国的总面积虽与欧洲美国大致相当,但平原面积仅占12%,干旱与半干旱地区达53%;而欧洲平原占总面积的57%,无沙漠,山地比例也远不像中国那样高(陈平,1979,2000)。15世纪西欧典型农户的平均耕地为30—50英亩,合180—300市亩(Gottlieb,1993),按每户5人计,人均耕地约36—60亩;中国在相应的宋代人均耕地仅4亩(吴慧,1985)。目前牧场和耕地的比例,英国为

1.64,法国为 0.69,意大利为 0.41,希腊为 1.34,美国为 1.25,澳大利亚为 10.1,而日本为 0.12,韩国仅 0.02。中国牧场和耕地的比例虽为 2.3,但大面积的草原都在少数民族游牧的周边地区,内地农业区的牧场耕地比例,应接近日本和韩国的水平。

牧业需要的生存空间远高于农业。以笔者熟悉的美国得克萨斯州的典型牧场为例,三口之家收支相抵的经营规模至少需 100 头母牛,每头母牛需牧场 10—15 英亩,总计为 1 000—1 500 英亩,合 6 000—9 000 市亩。若改牧场为中国式的小农耕作,每户耕地 5 亩,则同样的土地可供养上千个家庭,牧业所需土地资源比农业高 2—3 个量级。

由此可见,在人类社会发展的初期,为了解决生存问题,人们采用了适应所处生态环境的农业技术,而各自采用的不同技术又塑造了不同倾向的文化。各民族早期的文化传统对后来技术方向的演变产生了深远的影响。欧美文明是建立在节省劳力、消耗资源的技术之上;而中华文明却建立在节省资源、消耗人力的技术之上。所以后来西方技术传入中国时,吸收的情形大不相同。节省劳力的机械技术在中国很难应用,而高产作物如玉米、马铃薯等却广为传播(Chen,1987,1991)。直到西方炮舰打败中国陆军和中国政府从西方引进现代科学教育以后,中国近代文化才逐渐摆脱小农思想传统的影响。

值得注意的是,西欧工业化的道路保持了节省劳力的技术和文化传统,从而走向海外殖民、冒险扩张和工业革命的道路。最近制造"中国威胁论"的英美理论家,正是用他们自己的历史经验来外推中国经济起飞后的发展道路。与他们的猜测相反,中国要有可持续的发展,必须寻找不同于西方的发展路线,即节省资源、开发智力和多样发展的技术,才能使资源稀缺、人口众多、地域多样的中国得到多样的发展。

13.4.2 环境涨落对市场广度和稳定性的影响

决定论过程在随机冲击下的影响可以用统计物理中的郎之万(Langevin)方程和福克-普朗克(Fokker-Planck)方程描述。我们考虑将随机冲击加于资源负载量(市场规模)N 的情形(Chen,1987;陈平,2000)。

$$n^* = N \frac{\left(1 - \dfrac{d}{kN} - \dfrac{k\sigma^2}{2N}\right)}{\left(1 - \dfrac{ad}{kN}\right)} < N \tag{13-8a}$$

$$n^* = 0, \qquad \sigma > \sigma_c = \sqrt{\dfrac{2N}{k}\left(1 - \dfrac{d}{kN}\right)} \tag{13-8b}$$

环境涨落下的稳态规模小于没有涨落时的稳态规模。当涨落方差大到超过某一临界值时,系统会突然崩溃($n^* = 0$)。这种量变到质变的突变现象是非线性系统的特征。

这里值得注意的是,同样的资源下,集体主义种群可以比个人主义种群维持更多的人口。假如立业或立国的稳定有一临界规模存在,则集体主义种群抵抗外敌或灾害的稳定性要比个人主义种群为高。这是希腊等科学先进的小国文明相继灭亡,中华文明却延续数千年的可能原因。

13.5 学习竞争、劳动分工和多元社会的稳定性问题

中国小农经济在很长时期内保持自给自足,抵制劳动分工的发展。中国的政治文化在相当长的时期内也有罢黜百家、独尊儒术的倾向。劳动分工能否发展,不同技术文化的发展路线是竞争排斥还是竞争共存,可以用理论生态学中的种群竞争模型来描述。劳动分工的规模与范围可以分别用市场规模 N 与资源种数 L 来描述。我们把描述文化倾向的函数(13-5)引入描写种群竞争的方程(13-2)(Chen,1987;陈平,2000)。两个具有不同文化倾向和行为模式的学习竞争模型可用下式表述:

$$\frac{dn_1}{dt} = k_1 n_1 (N_1 - n_1 - \beta n_2) - r_1 n_1 \left(1 - \frac{a_1 n_1}{N_1}\right) \quad (13\text{-}9a)$$

$$\frac{dn_2}{dt} = k_2 n_2 (N_2 - n_2 - \beta n_1) - r_2 n_2 \left(1 - \frac{a_2 n_2}{N_2}\right) \quad (13\text{-}9b)$$

这里,n_1 和 n_2 代表种群 1 和种群 2 的人口或产出,在学习竞争或市场竞争中,它们分别代表已经学会此种技术或占领了市场的已知者。我们这里只讨论两个种群的情形,不难把学习竞争模型推广到多个变量的情形。

我们将(13-9)式简化如下(Murray,1989):

$$\frac{du_1}{d\tau} = u_1 (1 - u_1 - a_{12} u_2) \quad (13\text{-}10a)$$

$$\frac{du_2}{d\tau} = \rho u_2 (1 - u_2 - a_{21} u_1) \quad (13\text{-}10b)$$

这里,

$$u_1 = \frac{n_1 \left(k_1 - \frac{a_1 r_1}{N_1}\right)}{N_1 \left(k_1 - \frac{r_1}{N_1}\right)}; \quad u_2 = \frac{n_2 \left(k_2 - \frac{a_2 r_2}{N_2}\right)}{N_2 \left(k_2 - \frac{r_2}{N_2}\right)} \quad (13\text{-}11)$$

$$a_{12} = \frac{\beta\left(N_2 - \frac{r_2}{k_2}\right)}{\left(N_1 - \frac{r_1}{k_1}\right)\left(1 - \frac{a_2 r_2}{k_2 N_2}\right)} = \frac{C_2}{C_1}\frac{\beta}{\left(1 - \frac{a_2 r_2}{k_2 N_2}\right)} \quad (13\text{-}12a)$$

$$a_{21} = \frac{\beta\left(N_1 - \frac{r_1}{k_1}\right)}{\left(N_2 - \frac{r_2}{k_2}\right)\left(1 - \frac{a_1 r_1}{k_1 N_1}\right)} = \frac{C_1}{C_2}\frac{\beta}{\left(1 - \frac{a_1 r_1}{k_1 N_1}\right)} \quad (13\text{-}12b)$$

13.5.1 赶超战略和熊彼特的创新精神

仿照 13.3 节的方法,求出种群 2 赶超并取代种群 1 的条件是 $a_{12} > 1$,即

$$C_2 > \frac{\left(1 - \frac{a_2 r_2}{k_2 N_2}\right)}{\beta} C_1 \quad (13\text{-}13)$$

和(13-3)式相比,(13-13)式包括了非中性的文化行为。由(13-13)式可见,在实行"赶超战略"时,集体主义文化比个人主义文化要求的资源差距或者学习效率的差距小得多,甚至有可能在稍微落后的情形下,接近和取代富有的种群($C_2 \leqslant C_1$,假如有 $\beta \approx 1$ 和 $0 < a_2 \approx 1$ 的情形)。这正是日本、苏联、中国等后进国家用技术模仿的方式,曾经迅速追赶工业发达国家的历史原因,因为集体主义文化有利于集中资源实行赶超。与此对照,内生增长理论是决定论的优化理论。知识积累造成的规模递增,只能解释富国愈富、穷国愈穷的现象,不能解释后来居上的赶超现象(Arrow,1962;Romer,1986)。

个人主义的种群要和集体主义的种群竞争,唯一的生存战略是技术创新,扩张资源的负载量(增加 N),或提高自己的学习能力(增加 k 或减小 r)。如果把企业家精神看成一种风险偏好型文化,我们就能得出和熊彼特类似的结论,即技术创新是市场竞争的生命线,资本主义是一种创造性毁灭的创新过程。一旦技术发展没能扩张新的资源,个人主义的种群就将在争夺已有市场的竞争中,输给集体主义的种群。

新制度经济学的一些学者相信,企业发展的动力是降低交易成本。但是,在界定产权的过程中,社会的总交易成本是增加的。这可从发达国家服务业中,与界定产权有关的会计、律师、金融、地产等中介部门,以及政府部门占国民生产总值中的比例不断增加的趋势中看出(North,1990)。新的信息革命,不但降低了通信成本,而且增加了法律成本,因为一旦电子邮件也作为法庭的证据,律师工作量就大为增加。复制技术的进步也使版权保护更难进行。所以,在混合经济下,私有经济、合作经济与公有经济的竞争共存的比例结构,在很大程度上取决于技术竞争的走向。在我们的模型中,产权安排孰优孰劣并没有定论。

目前,西方发达国家政府税收占国民生产总值的比重约 40%—60%,远高于中国 10%—15%的水平。认为社会进步的标志是全盘公有化或全盘私有化,都是不符合混合经济的历史现实的。

13.5.2　竞争共存的条件和复杂系统的多样性

我们可以用两个种群或两种技术的共存来描述劳动分工发展的多元化趋势。从(13-10)式和(13-12)式可以求出种群共存的条件是 $a_{12}<1$ 以及 $a_{21}<1$:

$$\frac{\beta}{\left(1-\frac{a_1 r_1}{k_1 N_1}\right)} < \frac{C_2}{C_1} < \frac{1}{\beta}\left(1-\frac{a_2 r_2}{k_2 N_2}\right) \tag{13-14}$$

(13-14)式相当复杂,我们这里集中讨论完全竞争($\beta=1$)的情形。

(13-14)式和(13-4)式相比,有更一般的理论结果。理论生物学中著名的"竞争排除原理"引起的矛盾不再存在。公式(13-4)中,两个完全竞争的种群($\beta=1$)不可能共存,这就要求种群数等于资源数,这在理论上是说不通的。但从(13-14)式中可以看出,虽然两个保守的种群不可能共存,但是两个进取的种群可以共存。可见,学习竞争模型克服了种群竞争模型带来的理论困难。两个种群之间竞争的结果不仅取决于生态参数,比如环境的资源负载量 N_i,还取决于行为系数 a_i。因此,种群数不一定等于资源数。我们的非线性模型可以解释系统多样性的机制。

我们发现,劳动分工要向多元化方向发展,不可能在纯保守的文化种群中出现。中国历代农民起义和改朝换代的结果,总是一个保守的群体取代另一个保守的群体,而少有新的技术成长共生的机会。黄宗智(1986)观察到的中国农业在生态压力下难以发展工业化的劳动分工的这一"内卷化"倾向,可以用生态加行为的因素来解释。中国要发展劳动分工,必须鼓励多元文化的发展,改革教育考试制度和人事制度,以不拘一格用人才。

苏联的崛起发生于以钢铁、机械等重工业为主导的第二次技术革命时期,这可以由集体主义的赶超优势来解释。苏联的衰落发生在由计算机、通信等信息产业为主导的第三次技术革命时期,这可以由个人主义的创新优势来说明。

新古典微观经济学中的完全竞争理论也有类似竞争排除原理的问题。资产定价理论中,市场的均衡被定义为无套利机会,这就要求"线性定价规则"(Ross,1976)。换言之,价格变量的个数应该等于资产的个数。因此,要理解现实中广泛观察到的"非线性定价",如大批量出售的折扣,不同信用等级的顾客其贷款的利率不同等,就必须考虑市场份额有限条件下,非均衡价格歧视(差别定价)的微观经济理论。

13.5.3 复杂性佯谬——复杂型和稳定性的消长关系

在控制论和理论生物学中有一个大争论:复杂性和稳定性之间的关系是什么? 变量较多的复杂系统和变量较少的简单系统相比,究竟哪个更稳定?

生物学家相信复杂性和稳定性之间是正相关的:复杂的系统应当比简单的系统更稳定。某些生物学家观察到,热带生态系统的涨落似乎比寒带和温带的生态系统的涨落为小。既然种群演化是从简单系统向复杂系统演化的历史过程,从达尔文"最适者生存"的理论出发,似乎可以得出复杂系统比简单系统稳定的推论。

然而,控制论学家和理论物理学家做的理论生态学的数学模拟,无论是线性还是非线性的动力系统,都得到负相关的结果,即复杂系统比简单系统更不稳定(Gardner and Ashby,1970;May,1974)。不少生物学家难以接受这一结果。我们将此称为"复杂性佯谬"。

我们来研究种群竞争模型在涨落环境下的稳定性问题。环境涨落可用高斯白噪声 $W(t)$ 来描述。没有噪声条件下的决定论方程,可以转化为在白噪声条件下的随机偏微分方程,物理学中叫福克-普朗克方程。

(13-2)式相应的福克-普朗克方程的解较为简单。环境涨落使资源负载量减少,减少的幅度为除以一个因子$(1+\beta)$。

$$N_i \to N_i + \sigma W_i(t) \tag{13-15}$$

$$n_i \to n_i^* = \frac{\left(N_i - \dfrac{R_i}{k_i}\right)}{(1+\beta)} = \frac{C_i}{(1+\beta)} \tag{13-16}$$

稳定性的判据是

$$\Lambda = \frac{C_i}{(1+\beta)}(1-\beta) > 0 \tag{13-17}$$

一般说来,系统的变量数增加,变量之间的相互作用强度增加,系统的稳定性会降低(May,1974)。

我们从生物和社会现象的观察出发,支持控制论和理论物理学家的结论,否定某些理论生物学家的猜测。物理学中的某些基本原理,来自负面的历史经验:例如,永动机做不成,就有热力学的能量守恒定律;单热源热机做不成,就有热力学第二定律;光速无法超过,便有相对论原理;坐标和速度不能同时测准,便有量子力学的测不准原理。我们仿效物理学的思想方法,将系统的结构稳定性和复杂性不能兼得的广泛观察,概括为"复杂性和稳定性之间的此消彼长(trade-off)原理",简称为"复杂性和稳定性的消长原理",即稳定性的增加以牺性复杂性为代价,而多样性的发展又以降低系统的稳定性为代价(陈平,2000)。

这一结论在现实生活中很好理解。举例言之,低等动物的再生能力远比高等动物强。一条蚯蚓砍为两段会变为两条蚯蚓,脊椎动物就不可能。在纽约的世界贸易中心引爆一枚炸弹,其破坏作用远大于炸掉一个越南的农庄,因为前者远比后者复杂。这是抗战过程中延安远比西安能够坚守的原因。毛泽东从小农经济防御外敌入侵的经验出发,搞小农经济基础上的人民公社,反对国际社会分工,正是基于国家安全的稳定性的考虑。

从稳定性和复杂性之间的消长关系出发,我们可以分析公司兼并或公司分拆的经济背景,判断市场份额和进入时机。如果能抓住新技术和新市场,进取型的策略就可能成功;如果面对的是停滞的市场和社会的动荡,保守型的战略更易使公司生存。社会经济演化是决定论和随机论混合的分岔过程,人们具有有限的预言能力。因此,不存在能够主宰产业的绝对赢家,也就没有一种文化能独霸世界。

13.5.4 复杂系统和转型经济

在转型经济学中,一些令人迷惑的问题可以从复杂系统的角度得以理解。从自然资源、人力资源和基础设施而言,苏联和东欧远比中国占优势,但是向市场经济的转型过程中,苏联经济的崩溃、东欧经济的 U 形曲折,以及中国改革的成功是转型经济的鲜明对照。这是为什么呢?

苏联计划经济的特征是严格的垂直劳动分工,几乎没有横向重复造成的竞争。就如一架只有一个引擎的飞机,只要引擎发生故障就会造成飞机失事。苏联在东欧搞的国际劳动分工全靠中央计划协调,一旦中央协调瓦解,某个产业链出了问题,整个系统就会瘫痪。相反,中国"两条腿走路"的方针,造成大中小企业并举的格局。"文化大革命"时期中央政府一度瘫痪,地方经济照样运转。虽然中国的法制和产权并不比东欧健全,但是一旦中国的开放政策打破了地方主义的保护,中国的国有企业和集体企业都将面临强有力的横向竞争,因而较易进行向市场机制的过渡。由此可见,横向竞争而非地区或个人差异才是促进劳动分工的动力,竞争性企业的存在是对内开放、促进地区竞争的改革的前提。

有趣的是,杨小凯基于一般均衡理论的劳动分工模型,虽然采用了优化算法,但无现实意义下的市场竞争。因为其劳动分工的最高模式是每人生产一种不同的产品,每个生产者都是没有竞争对手的垄断者,这正是苏式而非美式或者中式的劳动分工(Yang and Borland,1991)。我们指出这一点,是想说明一般均衡理论中成本效益分析的静态框架难以讨论本质是不确定的劳动分工的双向演化问题。考虑交易成本的优化理论在某种程度上可以解释工业发达国家劳动分工程度增加的长期趋势,但无法解释劳动分工在发展中国家经历的曲折和困难,也难以解释发达国家产业革命中的转型危机和强国的兴衰。

以中国的国情而言,像美国那样投入大量风险资本于前景不明朗又需巨额资本的高科技行业是难以为继的。但中国可采取紧跟战术,即投入小量资金作研究开发,以培养人才、组织队伍、观察动向、追踪发展。在科学教育上必须力求多元化。但在工业政策上,不可完全自由放任。尤其要注意工业技术标准和商业竞争规则的制定;不可过早集中使用资金,搞计划经济时代的指令工业政策。我们可以建立科学界和政府间的紧密合作,在新技术刚刚进入实用阶段,还未达到垄断的规模经济时,就立即不失时机地加以引进和推广,配合标准制定、金融扶助、税收优待等配套措施,以达到迅速赶超和占领市场的目的。

13.6 劳动分工的三重制约和一般斯密定理

依据复杂性和稳定性的消长原理,我们可以解决均衡理论的斯密困境。凯恩斯仿效理论物理中狭义相对论和广义相对论的关系,把他的宏观经济学称为相对于"特殊的"(special)古典经济学的"一般"理论(general theory)[①]。我们按他的前例提出如下的一般斯密定理,即劳动分工受限于市场规模、资源种类和环境的涨落幅度。

假如只有一种资源,则接近资源极限时,市场的规模也将因受到限制而走向垄断。这正是斯蒂格勒指出的斯密困境。但在一个多元化的现代工业社会,没有两种企业会生产完全一样的产品,所以微观经济学定义的完全市场远离实际。理论生态学的竞争模型,用资源重叠系数来描述不同产业、不同商品、不同技术的竞争,可以研究企业的竞争策略、技术的生命周期以及产业更新换代的规律。

经济能否持续增长,取决于新的技术更新能否发现更新更大的资源,以摆脱旧资源报酬递减的限制。换言之,经济增长受限于资源的种类。传统上中国的发展限于依赖土地资源的农业,春秋战国以后到清代的劳动分工,始终未能产生现代的基于矿物能源的工业革命。毛泽东提出的"深挖洞,广积粮,不称霸"是基于朱元璋的"高筑墙,广积粮,晚称王"的小农经济的军事战略。小农经济对延安时代的抗日游击战有利,但对中华人民共和国成立后的经济发展并不利。虽然无数小农的存在,使改革初期的家庭承包责任制更接近于完全竞争的

---

① 中译本将"general theory"译为"通论"是不符合凯恩斯原意的(Keynes,1936),应译为"一般理论"。

模式,但农业增长的趋势从20世纪80年代中期起就显著放慢。新制度经济学往往过度强调产权的重要性。鉴于中国土地资源和水资源严重缺乏、过剩劳力极为严重的状况,土地私有化难以从根本上提高农业经营的规模效应,更无助于降低社会保障的成本。中国农村的基本出路在于引入新技术、开辟新资源,包括鼓励农村过剩劳力的跨区流动。只有在开辟新资源的条件下,农村的劳动分工才有成长的余地。发展大中城市也比发展小城镇更有利于发展劳动分工,因为前者的市场规模更大。

问题是劳动分工使系统复杂性增加,因而使结构不稳定性增加。这就为劳动分工给出第三个制约条件,即环境涨落必须限制在一定范围之内。中国历史上反复产生的大规模社会动乱、朝代循环,从历史上看,强化了自给自足的小农经济,而非促进了劳动分工的发展。中国历代统治者强调自给自足,主要出于防止天灾人祸的考虑,而非一般均衡模型中出于牟利动机或节省运输成本的考虑。中国改革开放的成功,是把社会稳定作为经济发展的前提取得的。而东欧"休克疗法"的代价,是牺牲社会稳定,也就是恶化了结构调整的环境。这也是新制度经济学过分强调个人的原子理性、忽略社会整体的复杂性带来的结构不稳定性的结果。任何新体制的建立都非少数精英的理性设计,而是多种力量竞争演化的结果。社会系统的演化像一颗分岔树,每个分岔点上的涨落和突变都是难以预料的。这正是偶然和必然相结合的辩证法。

13.6.1 企业规模递增的内在制约——复杂性引起的结构不稳定性

一般斯密定理对理解产业组织中大企业和小企业的共存和演化,对解决斯密困境的疑难给出了启示。

企业的规模递增现象是大家熟知的。在有固定成本的条件下,市场销量越大,平均成本就越低。但新古典微观经济学的困难是,规模递增的企业不存在企业的供给曲线(Sraffa,1926;Varian,1984)。

我们认为,限制企业过度扩张的决定性因素不是决定论的优化理性,而是企业规模递增的内在制约,即复杂性在环境涨落下引起的不稳定性。假如大企业不面临复杂性所带来的结构不稳定性的限制,则企业的规模效应在经济上升期会恶性扩张,缺乏内生的制约机制;但在环境动荡或技术革命的转型时期,大企业往往会输给小企业,因为小企业比大企业有更高的灵活性和稳定性。大企业和小企业间的消长关系,是难以从交易成本和协作成本的静态分析出发来解释的,因为在技术迅速进步和经济发展不平衡的条件下,不存在最佳企业规模的优化解。

13.6.2 文化倾向、韦伯命题和李约瑟问题

我们提出的一般斯密定理,是对"看不见的手"的信条的发展和补充,以理解西方文明以外世界的多样发展。其灵感来自对李约瑟问题的观察和思考。

李约瑟曾经问过一个富有挑战性的问题:为什么资本主义和现代科学起源于西欧而不是中国或其他文明?这就是著名的李约瑟问题(Needham,1954)。李约瑟从科学方法的角度得到的回答是:中国人不懂得用数字进行管理。这对中国儒家学术传统只注重道德而不注重定量经济管理是很好的批评。但这只是对李约瑟问题的一个可能的回答。我们从文化竞争模型给出另一个解答:中国小农经济的资源限制和保守倾向,阻碍了劳动分工和科学文化的多样发展。

韦伯曾把西欧资本主义的起源归结为新教精神,而把中国资本主义的不发展归罪于儒家文化(Weber,1930)。东亚和中国的经济起飞之后,西方学者又将成功归之于儒家文化的影响。这颇有文化决定论的味道。但这不能完全解释社会发展的多样性和不确定性。

我们对李约瑟问题的回答包括三重因素:

一是资源因素。中国多山少地、半干旱气候的生态约束,促使中国发展了节省资源、消耗劳力的农业技术,而非扩张资源、节省劳力的牧农技术,导致周期性的生态危机和治乱循环,阻碍了劳动分工的发展(陈平,1979)。

罗斯托指出,经济成长的动力是技术革命,不是资本积累(Rostow,1990)。我们根据对中国转型经济的观察发现,中国在外资流入的同时,存在大规模的资本流出。中国政府由于外贸顺差而大量购买美国国债就是一例。实际上,中国欢迎的外资,不是纯粹的金融资本,而是和直接投资相结合的科学技术和管理技术。新古典增长理论简单地将经济增长归结为资本和劳力的输入,技术只作为外生参数,技术更新类似外来噪声(Solow,1956),而无产业革命的主导,这是过于简化的理论。内生增长理论将经济增长归结为知识的积累效应(Arrow,1962;Romer,1986),忽视了技术的更新换代过程,也就无法解释伴随技术进步的经济波动。

二是文化因素。从我们的文化竞争模型可以看到:冒险精神利于多元和创新,避险倾向利于稳定和赶超。本文 13.5.2 节已说明,纯保守的种群不能发展劳动分工。但是,我们分析的出发点不是新古典的优化理性,而是奈特的不可预言的不确定性(Knight,1921),以及熊彼特的企业家的创新精神。衡量文化的经济影响的指标,是新市场进入者对风险的爱好或者规避的态度,而不是韦伯强调的对资本积累的态度(Weber,1930;Zou,1994)。产权交易学派片面强调个人主义的绝对优越性,忽视集体主义的相对优越性,就难以理解当代混合

经济的特征、制度演化的多样性以及路径相关的重要性(Coase,1960;Arthur,1994)。

三是系统复杂性因素。劳动分工的发展要求稳定的环境。现代科学和资本主义的出现不是单一文化的自身延展,而是多种文明冲突演化的结果。这就必须进一步研究复杂性和稳定性的关系问题。中国面临单一小农经济造成的生态危机的恶化,秦汉以来自然灾害的周期缩短,农民起义和外敌入侵不断,加上政府货币、财政、税收政策的多变,都不利于劳动分工的持续发展。在这个意义上,新制度经济学派强调法制的稳定性,是有利于劳动分工的。但法制细分和复杂的程度必须同当时的技术手段和竞争环境相适应。美国欧洲大企业的出走,是由发达国家的法律过于繁琐、诉讼成本过高抑制了产业发展造成的。所以,中国的法制建设是和经济发展并进的共生演化过程,而不是全盘西化的移植过程。这也是中国改革的重要经验之一。

13.6.3 社会演化、亚稳态和开放系统

中国的社会科学界长期争论过和李约瑟问题类似的一个问题,即中国的封建社会为何这样长?一个有影响的说法把中国比喻为超稳定系统(金观涛、刘青峰,1984)。控制论指出运动稳定的机制是负反馈,不稳定的机制是正反馈(Wiener,1948)。如果中国社会只有负反馈,没有正反馈,就只有稳态,不会有周期性的社会动乱了。超稳定的说法没有区分动力学的稳定性和系统抗冲击的结构稳定性。我们前面讨论的复杂性与稳定性的关系,指的正是小农经济动乱后再生的结构稳定性,以及发展劳动分工的困难。阿什比对"超稳定"的提法在控制论学界并不通行(Ashby,1960)。

更为深刻的提法是薛定谔在量子生物学中提出将亚稳态作为理解生命系统的结构机制,它可以同时解释生命系统的稳定性与适应性两方面的特征(Schrödinger,1948)。显而易见,所谓的超稳定相应于图13-3(c)的稳态,生物和社会系统都应该是图13-3(b)的亚稳态结构,否则就没有适应性的演变了。然而,微观经济学中过度简单化的凸性集条件和单调性恰恰排除了亚稳态的可能性。

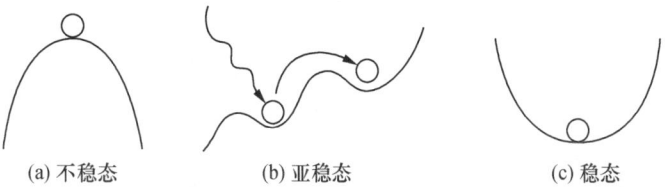

图13-3 物理系统中的三种稳定状态

另一个流行的说法是中国中央集权的帝国太专制,对农民的剥削太残酷。黄仁宇对明代财政的研究得出了相反的结论:中国同英国、日本的封建时代相比,政府的税收低得多。问题在于中国农民的剩余远比西欧、日本为小(黄仁宇,1982)。这恰是我们指出的劳动分工的发展受资源限制的问题。问题是,面对同样的资源和人口压力,为何改革开放这二十多年的变化比过去快得多呢?这也是均衡理论难以解释的问题。传统的均衡理论讨论的是封闭的市场,我们的竞争模型隐含着一个开放的系统,因为新的技术意味着新的资源。

为此,我们要引入非平衡态热力学对生命和社会系统演化机制的理解。普里戈金区分了三种有序结构(Prigogine,1980):一是孤立系统中的无序结构,因为热力学第二定律决定了孤立系统中的熵(无序的量度)趋于极大化;二是均衡有序结构,如晶体结构,能在与周围交换能量的封闭体系中形成,但无结构演化的可能;三是非均衡有序的耗散结构(dissipative structure),比如任何生物的存活都要不断消耗能量、物质和信息,这种耗散结构只能在能量流、物质流和信息流不断的开放系统中维持(图 13-4)。很明显,哈密顿经济模型中的优化方法是第二类的均衡有序的表征,而生命系统和劳动分工是耗散系统中非均衡有序的典型。

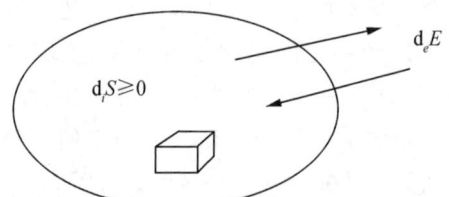

(a) 具有均衡结构的封闭系统只与周围环境交换能量,即只有能量流,而无物质流的信息流

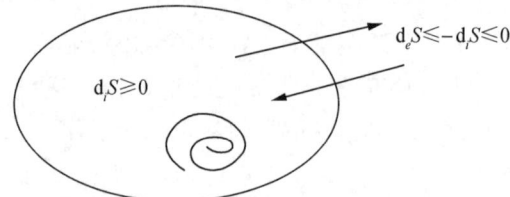

(b) 相干有序(coherent structure)只可能存在于开放系统,耗散结构是由能量流、物质流和负熵流来维持的

图 13-4　均衡有序和非均衡有序

图 13-4 中,S 代表热力学的熵,dS 代表熵的增量,i 代表系统内部,e 代表系统外部,E 代表能量,dE 代表能量流(即能量的增量或微分)。$d_e E$ 代表来自系统外部的能量流。图(a)是封闭系统,形象代表是静态的晶体结构,系统内部的熵永远在增加(趋向平衡态,没有温度的差别),但是可以有来自外部的能量

流 d_eE。图(b)是开放系统,形象代表是动态的螺旋结构,系统内部的熵仍然永远在增加,但是存在负熵流,即外部输入的负熵(如生命体吸收能量结构更高的养料)可以抵消内部产生的正熵,从而维持动态有序结构,如生命体。

这里需要说明的是,图(a)代表平衡态热力学与新古典经济学完全不同的世界观。新古典经济学描述的是封闭的经济系统,把均衡态看作市场的优化状态,其特征是交易成本为零。从物理学的原理来看,熵是描述热运动(无序能量)的测度。按照普里戈金的热力学系统分类:平衡态热力学描述的是"孤立系统",它的熵永远随时间增加,趋向最大值时,系统的结构差别消失,是无序状态。物理学的表述是"热寂"。孤立系统演化的方向是单向的,即趋于热平衡,导致没有差别和结构演化的宇宙死亡。所以,孤立系统不可能产生有组织的市场。

所以,新古典经济学构造的"完美市场",只可能对应物理学的封闭系统,如图(a),可能维持静态结构,如晶体。封闭系统可以和外界交换能量,但是不交换物质流和信息流。这对经济系统来说也难以成立。最多只能说是国际贸易的初级阶段,商品交换没影响该国的经济结构。但即使如此,科斯的"零交易成本"世界在物理学中也是不可能存在的乌托邦。因为无序的交易成本对应的是热力学的熵,任何交易都相当于粒子间的碰撞。要不产生无序的能量耗散变成热,就必须假设所有的经济人之间只有弹性碰撞,才能能量守恒。但是如果没有非弹性碰撞,任何经济人就都可以不用消耗能量而维持生命,这怎么可能?

经济学的科学体系只有一种选择可以和物理学、生物学的原理一致,那就是"开放系统",即系统和外界交换能量流、物质流和信息流,这样才能维持动态的物理结构。生命系统就是典型的开放系统。经济系统又是生命系统中人类活动产生的开放系统。其演化的方向不是单向的趋于平衡态(差别消失),而是双向的,即可能减少或增加结构差别。结构(有序)的描述是薛定谔建议的"负熵",即无序(熵)的减少。其必要条件是从外部世界输入更加有序的能量流。对地球而言,就是太阳核反应产生的光能被绿色植物的光合作用转化为化学能,然后维持生命活动。经济活动需要消耗大量能量,源头都是地球生态体系储存的太阳能,包括煤炭、石油等。可以代替太阳能的还有核能。其代价是只有部分释放的能量维持生命和经济的有序结构,其余部分成为废热,这是全球暖化的物理学机制。市场"看不见的手"代表的就是经济活动中的无序运动,本身就在增加散热,即增加经济体系的无序度量"熵",怎么可能对应科斯的理想世界,是"零交易成本"? 科斯不了解牛顿力学和热力学的基本概念,才会设想完美市场没有摩擦力。他不知道,没有摩擦力的世界,每个粒子不能减速,也不能加速,只有惯性运动,这不是生命体的特征,因为没有"自由意志"。

有些启蒙学者把中国近代落后的原因归为中国的大一统,主张把中国像欧洲那样分成许多小国。他们看不到欧洲联盟、美国以及中国近年的发展，很大程度上得益于规模经济，故"大一统"是今日中国的资本而非包袱。过去中国的问题在于闭关自守，技术路线单一。一旦打开国门、多样发展，那么在同样的人力和资源状况下，过去的劣势就演变为今日的优势。当然，中国能在近二十多年来实行比较优势的发展战略，是以冷战结束后和平开放的国际大环境为前提的（林毅夫、蔡昉、李周，1994）。

有人可能会误认为我们的观点是地理环境决定论。其实不然，我们的观点是生态—技术—经济—文化—制度相互作用的多层次、多样化和演化的辩证观点（见图13-5）。

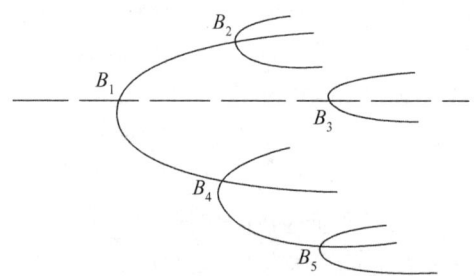

图13-5 历史文明的分岔树

在文明发展的早期，生态环境对技术的选择起决定作用，但工业革命产生以后，技术选择日益受国际竞争的格局和科学教育的影响。技术成型后，文化制度的演化又会对生态环境产生深远的影响。这种相互作用在某一历史时期总能识别主要的决定机制。依据这一机制的预言和判断，只在两个分岔点之间相对有效。在分岔点附近的涨落极大，偶然历史事件，包括个人的作用，对分岔路径的选择都可能会有重大的影响。这时，观察平均值的决定论分析不起作用，历史分析和概率分析较为有用。就总体而言，非线性系统的演化模式可以分类和模拟，却难以精确预言。这是非均衡理论给均衡理论施加的修正。

13.7 结论：劳动分工发展的复杂性和社会演化的多样性

中国一度流行的资本主义萌芽论假设各个文明都能自发产生现代的劳动分工和产业革命。世界多数发展中国家的历史，使我们对这样的观点颇为怀疑。

新古典微观经济学以优化为基础的企业理论，只考虑静态的成本效益，只计算资本和知识的积累效应，不考虑竞争过程中技术知识的换代更新，也不考虑不确定性对劳动分工进程的影响，就会得出社会发展单向性的趋同结论。

我们使用非线性生态学的竞争模型,引入学习竞争中的文化和行为因素,研究多维复杂系统在环境涨落下的结构稳定性,揭示了劳动分工起源于资源限制下的市场竞争的实质,指出劳动分工受到的三重制约,以理解西欧和中国社会演化的不同模式,探讨生态约束下可持续发展的道路。

我们的工作是对已有均衡理论的补充和发展,而非简单的批评和否定。线性是对非线性的近似和简化,均衡是非均衡的特例。经济作为一门经验科学,还在发展的初期。在中国现代经济学进入下一个百年之际,我们诚挚希望中国文明的经验和教训能成为世界经济学财富的一部分。作为严复执掌过的北京大学的学人,我们愿和大家共同努力,使中国经济学界能对时代的问题做出更好的回答!

参 考 文 献

[1] 陈平,"单一小农经济结构是我国长期动乱贫穷、闭关自守的病根",《光明日报》,1979 年 11 月 16 日。

[2] 陈平,《文明分岔、经济混沌和演化经济学》,经济科学出版社 2000 年版。

[3] 黄仁宇,《万历十五年》,中华书局 1982 年版。

[4] 黄宗智,《华北的小农家庭与社会变迁》,中华书局 1986 年版。

[5] 金观涛、刘青峰,《兴盛与危机——中国封建社会的超稳定结构》,湖南人民出版社 1984 年版。

[6] 林毅夫、蔡昉、李周,《中国的奇迹》,上海三联书店 1994 年版。

[7] 马克思、恩格斯,《共产党宣言》,《马克思和恩格斯全集》第 4 卷,人民出版社 1958 年版。

[8] 《世界人文地理手册》,知识出版社 1984 年版。

[9] 吴慧,《中国历代粮食亩产研究》,农业出版社 1985 年版。

[10] Arrow, K. J., "The Economic Implications of Learning-by-Doing", *Review of Economic Studies*, 1962, 29, pp. 155-173.

[11] Arthur, W. B., *Increasing Returns and Path Dependence in Economy*, University of Michigan Press, Ann Arbor, 1994.

[12] Ashby, W. R., *Design for a Brain*, Wiley, New York, 1960.

[13] Bartholomew, D. J., *Stochastic Models for Social Processes*, 3rd ed., Wiley, New York, 1982.

[14] Becker, G. S., K. M. Murphy, "The Division of Labor, Coordination Costs, and Knowledge", *Quarterly Journal of Economics*, 1992, 107(4), pp. 1137-1160.

[15] Chandler, A. D. Jr., *Scale and Scope*, Harvard University Press, Cambridge, 1990.

[16] Chen, P., "Imitation, Learning, and Communication: Central or Polarized Pat-

terns in Collective Actions", in A. Babloyantz ed. , *Self-Organization*, *Emerging Properties and Learning*, Plenum, New York, 1992, pp. 279-286.

[17] Chen, P. , "Needham's Question and China's Evolution: Cases of Nonequilibrium Social Transition", in G. P. Scott ed. , *Time, Rhythms, and Chaos in the New Dialogue with Nature*, Iowa State University Press, Ames, 1991, pp. 177-198.

[18] Chen, P. , "Origin of Division of Labor and a Stochastic Mechanism of Differentiability", *European Journal of Operation Research*, 1987, 30, pp. 246-250.

[19] Coase, R. , "The Problem of Social Cost", *Journal of Law and Economics*, 1960, 3(1), pp. 1-44.

[20] Day, R. H. , *Complex Economic Dynamics*, Vol. I. MIT Press, MA: Cambridge, 1994.

[21] Gardner, M. R. , W. R. Ashby, "Connectance of Large Dynamical (Cybernetic) Systems: Critical Value for Stability", *Nature*, 1970, 228, p. 784.

[22] Goodwin, R. M. , "A Model of Cyclic Growth", in E. Lundberg, ed. , *The Business Cycles in the Post-World War*, Macmillian, London, 1955, pp. 203-221.

[23] Gottlieb, B. , *The Family in the Western World*, *From the Black Death to the Industrial Age*, Oxford University Press, Oxford, 1993.

[24] Houthakker, H. S. , "Economics and Biology: Specialization and Speciation", *Kyklos*, 1956, 9(2), pp. 181-189.

[25] Kaldor, N. , "A Model of Economic Growth", *Economic Journal*, 1957, 67, pp. 591-624.

[26] Keynes, J. M. , *The General Theory of Employment, Interest, and Money*, Harcourt, Brace & Co, London, 1936.

[27] Knight, F. , *Risk, Uncertainty and Profit*, Sentry Press, New York, 1921.

[28] Malthus, T. R. , *An Essay on the Principle of Population*, Macmillan, London, 1798, 1803.

[29] Marshall, A. , *Principles of Economics*, 8th ed. , Macmillan Press, London, 1920.

[30] May, R. M. , *Stability and Complexity in Model Ecosystem*, Princeton University Press, Princeton, 1974.

[31] Meadows, D. H. , D. L. Meadows, J. Randers, W. W. Behrens III, *The Limits to Growth*, Universe Books, New York, 1972.

[32] Murray, J. D. , *Mathematical Biology*, Springer-Verlag, Berlin, 1989.

[33] Narotzky, S. , *New Directions in Economic Anthropology*, Pluto Press, London, 1997.

[34] Needham, J. , *Science and Civilization in China*, Vol. I, Cambridge University Press, Cambridge, 1954.

[35] Nicolis, G. , I. Prigogine, *Self-Organization in Nonequilibrium Systems*, *from*

Dissipative Structures to Order through Fluctuations, Wiley, New York, 1977.

[36] North, D. C., *Institutions, Institutional Change and Economic Performance*, Cambridge University Press, Cambridge, 1990.

[37] Pianka, E. R., *Evolutionary Ecology*, 2rd ed., Harper & Row, New York, 1978.

[38] Prigogine, I., *From Being to Becoming: Time and Complexity in the Physical Sciences*, Freeman, San Francisco, 1980.

[39] Romer, P., "Increasing Returns and Long Run Growth", *Journal of Political Economy*, 1986, 94, pp.1002-1037.

[40] Ross, S., "Return, Risk, and Arbitrage", in I. Friend and J. Bicksler, ed., *Risk and Return in Finance*, Ballinger, Cambridge, 1976.

[41] Rostow, W. W., *The Stages of Economic Growth*, 3rd ed., Oxford University Press, Oxford, 1990.

[42] Schrødinger, E., *What is Life?* Cambridge University Press, Cambridge, 1948.

[43] Schumpeter, J. A., *Business Cycles*, a *Theoretical, Historical, and Statistical Analysis of the Capitalist Process*, McGraw-Hill, New York, 1939.

[44] Smith, A., *The Wealth of Nations*, Liberty Classics, Indianapolis, 1776, 1981. 中译本:亚当•斯密,《原富》,严复译,上海南洋公学译书院1902年版。

[45] Solow, R. M., "A Contribution to the Theory of Economic Growth", *Quarterly Journal of Economics*, 1956, 70(1), pp.65-94.

[46] Sraffa, P., "The Laws of Returns under Competitive Conditions", *Economic Journal*, 1926, 36(114), pp.535-550.

[47] Stigler, G. J., "The Division of Labor Is Limited by the Extent of the Market", *Journal of Political Economy*, 1951, 59(3), pp.185-193.

[48] Varian, H. R., *Microeconomic Analysis*, 2nd ed., Norton, New York, 1984.

[49] Wallerstein, I., *The Modern World System I, Capitalist Agriculture and the Origin of the European World-Economy in The Sixteenth Century*, Academic Press, New York, 1974.

[50] Weber, M., *The Protestant Ethic and the Spirit of Capitalism*, Allen & Unwin, London, 1930.

[51] Wiener, N., *Cybernetics*, MIT Press, Cambridge, 1948.

[52] Wolfe, A. B., "Is There a Biological Law of Human Population Growth", *Quarterly Journal of Economics*, 1927, 41(4), pp.557-594.

[53] Yang, X., J. Borland, "A Microeconomic Mechanism for Economic Growth", *Journal of Political Economy*, 1991, 99(3), pp.460-482.

[54] Zou, H. F., "The Spirit of Capitalism and Long-Run Growth", *European Journal of Political Economy*, 1994, 10, pp.279-293.

第 4 部分
代谢增长的历史检验

最后这一部分收集的是新千年之后,笔者在国际和国内参与当代重大经济问题的政策辩论的文章。1990—2016 年间先后发生的东欧转型危机、东亚金融危机和 2008 年发端于美国的全球金融危机,给我们提供了前所未有的历史机遇,作为检验社会科学理论中基本假设的自然实验,可以在理论和计算机模拟的方法之外,提供第三种方式对比检验新古典经济学和演化经济学的基本范式。

从 1967 年我们从重工业工厂的调查中发现分工的效率受市场规模的限制,到 20 世纪 70 年代我们从生态环境的差别去探索中国近代科学落后的原因,我们对中西发展道路的比较是基于对中国的观察。1980 年出国后的 30 年,我有机会对美、欧、澳、非等大洲的生态状况和政治经济现状做了亲身的观察。尤其是从 1996 年开始,我每年有一半时间在中国讲学和调研,大大增强了我们对生态环境对经济增长的约束的认识。和"文化大革命"时期、改革初期的观察比较,西方的衰落和危机在哪些方面证实或修正了我们对经济增长动力的认识呢?

第一,我们否认了启蒙时代的理性和牛顿决定论的发展观,尤其是制度决定论和西方文化优越论;证实了生态环境对人类社会的本质约束和科技进步本身带来的不确定性和难以预测,这直接挑战了新古典经济学的优化框架和人性的贪婪假设;重新发现了演化生物学的主题,即经济竞争也是环境压力下的生存竞争和新陈代谢的过程。在非平衡态物理学和复杂科学的基础上,演化生物学和代谢经济学对经济发展的辩证法而非决定论有了新的认识。

举例言之,所有古文明都有生殖崇拜,中国的耕战政策更是把鼓励生育定为强国之本。但是西方殖民者的先进武器击败了主要的人口大国,转而强调技术、资本和产权的决定性作用。但是中国崛起证实的人口大国形成的规模效应打破西方的技术垄断,西方福利制度的最大后果是家庭瓦解和抑制生育,移民危机颠覆了西方霸权和议会制度。中国从传统的鼓励生育,到计划生育,再到重新鼓励生育和教育的兼顾,走过了否定之否定的曲折道路。

科技进步不仅开发出巨大的自然资源,也带来了前所未有的生态和社会危机,危及生命和地球的存在。古典经济学"看不见的手"的神话,不能自动平衡国际贸易,更不能防止追逐利润的利益集团利用科技手段破坏人类的生存环境。社会和政府对市场波动的监管和调控,深入到人类生活的所有层次和生老病死的各个阶段。新古典经济学反对政府"扭曲"市场的乌托邦经济学,只能让位给研究如何适度监督调控市场,同时鼓励技术新陈代谢的良性合作竞争机制的"经济保健学"的研究,即要同时研究经济运行的健康生理学、病理诊断学和卫生保健学。西医的基本思想是分析哲学,一是更换部件,二是杀灭病菌和病毒。中医的基本思想是器官之间的整体协调,调动内生抵抗力,适应环境变化。养生大于治病,对于老龄化人口,中医养生比西医治病更能提高环境和社会的效率。我们引入的复杂科学方法有助于经济诊断跨学科方法的发展。

第二,否定历史单线的绝对进步论,认识多元文明演化的相对兴衰论。历史上没有任何文明、国家或制度能永保竞争优势。是学习新技术和适应新环境的学习竞争,而非控制生产要素,包括控制土地、人口、工具或资本,决定了经济竞争的胜败。学习竞争是动态演化过程,而不是静态比较优势的选择过程,因为机遇和不确定性相关而非相斥。

举例言之,李约瑟问题的研究并不能得到西方民主科学、中国专制落后的结论。实际上,郑和航海的规模和技术比百年后的哥伦布船队大了百倍。中国今天在出口实体经济产品上的国际竞争力,只不过是重新达到了唐、宋、明代达到过的世界领先水平。问题出在精耕细作小农基础上的帝国政府低估了开放海洋资源的重要性,才把扩大市场和发展工业革命的历史机遇让给了西欧。今天具有群体文化传统和集中统一的中国经济,在技术新陈代谢的国际竞争中,打破了科技先行者的垄断优势,也突破了技术赶超者的后发优势,在发展水电、高铁、核电、新能源、通信网络等新技术新产业上,展现出西方缺乏的整合协作优势。这是斯密《国富论》中论述的分工加市场不曾达到过的高度。

第三,大到宇宙里的恒星,小到任何生命与有机体,都有生老病死的生命周期。不同阶段的经济组织和经济决策相应变化,反映到经济的规模报酬也相应变化。这导致任何实体经济的投资都是生灭过程。这使短期的成本效益分析只有近似的可能,预测和决策包含很大的不确定性,必须未雨绸缪。所以经济决策的长期投资远比短期消费重要,实体经济是金融衍生市场的根本。不能反其道而行之。

对于中国近代历史上若干重大争议问题,我们有了新的认识。

私有制是万善之源还是万恶之源?自由、财富、竞争、垄断、贸易、货币、资本、福利、管制、移民、投资、消费、稳定、波动,是有绝对还是相对的经济优势?我们发现,老子的辩证法比新古典经济学的比较优势更有因地制宜和因时制宜的优势。复杂科学更重视结构功能而非交易成本的分析。

例如,人口众多但是教育落后、组织涣散的发展中国家只能被动挨打甚至内乱不断,人口稀少、资源富裕的国家缺乏竞争的规模经济。对私有产权的过度保护导致投机资本和寻租资本抑制实体经济,让百分之一的寡头主宰了百分之九十九的民众,造成贫富的极端分化,并把国内矛盾输出到国外,扩大了国际金融危机。虚拟金融和过度消费让技术先进的富国成为债务累累的困国。反之,过度的政府干预和过多的福利保障,也会阻碍科技创新和国际竞争,导致经济的衰退和社会问题。凡此种种,都让我们重新思考斯密的困惑:国富究竟是可以积累的资本,还是不稳定的权势?政治经济可以分开,还是难解难分?马克思的历史唯物论结合毛泽东的非均衡观,得到的是邓小平的改革开放与混合经济。到目前为止,资本主义和社会主义,私有资本、国有资本和社会资本,孰优孰劣的问题没有定论,正如我们的学习竞争模型中,个人主义和集体主义、冒险文化和避险文化竞争谁胜谁负的问题没有定论一样。制度的改革和创新,不可能排除个人和领袖的建设性或破坏性作用。片面强调共生事物的某一方面在某一生命阶段的作用,都是不适当的。

第四,科学技术的社会效果是复杂的,技术和产业没有绝对的先进和落后之分,只有利弊得失的权衡。分析科学原子论的思维方法不能处理科学技术日益复杂引起的系统风险问题。

例如,英国圈地运动和美国大规模的流水线生产,虽然提高了某些农产品和工业品的生产效率,但是也带来破坏生态多样性和加大市场营销的风险。缺乏生态多样性分散传染病风险的功能,农田和城市绿化带使用的化肥和农药不断增加,破坏了土壤的恢复功能。包括疯牛病、禽流感等物种之间疾病的交叉感染,给人类健康带来严重威胁。抗生素的广泛使用,加大了细菌的耐药性。食品的工业化生产急剧增加了环境的危机和现代病的社会负担,使发达国家的社会保障濒临破产。西方大规模养牛场牲口排出的甲烷对全球暖化的威胁超过了汽车排放的二氧化碳。经济发展究竟要做大做强,还是小而美、小而稳,要具体问题具体分析。凡此种种,都证明了代谢增长论提出的生态系统复杂性与稳定性之间的矛盾,必须要在斯密已有的分工加市场的西方模式之上,探讨生产与社会之间日益复杂的协调方式和合作模式。

纵观经济学流派的竞争，西方主流的新古典经济学一般均衡的理论框架，完全排除市场经济的内生不稳定性，线性经济模型和计量经济学的回归分析，也忽视历史条件和路径依赖在经济发展中的作用。演化经济学的思维范式和非线性动力学模型的优势，正好可以回答西方主流经济学无法理解的发展的多样性，以及市场不稳定性和韧性的动力学机制。该范式对西方私有经济的局限性和中国混合经济的可能性做了具体的探索。当然，这一经济学范式的辩论还在进行之中。我们探讨的代谢经济学范式能否取代新古典经济学的主流，还有待历史的检验。但是，我们相信，坚冰已经打开，航向已经清晰，未来有待后人。

我们的研究路线，不是从现有西方经济学的主流理论出发，简单地应用推广到中国和转型国家，而是从开放系统演化的科学基本问题出发，从开放系统的热力学，走到非线性演化动力学，结合中西文明历史比较的启发，发展了代谢增长的经济学理论。

科学理论的突破始于观察和问题。我们的历史比较研究发现中国和西欧的发展道路有很大的不同，从而探索经济发展机制背后的生态环境的约束，进而在理论建模的方法上获得突破，从新古典经济学在封闭系统中的优化模型，转为开放系统中的生态竞争模型，等价于生命演化的化学反应模型；然后再去实践观察中，寻找新理论的经验证据。我们不但从宏观与金融的时间序列中找到非线性的经济色混沌的经验和理论证据，而且从各国经济演化的历史案例中找到文明分岔和多样演化的证据，完成了"观察—问题—模型—检验"以及"特殊—一般—特殊"的两个认识论的循环过程，从而发展了复杂科学的方法论与代谢经济学的新范式。

我们下一步的工作，是把代谢增长小波作为科技进步主导而非资本主导的经济学的一般框架，定名为"代谢经济学"，统一微观、中观（金融）、宏观、史观和组织（包括制度）经济学等领域，把以前使用的"复杂经济学"作为经济学新思维的方法论工具。

14 李约瑟问题和中国社会的演化

——社会非均衡转型的案例研究*

本文中,李约瑟问题"为什么科学和资本主义出现在西方而没有出现在中国"是与另一个问题"为什么中国形成中央集权国家和它持久的官僚机制"一起进行讨论的。此外,本文对社会生态系统稳定性与复杂性的关系问题也进行了分析;对非平衡态热力学和非线性动力学在中国社会演化研究的可能应用作了讨论;对中国农业结构的变迁中出现的历史与现实问题,以及最近在政治和经济改革中的危机,作了简要的考察。

14.1 李约瑟问题和普里戈金理论

中国文化的历史有许多显著的特点:历史久远的中央集权王朝的庞大官僚体制,它对于商人阶层的敌对态度,其周期性的王朝更迭和农民起义。西方文明的特点是:西欧分裂的封建社会,权力一度高于王权的基督教会,强大的中产阶级。中国与西欧的这些特点形成鲜明对比。中国的历史可以认为是西方历史演化道路的反例,也是社会科学和历史哲学流派竞争的各种模型的试金石。

在 20 世纪 70 年代,我开始对李约瑟问题产生了兴趣:为什么科学和资本主义产生于西欧,而不是中国、印度、伊斯兰或其他文明(Needham,1954)?我同时也思考着另一个平行的问题:中国中央集权体制的稳定性和持久性的根源在哪里?这一体制持续了两千多年,并且仍然是市场经济和社会发展的阻力(Elvin,1973)。我在 1973 年春天读到普里戈金关于演化热力学的论文(Prigogine et al.,1972),当即受到极大的震撼。普里戈金将热力学系统分为三类:孤立系统、封闭系统、开放系统。非平衡态热力学断言:自组织现象只能在开放

---

* 刘知颖译自 Chen, P., "Needham's Question and China's Evolution—Cases of None Quilibrium Social Transition", in George Scott ed., *Time Rhythms and Chaos in the New Dialogue with Nature*, University of South Dakota at Vermillion, Iowa State University Press, 1990.

系统中产生。我立即认识到：系统的开放度和对环境改变的适应力,是理解历史上文明发展多样性的关键所在(Chen,1979,1988a)。

一个相关的佯谬是稳定性和复杂性的消长关系(trade-off)。中国社会的特点是自给自足的自然经济和劳动密集型农业。与西方多元社会所具有的开放经济和发达的劳动分工相比,传统的中国社会是一个相当简单、一元化的社会,具有令人惊奇的结构稳定性,能够经受周期性的社会动荡。理论生物学从达尔文主义的理论出发,认为适者生存意味着复杂性与稳定性有正相关；进化越复杂的系统应当越稳定。然而,数学模型和对历史的观察,却让我得出相反的结论,即复杂性隐含着不稳定性(Chen,1987)。从非均衡非线性物理学的观点看,不稳定性不仅意味着破坏旧秩序的可能,还预示着形成新结构的机会。

在这篇论文中,我将首先研究历史和理论的问题,然后讨论中国改革和转型危机的问题。

14.2 经济的开放度和农业的稳定性

李约瑟问题"为什么科学和资本主义出现在西方而没有出现在中国",困扰着许多历史学家(Needham,1954;Wittfogel,1957;Wallerstein,1974;Braudel,1981,金观涛和刘青峰,1984;Huang,1985)。马克思—毛泽东学派的历史学家,将中国社会发展的停滞归罪于中国统治阶级对农民的残酷剥削。但是对中国16世纪土地税的数量考察结果显示,中国的土地税一般仅约1%—10%,大大低于中世纪英国和日本的土地税(Huang,1974)。因此,李约瑟和黄仁宇认为,中国体制对定量管理的缺乏才是中国落后的原因(Needham and Huang,1974)。韦伯强调文化的重要性。他认为西方资本主义的发展是由新教徒进行资本积累的宗教狂热所驱动,而中国的停滞归因于儒家的传统(Weber,1964)。那么我们要问,究竟什么是保守的文化和体制的根源呢？

Elvin(1973)对中国经济发展停滞的解释是,中国自宋朝以后处于高均衡态的陷阱之中,因为从宋朝起,经济只有量的增长；从质的角度看,稳定的技术没有根本性的变革。所以上面的问题就变为：为什么中国没有产生技术革命使她跳出高均衡陷阱？Perkins(1969)指出人口因素在经济发展过程中的重要性。他发现在过去四个世纪中,中国农业生产的增长率低于人口增长率。颇具争议的问题是,究竟人口因素在经济发展过程中起的是推动作用还是阻碍作用？Boserup(1965)指出,一定的人口压力对采用新技术是非常必要的。虽然资本主义和现代科学在西方的出现可以归因于众多的因素,但经济和社会的开放性却是发展资本主义和现代科学的必要条件(Chen,1979,1988a)。

根据普里戈金的观点，秩序破坏和熵增加总是在孤立系统中发生的，像晶体那样的静态结构可能在封闭系统内形成，但自组织和结构演化只能在开放系统中进行，因为只有在开放系统中才存在着能量流、物质流和信息（负熵）流。非线性和不稳定性（正反馈）在形成耗散结构的过程中起着关键的作用（Prigogine et al.，1972；Nicolis and Prigogine，1977）。普里戈金的观点为理解社会转型打开了新的思路。

西方经济的开放性和中国社会的封闭性之间存在着惊人的对照。鼓励对外贸易和保护城市商业是中世纪西欧国家的一贯政策。但中国的统治者从公元前8世纪起就开始控制城市商业，而明、清两代（14—19世纪）更是采取闭关锁国的政策，直到西方用坚船利炮将中国国门打开才被迫终结。甚至东西方的战争规律也不相同。欧洲人始终在争夺通商要道的控制权，而中国人则老在争夺产粮区。

肖努（Pierre Chaunu）曾经观察到一个历史佯谬，用马尔萨斯和韦伯的理论不能解释他观察到的矛盾。他注意到：欧洲人浪费空间。即使在15世纪初人口密度最低点的欧洲也（在心理上感到）缺乏空间，（所以西欧开始向外扩张）……但如果欧洲缺少空间，那么中国就缺少人口，因为人口稠密的中国在那时开始人口增长（Wallerstein，1974）。

问题是为什么从15世纪以来，中国在不断增长的人口压力下仍闭关锁国，而西方打着门户开放的旗号扩大版图？我们需要识别塑造东西方不同文明的理论框架（Chen，1979，1988a）。

年鉴学派历史学家布罗代尔（Fernand Braudel）推广了马克思的基本思想。马克思认为经济基础决定上层建筑，布罗代尔进一步认为物质生活决定经济基础，他发展了人类文明的三层次模型：物质生活、市场经济和世界体系（Braudel，1981）。我们将他的模型推广为一个人类社会结构的金字塔模型（见图14-1）。在最基层，物质生活包括环境（地理、气候和资源）、技术和人口。政治经济学的传统研究只涉及市场经济的中间层次。更为一般的观点应该包括生存经济（Huang，1985）。布罗代尔争辩说，物质文明决定了经济的基本结构。文化人类学家强调环境在塑造文化和社会制度方面扮演了基本的角色（Harris，1980）。在基础层次对上层建筑有基础性影响的问题上，我们同意Harris（1980）的观点。但是我们应该懂得，这三个层次之间的相互作用在历史进程中也是很重要的，因为发展是一个动态的和不可逆的过程。

我们注意到环境的差异会造成经济结构和政治行为的很大不同。西方文明产生于作为东西方主要贸易通道的地中海。中国基本上是一个内陆国家，大部分地区不靠近海洋。欧洲大陆的大部分是平原，而中国90%的国土是山地。

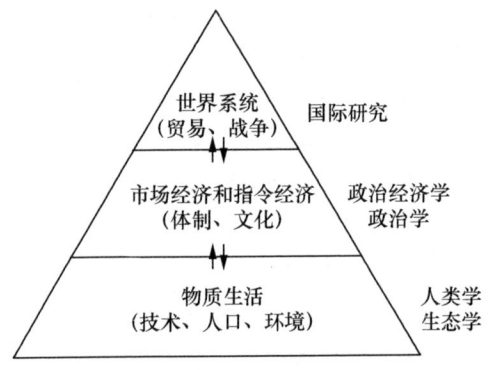

图 14-1　人类社会结构的金字塔模型

因此,欧洲人比中国人更容易发展交通系统和劳动分工。交通困难和战争频繁是中国从早期开始就形成自给自足经济的关键因素。

　　环境对农业模式的决定也有很大的影响,而农业模式进一步造就出文明最初的制度和文化。欧洲的混合农业包括种植业和畜牧业(Rubenstein and Bacon,1983),奶制品和肉类是西方人的主要食品。然而,中国农业的结构单一,以劳力密集的种植业为主,谷物和蔬菜成为中国人的主要食品。

　　实际上,欧洲人在 16 世纪向外扩张的主要动机是对土地的需求而非宗教号召,因为牧牛场比种粮的小农户需要百倍以上的土地,才能供养相同的人口。用物理学的语言,西方模式比中国小农模式需要的人均土地要高两个数量级。黑死病造成的劳力稀缺也刺激了欧洲劳力节约型技术的发展。相反,中国发展起来的土地节约型的精耕细作农业,只导致了人口危机和农民战争。同样,社会主义在东欧和中国的出现是因为内陆不能和沿海地区在个体意义上相竞争,因而转为在集体和国家的层次上相竞争。现代市场经济首先是在岛国和沿海区域,如西方的意大利、荷兰、英国,东方的日本发展起来,其原因在于它们的运输费用很低。

　　劳动密集型农业的资源效率与资本密集型技术的劳动效率分别代表中国和西方文明的特征。它们都是适应自然环境的互补方式。经济学家经常强调市场经济中人力和资本资源配置的经济效率,却未说明工业化造成的巨大自然资源的成本,即生态效率的代价。传统社会能源的利用效率实际上远比现代社会为高,因为前者的食物链远比后者简单。正如肖尼所言:欧洲对养牛的重视导致大量地使用动物肌肉能量作为生产中使用的动力。相比之下,土地平均产生的热量,种大米远比养牛的效益大得多,但却需要更多的人力(Wallerstein,1974)。

一个有趣的课题是西方经济中香料贸易的重要性。欧洲人需要的香料是从印度尼西亚和印度进口的,用途是腌制保藏肉类。因此,特定的东方产品如香料便成为西方物质生活中的基本必需品(Thompson,1928)。土耳其人于 15 世纪中叶阻断了通往中亚和阿拉伯的传统商道之后,西方人被迫向西寻找通往印度的新航道。进口必需商品的经济需要和保护主要商道的政治压力,成为西方历史上开放政策和殖民政策的持续动力。中国却从未有通过对外贸易满足基本物质需求的这种渴望。中国对外贸易进口的大宗奢侈品都是为上层阶级享用的,在民间并无广大的市场。中国统治者的主要考虑是国家的安全——防御西北游牧民族和来自海盗的威胁。国家垄断对外贸易成为军事外交的补充手段,这种防御倾向是闭关锁国和自给自足政策的根源。

地理位置决定论、文化决定论和经济决定论分别从不同角度分析了李约瑟问题。我们将这些互相竞争的单线论点整合为一个耗散结构的统一的动态模型。外部环境和内部结构的相互作用导致了东西方的不同文明。这些相互作用由多维的动态过程组成,包括地理、气候、人口、技术、经济、文化和社会制度。单个变量不足以决定这个多维的演化过程,而且社会演化并非一个"不可避免"的决定性过程。资本主义和科学的产生在历史长河中是一个罕见的事件。就像生命起源问题一样,它们出现的概率非常微小,但一经诞生和成长,就改变了历史的命运。

14.3　环境涨落引起的历史分岔

分析技术的适应性和社会演化过程中的文化刚性时,农业模式的结构稳定性不啻是塑造文化和体制的关键因素。中亚和中东的游牧民族是一种不稳定的农业形式,中国的细耕农业是结构过于稳定的模式。而欧洲牛粮并重的混合农业是一种兼具灵活性和适应性的亚稳态结构(Chen,1979,1988a;Rubenstein and Bacon,1983)。

东西方的食物结构和农业结构的不同可以解决历史上的一个佯谬。虽然纪元初西欧和中国的人口规模相当,但罗马帝国的士兵人数远少于汉朝。从春秋战国到中世纪,中国农民战争的规模可以和工业化时期的世界大战相比。其原因在于细耕农业贮存谷物的技术可行性,使得中国农业的后勤保障可以供养几百万人的常规部队,而罗马帝国混合农业养成的士兵要喝奶吃肉,保存供养几十万人的军队的肉奶制品却极其困难(Chen,1979,1988a)。谷物的生产和贮存是中国军事统一的技术经济基础,它保障了以军事控制产粮区和官僚集权控制人口流动的方式统一中国的成功(Chi,1936)。就此而言,我们可以说精耕细作的农业和水利工程是维护中央集权的技术基础,而混合农业和自然灌溉则是形成社会分权、劳动分工的技术土壤。农业主导技术的不同特征造成了制度和文化的不同取向。

根据量子力学创始人之一薛定谔的量子生物学理论,只有亚稳态和非周期性晶体才是生命结构的分子基础(Schrodinger,1944)。从非平衡态物理学的观点来看,非周期性晶体和亚稳态必须存在于非线性开放系统之中。动态稳定性和社会结构的类比如图14-2所示。只有那些具有一定的开放度和适当的稳定性的系统才有机会演进到生命和文明更复杂的形式和更高级的阶段。

图14-2 外部冲击下系统的稳定性

社会演化的历史过程既不是单纯决定论的,也不是完全随机论的。中国劳力密集的精耕细作农业的发展就是历史上涨落而产生有序的典型例子。

考古学的记载显示,直到商朝(前16—前11世纪),中国的农业仍是种植业和畜牧业相结合的形式。春秋时期(前770—前476),剧烈社会变革的发生几乎与希腊文明的发源在同一时代。人口迅速增长,土地变为稀有资源。在这一时期中,建立在粗放农业基础上的采邑制瓦解,而建立在细耕农业基础上的封建地主制兴起。同时,这一时期也是诸侯争霸、王朝更迭的开端,此后是绵延两千多年的土地战争和农民起义。

根据斯大林的社会形态五阶段论(其实马克思的亚细亚生产方式一说,隐含着中国、印度的发展未必遵循西欧的模式),中国有的历史学家认为,春秋时期是奴隶社会转向封建社会的一次革命。斯大林的历史唯物主义认为历史的发展是遵循着决定论的顺序:原始社会、奴隶社会、封建社会、资本主义社会和社会主义社会(Stalin,1940)。但李约瑟问题使苏联模式的历史学家难以解释中国的历史。

我们猜测中西文明的分岔,最初起因于气候变动所造成的农业模式的分岔。气象学家竺可桢认为中国在殷朝(前14—前11世纪)属于亚热带气候,在周朝时(前11—前8世纪)气候变得非常寒冷,春秋时期(前8—前5世纪)又变暖起来(竺可桢,1979)。在公元前14世纪至公元5世纪,中国社会演化的场景可能是这样的:在温暖的殷朝,包括农耕业和畜牧业的混合农业普遍发展;而到了气候寒冷的周朝，畜牧业遭到破坏，只有耐寒的作物（如小麦和粟）得以在寒潮中存活下来；当气候又变得暖和起来后，农作物的产量增加，人口增长。然而，中国中原地区的平原面积不足以在农牧混合的方式下养活众多的人口。于是农业便从粗放式转向集约（细耕）式，以养活越来越多的人口，这成为中国历史上不可逆转的演化趋势。

1453 年的另一事件，导致在世界历史上的第二次重大分岔。这就是伊斯坦布尔落入土耳其人的手中，东地中海地区关闭了对西欧的门户，使东西方贸易传统的陆上交通线被迫中断。欧洲航海者不得不去开辟从西方到东方的新航线。这一努力导致了新大陆的发现，并为工业革命和资本主义的发展开辟了世界市场(Cooper,1985)。

图 14-3 显示的是欧亚文明的历史分岔树。在这里我们又一次看到了自然环境和社会结构的决定论机制，以及诸如变化的气候、技术和政治形势这些随机论"事件"在历史演化中扮演的角色。换言之，在两个分岔点之间的决定论轨迹，"必然性"起主导作用；在分岔点附近，"偶然性"（气候变化、战争、英雄人物）起主导作用。图 14-3 给出了必然的和偶然的新历史图像。

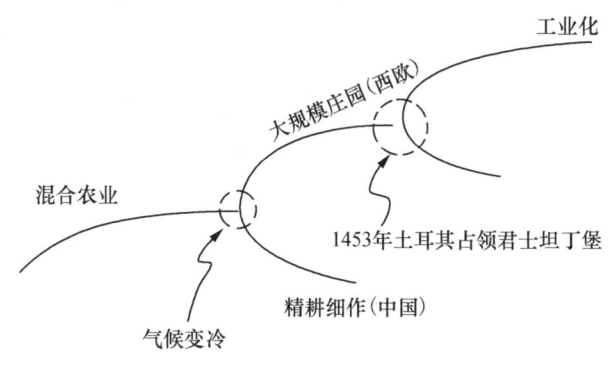

图 14-3　欧亚文明的历史分岔树

14.4　达尔文主义者关于复杂性和稳定性的困惑以及学习与竞争中的文化因素

与李约瑟问题相关的一个问题是，中国持续 2 100 年的中央集权王朝的独特性、稳定性和长期性。即使今天的中国也沿袭了过去的一些帝国传统。在西方历史中，拜占庭王朝持续了约 1 100 年(330—1453)，而罗马帝国只持续了 500 年(前 27—475)。其他前现代历史上的西方王朝甚至比罗马帝国衰落得更快。分权和文化的多样是欧洲文明的主要特点。相对应的是，从公元前 221 年开始,中国就成为在中央集权政府统治下的一个统一国家。国家的起源和稳定的机制是政治科学的一大困惑。在前面的部分,我们已从农业结构的技术特征的角度谈论过这个问题。现在我们通过分析社会的复杂性来讨论劳动分工的起源问题。

一个类似的困惑是理论生态学关于稳定性和复杂性的关系问题。研究物种群落演化的生态学家有一个信条,那就是增加网络的复杂性会导致更强的稳定性。然而,数学模拟却得出了相反的结论。比如,一个双族共存的物种系统就比单个种群构成的系统更不稳定(May,1974)。许多理论生物学家怀疑这个模型太不实际,而未能反映生命系统的本质。我们相信 May 的发现,即复杂系统比简单系统更不稳定是普遍正确的,因为稳定性和复杂性负相关的关系可从人类历史的经验中得到验证。例如,一个结构简单的中国小村庄在遭受断电或战争的打击后,要比纽约更容易恢复和重建。

我们已经意识到,文化在资本主义和科学的起源中扮演了重要的角色(Weber,1930)。Kikuchi(1981)注意到:东西方国家中"个人主义"的程度有巨大差异。我们推广了理论生物学的竞争模型以包括文化和行为因素的作用。实际上,行为的文化因素已经受到心理学家的重视,却被经济学家所忽略(Hogarth and Reder,1987)。

一些经济学家和演化生物学家为了证明他们的生物行为的最优化理论,便假定人类,甚至低到基因层次都具有自私的本质(Dawkins,1976)。然而,纯粹的唯象观察并不能决定一个生物体是利他的还是利己的。我们建议采用一种社会心理学的标度,可以直接观测集体主义的行为(风险回避)和个人主义的行为(风险爱好),这些是能够观测到的行为特征(见图 14-4)。

变化这个行为参数,我们可以得出一条在不同行为主体或文化中"个人主义"测度分布很宽的频谱,这些行为主体从群居的直到独居的动物,文化从保守(conservertive)过渡到进取(progressive)。然后我们将文化行为因素引入信息扩散过程以及学习竞争模型。在探求新资源和新技术的过程中,那些具有不同文化倾向的种族的学习能力不同,由此便可揭示劳动分工和社会差异的起源和机制(Chen,1987)。[①]

从图 14-4 可见,在新资源被发现但前景不明时,保守者踟蹰不前,而冒险者勇于尝试,因为进入者越少,发财(失败)的机会(风险)越大。但在先驱者证明

[①] 我们不赞同"先进""落后"的传统对照。演化可能向复杂系统"进化",也可能向简单系统"退化"。我们讨论生物和社会的"演化"而非"进化",基于科学研究的基本规范,即客观的观察比价值的判断在科学研究中更为重要。因此,我们这里描述的保守、进取和集体主义、个人主义并无褒贬之意,就如西方自由、保守的两党只有政策导向之差,而并无好坏之分。不同文化有不同的适应环境的取向。

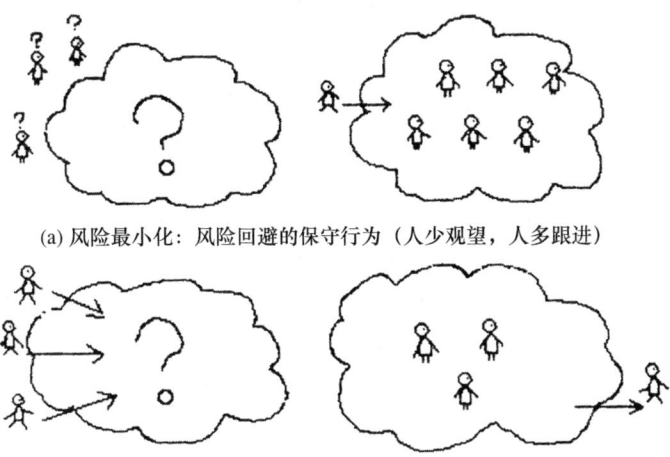

(a) 风险最小化：风险回避的保守行为（人少观望，人多跟进）

(b) 风险最大化：风险爱好的进取行为（人少先进，人多先退）

图 14-4　面临新资源时的学习竞争中的保守行为
（风险回避）和进取行为（风险爱好）

新资源的可利用潜力而吸引大批追随者以后，从众的（保守）集体主义者蜂拥而入，好异的（进取）个人主义者见好就收，因为进入者越多，发财（失败）的机会（风险）越小。

这个模型表明，进取的族群与保守的族群相比，在维持相同的人口数量的前提下，需要更大的生存空间，这就是为什么人口密度较低但更具进攻性的族群需要较大的生存空间。肖努观察了欧洲人和中国人之间令人困惑的差异。在第 2 部分，我们曾通过农业技术方面的论据来解释它。这里我们将从学习中的文化行为的角度来探讨这个问题。很显然，西方的牧场主和商人比中国的农民和官僚更具有冒险精神。

另一个有趣的结果是在涨落的环境下不同文化的稳定性。我们发现，保守的文化比进取的文化更具稳定性。这在种群人口达到可生存人口数量的下限阈值，而资源又是有限时尤其如此。但是当新的信息到来时，保守的族群比进取的族群更难以吸收新技术。

最为有趣的考察是两个具有不同学习行为的族群在探求新资源时所具有的竞争力。已有证据表明，两个保守的族群是不能共存的。当他们竞争同一资源的统治地位，如肥沃的土地或主导意识时，可能的结果只能是一个取代另外一个。这就是历史上农民起义、王朝更替的故事，它在东方国家的传统社会中总是反复出现。所以，劳动分工是难以在保守文化中产生的。

如果两个族群有相同的学习能力，那么两个进取的族群就可能共存，但保守的族群将会取代进取的族群。于是，在竞争中进取族群的生存策略只能是不断提高学习能力。如果我们认为资本主义是一种爱好冒险的文化，那么我们将得出与熊彼特相似的结论，那就是当资本主义与社会主义竞争时，创新对资本主义来讲是生命攸关的。一旦创新停止，资本主义就会丧失对现有资源的竞争力。如果两者的竞争力不相等，那么不同文化的族群竞争就有多样可能的结果，由此产生一个多样的世界。这个模型的另一个有趣的结果是，保守族群和进取族群的混合社会比两个进取族群的混合社会更加稳定。这让我们想起西方政治体系中保守与进步两党长期共存的普遍现象。

对涨落环境下系统稳定性的研究揭示出，一元社会比多元社会更加稳定，虽然多元社会比一元社会享有更多的社会福利。而稳定性和灵活性之间，或者说安定和发展之间总需要有一个利弊权衡，这使我们对东西方文化的分岔有了新的理解。就历史上分工的起源而论，分工当然有利有弊。工业化的代价是具有更大风险的不稳定性。这也是我们为现代化所付出的代价。

在不同的文明中，对历史的时间箭头的领悟是不同的。印度的佛教认为历史是轮回的，犹太教和基督教认为未来的生活会更好，而儒教和道教则认为黄金时代在过去。倾向于保守的中国文化是可以从生态经济的演化加以理解的，因为细耕农业使生态环境每况愈下。基于这一背景，我们可以讨论社会历史的演化树（见图14-5）。很显然，由于环境和系统结构的影响，演化树包含着分别向简单和复杂方向发展的双向道路。从全局看，发展是朝着多元世界发展的一个树状多线模式，而并非注定都要成为均衡单线模式的共产主义或资本主义社会。

也许我们会思索为什么资本主义出现在西方而不是东方，因为中国遭受的灾难和战争比欧洲更加频繁和深重（Chen，1979）。在中国，环境的涨落太大而无法保持一个复杂的结构。我们应当从比较世界史的角度，对公元前2世纪秦汉以来的农民战争和官僚体制做出全面的历史评价。从混合型的复杂农业到单一种植的简单农业，同时伴随着从采邑制到地主制的变迁，这些变化都是在生态环境逐渐恶化的情况下，农业经济结构从复杂到简单的演变（Chen，1979，1988a）。斯大林主义历史学派的假说认为中国的资本主义萌芽可以在不受西方影响的情况下成长起来。与此相反，我们认为如果中国不与外面的世界接触，就不可能独立发现科学或孤立发展资本主义。这是我们观察中国过去十几年改革的出发点。事实上，现代资本主义或所谓西方文化也是希腊、罗马、犹太、阿拉伯以及中国等几个文明冲突交融的产物，并非在英格兰的孤岛中诞生。

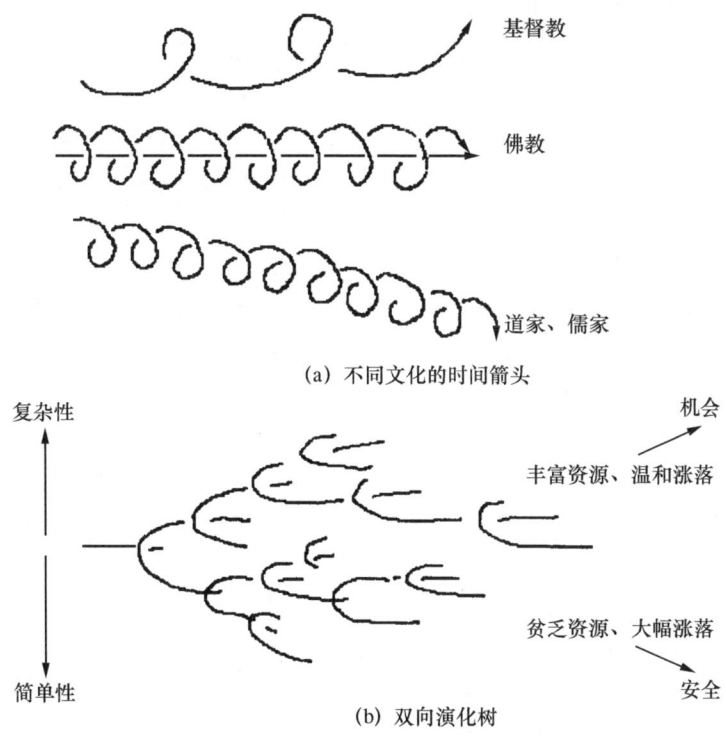

图 14-5 历史中的时间之箭和演化树

14.5 对于中国改革和转型动荡的一些观察

中国的改革对主流经济学提出了严峻的挑战。中国是一个幅员辽阔、结构多样、经济发展不均衡的大国。它从一个传统社会向工业化社会的演进,既不能单用马克思主义经济学,也不能单用古典的均衡经济学来解释(Chen,1991)。然而,新发展起来的演化动力学和非线性经济学给经济波动、动态分岔、复杂行为及结构转型都指明了新的方向,这些问题对于中国乃至变化中的全球经济都是至关重要的。

我将对中国的政治经济改革做出下面的观察,希望读者能给予有启发性的回应。

(1) 社会主义的起源和资本主义的成本。恶劣的环境、落后的交通以及资源的缺乏是传统中国自给自足农业的基础,同时也形成了改革前中国配给制的经济模式。

现代的社会主义体系出现于第二次世界大战期间的穷国。社会主义已经通过获得国家独立和军事安全来证明它的资源节约效率，但这又是以低生活水平和低社会流动的高成本为代价的。社会主义体系并不是工业化的一个更高级的阶段，而只是内陆国家或穷国为取得工业化而采用的一种互补性（complementary）的方法（这里，我们引入量子力学发现的互补概念用于社会研究之中）。因为中央集权的政府能够在早期调动全国的资源迅速改善基础设施和人力资源，以发展资本密集型工业。但是一个社会主义的计划经济难以在世界市场上与发达国家竞争，因为其产品仅为满足大众的生活所需，不具备富裕社会中的产品多样性。中国改革开放后发展的混合经济才有国有经济保障国家安全和民生必需的基础，又有外资、民营和合作经济增加产品的多样性、国际先进性以及地方特殊性。

资本主义体系已经证明了它的省时效率和较大的人员自由流动，以此来获得长期的经济增长和较高的消费水平（Berger，1986），但却是以大量地消耗能源和其他自然资源为代价的。一个成功的市场经济需要许多基本条件：开放的世界经济、发达的运输体系、先进的技术、平衡的教育体系、良好的市场体制，以及强有力的管理和行政体系。为了建立或改善市场经济的这些基本条件，需要几十年不懈的努力和合理的政策，这些条件不可能通过跃进式改革在一夜间达到。在一个缺乏基础设施和市场经济必要体制的国家里，想通过动一次休克式"手术"就以所谓的市场均衡达到目标是不可能的。

在一个社会主义国家，可行的改革方案必须是小心细致的混合经济模式，包括消费品的市场经济、高技术的计划经济以及稀缺基本品的配给经济。一个全盘西化的方案是注定要失败的。

（2）国际环境和国内平衡的动荡互动。由于自然资源和经济发展的巨大差异，中国长期具有区域经济和地方主义的传统（毛泽东，1967）。沿海地区的商品经济比内陆发达得多。过去，中国中央集权的军队都是由来自内陆贫瘠地区的农民组成，而谷物和财政的供给都来自富裕的东南部（Chi，1936）。现代中国从闭关锁国走向开放，从一边倒向苏联的外交变为倾向西方的外交，从保守的政府到开明的政府，从配给制到市场经济，这些都高度依赖于内陆与沿海的政治利益集团的势力制衡。一般来讲，国际环境的形势决定了在相互矛盾中哪个集团占上风。当来自国外的威胁比国内的冲突更危急时，代表内陆的自给路线就会赢得政治斗争。而在国际环境相对和平、国内经济繁荣时，代表沿海重商的开放路线就会成为主流派。

因此，不论中国进行什么样的改革，中国的适度开放都是至关重要的先决条件，中国的市场准入和新技术优先的开放管理办法比东欧的全盘自由化高明。这类似有机体的细胞壁，选择吸收养料、排泄废物，而不是自由进出的旋转门,开放的程度和方式取决于历史的国际环境与自身的竞争能力。民族产业竞争力弱时,只局部开放沿海特区,示范引进新技术,其余地区仍是高关税保护民族工业,如家电产业。等民族工业学习竞争力提高时,再逐渐降低保护壁垒。单纯从意识形态或政治立场来讨论中国的事务是幼稚的做法,应该从多维度的框架来分析中国的演化。

中国政治改革的曲折是由于受到国际环境相互作用的严重影响。在冷战结束时期,中国的经济改革取得了很大进展。中国成功的经济改革同时也给苏联以极大的压力,促使其停止扩张政策。西方宣传,迫使戈尔巴乔夫改革的似乎是里根的星际大战的压力。我们的观察与此不同,邓小平改革开放的成功,在于中国的双轨制保证了执政党的"两手硬",邓小平早就意识到中国转型期间的不稳定性可能引起转型期间的社会动荡。因为不稳定性和不确定性总是在开放系统中存在。虽然中国转型中也发生过风波,然而,我仍然乐观地相信,不稳定不仅意味着风险,也意味着机会。这是普里戈金开放系统理论的核心思想。

(3) 文化和政治倾向的生态学和经济学根源。社会主义的意识形态,是从生存经济的道德和战时经济的军事纪律中产生的,传统价值观是生态经济的历史条件的产物。共产主义者对平等的要求是根植于生存经济的恶劣条件中的(王小强、白南风,1985)。只有大多数人的物质生活水平提高,才能使对自由的需求超越对安定的需求。换句话讲,在资本主义民主里,平等机会是中产阶级的要求,而在社会主义民主里,平等分配是贫困人民的呼声。当然双轨制下也存在套利和腐败行为,其实英、美发达市场国家都存在双轨制,例如公立和私立的学校、医院同时存在,不存在没有差别的"一般均衡"的社会经济体制。重点不是消灭差别,而是管理合理的差别,使其不至于扩大为社会冲突。即使是在西方社会,相对于企业家而言,新兴的知识阶层也是资本主义的主要反对者和社会主义的主要支持者(Berger,1986)。

多党体系中多数统治的西方民主模式,在具有相对同质的经济与文化的国家里更成功,而在一个差异性极大的国家里却不怎么成功。为了达到混合经济和多元化的政治结构,在个人自由和社会平等之间维持一种适当的平衡是很重要的。我们不认为中国将来的富裕社会应当模仿西方式的体制,因为通信和运作的成本太高,不可持续。

(4) 中国改革合理顺序的难题:哪一个应该先行——经济改革还是政治改革? 更精确地讲,问题的提法应该是:控制着计划经济的旧的行政体制是否能转换为调节市场经济的行政体制? 如果是,那么如何进行? 一个相关的问题是,在进行体制改革时,什么激励机制能促使既得利益阶层推行体制改革?

在社会主义的道德观里有一个内在的矛盾（Kornai,1980）。在共产主义体系里，私人财产是一种罪过，它的捍卫者不会受到褒奖。因此，统治者的经济利益和物质收益不会合法地得到制度的保护，当权者在政敌挑战前极其脆弱。这就是为什么有限的选择和稀缺的资源会强化政治斗争。目前国人议论甚多的政治问题，如贪污贿赂等，其实多是经济问题。经济问题的解决，主要依靠技术的更新和操作程序的改善。给予经济激励和教育机会是将党政官员转变为经理人员和人民公仆的必要前提。改革平均主义的政策换来的是更大程度的政治民主和经济机会，这是中国的改革需要着重进行的试验。

根据社会演化的非均衡热力学理论，经济改革和政治改革，谁也不可能走在谁的前面。当技术进步和教育发展使得体制转换成为可能时，使用一种巧妙的互动作用方能抓住机会使改革顺利进行。中国改革的领导人应该时刻关注国际局势的变化，以决定是前进还是妥协。

参 考 文 献

[1] 陈平，《陈平集》，黑龙江教育出版社 1988 年版。

[2] 金观涛、刘青峰，《兴盛与危机》，湖南人民出版社 1984 年版。

[3] 王小强、白南风，《富饶的贫困：中国落后地区的考察》，四川人民出版社 1986 年版。

[4] 竺可桢，"中国近五千年来气候变迁的初步研究"，《竺可桢文集》，科学出版社 1979 年版。

[5] 陈平，"单一小农经济结构是我国长期动乱贫穷、闭关自守的病根"，《光明日报》，1979 年 11 月 16 日。

[6] Berger, P. L., *The Capitalist Revolution, Fifty Propositions about Prosperity, Equality, & Liberty*, Basic Books, New York, 1986.

[7] Boserup, E., *The Conditions of Agricultural Growth, the Economics of Agrarian Change under Population Pressure*, Allen & Unwin, London, 1965.

[8] Braudel, F., *The Structure of Everyday Life, Civilization & Capitalism 15-18th Century*, Vol. I, Harper & Row, New York, 1981.

[9] Chen, P., "Origin of Division of Labour and a Stochastic Mechanism of Differentiability", *European Journal of Operational Research*, 1987, 30, pp. 246-250.

[10] Chen, P., "To What Extent Western Theories are Relevant to China's Reality", *Forum of Chinese Young Economists*, 1988a, 3(3).

[11] Chen, P. "Needham's Question and China's Evolution—Cases of Nonequilibrium Social Transition", in George Scott ed., *Time, Rhythms and Chaos in the New Dialogue with Nature*, Ames, Iowa, Iowa State University Press, 1991, Chapter11, pp. 177-198.

[12] Chi, C.-T., *Key Economic Areas in Chinese History as Revealed in the Development of Public Works for Water-Control*, George Allen & Uniwin, London, 1936.

[13] Cooper, R., "Trade", *Encyclopedia Americana*, 26, Grolier Inc., Connecticut, 1985, p. 913.

[14] Dawkins, R., *The Selfish Gene*, Oxford University Press, Oxford, 1976.

[15] Elvin, M., *The Patterns of Chinese Past*, Stanford University Press, 1973.

[16] Gillis, M., D. H. Perkins, M. Roemer, and D. R. Snodgrass, *Economics of Development*, Norton, New York, 1983.

[17] Harris, M., *Cows, Pigs, Wars, and Witches*, Vintage Books, New York, 1974.

[18] Harris, M., *Cultural Materialism*, Vintage Books, New York, 1980.

[19] Hogarth, R. M., M. W. Reder, eds., *Rational Choice, the Contrast Between Economists and Psychology*, University of Chicago Press, Chicago, 1987.

[20] Huang, P. C. C., *The Peasant Economy and Social Change in North China*, Stanford University Press, Stanford, 1985.

[21] Huang, R., *Taxation and Government Finance in Sixteenth Century Ming China*, Cambridge University Press, Cambridge, 1974.

[22] Kikuchi, M., "Creativity and Ways of Thinking: The Japanese Style", *Physics Today*, 1981, 34, pp. 42-51.

[23] Kornai, J., "The Dilemma of a Socialist Economy: The Hungarian Experience", *Cambridge Journal of Economics*, 1980, 4(2), pp. 147-157.

[24] Mao, T., *Selected Works of Mao Tse-tung*, Vol. 2, Foreign Language Press, Peking, 1967.

[25] May, R. M., *Stability and Complexity in Model Ecosystems*, Princeton University Press, Princeton, 1974.

[26] Needham, J., R. Huang, "The Nature of Chinese Society: A Technical Interpretation", *Journal of Oriental Studies* (Hong Kong), 1974, 12, pp. 1-2.

[27] Needham, J., *Science and Civilization in China*, Vol. I, Cambridge University Press, Cambridge, 1954.

[28] Nicolis, G., I. Prigogine, *Self-Organization in Non-equilibrium Systems, from Dissipative Structures to Order through Fluctuations*, Wiley, New York, 1977.

[29] Perkins, D., *Agricultural Development in China, 1368-1968*, Aldine, Chicago, 1969.

[30] Prigogine, I., G. Nicolis, and A. Babloyantz, "Thermodynamics of Evolution", *Physics Today*, 1972, 24(11), p. 23; 25(12), p. 38.

[31] Prigogine, I., I. Stengers, *Order Out of Chaos, Man's New Dialogue with Nature*, Bantam Books, Toronto, 1984.

[32] Rostow, W. W., *The Stages of Economic Growth*, Cambridge University Press, Cambridge, 1971.

[33] Rubenstein, J. M., R. S. Bacon, *The Cultural Landscape, an Introduction to Hu-*

man Geography, West Publishing Co., New York, 1983.

[34] Schrodinger, E., *What Is Life, the Physical Aspect of the Living Cell*, Cambridge University Press, Cambridge, 1944.

[35] Schumpeter, J. A., *Capitalism, Socialism and Democracy*, 3rd ed., Harper, New York, 1950.

[36] Stalin, J., *Dialectical Materialism and Historical Materialism*, International Publishers, New York, 1940.

[37] Thompson, J. W., *An Economic and Social History of Europe of Middle Ages (300-1300)*, The Century Co., New York, 1928.

[38] Wallerstein, I., *The Modern World System I, Capitalist Agriculture and The Origin of the European World-Economy in The Sixteenth Century*, Academic Press, New York, 1974.

[39] Weber, M. *The Protestant Ethic and the Spirit of Capitalism*, tr. T. Parsons, Allen Unwin, London, 1930.

[40] Weber, M., *The Religion of China*, The Free Press, New York, 1964.

[41] Wittfogel, K. A., *Oriental Despotism, a Comparative Study of Total Power*, Yale University Press, New Haven, 1957.

15 中国经验对正统经济学的挑战*
——亚洲改革的演化模式与自组织过程

与东欧和俄罗斯遇到的困难相比,中国的经济改革取得了迅速的成功。其主要原因是,中国对分权试验及新制度的渐进演化持宽容态度,而在东欧和俄罗斯,操之过急的心态导致了对外国制度的全盘照搬。和传统新古典的均衡范式相对照,这种经验的对比清晰地表明了非线性动力学分析的实际意义。

15.1 引言

传统观念往往被历史事件的巨石击得粉碎,新思维则从废墟中兴起。20世纪发生了两个这样的历史事件:30年代初期的大萧条,以及80年代末期指令经济的崩溃。大萧条动摇了古典经济学的基础,为凯恩斯经济学的诞生创造了条件。20世纪另一非凡的事件,即90年代计划经济向市场经济的转型及东亚经济的崛起,亦对经济学教义产生了同样深远的影响。

自1989年柏林墙倒塌以来,大多数观察家预言,21世纪将是一个欧洲的世纪,其领导者将是统一的德国。德国的金融资本和高技术,加上俄罗斯丰裕的人力资本和自然资源,在世界上将无以匹敌。相比之下,中国则一直被视作一个未来的乱源,原因是中国的长期贫穷和人口压力。东欧和苏联的"大爆炸"式(big-bang)又称"休克疗法"式(shock therapy)——全盘私有化和迅速自由化——的转型模式得到了西方主流经济学的普遍欢迎,它们的改革被认为是从计划体制向市场体制快速转变的最优设计;而中国的改革试验——有控制的分权和渐进自由化——则遭到批评,被视为一种充满陷阱和矛盾的半心半意的改革。

然而,正如海浪下隐藏着暗礁一样,历史的事实有可能将这些社会科学家

---

* 郑伟译自 Chen, P., "China's Challenge to Economic Orthodoxy: Asian Reform as an Evolutionary-Self-Organizing Process", *China Economic Review*, 1993, 4(2), pp.137-142。

和政策制定者所依据的理论击得粉碎。尝试过各种各样的"休克疗法",注入过巨额的西方援助之后,东欧和俄罗斯的经济仍处于持续的衰退之中。基于成本—收益计算的对比值得经济学家思考。

对民主德国的转移支付现已达到民主德国 GNP 的 50%(相当于联邦德国 GNP 的 8%);与马歇尔计划相比,这是一笔巨额支付。当年马歇尔援助毕竟只相当于西欧 GNP 的 2%。尽管有如此巨额的支付,民主德国的 GNP 的下降还是超过了 40%(Schrenk,1993)。此外,德国统一的巨大成本不仅延长了西方经济的衰退,而且延缓了欧洲统一的进程(Summers,1992;Marsh,1993)。

相比之下,中国在经济转型时期几乎没有得到外国援助。中国内地最大的外资来源是海外华人经过香港进入的资本,但几乎是同等数量的中国内地资本也流向了香港。1992 年,中国累计的外国投资达 330 亿美元,人均仅 28 美元(Gao,1993)。与其他国家相比,中国人均的外援和外国资本流入水平是比较低的——仅相当于波兰的 4%,民主德国的 0.3%。但在过去的 14 年中,中国 GNP 年均增长率却达到 9%,出口年均增长率达到 13%。

试想,运用新古典外生或内生增长论,能够解释中国经济令人惊异的崛起以及俄罗斯和东欧经济令人迷惑的崩溃吗?令人遗憾的是,只有少数经济学家认识到将中国经验纳入现有模型的紧迫感(Singh,1991;Amsden,1993)。许多主流经济学家仍将中国搁在一边,理由是初始条件不同或文化传统不同,结果自然有异(Bogetic,1991;Hirschler,1991)。

在某种程度上,这一现象反映了目前政治挂帅,而非经济优先的倾向。在最近西方关于"休克疗法"和渐进改革的争论中,争论的只是达到目标的方法,而非经济改革的目标。他们的主要政策目标当然不是中国追求的稳定和增长,而是用西方式市场经济迅速和持久地取代计划经济,这是最终的政治目标(Islam,1993)。从这种成本—收益计算出发,中国的改革经验当然被排除在他们的视野之外。

但是,难道东亚对我们没有启示吗?布兰德曾经观察到,日本经济的成长对基于西方经济的新古典模式提出了严峻挑战,因为日本是靠做"错"每件事而成功的(Blinder,1990)。比如,美国范式强调的消费者至上、追求利润、授惠股东、自由贸易等教义,日本一直与之背道而驰。布兰德的观察提醒我们,中国在发展战略和制度改革等方面的改革经验可能对发展中国家和发达国家都有启示。

考虑以下几个富有挑战性的中国之谜。比如,中国的乡镇企业没有清晰的产权界定,但它们发展迅速,并在经济增长和社区发展中起到了积极的推动作用。那么在新古典模型的框架内,我们怎么解释这一现象呢?又如,对于中国省、县、乡各级地方政府在改革中所起的催化作用,我们怎么将之纳入传统的微观和宏观分析中来呢?

再看一看中国为提高国有企业效率所采用的方法。在这一领域的私有化只对小型企业可行;对于较大型的企业,特别是对重工业和国防工业,是否能实行私有化是颇成问题的(Sachs,1992)。在此,对于大型国有部门效率的提高,中国的主要措施是借非国有部门的增长引进竞争压力,以及将垄断企业分成几个较小的公司使之互相竞争。

目前西方经济的危机与西方价值的传统有着很深的关系。西方国家在第二次世界大战后崇尚无节制的个人主义、供给过度的社会福利、不公的收入分配、不完善的公共基础设施,因而不能满足全球竞争和技术改进的要求(Bellah et al.,1985;Etzioni,1988;Daly and Cobb,1989)。那么,在正统经济学中,是否也存在着类似的危机呢?对东亚经济历程的仔细研究将激发我们对经济科学和公共政策的新思考。

从东亚改革进程中可以得到这样的启示,这涉及制度变迁的本质。批评理性设计论的学者争辩说,中国改革的成功更多地来自其分权改革,而不是来自渐进改革。分权社会演变论进一步扩展了这一论点,它强调分权下的变迁之所以有效,归因于经济制度必定是自组织的。非均衡经济学为经济增长的本质赋予了更广的含义,并指出改变经济学现有规范的需要。

15.2 理性设计还是分权试验

将改革争论归纳为"爆炸式"或渐进式容易误导争论的实质。当前的问题是在两种互相竞争的改革战略间做出选择:一种是中国式分权的试验性质的改革方式,一种是俄罗斯及东欧式的自上而下、理性设计的改革方式。别忘了,1989年以前,匈牙利、波兰及其他一些地区的改革是足够渐进的。实际上,正是过去这种渐进改革的失败,使这些国家陷入目前的激进改革(Hirschler,1991)。不论是在1989年之前还是之后,东欧改革的一个延续的特征是,改革的措施是由中央设计,然后自上而下贯彻实施的。

不错,中国的改革是渐进式的,但更重要的是,中国的改革一直遵循着试验的方法。这样的例子包括,农村地区的迅速准私有化(家庭责任制),经济特区内系列小爆式的价格和贸易自由化的改革,价格和汇率的双轨制,以及国有部门种种渐进的和多样的制度改革。在改革初期,政府领导人,包括激进的改革派,对于诸如家庭联产承包责任制、乡镇企业的"非法竞争",甚至经济特区等许多非正统的改革措施,都是持怀疑态度的。制度变迁的认可和法制化通常要在成功的试验和广泛的模仿之后几年才得以实施。

在这一改革过程中,中国改革领导者最重要的贡献在于他们没有急于下结论,没有压制那些"非法"的改革实践;相反,他们让时间去检验和判断。这一对"异端"的容忍抚育了制度建设的创新。可见,中国改革的分权试验在于不依赖外国专家的理性设计或领导的个人权威,而是在各地不同的主动试验中,由中央政府比较协调,再推行相对现实的立法规范和制度建设。中国的成功表明了应该提供时间以学习和创新新的制度,而不应该一夜之间全盘照搬外国的现有制度。

15.3 分权的社会变迁和经济科学中的范式冲突

为什么中国分权式的、自下而上的、以试验为基础的改革,使中国制度变迁的社会成本大大低于其他地区的改革呢?本节讨论这一问题。我们认为,其他地区的改革者操之过急的心态导致他们选择全盘照搬外国制度,而非采用本国产生的解决措施。隐含在社会变迁中极大的不确定性和不适应性使得这种做法代价高昂。西方经济学家们所建议的自上而下的"设计师式的改革"恰恰反映了他们没能认识到新古典经济学"均衡"思维范式的局限性。

"休克疗法"的体制转型把私有化、自由化及宏观经济的稳定对策作为优先目标。也就是说,这些改革者寻求尽快地"回归欧洲",措施是采纳私有产权的法律框架,通过自由化引进世界贸易的价格结构,实施严厉的宏观稳定政策并靠巨额的外国贷款渡过难关(Sachs,1992)。这三种措施的实质是从外部世界批发进口一整套结构,而不是在现有经济中促进新的制度和力量的渐进发展。

这种全盘照搬的方法,隐含了一个假定,即认为制度在不同社会间的移植是可行的。这反映了现代经济学的一个基本分析范式,即均衡分析法。这种思路认为,只要价格正确,其他一切都会自动理顺。但在现实中,社会变迁是一个复杂的、路径依赖的、不可预测的演化过程(Stark,1992)。在分岔和转型阶段存在着巨大的不确定性(Chen,1987,1991),尤其是对于像波兰和俄罗斯这样的大国来说。当这一不确定性与高昂的社会重构成本相结合(德国统一的教训清楚地告诉了我们成本将会有多大),便会转化为可能的高风险。

"休克疗法"的支持者喜欢说"你不可能分两步跳过一个深谷"。但是,如果跳了之后发现更远离彼岸,你怎么办?相反,中国的改革者劝告道:"你只有先摸着了石头才能涉水过河。"这些隐喻的冲突反映了其基本分析范式的不同。前者建立在牛顿经典力学观念的基础上,它相信"休克疗法"将经济体系"撞出"

中央计划所安排的轨道之后,那些使各个单个市场恢复均衡的力量将驾驭整个经济体系进入一个新的稳定状态。很少有人对这一信念的分析基础提出疑问(Murrel,1991;Stark,1992)。但是动力学系统中混沌现象的新发现表明,社会变迁和制度转移远比这种信念所相信的那样更难以预测,它们更加复杂,更加容易产生不稳定性、剧烈振荡或所谓的混沌现象(Day and Chen,1993)。"理性设计师"过分简化了社会制度中复杂的、非线性的方面,他们还忽视了人类行为的有限理性(Prigogine,1993)。

15.4 非均衡经济学、正反馈和增长

上文已经谈到,对于分析社会制度迅速变迁时选择何种路径,均衡经济学不是一种合适的分析范式,因此以这种范式为基础所制定的政策便会遭到失败。但是,在何种意义上,动态经济学能更好地解释这些变迁过程呢?要回答这个问题,我们必须考虑正反馈机制的催化作用(Buchanan,1991)。

传统的经济学理论十分强调负反馈机制在达到均衡和稳定过程中所起到的作用。它认为,过度供给会增加未售出存货的数量,这会使价格下降,进而使过度供给减少。而任何正反馈都被认为是破坏性的——它将导致对均衡的更大的偏离。

帕累托均衡是一个静态的概念,它不考虑增长。然而,增长是迅速且稳定的社会变迁的一个关键组成部分。它通过一种润滑作用降低社会摩擦,通过把馅饼做大来安抚利益受损的社会成员。而增长反过来要依靠创新,创新背后的推动力又来自某种正反馈机制。

路径依赖增长的正反馈的经典例子是硅谷(Arthur,1989,1990)。在中国,存在着大量类似的例子,如在贫穷的内陆农村地区推行的家庭联产承包责任制,在富裕的沿海城市地区进行的经济特区的试点,合资企业中的外国投资、交流、学习、模仿等,所有这些都通过正反馈波浪式地进行相互作用。外资细小的绝对规模相对于利用外资的巨大效果表明,其基础过程是催化而非均衡的性质。

15.5 结论

对于中国所经历的社会变迁和经济发展的完整描述,不仅必须包括负反馈,而且必须包括正反馈。演化自组织的新理论揭示了正反馈机制在非线性和非稳态世界中所起的建设性的作用。它使我们对催化机制以及非均衡条件下

秩序如何产生等问题有新的理解（Nicholas and Prigogine,1977,1989；Day and Chen,1993）。内生增长理论必须增加一个新的观察维度：催化机制的作用，即在非均衡条件下，通过非优化动力学，导致新技术和新组织的产生。这才是即将淡出的 20 世纪的历史演变留给经济科学的历史教训。

参 考 文 献

[1] Amsden, A. H. "East Asian Cues to Post-socialist Economies", *Transition* (The World Bank), 1993, 4(4), pp. 9-10.

[2] Arthur, B., "Competing Technologies, Increasing Returns, and Lock-In by Historical Events", *Economic Journal*, 1989, 99, pp. 116-131.

[3] Arthur, B., "Positive Feedbacks in the Economy", *Scientific American*, Feb. 1990, pp. 92-99.

[4] "A Survey of China", *Economist*, Nov. 28 1992, p. 62.

[5] Bellah, R. N., R. Madsen, W. M. Sullivan, A. Swidler, and S. M. Tipton, *Habits of the Heart, Individualism and Commitment in American Life*, Harper & Row, New York, 1985.

[6] Blinder, A., "There Are Capitalists, Then There Are The Japanese", *Business Week*, Oct. 8, 1990.

[7] Bogetic, Z., "A Walk or a Rush", *Transition* (World Bank), 1991, 2(9), pp. 6-7.

[8] Buchanan, J., "Economics in the Post-Socialist Century", *Economic Journal*, 1991, 101(404), pp. 15-21.

[9] Chen, P., "Needham's Question and China's Evolution: Cases of Nonequilibrium Social Transition", in G. P. Scott, ed., *Time, Rhythms, and Chaos in the New Dialogue with Nature*, Iowa State University Press, Ames, 1991.

[10] Chen, P., "Origin of Division of Labor and a Stochastic Mechanism of Differentiability", *European Journal of Operation Research*, 1987, 30, pp. 246-250.

[11] "China: The Emerging Economic Powerhouse of the 21st Century", *Business Week*, May 17, 1993, pp. 54-69.

[12] CIA, *The World Factbook*, 1990, 1992.

[13] Daly, H. E., J. B. Cobb, *For the Common Good, Redirecting the economy toward Community, the Environment, and a Sustainable Future*, Beacon Press, Boston, 1989.

[14] Day, R. H., P. Chen, *Nonlinear Dynamics and Evolutionary Economics*, Oxford, 1993.

[15] Etzioni, A., "The Moral Dimension", *Toward a New Economics*, Free Press, New York, 1988.

[16] Gao, S. Q., "Maketization and Gradualism: Basic Lessons of Institutional Reform in China", *International Symposium on the Theoretical and Practical Issues of the Transition towards the Market Economy in China*, at Hainan, China, July 1-3, 1993.

[17] Hirschler, R., "Descending the Stem of the J-Curve-Interviews from Bangkok", *Transition* (World Bank), 1991, 2(9), pp. 1-4.

[18] Islam, S., "Moscow's Rough Road to Capitalism", *Foreign Affairs*, 1993, 72(2), pp. 57-66.

[19] Lipton, D., J. Sachs, "Privatization in Eastern Europe: The Case of Poland", *Brookings Papers on Economic Activity*, 1990, 2, pp. 293-341.

[20] Marsh, D., "Collapse of Communism Created a Corresponding Adjustment Crisis in the West", *Transition* (World Bank), 1993, 4(3), pp. 10-11.

[21] Mirowski, P., *More Heat Than Light, Economics as Social Physics, Physics as Nature's Economics*, Cambridge University Press, Cambridge, 1989.

[22] Mroz, J. E., *Russia and Eastern Europe*, 1993, 72(1), pp. 44-57.

[23] Murrel, P., "Can Neoclassical Economics Underpin the Reform of Centrally Planned Economies", *Economic Perspectives*, 1991, 5(4), pp. 59-76.

[24] Nicolis, G., I. Prigogine, *Exploring Complexity*, W. H. Freeman, New York, 1989.

[25] Nicolis, G., I. Prigogine, *Self-Organization in Nonequilibrium Systems: From Dissipative Structure to Order through Fluctuations*, Wiley, New York, 1977.

[26] Prigogine, I., "Bounded Rationality: From Dynamical Systems to Socio-economic Models", in R. Day and P. Chen, eds., *Nonlinear Dynamics and Evolutionary Economics*, Oxford University Press, New York, 1993.

[27] Sachs, J. D., "Building a Market Economy in Poland", *Scientific American*, March 1992, pp. 34-40.

[28] Schrenk, M., "Structural Changes in Eastern Germany", *Transition* (The World Bank), 1993, 4(1), pp. 10-11.

[29] Schrenk, M., "Transforming the Ownership System in Eastern Germany", *Transition* (World Bank), 1990, 1(9), pp. 1-3.

[30] Singh, I., "Is There Schizophrenia about Socialist Reform Theory? Some Thoughts about the Two-track Approach", *Transition* (The World Bank), 1991, 2(7), pp. 1-4.

[31] Stark, D., "Can Designer Capitalism Work in Central and Eastern Europe", *Transition* (World Bank), 1992, 3(5), pp. 1-4.

[32] Summers, L., "If the Best Way to Destroy an Economy Is to Bomb It—and If Communism Is a Close Second—Rampant Populism Is Third", *Transition* (World Bank), 1991, 2(10), pp. 9-10.

[33] Summers, L., "The Rise of China May Well Be the Transcendent Event", *Transition* (World Bank), 1992, 3(6), p. 7.

[34] "What's Wrong? Why the Industrialized Nations Are Stalled", *Business Week*, August 2, 1993, pp. 54-60.

[35] World Bank, *World Development Report 1991: The Challenge of Development*, Oxford University Press, Oxford, 1991.

16 新古典经济学在转型实验中的作用有限[*]

16.1 忽视大萧条的历史教训给苏东转型带来的严重后果

西方即使主流经济学中也存在不同的学术流派。中国目前广泛翻译、介绍和使用的美国经济学教科书，主要反映的是西方 20 世纪 70 年代兴起的新古典经济学派一家的观点，极大地淡化甚至忽视了 20 世纪 30 年代诞生的以熊彼特为代表的演化经济学与凯恩斯经济学的观点。他们之间的重大争论之一是关于市场经济周期的本质，对此他们持有互相冲突的观点（陈平，2004；Chen，2005）。古典经济学的均衡学派认为，由于供求力量的自我修正机制，市场经济是自身稳定的（马歇尔，1964），经济波动主要被外部冲击所驱动（Frisch，1933）。相反，非均衡学派认为市场经济的波动像有机体的新陈代谢，生命节律是内生的（Schumpeter，1939）。创新和科技进步本质上是不稳定的，其经济特征表现为创造性毁灭和技术更替。在政策上，均衡学派只注意恢复对均衡的短期偏离，而非均衡学派关注的却是中长期的经济波动机制和结构性变化。

就方法论而言，经济科学类似于天体物理，自然实验才是检验理论的主要舞台。作为现在经济学史上划时代的自然实验，20 世纪 30 年代的大萧条动摇了古典经济学的信念，催生了凯恩斯宏观经济学。凯恩斯研究了非自愿失业、金融市场的内生不稳定和政府在管理经济的波动与增长上的作用，在经济学上做出了革命性贡献（凯恩斯，1997）。

可惜，凯恩斯革命只在宏观经济政策的领域里取得部分突破。凯恩斯的弟子们受时代方法论局限的影响，在经济理论上并没有实现凯恩斯的梦想，即发展出非均衡经济学的一般理论。从方法论上来说，均衡经济学抽象掉历史（非线性）和多样化（多均衡）的发展过程，所以较易于做数学模型。这让新古典经

---

[*] 原载《经济研究》2006 年 10 月。感谢众多经济学家在多次国际研讨会上的建设性批评，尤其是 Joseph Stiglitz、James Galbraith、Hans-Walter Lorenz、Guido Buenstorf、Charles Goodhart、林毅夫、胡永泰、崔之元、刘昶、史正富、张军、陈志武、李维森和李华俊等学者有益的讨论。作者感谢中国科学基金会 70471078 号拨款，北京大学中国经济研究中心 211 工程和上海复旦大学新政治经济学中心的资助。

济学在战后很快占领了西方经济学的学术阵地。

20世纪50年代发展起来的新古典均衡理论,系统构造了一个自由放任经济学的乌托邦。建立在完全市场、完全竞争和优化行为基础上的微观经济理论,没有给技术创新和市场不稳定性留下任何的研究空间。阿罗-德布鲁的一般均衡模型只有唯一稳定均衡解。金融理论的有效市场假说声称股价总是对的,排除了金融危机发生的可能。20世纪70年代美国经济面临的滞胀问题,给卢卡斯领导的新古典宏观经济学派提供了"回潮"的机会。他们在理性预期和微观基础理论的旗号下,发起了反凯恩斯革命(卢卡斯,2000)。卢卡斯用简单到违背概率论大数原理的数学模型,干脆否定非自愿性失业的存在,制造了一个理性预期的自相矛盾的神话(Chen,2002)。他声称失业是工人在工作和闲暇之间自愿做出的理性选择,自然无须政府干预。同时,交易成本理论否认制度演化中的路径依赖和多均衡可能。因为根据科斯定理,最优制度能通过产权的自愿交易建立,与初始条件是否合理(例如财富分配是否差距过大)无关(科斯,1994)。"华盛顿共识"的具体政策是反凯恩斯革命在后冷战时代的新浪潮。它不仅否认了社会主义试验的重大成就,而且也否定了凯恩斯经济学的基本经验。如果我们承认经济学和自然科学一样都是经验科学,而不是哲学或神学的分支,那么我们的问题是:经济理论的真伪能否通过政策试验来检测?我们的回答是肯定的。我们正在经历的转型经济,为检验各派经济理论提供了极好的历史机遇。

所谓的"华盛顿共识"或者"休克疗法",其理论基础是西方主流经济学教科书讲授的均衡理论(Williamson,1990;Sachs,2005)。按照新古典的经济增长理论,苏东的物质、科技和人力资源比中国丰富得多,不难推测苏东的经济增长速度会比中国快得多。中国有着人口众多、资源贫乏、文化保守和集权历史的沉重负担。到20世纪90年代初,西方投资者仍然对中国望而却步。然而十余年的"休克疗法"之后,苏东经济出乎意料地大幅下滑。规模空前的转型试验在苏东与中国之间出现的巨大差异令人震惊,再次引发了对西方新古典经济学的质疑(World Bank,2002)。

值得注意的是,20世纪80—90年代的转型经济有几个特点与大萧条时期有所不同。首先,转型之前和转型之中并没有发生战争、天灾或国际经济危机。其次,转型过程中经济产出的大幅度下降,也并非以股票市场的崩溃或银行危机为前导。最后,苏东与中国的不同经济表现主要源于它们的经济政策,前者以自由化加私有化政策为主导(Sachs,1993;Williamson,1990),后者以分散试验、价格双轨制的渐进发展为特点(林毅夫、蔡昉、李周,1999;Chen,1993)。相比之下,大萧条期间各国的政策没有明确一致的理论指导。这些特点使我们对转型试验的分析远比对大萧条的分析简单明晰。

下面我们先观察数据和案例。为了避免不同统计标准造成的争议,本文讨论的数据采用的是西方主流经济学家按国际标准校正过的统计资料。与国内的统计数据比较,本文对中国经济的估计应当是保守而非高估的。世界各地区在不同年代的平均经济增长率参见表16-1。

表16-1 以10年为间隔的GDP平均增长率 （单位:%）

	20世纪70年代	20世纪80年代	20世纪90年代
东亚	4.5	4.4	2.8
东欧	4.8	2.4	−4.4*
西欧	2.7	1.9	1.6
北美	3.3	3.0	2.8
南美	5.2	1.2	2.9
世界	3.6	2.7	2.1
日本	4.2	3.6	1.2
德国	2.6	1.7	1.6
中国	4.7	8.8	9.4
越南	−0.1	5.0	6.9
波兰	6.1	0.9	3.2
匈牙利	4.7	1.5	0.3
苏联	4.6	2.6	
俄罗斯			−4.8
乌克兰			−8.9

* 绝对下降幅度为46%。

资料来源:United Nations Statistics.

我们看到:第一,在20世纪70—80年代,尽管发达国家、苏东经济增长都明显放缓,但苏东增长速度仍然高于欧美发达国家,"文化大革命"时期的中国稍逊东欧,但高于世界平均水平。社会主义国家改革浪潮的动力主要来自政治因素而非经济危机。第二,80—90年代苏东和中国越南间的增长态势互易,苏东是转型萧条,中国和越南则是持续增长,中国在这一时期的增长率为全球之冠。

16.2 大萧条和转型萧条的有关数据

大萧条和转型萧条中的主要事实参见表16-2和表16-3。我们看到转型萧条的破坏程度和持续时间比大萧条更严重。波兰经济学家发明了一个提法"大大萧条"(The Greater Depression)来描述苏东的经济衰退(Kolodko,2000)。萧条的严重性可用主要经济指标从波峰到波谷的下跌幅度来测量,恢复期界定为恢复到上次波峰水平的年份。不同时期采用的不同指标主要取决于当时能利用的统计资料。

表 16-2　大萧条期间(1929—1942)工业生产的下跌幅度和时间长度

国家	下跌幅度(%)	高峰—低谷日期	恢复年度	延续时间
美国	46.8	1929.3—1933.2	1942	14 年
英国	16.2	1930.1—1932.4		
法国	31.3	1930.2—1932.3		
德国	41.8	1928.1—1932.3		
加拿大	42.4	1929.2—1933.2		
意大利	33.0	1929.3—1933.1		
波兰	46.6	1929.1—1933.2		
捷克斯洛伐克	40.4	1929.4—1933.2		
日本	8.5	1930.1—1932.3		

资料来源:Romer(2004)。

表 16-3　转型萧条期间真实 GDP 的下跌幅度与时间长度

	高峰期	低谷期	恢复期	时间长度(年)	下降幅度(%)
德国	1992	1993	1994	1	−1
	(1993 年、2003 年两次小衰退,下降−1.1%)				
捷克	1989	1993	1999	10	−13
斯洛伐克	1989	1992	1998	9	−22
波兰	1989	1991	1996	7	−18
匈牙利	1989	1993	2000	11	−18
罗马尼亚	1987	1992	2005	18	−30
保加利亚	1988	1997	>2006	18	−34
阿尔巴尼亚	1989	1992	2000	11	−40
爱沙尼亚	1990	1994	2002	12	−45
拉脱维亚	1990	1995	2006	16	−50
立陶宛	1990	1994	2005	15	−44
俄罗斯	1990	1998	>2006	16	−43
乌克兰	1990	1999	>2006	16	−61
白俄罗斯	1990	1995	2003	13	−45
格鲁吉亚	1990	1994	>2006	16	−73
乌兹别克斯坦	1990	1995	2001	11	−20
阿塞拜疆	1990	1995	2005	15	−58
哈萨克斯坦	1990	1998	2004	14	−38
塔吉克斯坦	1990	1996	>2006	16	−67
土库曼斯坦	1990	1997	2006	16	−41
蒙古	1989	1993	2002	13	−23

注:民主德国(地区)在德国统一后的 1991 年经济下降了大约 30%,1992 年民主德国的 GDP 仅占全德的 7%。但德国统一后,民主德国单独的统计数据待查。

资料来源:各国真实 GDP 主要参照联合国统计,最新数据参照美国中央情报局 *World Factbook*。

转型国家中,只有中国的贫困人口在转型过程中不但没有增加反而迅速下降。按美国中央情报局的数据,中国 2001 年的贫困人口为 10%,仅高于起点最佳的匈牙利(1993 年为 8.6%)。波兰 2003 年的贫困人口为 17%,俄罗斯 2004 年为 18%,乌克兰 2003 年为 29%,格鲁吉亚 2001 年为 54%,塔吉克斯坦 2004 年竟达 64%。不同转型路线对大众收入分配而言的效果,无法用新古典经济学的帕累托最优来解释,却不难用基本的政治经济学常识来理解。

我们对转型萧条的严重程度深感惊异。美国大萧条期间工业产出下跌了约 47%,真实 GDP 下降了大约 25%,恢复到大萧条之前的水准花了 14 年;英国相对较轻,工业下降了 16%;中国困难时期真实 GDP 下降了 32%,持续时间只有 5 年(1959—1964)。保加利亚、俄罗斯、乌克兰、格鲁吉亚、塔吉克斯坦等五国的转型萧条持续了 16 年以上,且 GDP 仍低于转型之前的水平。真实 GDP 的跌幅从波兰的 18%、俄罗斯的 43%、乌克兰的 61% 到格鲁吉亚的 73%,差别很大。从整体上说,转型萧条的破坏程度要大于大萧条。

我们不禁要问:苏东转型萧条的主要原因是什么?最清楚的回答来自最简单的案例:统一后的原民主德国地区。

16.3 非均衡世界中的货币强权和不平衡贸易

一些经济学者把转型萧条归咎于"坏的政治学"而非"坏的经济学"(Roland,2000)。例如,萨克斯认为西方援助不足是俄国不能保持币值稳定的主要原因(Sachs,2005)。我们发现,其实德国统一的经济政策与效果,已经为寻求苏东产出下跌的直接原因提供了明确线索:原有劳动分工网络的瓦解起源于汇率机制的突变。换言之,价格体系的背后不仅仅是简单的弹性供求关系,还和相应劳动分工体系下较具刚性的政治经济结构息息相关。

彻底推行"休克疗法"的完美例子不是波兰,而是民主德国(Kolodko,2000;Burda,2006)。波兰经济学家很快意识到休克带来的只是痛苦而非治疗,在私有化导致大批企业破产与大量工人失业后,立即放慢了大型企业私有化的速度,从而在东欧较早地结束了转型萧条的困境。

表面上,民主德国转型的条件比任何其他苏东国家都优越。1989 年德国统一后,原联邦德国地区向原民主德国地区全盘输出了自己的产权和法律体系,同时原联邦德国地区也向原民主德国地区提供了历史上最大的财政援助,每年有大约 800 亿—900 亿欧元(相当于原民主德国地区 GDP 的 20%)的财政资金从原联邦德国地区注入原民主德国地区并持续至今,这比第二次世界大战后美国马歇尔援助下的西欧和历史上任何发展中国家获得的外援都要多。为了获取东部人心，德国政府决定，原民主德国地区居民持有的在原民主德国地区使用的马克可以1∶1的比率兑换在原联邦德国地区使用的马克，这远高于黑市上的真实汇率，给东部居民带来了一笔"飞来横财"。与其他转型的苏东国家相比，原民主德国地区几乎不存在通货膨胀、汇率贬值以及其他东欧国家面临的宏观经济不稳定的危机。按照新古典宏观经济学的增长理论，后进地区的经济增长应该只是简单的向先进地区靠拢的收敛过程。用哈佛经济学家巴罗主张的宏观经济的要素指标测量，原民主德国地区的工资率、消费比率、生产率等经济指标收敛到联邦德国地区水准的速度实际上远远快于新古典增长理论的预测，然而，与新古典理论的预言相反，民主德国地区宏观经济状况的实际进展却举步维艰（Burda，2006；Barro，1991）。德国统一的16年后，东部地区不但经济增长甚慢，而且失业率仍在继续上升，西部地区资本也不愿意投资给没有法制和语言障碍的同胞，东部人才与移民大批外流。在历史上最好的外援条件下，为什么没有出现一个经济奇迹来验证均衡经济学的收敛理论和产权假说呢？

2004年笔者在德国耶拿访问时，当地经济学家向我们介绍了著名的蔡司（Zeiss）光学仪器公司的历史，我们得以实地观察一个转型的案例。蔡司公司由于保持了科技创业的传统，没有多数国有企业普遍存在的技术老化问题。从19世纪下半叶开始，蔡司的光学产品在世界市场上始终是最先进和最具有竞争力的。出乎意料的是，德国统一后位于东部地区的蔡司公司突然失去了90%以上苏东的市场份额。因为德国统一货币后，所有的交易须用西方的硬通货付款，无形中打断了苏东的老顾客以货易货或用卢布进行交易的传统。结果蔡司公司既丧失了传统市场，又因为无法迅速打开西方市场而被迫重组并大批裁员。更出乎西方经济学家意料的是，西部注入东部的大量资金，不仅没有带动东部经济，反而拖累了西部经济。因为东部居民手中"飞来"的西部使用的马克，买的是西部的时尚商品而非东部的老式产品。东部企业在丧失传统苏东市场的同时，还失去了国内市场，从而加速破产。失业急剧增加使东部居民暂时兴奋的购买力持续萎缩，同时来自西部的外援用于社会救助的比例远大于技术更新的投资，人为政策抬高的东部工资又降低了东部对外资的吸引力，造成一系列恶性循环。西部政治家的良好愿望陷入低增长的均衡经济陷阱，拖累了欧盟的经济发展。

回顾发展中国家的经济现代化史，硬通货（美元、马克或英镑）的积累在发展中国家是一个缓慢的学习和竞争过程。外汇市场上的交易价格并非仅由经济因素决定，还包括不对称的金融强权的影响。在本国金融实力还无法与国际金融强权抗衡时，用国家外汇主权管制外汇和外贸，是在不平等的国际竞争条件下，给国内企业创造学习和成长空间的重要手段。"休克疗法"的倡导者鼓吹自由化的好处是减少西方外资进入的阻力,从而加速苏东向西方收敛的赶超过程。但结果却首先是经互会贸易体系的垮台和东欧企业的大量倒闭,引发一连串的宏观经济危机。不但外资踯躅不前,而且内资外逃的规模远大于外援的流入,在短短几年间就瓦解了社会主义工业化几十年来留下的独立自主的产业体系。

再看中国走过的路程。中国的外汇双轨制从1980年4月开始,维持到1995年1月,持续约15年。在中国,开放竞争是一个逐渐适应的演化过程,而非迅速平稳的均衡收敛过程。中国的国际贸易在1980年有18亿美元的赤字,到1994年转为54亿美元盈余,2000年外贸出超上升到241亿美元;相应的是,中国的外汇储备从1979年的8亿美元逐步上升,1994年为516亿美元,2000年达1656亿美元。中国的外汇双轨制能够在1994年成功并轨,前提是出口导向型的经济增长使外贸由赤字转为顺差(见图16-1)。1979年到1994年的15年间,中国的出口增长率为26%,是同期GDP增长率9.5%的两倍多。相比之下,波兰经济学家对苏东的观察结果是:"贸易自由化进程越快,初次冲击效果越大,随之而来的衰退就越深。"(Kolodko,2000)

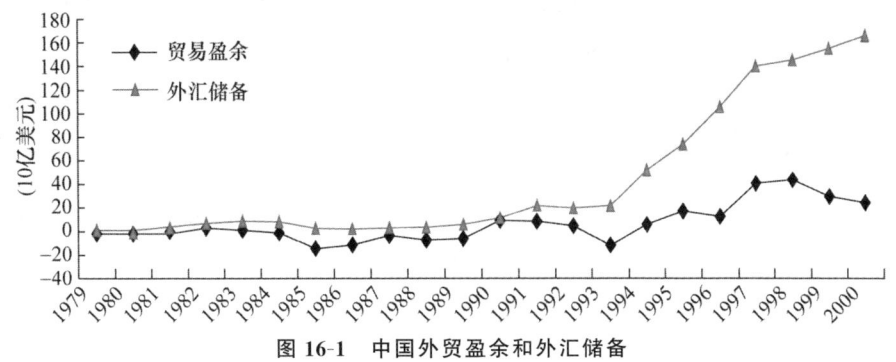

图16-1　中国外贸盈余和外汇储备

1997年亚洲金融危机后,越来越多的经济学家认识到国际金融中过度资金流动的危害性,因为金融自由化加剧了金融市场上的国际投机活动。新古典货币理论中,货币和汇率在一般均衡的乌托邦世界中只被视为交易手段。在远离均衡、垄断竞争的国际金融市场上,硬通货实际上还享有与政治经济强国相关的市场强权(Goodhart,1998)。美国著名经济学家萨缪尔森早在20世纪90年代中就曾和笔者讨论说,中国用劳力赚来的外汇去进口先进技术的做法,比俄国用资源换取外汇来稳定金融市场的做法要精明得多。

均衡经济学片面强调价格的供求关系,忽略经济结构的重要性。但是人首先是生物而非机器。众所周知,在演化生物学中,生物结构例如细胞和遗传基因在生命演化中扮演了重要角色。有机体中选择性开放的细胞膜相当于生物系统中的麦克斯韦妖精,为维持开放系统中的耗散结构,它只允许有益的物质流、能量流和信息流通过,而阻挡有害的物质流和信息流入侵(普里戈金、斯唐热,1987)。如果缺乏生物膜的保护作用,在远离均衡的情况下,没有任何生物能在多变的环境中维持内部稳定的活的机体,这是机器和生命之间的基本差异。在政治经济学里存在许多类似的生物边界或细胞膜的选择开放机制,例如国界、户籍、考核、标准、信用、签证、外贸与外汇管制等制度。美国的高关税一直持续到第二次世界大战之前,西欧和日本到20世纪六七十年代才逐渐放松外汇管制。发展中国家要仔细研究西方国家的历史经验,不能轻易地相信西方理论的说教。在这里,政治经济学的常识又一次比均衡经济学美丽的模型更接近历史的真实。世界是非均衡的,绝大多数经济交易背后的谈判地位和权力是非对称的。博弈论与交易成本论中的平等博弈、平等交易是数学的理想而非生活的现实。

自由贸易和自由资本市场的提倡者以为自由化政策比外汇管制更能吸引外国直接投资。然而实际上,任何长期投资者首先关心宏观经济的稳定和增长。正如苏东早熟的汇率与贸易的自由化导致宏观不稳定性,引发的不是外资流入,而是资本外逃和资产剥离。开放竞争的方向决定之后,时机的把握和战略的选择就成为竞争胜败的决定因素。

16.4 复杂动力学、路径依赖和学习空间

假如均衡理论正确的话,产权建立和价格放开后,经济体系应当顺利转型并实现稳定增长。苏东迅速自由化的结果却是通货膨胀螺旋上升,货币不断贬值(见表16-4、表16-5)。

表 16-4 转型中的高通胀

国家	通膨率(%)	高通胀(>40%)的时间长度(年)
德国	9(1990)	0
中国	25(1988),25—35(1992—1995)	0
波兰	400—581(1989—1990)	5(1988—1992)
保加利亚	335(1991),1 048(1997)	7(1991—1997)
罗马尼亚	295—300(1991—1992)	9(1991—2000)
乌克兰	3 432(1993)	6(1991—1996)
俄罗斯	1 590—4 079(1992—1993)	8(1991—1998)

* 括号中为年份。

资料来源:联合国统计数据库。通胀指标为用现价计算的隐含平减指数(implicit price deflator)。

表 16-5　本币汇率的变动(以 1980 年或 1991 年本币对美元的汇率为基准)

国家	1980 年	1985 年	1990 年	1991 年	1993 年	1995 年	2000 年
德国	1	1.62	0.89	0.91	0.91	0.79	1.17
中国	1	1.96	3.19	3.55	3.85	5.57	5.52
捷克			0.77	1	1.04	0.95	1.38
斯洛伐克			0.61	1	1.04	1.01	1.56
匈牙利	0.44	0.67	0.85	1	1.23	1.68	3.78
波兰		0.01	0.90	1	1.71	2.29	4.11
保加利亚				1	1.55	3.78	0.12
罗马尼亚	0.22	0.24	0.29	1	9.95	26.62	284
白俄罗斯	0.51		1	191	47 937	108	
俄罗斯			1	195	897	5 534	
乌克兰	0.5	1	634	20 602	76 087		

注:汇率以美元为基准,根据基期汇率重新标度,中国、德国以 1980 年为基期,其他国家以 1991 年为基期。

资料来源:Penn World Table 2002.

假如采用联合国的汇率数据计算,俄罗斯从 1990 年到 1998 年按 1990 年美元计量的 GDP 总值下降了 43%,但是同期卢布相对于美元的汇率贬值了 13 860 倍!这是汇率均衡理论(例如购买力平价理论)无法解释的事实,只能由政治经济学中金融强权的博弈来理解。由于没有民族企业强有力的竞争制衡,苏东国家原有的大型国企和国有银行,几乎全部被跨国公司廉价收购。只有俄罗斯用立法保护了本国的大型企业,但因没有事先打破大型国企的垄断,又让国家资源落入私人寡头之手,并未造福社会。

表 16-4 和表 16-5 显示中国转型的特征是低通胀率和相对稳定的汇率,与苏东的情况明显不同。我们的理解是路径依赖和学习空间的存在使经济转型的模式大不相同。

16.4.1　货币政策的约束条件和恶性通胀产生的路径依赖

一个值得深思的观察是所有低通胀率的转型国家,像中国、德国、捷克、斯洛伐克和匈牙利,在 20 世纪前半段都遭遇过恶性通货膨胀。中国在解放战争期间以及中欧国家在两次世界大战期间恶性通胀的集体记忆,构成对这些国家政府货币政策的严厉约束,即使这些国家面临领导更替亦不敢忘记恶性通胀的历史教训。相比之下,苏联在计划经济下有价格长期不变的历史,恶性通胀在前苏联各国并无贴近的先例。这说明历史因素构成政府行为的"路径依赖"(David,1985),均衡论忽视历史,以不变应万变犯下历史的错误。

16.4.2 价格双轨制下的复杂模式：生产周期和迂回生产

中国从1984年起，对企业放权政策下产生的工农业商品的价格双轨制，曾经在国内外引起过极大的争议。大家知道，双轨制的短期代价是套利所导致的投机和腐败行为，以及政府为稳定支付的价格补贴。弗里德曼在1988年会见中国领导人时，提出"砍蛇尾多次不如一次"的说法，建议中国迅速实行价格并轨。结果"价格闯关"的信息刚一披露就引发群众的抢购风潮。社会动荡促使中国立即放弃全面迅速的价格并轨，转而按市场实际分散决定价格并轨的进程，结果避免了东欧式的螺旋通胀和生产下降，应当说得远大于失。

由于产业结构大不相同，改革过程中实际形成的价格动态大相径庭。产出增长引发的价格并轨首先发生在副食品市场，例如蔬菜、肉类、和水产品市场。副食品价格在一开始确实有所上升，但是几个月后，随着副食品供给的迅速增加，价格很快稳中有降。基础原料（如粮食、棉花等）长达十年间价格管制时松时紧，价格没有完全放开，以防止价格的大幅波动。工业产品的价格放开后，消费品和奢侈品的价格有所下降，但是生活必需品的价格放开要慢得多。能源、公用事业、教育和卫生等部门的产品价格虽然一直在严格的价格控制之下，但价格变化的趋势仍然是持续上升，原因是这些部门建设的周期长、投资大，供给的增加始终赶不上社会需求的快速增长，同时中国民众又不能接受价格完全放开后，在获得公益服务上过大的贫富差距（见图16-2）。

要理解价格动力学在不同产品市场上的多样行为，首先要明白一个重要的市场机制：不同产品有不同的生产周期。蔬菜和肉类的生产周期只有几个月，电站的投资周期是几年。价格行为的复杂性也可以用劳动分工下迂回生产的程度来理解（Hayek, 1935）。尽管粮食棉花与蔬菜肉类的生产周期长度相似，但是粮食和棉花除了居民消费之外，还用于工业原料。库存周期和期货市场的存在给粮食—棉花市场带来复杂的联动关系，包括期货市场受国际市场价格波动的影响，所以，粮食棉花市场的价格波动比蔬菜肉类市场的价格波动更大、更持久。实践表明，中国在粮食和棉花市场上的价格改革几经反复，比其他农产品市场的改革慢得多。

中国和苏东在工业结构之间的差异，也可以部分解释为承包制对农业和工业的不同效果。家庭承包责任制对中国以家庭为主的小规模农业生产有显著成效，但对苏联的集体农业效果很差，因为苏联集体农庄采用大规模机械化生产，农机零部件的供应维修体制一旦运转不灵，农民积极性就无法发挥。同理，中国工业企业的承包制改革的效果也不如农村。劳动分工网络的复杂性，是产权理论有意忽略，但复杂经济学要着重研究的领域。

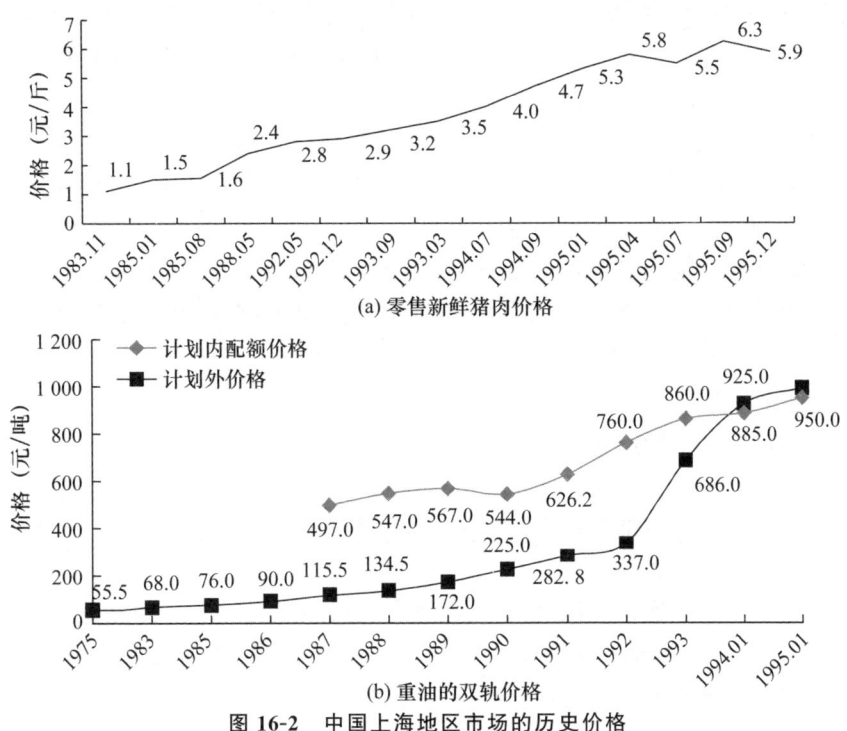

图 16-2 中国上海地区市场的历史价格

从经济理论而言,中国价格双轨制的试验,否定了新古典的简单供求均衡理论和有效市场理论,支持奥地利学派尤其是哈耶克关于迂回生产下的价格发现理论(Hayek,1935),以及现代的经济复杂性理论(陈平,2002)。由于工业为农业提供种子、肥料和水电等要素投入,当代农业经济也已高度工业化,不同产业网络密切相关。粮食、棉花和基础原材料的供应链远比终端消费品长,所以其价格变动的周期和摆幅也大。如果供求曲线的均衡点只有单一交点,而且价格调整的时间滞后趋于零,市场的价格机制在外部冲击下可以迅速回归稳定。然而,如果非线性的供求曲线存在多个交点(多均衡态),恢复均衡的时间滞后又不短,市场价格的动力学将不能保证价格波动必然趋于稳定,反而极有可能陷入混沌和复杂周期的持续振荡(Chen,2005)。正因为存在经济动力学的复杂性和经济转型的不确定性,中国"摸着石头过河"的改革用分散试验、经济特区和价格双轨制等方法,分散了改革试验的风险,给企业和政府改革创造了学习空间。

与中国渐进的价格放开政策相反,同样面临短缺经济的苏东国家,不是用发展生产的办法来缩小价格波动的差距,而是用一夜间全面放开价格的办法实行转型的跃进。结果高通胀使居民几十年的储蓄化为乌有,国民真实收入下降导致经济萧条。然而,"休克疗法"的拥护者却辩护说,价格均衡消除了短缺经济下排队的时间浪费,却无视经济萧条带来的贫富两极分化和绝对贫困化。一般均衡理论在制定政策上的严重误导可见一斑。须知价格机制不仅是微观的供求关系,而且受制于宏观的周期波动和利益集团的冲突!

产权学派也即制度经济学的趋同学派认为,演化等价于均衡与优化(Alchian,1950;Sachs and Woo,2000)。他们以为只要保障产权,各国制度的演化就必然向英美式的市场经济制度趋同。然而,转型实验的结果清楚地表明,演化的方向有可能是发散而非趋同的,因为它不仅取决于自然历史条件,而且还和人为的政策选择相关。与苏东的转型萧条相比,在宏观稳定发展的前提下,民族企业的国际竞争力大增。按中国的统计数据,1978—2004 年,扣除价格因数,中国的真实 GDP 增长了 2.7 倍,城乡居民储蓄增加了 54 倍。演化的不同路径如何能用趋同的均衡论解释?

16.5 简单片面的均衡思维和互相矛盾的经济政策

表面看来,"华盛顿共识"为转型经济和发展经济提供了一张完整的政策清单,实践中我们却发现政策目标之间存在着冲突。我们在这里讨论两个例子:微观效率与宏观效果的矛盾,以及产权理论与公司金融理论的冲突。

16.5.1 微观的预算硬约束和宏观的信用紧缩

匈牙利经济学家科尔内把预算软约束作为社会主义国有企业缺乏效率的主要原因(Kornai,1986;科尔内,1988)。于是,苏东国家纷纷在转型过程中不加区别地削减政府给亏损企业的援助,原以为可以刺激企业提高效率,结果没有提高效率,反而加速了国企的倒闭。

从模型来看,科尔内的预算软约束理论完全符合新古典微观经济学的理论。但仔细分析,严格意义上的预算硬约束只存在于没有技术进步和信用市场的封闭经济,这正是完全市场假说的致命弱点。在工业社会中,鼓励技术更新和结构调整的预算软约束以各种形式广泛存在,如银行信用、风险资金和银行破产法(崔之元,1999)。美国破产法的第 11 章"结构重组法",就由法院判决在一定时限内限制债权人的要求,给陷入财务困境的公司以重组和生存的机会。20 世纪 70 年代美国国会授权贷款挽救美国三大汽车公司之一的克莱斯勒公司,90 年代美联储出面组织金融集团挽救著名的长期资本投资基金(Long-Term Capital),这都是政府为了防止大企业破产带来的连锁反应会导致社会动荡而采取的"非市场"干预手段,实质上都是美国政府对大企业采用预算软约束的著名例子。国际货币基金组织(IMF)的援助条件要求受援国在经济转型中强制实行预算硬约束所导致的信用紧缩政策,与大萧条时期实行的货币紧缩政策,使本可以被挽救的企业雪上加霜,带来宏观经济的连锁反应。西方经济学家也认识到,信用紧缩是导致产出下跌的重要因素(Calvo and Coricelli, 1992)。

中国正是在所谓的企业预算软约束的情况下获得了经济的快速发展。中国的国有企业和乡镇企业的技术进步,反映在以两位数字增长的制造业出口上。从产权学派的角度来看,国有企业和乡镇企业的产权都不清晰,效率应当低于私有企业。但是,即使在发达资本主义国家,信用资格不足的中小企业也难以取得商业贷款,所以政府要出台补贴中小企业贷款的政策。中国乡镇企业的发展初期,地方政府持有的公司股份有助于公司从银行获得贷款,缩短原始资本积累的过程。当然,预算软约束也可能延缓不良企业的破产兼并过程,从微观企业角度来看这也许并不是最优的,但算宏观大账,让亏损企业分批关闭比让大批企业同时破产造成的社会共振损失要小得多。

有人认为,中国和苏东转型的巨大差距主要来源于两者经济结构的不同。中国占人口多数的农民没有国有企业的"铁饭碗",所以比苏东享有社会保障的工人和集体农民更能适应市场化的竞争(Sachs and Woo, 2000),这只有部分的道理,因为比中国农民更穷的发展中国家并没有取得中国式的国际竞争力。中国农民并非没有社会保障,进城农民找不到工作可以继续回乡耕种集体土地。中国不少机关干部在改革开放中勇于下海,因为原单位可以留职停薪。从金融工程的角度观察,中国在预算软约束下的渐进市场化,得益于社会主义国家条件下的金融体制创新。如果国有企业或乡镇企业在新产品市场上取得成功,就用股份制的办法承认新兴的企业家和经理人的贡献;如果企业改革失败,就让国有银行承担主要的改制成本。中国发展投资创新型而非消费补贴型的软约束,不是为了选票,或维持福利制度的既得利益,而是政府分担技术换代过程中的学习风险与创业风险。当然,预算软约束必然要付出某种社会成本,其形式之一就是中国国有银行累积的不良贷款。

有的经济学家认为私有化可以使社会负担极小化,从而达到最佳的社会效率,其实不见得。苏东预算硬约束政策下造成的转型萧条,日本试图维持土地泡沫导致的二十年停滞,以及美国维持私营部门高额利润形成的巨额财政赤字,其社会成本可能都高于中国的转型成本。我们认为,中国以增长为导向的发展战略是凯恩斯政策在发展中国家的新发展,而科尔内主张的预算硬约束是新古典反凯恩斯革命在转型经济中的变种。中国和苏东转型经济的不同结果表明:宏观经济环境对微观企业和消费者行为的影响,远大于微观基础论所谓的理性预期和自愿选择。

就宏观经济学而言,预算软约束理论无视世界经济史的常识。如果多数国有企业的生存全靠预算软约束下的政府补贴，那么社会主义国家的通货膨胀必然比市场经济国家高很多。然而历史数据显示：持续的预算赤字和恶性通货膨胀的例子发生在实行市场经济的拉丁美洲，也包括第一次世界大战后的欧洲，而非计划经济国家。科尔内对计划经济和市场经济得失的分析是以偏概全的。其实，社会主义国家的问题不是软约束，而是"抽肥补瘦"。

通过对转型经济的观察，我们支持演化经济学家熊彼特对资本主义经济和社会主义经济的比较分析，不支持新古典宏观经济学的微观基础论与产权趋同理论的立场。熊彼特认为资本主义的动力来源于技术和组织创新，因而具有内生不稳定性，开放经济中"创造性毁灭"表现为持续的经济周期和不断的金融危机。相比之下，社会主义体系要比资本主义体系稳定。计划经济的主要问题不是缺乏竞争的激励，而是闭关政策所造成的技术停滞和组织老化。

16.5.2 公司金融理论和产权学派的矛盾见解

产权学派声称私有产权是市场有效的基本条件。然而，公司金融理论的MM(Modigliani-Miller)定理表明：在竞争市场上的公司资产价值与债务结构无关，也就意味着与产权结构无关(Modigliani and Miller, 1958)。从公司治理研究的角度观察，缺乏私人大股东的国企和股权分散的私企之间没有显著差异。影响上市公司业绩的主要因素是科技、管理、公司战略和规模经济等，所有制形式的影响并不显著(陈平，2006)。已有的历史经验表明：过度的国家所有制，例如苏联几乎完全的国有制，会妨碍技术创新；中小型私有企业是多数国家创造就业的主要力量，大型私有企业和国有企业在资本密集和技术密集的产业同样具有竞争力。涉及公共产品的大型企业，私有化的效果并不确定(魏伯乐等，2006)。换言之，我们认为市场化改革的方向是所有制的多元化，而非私有化。历史上看，劳动分工发展的过程就是所有权和经营权分离，导致创业者产权的分散化与社会化。美国大规模生产汽车的龙头企业福特汽车与通用汽车的产权演变史清楚地显示：技术更新和营销模式变动的压力是导致创新决策多元化与产权分散化的原动力(刘昶，2006)。美国资本社会化的一大发明是老百姓分散持股的退休基金会等机构投资者取代私人大股东成为大公司主要的资产所有者。从中国的国情出发，中国大型国企的改革方向应当是社会化而非私有化(史正富，2006)。中国出口产业低劳力成本的秘密在于中国的混合社保体系的低社会成本，大量农业人口的社保依靠集体土地，而非私人基金或国家财政。如果中国在农业人口占极大比例的情况下实行东欧式的集体土地私有化，其直接后果将是人口流动和城市化的成本急剧升高，基础建设和出口增长显著放慢，长期后果可能是城乡二元结构的恶化而非改善，例如印度式的城市贫民窟和中国历史上一再出现的流民暴动。保加利亚的土地私有化把产权归还给第二次世界大战以前的地主,导致农民杀种牛、拆农机,使大量土地抛荒,耕种回到畜力时代。

16.6 结论:从静态均衡到复杂演化的经济观

对经济学家来说,大萧条和转型萧条是20世纪最重要的两起自然历史实验,曾经催生并将继续启发新的经济思维。我们需要一个更一般的理论框架来研究经济更新演化的复杂机制。

斯蒂格利茨尖锐地批评"华盛顿共识"不了解发展中国家的经济结构(Stiglitz,2004)。罗兰指出用演化观点研究了制度的重要性(Roland,2000)。萨克斯也认识到:经济像人体一样是复杂系统,"经济学者需要像医生诊断那样"研究病史的资料(Sachs,2005)。这些观察都在不同程度上指出均衡思维的简单性和局限性,启发我们重视经济复杂和历史演化的重要性。

第一,新古典经济学的一般均衡理论,其本质是缺乏技术革新的静态原子模型。完全竞争的完美市场是远离工业社会的小农经济模型。要理解复杂劳动分工和技术进步条件下市场竞争的动态机制,可以借鉴理论生物学的非线性竞争模型,去研究非均衡的系统变迁(陈平,2002)。

第二,经济周期的历史经验和转型经济的严重教训表明,不是宏观涨落的微观基础,而是微观行为的宏观环境,对经济增长和波动有重大影响。由此我们可以进一步证明技术革新的创造性毁灭是产生经济周期的根源。宏观经济的微观—中观(金融中介和产业结构)—宏观的三层次模型,比目前流行的微观—宏观的两层次模型,可以更好地理解结构调整在宏观经济政策中的地位(Chen,2002)。

第三,开放经济中的社会演化和制度变迁是像生物演化一样的分岔过程,不是交易成本和产权学派所描述的封闭系统中的收敛过程。在复杂劳动分工的条件下,不能只靠"看不见的手",必须培育对市场和政府的"纪律之手"(disciplined hand)。现代科学和世界市场产生发展的历史,揭示出混合经济中市场部门、公共部门及非营利非政府的民间部门之间合作制衡的重要性。不能片面发展私有经济或国有经济,混合经济的发展规律应当成为新政治经济学和演化制度经济学的中心课题(崔之元,1999;史正富,2006)。

第四,均衡趋同的世界观难以理解转型经济的分岔和大国的兴衰。从复杂科学的角度观察历史,社会演化的动力学存在复杂性和稳定性之间的消长关系(Chen,2005)。中国已经是世界大国,研究劳动分工的历史经验和未来发展,有助于我们看清中国在建设 21 世纪国际新秩序中的可能地位(陈平,2004)。

总之,均衡经济学忽视了市场不稳性和经济复杂性的两大根源:非线性相互作用的多样性(即数理经济学的多均衡态)和社会风潮影响下的集体行为。马克思对历史唯物主义的发展和达尔文对演化生物学的贡献标志着演化论在人类思想史上带来的革命(恩格斯,1972)。用复杂科学的方法和演化经济学的观念研究经济发展和制度变迁,有助于我们突破均衡经济学的局限,打开更广阔的历史眼界。

参 考 文 献

[1] 陈平,"劳动分工的起源和制约——从斯密困境到一般斯密定理",《经济学》(季刊),2002 年第 1 卷第 2 期。

[2] 陈平,"私有制的神话和多种所有制的现实:德国蔡斯光学仪器公司,美国大学联邦信用社,和学生之家的案例研究",载于史正富、刘昶编,《民营化还是社会化:国企产权改革的战略选择》,上海人民出版社 2006 年版。

[3] 陈平,《文明分岔、经济混沌、和演化经济动力学》,北京大学出版社 2004 年版。

[4] 崔之元,《看不见的手的范式的悖论》,经济科学出版社 1999 年版。

[5] 恩格斯,"在马克思墓前的讲话",《马克思恩格斯选集》第 3 卷,人民出版社 1972 年版。

[6] 凯恩斯,《就业利息和货币通论》,徐毓译,商务印书馆 1997 年版。

[7] 科尔内,《突进与和谐的增长:对经济增长理论和政策的思考》,经济科学出版社 1988 年版。

[8] 科斯,《论生产的制度结构》,盛洪、陈郁译,上海三联书店 1994 年版。

[9] 林毅夫、蔡昉、李周,《中国的奇迹:发展战略与经济改革》,上海人民出版社 1999 年版。

[10] 刘昶,《从福特公司的个案看现代企业产权制度的演变》,载于史正富、刘昶编,《民营化还是社会化:国企产权改革的战略选择》,上海人民出版社 2006 年版。

[11] 卢卡斯,《经济周期理论研究》,朱善利等译,商务印书馆 2000 年版。

[12] 马歇尔,《经济学原理》,朱志泰、陈良璧译,商务印书馆 1964 年版。

[13] 普里戈金、斯唐热,《从混沌到有序——人与自然的新对话》,曾庆宏、沈小峰译,上海译文出版社 1987 年版。

[14] 史正富,"民营化还是社会化:国有企业产权改革的战略选择",载于史正富、刘昶编,《民营化还是社会化:国企产权改革的战略选择》,上海人民出版社 2006 年版。

[15] 魏伯乐等编,《私有化的局限》,王小卫等译,上海人民出版社 2006 年版。

[16] Alchian, A., "Uncertainty, Evolution, and Economic Theory," *Journal of Political Economy*, 1950, 58(3), pp. 211-221.

[17] Barro, R., "Eastern Germany's Long Haul", *Wall Street Journal*, May 3, 1991.

[18] Burda, M. C., "What Kind of Shock Was It? Regional Integration of Eastern Germany after Unification", AEA 2006 Annual Meeting, 2006.

[19] Calvo, G., F. Coricelli, "Stabilizing a Previously Centrally Planned Economy: Poland 1990", *Economic Policy*, 1992, 14, pp. 175-208.

[20] Chen, P., "China's Challenge to Economic Orthodoxy: Asian Reform as an Evolutionary, Self-Organizing Process", *China Economic Review*, 1993, 4, pp. 137-142.

[21] Chen, P., "Evolutionary Economic Dynamics: Persistent Business Cycles, Disruptive Technology, and the Trade-Off between Stability and Complexity", in K. Dopfer, ed., *The Evolutionary Foundations of Economics*, Cambridge University Press, Cambridge, 2005, Chapter 15, pp. 472-505.

[22] Chen, P., "Microfoundations of Macroeconomic Fluctuations and the Laws of Probability Theory: The Principle of Large Numbers vs. Rational Expectations Arbitrage", *Journal of Economic Behavior & Organization*, 2002, 49, pp. 327-344.

[23] David, P. A., "Clio and the Economics of QWERTY", *American Economic Review*, Papers and Proceedings, 1985, 75, pp. 332-337.

[24] Frisch, R., "Propagation Problems and Impulse Problems in Dynamic Economics", in *Economic Essays in Honour of Gustav Cassel*, George Allen & Unwin, London, 1933.

[25] Goodhart, C., et al., *Financial Regulation, Why, How, and Where Now?* Routledge, London, 1998.

[26] Hayek, F. A., *Prices and Production*, Routledge, London, 1935.

[27] Kolodko, G. W., *From Shock to Therapy: The Political Economy of Postsocialist Transformation*, Oxford University Press, Oxford, 2000.

[28] Kornai, J., "The Soft Budget Constraints", *Kyklos*, 1986, 39(1), pp. 3-30.

[29] Modigliani, F., M. H. Miller, "The Cost of Capital, Corporation Finance, and the Theory of Investment," *American Economic Review*, 1958, 48(3), pp. 261-297.

[30] Roland, G., *Transition and Economics: Politics, Markets, and Firms*, MIT Press, MA: Cambridge, 2000.

[31] Romer, C. D., *The Great Depression*, Britannica Encyclopedia, Chicago, 2004.

[32] Sachs, J. D., *Poland's Jump to the Market Economy*, MIT Press, MA: Cambridge, 1993.

[33] Sachs, J. D., *The End of Poverty*, Penguin Books, New York, 2005.

[34] Sachs, J. D., W. T. Woo, "Understanding China's Economic Performance", *Journal of Policy Reform*, 2000, 4(1), pp. 1-50.

[35] Schumpeter, J. A., *Business Cycles: A Theoretical, Historical, and Statistical Analysis of the Capitalist Process*, McGraw-Hill, New York, 1939.

[36] Stiglitz, J., *Post Washington Consensus Consensus*, Initiative for Policy

Dialogue, 2004.

[37] Williamson, J., "What Washington Means by Policy Reform?" in J. Williamson, ed., *Latin America Adjustment: How Much Has Happened?* Institute for International Economics, Washington D. C., 1990.

[38] World Bank, *Transition, The First Ten Years: Analysis and Lessons of Eastern Europe and Former Soviet Union*, Washington D. C., 2002.

17 资本主义战胜社会主义了吗?

——科尔奈自由主义的逆转和东欧转型神话的破灭[*]

17.1 "休克疗法"和"华盛顿共识"起死回生?

2014年5月6日,美国彼得森国际经济研究所和匈牙利中欧大学公共政策学院在匈牙利首都布达佩斯联合召开了一个国际研讨会,主题是"转型透视:共产主义瓦解25年之后"(以下简称"转型透视")。① 会议的出席者包括东欧和苏联经济转型的主要设计师和"操盘手"。会议的参与者充满自我庆祝的气氛,他们计划出版的文集题为《伟大的重生:资本主义战胜共产主义的教训》。

我们记得金融危机之初,英国首相戈登·布朗在2009年4月3日于伦敦举行的第二届G20峰会的闭幕演说中公开宣布:"旧的'华盛顿共识'已经结束",我们需要新的世界秩序。② 时隔5年,西方发达国家仍未走出金融危机的阴影,"休克疗法"的支持者们又开始以庆祝东欧转型成功之名,试图给名誉扫地的"华盛顿共识"恢复声誉。世界格局的转变难道和万花筒一般?

有趣的是,会议首日宴会上做主题讲演的,是西方最负盛名的自由派转型经济学家,哈佛大学荣休教授,匈牙利人科尔奈。他讲话的悲观警告,给会议组织者试图营造的胜利气氛浇了一盆凉水。英国《金融时报》中文版于2014年7

---

 * 原载《金融时报》中文版2014年8月11日,原题为"从自由主义到新保守主义:评科尔奈'警惕近在眼前的威胁'"。本文为修订版,发表于《政治经济学评论》2015年第6期。

 ① Aslund, A., Transition in Perspective: 25 Years after the Fall of Communism, Peterson Institute for International Economics, May 2014, https://www.piie.com/events/transition-perspective-25-years-after-fall-communism(访问时间:2014年7月)。

 ② http://www.britishpoliticalspeech.org/speech-archive.htm? speech = 327(访问时间:2014年7月)。

月2日全文发表了科尔奈题为"警惕近在眼前的威胁"的演说。① 他用早年经济自由化的明星匈牙利近年发生U形大逆转的案例,来警告西方所谓的自由化和民主化在全世界逆转的威胁。匈牙利在1968年就率先推行市场化的渐进改革,中国改革开放之初,中国领导人多次组团访问,学习匈牙利企业放权让利的经验。让科尔奈惊呼的匈牙利逆转,使我们大开眼界。我们可以借机观察东欧转型的前因后果,以及世界变局大出西方所料的深层机制。

可惜的是,科尔奈的文章虽然观点鲜明,但缺乏必要的事实和数据支持,背离了经济学的基本规范,令没有去过东欧的读者难以触及真相。本文作者从1985年开始多次访问东欧,从1992年开始和东欧"休克疗法"的设计师杰弗里·萨克斯有多年的交往和争论②,如今还同是哥伦比亚大学资本与社会中心的成员。我愿意和读者分享我所了解的事实,解读为什么西方扶植多年的、东欧政治和经济双重自由化的"领头羊"匈牙利,在20年后发生让西方震惊的逆转;东欧转型的"休克疗法",和中国的改革开放相比,究竟是失败还是胜利;未来西方世界的走向,究竟是科尔奈主张的"民主"国家联合遏制中俄"专制",还是同床异梦、分道扬镳。请读者和我们一同思考。

17.2 从自由经济学家到新冷战的地缘政治家

科尔奈在中国经济学界的影响,也许只有科斯可以媲美。但是科尔奈对中国决策者的影响,则大于任何诺贝尔经济学奖获得者。他在中国访问时受到高规格接待,他的著作至少有九本译成中文,俨然成为中国市场化改革的引路人。中国转型期每个阶段的重大政策争论,都有重量级学者出面邀请科尔奈到中国或隔空喊话,力推国有企业的私有化。

转型经济学权威科尔奈,可以说是苏联模式社会主义经济学的掘墓人,因为来自体制内部的批判比来自外部的攻击更加致命。

科尔奈一生有两次"转型":从社会主义经济学家变为自由派经济学家,再从转型经济学家变为鼓吹新遏制政策的地缘政治家,揭示出新自由主义有更深的国际背景。解析科尔奈的转型之路,有助于中国人选择自己的路。

---

① 科尔奈,"警惕近在眼前的危险",《金融时报》中文版,2014年7月2日;Kornai, J., "Threatening Dangers", Keynote Lecture at the Dinner of Conference on "Transition in Perspective: 25 Years after the Fall of Communism", Hungary, Budapest, May 6, 2014.

② Chen, P., "China's Challenge to Economic Orthodoxy: Asian Reform as an Evolutionary, Self-Organizing Process", *China Economic Review*, 1993, 4, pp. 137-142. 中译本:陈平,《文明分岔、经济混沌和演化经济动力学》,北京大学出版社2004年版,第213—220页。

科尔奈早年自学马克思的《资本论》，成为匈牙利科学院经济所的教授和院士。1986—2002年间他被聘为哈佛大学的教授，还当选为瑞典皇家科学院的院士，离诺贝尔经济学奖的距离似乎不远。他被西方经济学界誉为研究社会主义经济体制的世界权威。他的名作是1980年出版的《短缺经济学》。[①] 他认为东欧社会主义国家当时常见的消费品短缺现象，不是计划或政策的失误，而是经济系统的制度问题，他力图从理论上证明社会主义不如资本主义。他1986年提出的"预算软约束"概念[②]，成为西方经济学批评国有企业无效的理论基础。他在1990年写作的《走向自由经济之路》[③]，更是明确主张市场化改革就是经济和政治体系的自由化，把貌似经济改革的"休克疗法"，挑明为全盘否定社会主义的制度转型。

今天，世界格局和中国经济都处在向何处转型的十字路口。科尔奈遏制"红色专制"国家的新论，对国内崇信自由化的经济学人和大众媒体，有醍醐灌顶之效。

17.3　东欧转型25年后的整体表现

尽管"转型透视"的组织者宣称25年前在东欧开始的"休克疗法"是资本主义对共产主义的胜利，科尔奈的威胁论对其提出了质疑，可惜与会者大谈政治，却不提公开的经济数据。我们可以用西方的主流数据来判断谁的判断更有依据。

我们用联合国统计局在1988—2012年间的真实GDP数据做了定量的比较。[④] 在这24年间（俄罗斯与乌克兰为22年间），主要国家和地区的年平均GDP增长率依次为：中国（9.7%），拉美（6.7%），印度（6.4%），东亚（3.8%），波兰（2.9%），世界平均（2.8%），美国（2.5%），德国、西欧（1.8%），日本（1.3%），东欧（1.0%），匈牙利（0.8%），俄罗斯（0.6%），乌克兰（-1.6%）。东欧转型国家中只有波兰略高于世界平均水平。如果比较24年间经济增长的比例，中国为930%，世界为179%，美国为183%，西欧为153%，东欧为128%，匈牙利为

[①] Kornai, J., *Economics of Shortage*, Amsterdam: North-Holland, 1980. 中译本：科尔奈，《短缺经济学》，经济科学出版社1986年版。

[②] Kornai, J., "Soft-budge Constraint", *Kyklos*, 1986, pp. 3-30.

[③] Kornai, J., *The Road to a Free Economy. Shifting from a Socialist System: The Example of Hungary*, New York: W. W. Norton, 1990. 中译本：科尔奈，《走向自由经济之路》，山西经济出版社1993年版。

[④] United Nations Statistics: National Accounts Main Aggregates Database, http://unstats.un.org/unsd/snaama/selbasicFast.asp（访问时间：2014年7月）

120％,俄罗斯为116％,乌克兰的真实GDP只有1990年的70％。

读者不要忘记,转型前东欧的工业基础水平、科技水平、人力资本水平,以及苏联的自然资源丰富程度,都远远高于中国、东亚和拉美国家。转型期间,西方出于地缘政治的考虑,免除了波兰的巨额外债。东欧国家的人口规模也远比东亚为小。匈牙利的人口只有1000万,比海南省多一点,比天津市还少;波兰的人口不到4000万,和福建省差不多。按照美国中央情报局的数据①,匈牙利、波兰接受的外国直接投资(FDI)的人均规模,也远远大于中国和其他东亚国家。匈牙利吸引的FDI达460亿美元,人均外来投资是波兰的1.7倍、韩国的11.5倍、中国的11.5倍。按照西方主流经济学理论,东欧尤其是匈牙利,产权、民主、资本、外资,加上军事上有北约保护,政治经济条件和欧盟一体化等条件都具备了,理应成为"华盛顿共识"在全世界推广的楷模,东亚和拉美的亲美国家与匈牙利比都望尘莫及。但是结果呢?

转型二十多年后,东欧人口下降的速度超过西欧,俄罗斯人口减少2％,匈牙利人口减少4％,乌克兰人口减少11％,东欧整体人口(联合国数据)减少23％。人口下降的主要原因是经济萧条、贫富分化,使年轻人不敢结婚生育,大批中青年移居海外寻找就业机会。从世界经济的比较而言,社会主义国家的经济转型只有中国一枝独秀。越南先学中国改革,然后和中国闹边界纠纷,经济近年大幅动荡。东欧和苏联的转型,则使原本发达的经济大幅倒退,苏联和平时期经济损失的幅度超过两次世界大战和苏联的内战加饥荒带来的经济损失。即使"休克"之后恢复最好的波兰,经济增速也落在多数发展中国家之后。战后发达国家(除日本以外)的经济增速原本低于东欧,金融危机后美欧日的经济增速更是普遍低于发展中国家,然而东欧整体的经济增速仍低于西欧和日本。"转型透视"的组织者宣称"休克疗法"的胜利,得意的只有政治,避谈的是经济。"休克疗法"虽然在政治上摧毁了东欧社会主义的经济基础,但是并没有带来东欧民众期待的经济繁荣。科尔奈看出东欧人心的逆转对西方资本主义带来近在眼前的威胁。

17.4 东欧国家何时成为"发达国家"

两年前,世界银行和国务院发展研究中心联合发表报告,把"中等收入陷阱"作为中国经济发展的主要危险。② 报告宣传东欧和俄罗斯升级到"高收入国家"的经验,重推"华盛顿共识"的市场自由化。世界银行显示,东欧转型成功的定量依

---

① CIA World Factbook, 2014, https://www.cia.gov/library/publications/the-world-factbook/ (访问时间:2014年7月)

② 世界银行报告,《2030年的中国:建设现代、和谐、高收入的中国》,2012年。

据是,匈牙利和俄罗斯在 2006 年和 2012 年分别被世界银行列为"高收入经济体"①,而中国 2012 年的最新人均 GDP 排名,被联合国统计局列在匈牙利、哈萨克斯坦、阿根廷、巴西、土耳其、墨西哥、伊朗和古巴之后,仅仅高于泰国和安哥拉的水平。这无疑是对中国人道路自信的最大打击。中国摸石头过河的对岸,究竟是东欧模式、美欧模式,还是争论不已的中国模式? 问题是,西方的数据和分类可靠吗?

经济数据在政策争论中至关重要。最新的例子是法国经济学家皮凯蒂②,他用西方主要国家三百年来的财富分配数据,证明美国诺贝尔经济学奖得主库兹涅茨依据美国数据发现的倒 U 形曲线并不成立,换言之,技术进步使贫富差距扩大后,贫富差距不一定会自动缩小。皮凯蒂证明市场机制下不平等有持续扩大的趋势,除非政治干预。

科尔奈对匈牙利逆转的警告,引发我调查东欧的近况:东欧转型的结果,究竟是升级到"高收入"国家,还是退步为"依赖经济"? 对比西方在东欧转型前后发表的经济数据,我发现西方虚构了一个资本主义战胜社会主义的神话。

界定世界上哪些国家进入"发达国家"的行列,最早是由 1961 年成立的西方富国俱乐部——经济合作与发展组织(OECD)进行的。③ 我找到的联合国统计局(UN)和美国中央情报局(CIA)可以比较的数据是从 1978 年开始。如果以美国的人均 GDP 为标准,富国的最低门槛是葡萄牙和土耳其,它们的人均 GDP 在 1978 年分别是美国的 23% 和 21%。美国 CIA 1978 年的数据表明,苏联的人均 GNP 已经是美国的 59%,波兰为美国的 32%,匈牙利为美国的 31%,都达到 OECD 的富国标准,分别超过英国、葡萄牙和土耳其的水平。

CIA 1985 年的数据④表明,苏联 GNP 的总量是美国的 52%,为世界第二位,人均 GNP 为美国的 44%,依然是发达国家。匈牙利 1985 年的人均 GNP 比苏联还高。CIA 和大英百科全书直到 1990 年的数据⑤,都把苏联 GDP 的规模列为世界第二,约为美国的一半。由此可见,西方在东欧转型前就已承认苏联和东欧各国是发达国家,苏联是世界第二大经济体。这一判断符合战后存在美、苏两个超级大国和三个世界的共识。苏联解体前不存在西方资本主义阵营比苏东社会主义优越的神话。担任过美国政治学会会长的亨廷顿在他 1969 年

---

① 世界银行高收入经济体列表,http://en.wikipedia.org/wiki/World_Bank_high-income_economy(访问时间:2014 年 7 月)

② Piketty, T., *Capital in the 21th Century*, Belknap Press/Harvard University Press, 2014. 陈平,"新自由主义的警钟:资本主义的空想与现实",《红旗文稿》,2014 年第 12 期。

③ OECD 成员国加入历史,http://www.oecd.org/about/membersandpartners/(访问时间:2014 年 7 月)

④ CIA, World Factbook, Washington D. C., 1987. 1987 年发表的是各国 1985 年的数据,其余各年的数据类推。

⑤ Britannica Book of the Year 1992, Encyclopaedia Britannica (UK) Ltd. 1992 年公布的是 1990 年的数据,其他年份类推。

的成名作《变化社会中的政治秩序》①中,系统论证了苏联体制的效率和美国相当,稳定性还高于法国。

但是苏联解体以后,西方媒体开始全面下调社会主义国家的历史数据。联合国统计局2014年发布的1988年(东欧转型前)的新历史数据,把苏联的GDP总量下调为世界第七位,不到美国的七分之一,排在意大利之后,而俄罗斯1990年(苏联解体时)的GDP仅为美国的十分之一,略高于加拿大和西班牙。如果事实真的如此,苏联哪来对抗美国超级大国的实力?意大利和西班牙在经济上向来唯美、英、法马首是瞻,苏联哪有胆量敢在中东对抗美国?即使用联合国1988年人均GDP的新数据,苏联也仅为美国的七分之一,低于墨西哥,高于土耳其;捷克、匈牙利的人均GDP也都高于墨西哥和土耳其。按照OECD的标准,苏联、捷克、匈牙利从人均GDP水平来看,在转型前仍然属于发达国家。可见,导致东欧转型的主要是政治而非经济原因。

有趣的是,OECD正式接纳东欧成员国的时间,捷克是1995年,匈牙利和波兰是1996年。世界银行1987年开始划分高收入(发达)国家的标准,把富国的下限设在沙特阿拉伯的水平,至今墨西哥和土耳其还未达到世行的高收入标准。转型国家达到世行高收入标准的时间,捷克是2006年,斯洛伐克和匈牙利是2007年(匈牙利2012年又跌出富国行列),波兰是2009年,俄罗斯是2012年。

以上可见,OECD和世界银行制定的富国标准,地缘政治的因素有重要影响。这里我们要指出:人均GDP的评价方法并不科学,因为GDP总量中包含大量物理学定义的废热(即熵),市场定价包含系统性的偏差,因为奢侈品和高科技的垄断价格不能反映商品的真实成本和效用,而算术平均故意掩盖了分配不平等的结果。② 我们先提醒读者,经济学的客观性目前和自然科学不能相比。以后我们会在别处专门讨论。

---

① Huntington, S. P., *Political Order in Changing Societies*, Yale University Press, 3rd Ed. CT: New Haven, 1969. 中译本:亨廷顿,《变化社会中的政治秩序》,上海人民出版社2008年版。
② 测量收入不平等的数学方法,算术平均与几何平均的比较:
西方经济学通用的人均GDP和其他人均经济指标,采用的是最简单的算术平均。算术平均的含义是忽视收入不平等的影响。较好的指标是几何平均。下面的数值例子可以显示:不同的收入分配方式,几何平均的结果不同。同样的人口数和总收入数,平等社会的几何平均数最高,奴隶社会最低,资本社会居中。而它们的算术平均相同。由此可见,西方统计的人均GDP排名,不一定反映多数民众的实际收入。一国的收入分配差距越大,几何平均与算术平均的差距也越大。几何平均更能代表多数民众的真实收入。
考虑一个假想的典型社会,总人口为100,总收入为1000元,则算术平均的人均收入为10元。
考虑三种收入分配模式:
(1) 平等社会:每人收入=10元。几何平均=算术平均=10元。
(2) 奴隶社会:99人的收入都只有1元,奴隶主一人的收入是999。几何平均=1.07元;算术平均=10元。
(3) 资本社会:穷困阶层30人,每人收入1元;寡头1人,收入占总收入的一半(500元);中产阶层69人,每人收入6.81元。几何平均=3.998元≈4.0元;算术平均=10元。

如果目前缺乏可以取代西方的经济度量,我们如何判断不同指标体系的真实性和误差水平呢?我的调查经验是,多数老百姓的生活感觉比经济学家的理论更靠谱。

我在金融危机前后多次访问过东欧转型国家。我问东欧的经济学家和朋友,东欧民众如何评价东欧转型的结果,得到的回答是:中老年人认为过去比现在好,年轻人的意见是好坏各一半,换言之,四分之三的人认为今不如昔。一位波兰朋友告诉我一句民间流行的说法:过去我们是政治上的奴隶,如今是经济上的奴隶;经济奴隶比政治奴隶更糟!

假如OECD和世界银行的富国标准能反映经济的真实状况,我们可以推论,匈牙利和俄罗斯的老百姓应当为升级到富国而兴高采烈才对。老于世故的科尔奈对世情的观察,比"转型透视"组织者们传递出更多的真实信息。

17.5 为什么东欧转型的结果令民众大失所望

自由派经济学家面对市场化带来的种种问题,答案只有一个:问题都是市场化不彻底造成的。问题越多,越要有勇气去闯"深水区"。但是坚信自由的转型经济学家科尔奈的警告就不同了,值得中国的决策者深思。

科尔奈坦率承认苏东民众对转型的结果大为不满。列举的事实包括:大量失业,贫富差距扩大,民族主义和种族冲突上升等。更严重的是,科尔奈的解决方案不是"休克疗法"早期的进一步自由化,而是恢复冷战的遏制政策。否则西方难以自保。

令科尔奈和西方新保守主义者惊恐的是,东欧政治逆转的"带头羊",正是最早在苏联阵营造反、最早在社会主义国家推行自由化改革,也最积极加入北约和欧盟的西方盟友。获得西方大笔援助、贷款和投资的自由明星匈牙利发生逆转,无论是以经济理性还是政治智慧都难以想象。科尔奈近在眼前的威胁警告,令所有向往自由富裕的人们不可思议,也让西方战略家重新评价对中国的和战选择。

令科尔奈惊呼的匈牙利的政治逆转[①],指的是2010年匈牙利大选中以压倒性多数获胜的中右政党,重新加强国家对经济的干预,试图恢复匈牙利的经济主权,导致欧盟公开威胁警告匈牙利政府。东欧政治的逆转究竟是什么原因?

---

① 匈牙利2010年上台执政的保守政党叫青年民主主义者联盟,欧尔班·维克多是该党主席,2010年至今担任匈牙利的政府总理。他的经济和政治政策曾与欧盟发生公开的冲突,具体内容可见西方报刊的有关报道。

我的观察是形势使然。主导人们行为的是利害得失,而不是意识形态。市场竞争中的输家,不会如科斯预言的那样接受不公正的结果,群体行为形成对抗市场和资本的政治力量。匈牙利逆转提供了皮凯蒂观察到的政治经济不可分的最新案例。

笔者在转型前后去过匈牙利、波兰、民主德国和俄罗斯。三十多年来,笔者有机会对比观察中美欧日的竞争格局。对于东欧今天的困境,包括科尔奈在内的西方转型经济学家有不可推卸的责任。[1] 鉴于国内还有经济学家将东欧的"休克疗法"推崇为"高人权转型"[2],批评中国的"低人权发展"和"粗放增长",我们就来对比分析东欧转型和中国的改革开放。我们判断政策优劣的标准,不是西方理论的价值判断,而是经济效果的纵向(本国历史的前后差别)和横向(国际)比较。我们把东欧转型划分为两个阶段:大约十余年的"休克疗法"转型期,以及北约、欧盟东扩后部分东欧国家进入"高收入"阶段的升级期。柏林墙的倒塌和部分东欧国家加入欧盟,给东欧民众带来的都是失望大于希望。

17.6 "休克疗法"摧毁了东欧国家原有的分工协作网络

西方主流经济学家在东欧推行"休克疗法",有理论和经验的两个依据。依据之一是新古典微观经济学的一般均衡模型,它假设如果多种产品完全竞争、价格自由浮动,完全市场模型存在唯一稳定的均衡解,实现资源的最优分配。阿罗-德布鲁模型的两个创立者分别获得诺贝尔经济学奖。依据之二是战后联邦德国出现的"艾哈德奇迹"。第二次世界大战结束后美军占领下的联邦德国,一度实行战时经济的价格管制,结果物物交易,经济萧条。时任经济部长的德国经济学家艾哈德未和美军总部商量,在1948年6月引入新联邦德国马克之机,突然解除价格管制,很快恢复了市场的繁荣。这使西方经济学家一致认为,东欧转型可以重复"艾哈德奇迹"。然而东欧各国在快速实行价格、外贸和汇率的自由化之后,带来的不是经济繁荣,而是巨额的贸易逆差、通货膨胀、货币贬值、企业倒闭和大量失业。求助西方援助的苛刻条件,要求东欧国家提高利率、紧缩预算、出售国有资产,经济更是十年不振。

---

[1] 陈平,"新古典经济学在中国转型实验中的作用有限",《经济研究》,2006年第10期;Chen, P., "Market Instability and Economic Complexity: Theoretical Lessons from Transition Experiments", in Yang Yao and Linda Yueh eds., *Globalisation and Economic Growth in China*, World Scientific, Singapore, 2006, pp. 35-58.

[2] 金雁、秦晖,《十年沧桑——东欧诸国的经济社会转轨与思想变迁》(修订版),东方出版社2012年版。

为什么1948年的"艾哈德奇迹"在20世纪90年代的东欧转型中没有重演？因为联邦德国战后一片废墟，分工回到原始的原子经济，这才是阿罗-德布鲁模型成立的前提。东欧转型之初，苏联单方面解除华沙约和经互会条约，片面对西方开放，立即打碎东欧原有的分工协作，企业的零部件供应普遍中断。东欧国家间约一半以上的贸易在社会主义国家间进行。市场自由化的西方标准要求一切外贸以西方的硬通货结算，社会主义国家间原来通行的物物交换或以卢布结算的分工体系立即瓦解。贸易自由化系东欧片面对西方开放，而西方并没有同时对东欧开放市场。这导致西方低端的日用品甚至连手纸也大量涌入东欧，而东欧原来有价格优势的农产品和工业品因为不熟悉西方的营销网络和质量标准而被挡在门外，导致东欧企业大量倒闭。私有化过程中东欧普遍缺乏货币资本，东欧的私有化进程使西方跨国公司得以廉价甚至在东欧政府补贴下收购东欧的核心企业。相比之下，中国开放之初的高关税保护了民族企业的生存空间，选择性的特区开放又使国有和民营企业逐步学会与外国企业竞争，所以技术和人才远比东欧落后的中国企业在转型过程中能快速成长，民族企业逐步学会与跨国公司竞争。

东欧转型的最初十年，匈牙利和波兰的GDP下降了18％，俄罗斯下降了43％，乌克兰下降了61％；通胀率波兰高达400％—580％，乌克兰达3 400％，俄罗斯达4 000％，高通胀持续时间为5—8年；匈牙利和波兰的货币贬值到1/4，俄罗斯卢布贬值到1/5 500，乌克兰的货币贬值到1/76 000。东欧积累了几十年的国有资产瞬间转移到西方资本手中。①

科尔奈为市场自由化辩护说，"休克疗法"至少消除了短缺经济下排队购买的时间浪费。这正是科尔奈"短缺经济"理论的浅薄之处。客观地说，科尔奈在1979年的论文对比了社会主义国家的"资源约束"经济和资本主义国家的"需求约束"经济②，还颇有真实感。须知社会主义国家的资源约束是西方的封锁政策造成的，无法像西方国家那样可以用货币在全世界购买资源。部分物资短缺的原因是社会主义国家对生活必需品的供给实行固定价格，以保障人民的平等分配。如果采用浮动价格，例如中国困难时期对部分商品允许高价，价格的大幅上升使多数人买不起，从表面上看可以立即消除某些商品的"短缺"现象。问题

---

① 陈平，"新古典经济学在中国转型实验中的作用有限"，《经济研究》，2006年第10期；Chen, P., "Market Instability and Economic Complexity: Theoretical Lessons from Transition Experiments", in Yang Yao and Linda Yueh eds., *Globalisation and Economic Growth in China*, World Scientific, Singapore, 2006, pp.35-58。

② Kornai, J., "Resource-Constrained Versus Demand-Constrained Systems", *Econometrica*, 1979, 47 (4), pp.801-819.

是：高价商品不用排队，不等于改善人民生活，更不等于改善经济的国际竞争力。

在转型过程和世界经济中，我们观察到三种"消除短缺"的方法。

第一，借债消费，以讨好民众。匈牙利、波兰转型前的政府不惜从西方大举借债用于消费，一度使东欧的生活水平超过苏联。叶利钦为了甩掉东欧的经济负担，在转型过程中不惜使苏联解体。东欧借债的结果和美国、欧盟的债务危机类似，都是使经济恶化，竞争力下降。匈牙利的外债从1973年的10亿美元猛增到1993年的150亿美元。匈牙利为了还债，不惜把多数国有企业和国有银行卖给西方跨国资本，埋下后来无力应对金融危机的病根。国内有人主张学西方，用拉动消费而非投资的方法刺激经济，但历史上无论是东欧还是西方国家，都没有可持续的先例。

第二，自由贸易，用进口商品来满足国内短缺的需求。按照西方的贸易理论，只要允许自由贸易和汇率浮动，市场就会自动达到均衡，无需政府的产业政策。但历史事实是，东欧也好，20世纪70年代后的美国也好，无论汇率如何变动，仍长期陷于贸易逆差，导致外汇储备和财政收支的恶化。因为外贸均衡的理想情形，只对两个国家、两种商品的简单贸易成立，对多个国家、多种商品的交叉贸易并不成立。首先，生活必需品和关键零部件短期无法替代，贸易逆差下也得继续进口。其次，分工贸易有大量中端的零部件产品。货币贬值对终端产品的出口似乎有利，但对中端零部件的采购不利，所以货币大幅波动和贬值，很长时期内不但不会改善外贸平衡，反而可能加剧生产企业的经营恶化。中国提高国际竞争力取得外贸盈余花了16年的时间，才在1994年实行汇率并轨。可见不信西方教条的中国政府官员比西方名校的经济学大家更具国际竞争的直觉和常识。

波兰金融危机的表现强于匈牙利，因为波兰保留了相当多的国有企业和国有银行。波兰经济学家告诉我，历史上波兰多次被德国、俄国瓜分，所以对外资包括美国资本也不放心，担心短期利益的美国公司收购波兰的核心企业之后，转手就卖给宿敌德国或俄罗斯。对波兰打击最大的就是贸易自由化，使民族企业难以生存。团结工会的诞生地——格但斯克船厂，原有工人2万人，如今裁减到2 000人，无法与韩国和中国的造船业竞争。

第三，增加生产，提高短缺商品的生产能力。这是中华人民共和国成立后的一贯方针。转型之初，同样面临短缺的中国，最初只是有限地开放贸易。进口的彩电、冰箱等新型耐用消费品虽然吸引大众消费者，但是国内市场的价格很高，结果不仅长虹这样的军工企业转军用为民用，而且大量乡镇企业加入与国企和外企的竞争，出现了海尔、TCL这样的民营企业，从国内市场向海外市场大举进军。相比之下,当时技术和人才水平比中国高得多的东欧企业在一夜开放,在没有调整余地的"自由贸易"下几乎全军覆没。

17.7 科尔奈的"软约束"理论和转型期的反凯恩斯政策

如果说科尔奈的短缺经济论只是肤浅的微观经济学,那么他的"软约束"理论对危机应对的误导,就在于"火上加油"的反凯恩斯政策。

笔者在2006年就指出[①],科尔奈的"软约束"理论和宏观经济的经验是矛盾的。假如社会主义国家的国企低效亏损,全靠政府补贴维持,则社会主义国家的财政赤字或通胀率必然高于资本主义国家。但我们观察到的高通胀在拉美最常见,高赤字在发达国家更流行,因为资本主义国家才喜欢玩货币或债务的游戏。存在金融和破产法的国家,某种程度上都是"软约束"。在科尔奈理想的"硬约束"世界中,发展中国家比西方发达国家更强,因为穷国难以借款和发债。金融危机中,美国政府援救金融寡头和汽车寡头的"软约束",超过其他任何国家。社会主义国企的真实问题是发展不平衡,但是政府害怕国企破产会导致社会不稳,就只能鞭打快牛,抽肥补瘦。一旦中国把国企的社会包袱剥离给地方政府,从土地增值或增加出口上获得新的资源,并让国企和民企、外企互相竞争,中国国企的竞争力就会大幅改善。东欧"一刀切"的"硬约束"和西方补贴消费而非补贴创新的"软约束",从实践上都证明了西方短视的"民主"政府不如中国远见的"协商"政府高明。

要命的是,西方主流经济学家鉴定出来的转型经济学权威,给东欧执政者提供了错误的政策指导。他们以为国企效率低的原因不是技术、人才或营销,而是"软约束"的补贴。在国企面临进口商品的竞争而难以抵御时,政府还给国企"断粮",结果不但没有给国企改进生产率的机会,反而加速了其倒闭,使宏观形势恶化。相比之下,中国政府在转型期适度的"软约束",把财政补贴优先用于进口技术和设备,改善了企业的竞争力,其次才是维护社会稳定,给下岗工人提供转业的机会。而东欧的"软约束"用于企业破产后的失业救济,西方的"软约束"用于维护金融寡头的垄断地位,这自然无助于国际竞争力的改善。称赞东欧是"高人权增长"的经济学家,究竟了解多少东欧的现实?

---

① 陈平,"新古典经济学在中国转型实验中的作用有限",《经济研究》,2006年第10期;Chen, P., "Market Instability and Economic Complexity: Theoretical Lessons from Transition Experiments", in Yang Yao and Linda Yueh eds., *Globalisation and Economic Growth in China*, World Scientific, Singapore 2006, pp. 35-58。

17.8 西方主导的市场机制为何加剧东欧的社会动荡

读者一定疑惑,法制和福利都比美国完备的欧盟,为何不能带来共同富裕？因为东欧国家加入欧盟要满足由西欧国家制定的苛刻条件,但是西方资本进入东欧不受主权国家的节制。中国的市场化改革是中央向地方放权,以增加地方的积极性。欧盟的整合是主权国家向欧盟让渡货币和财政的主权,才能和联邦制的美国竞争。总部设在布鲁塞尔的欧盟维护的是德法核心区,而非边缘区的利益。西方的民主法制和中国的统筹协商完全是两种不同的市场运作机制。

不平等的制度安排是不对称的力量平衡的结果。经济上衰落的东欧国家低首申请入盟,哪有多少谈判资本？中国企业在国际市场上越来越强大,是因为中国政府在国际谈判中的地位越来越强,才能不断改善中国企业的国际环境。

柏林墙倒塌后,大举涌入东欧的西方资本,并不投资风险大的技术更新和周期长的基础建设,而是投资土地廉价的房地产,造成东欧的房地产泡沫。房价抬高了物价和居民的生活成本,削弱而非改善了本地企业的竞争力。东欧中青年在本国缺少就业和提薪的希望,不得不背井离乡到西方打工。然而欧盟东扩加重了西欧富国的财政负担,使其经济增长放慢,失业率增加。除了英国和爱尔兰之外,德、法等主要工业国家并不欢迎新移民。大批在英国打工的波兰人,只能找到类似修下水道那样脏累低薪的工作,被英国人讥笑为"波兰管子工"。来自东欧的女大学生只能竞争服务业中非洲黑人的岗位,甚至从事性工作。人口急剧老化的东欧和西欧,出现前所未有的西向大移民。乌克兰人填补了波兰建筑业的劳力缺口,俄罗斯人又去填补乌克兰的缺口。与埃及动乱的原因相似,东欧、西欧和中东的动乱,都源于失业年轻人,尤其是失业大学生的不满和骚动。

17.9 东欧政党为何从西化转为自立

从20世纪50年代到2010年,匈牙利一直是西方爱护的"自由经济"明星。1956年匈牙利爆发反对苏联的示威,引发苏军干预。1968年,匈牙利共产党的新领导者卡达尔在东欧首先推行市场化改革。1990年匈牙利最早在东欧实行多党制选举。被科尔奈不指名批评、"变色"逆转的匈牙利现任总统,当年正是反共反苏起家的学生领袖,2001年还获得以保守闻名的美国企业协会颁发的"自由奖章"。不料匈牙利入盟后危机连连不断。

金融危机前,东欧的房地产泡沫由于外国银行的热钱流入而推风助燃。危机期间,外国资本回救母国,导致东欧金融市场大幅波动,汇率贬值。匈牙利外资银行的房地产抵押贷款用外币结算,加重而非减轻了本地购房居民的还贷压力。匈牙利政府只能求助于 IMF 贷款,但是贷款条件是匈牙利必须实行紧缩政策,导致经济进一步恶化,GDP 下降 6.4%,受害程度远超危机发源地的美国。

转型前,匈牙利居民已经习惯社会主义带来的高福利,包括普遍稳定就业、全民免费医疗、高校免费教育,女工生育除了有 24 周的全薪产假外,还有长达 3 年保薪 70% 的产假。相比之下,美国只给母亲 12 周无薪的产假,职业妇女生育往往面临被解雇的风险。转型后,匈牙利经济的福利政策难以为继。试图改革的中左政府,尝试对看病和住院增加收费,大学增收学费,养老金私有化,削减产假补贴等,结果遇到极大阻力,反对党借机反对大学和医院的收费以获得民心,公民投票否决福利改革,再次变更政府和政策。

2010 年重新上台的中右政府获得多数议席控制国会,开始推行"国进民退",把"自由化"逆转。新政府立法强迫外资银行将外币签订的抵押贷款合同转为匈牙利本币结算,以减少货币贬值给本国居民带来的还贷压力。所谓"藏富于民"的私有化养老基金,在金融危机中大幅缩水,引起民众恐慌,匈牙利政府不得不把养老基金重新国有化以稳定民心。虽然中右政府大选许诺取消了大学学费,但是危机下不得不变招,削减给大学的补贴,重新引发学生和教师的抗议。为了强化施政能力,国家掌握的媒体公开谴责反对派受外国势力支持。欧洲议会和欧盟对匈牙利政府公开谴责时,匈牙利政府用捍卫国家利益的姿态争取民意,公开反对欧盟走向美国模式的联邦制,要求更大的国家自主权。

科尔奈不敢承认匈牙利政局的逆转是西方主导的自由化造成的,反而转移目标,指责西欧面临的"变色"威胁,来自俄罗斯和中国的"红色资本主义"的"专制"势力。下面我们就来看,为什么欧盟内斗的结果导致民族主义的高涨。

17.10 欧盟东扩为何从希望转为失望

尽管 OECD 和世界银行从 1995 年开始就用发达国家的"高帽子"奖励东欧国家,但是东欧的老百姓从实际体验中很快尝到西方"自由"的真实后果。东欧国家把自己的核心产业廉价转让给国际资本,倒也换来向西方移民的自由。柏林墙倒塌时,最欢欣鼓舞的是向往西方的年轻人。西欧的高消费加上东欧的高福利,一度成为东欧第三条道路的幻想。但东欧的民众很快发现,他们得到的是不自主的民主和不平等的自由。这本来就是西方主导的国际分工的现实,当然任何新古典或转型经济学的教科书都对此讳莫如深。

欧盟 1993 年制定加入欧盟的哥本哈根标准,开始推行欧盟和北约的东扩政策;2004 年开始陆续接受东欧转型国家入盟。2005 年欧盟内部的区域矛盾就已经加剧。入盟东欧国家的选民失望之余,就投票赶下主持入盟的政党。北欧和西欧富国民众体会到的也是东扩的代价而非好处,不但税负增加、福利减少,而且年轻人的就业越来越难,于是将愤怒洒向西来寻找工作的东欧移民。这就是法国和北欧反移民的新纳粹党兴起的原因。西欧执政党为了减轻欧盟的负担,只能压迫东欧和南欧国家削减开支,减少福利,又引起东欧和南欧的执政党的抵制,激发起欧盟内部的民族主义情绪,重新强调民族国家的历史和主权。

17.11 德国统一的金钱政治为何赢了冷战、弱了欧元

欧盟的建立和东扩,依赖的是德国的经济和法国的政治。法、德精英设计的欧盟和欧元,其政治目的是不战而和平统一欧洲,包括乌克兰和俄罗斯的欧洲部分,经济目的则是对抗美元霸权,让欧洲重新自立,和美国、东亚一起三分天下,同时摆脱美、苏的辖制。但在操作上,德、法无法在军事上与美、苏抗衡,走的是和平演变的议会道路。

原联邦德国最高明的战略是制造西柏林高消费的假象,其各州出资补贴西柏林的高消费,再通过大众传媒影响东欧民心。联邦德国对民主德国单方面开放边界,制造"自由世界"的形象,鼓励从东柏林入境的人偷渡。笔者曾在 1985 年开车到捷克、民主德国、联邦德国一游,民主德国边界这边如临大敌,军人、警察和美国一样全身武装,外加警犬探照灯,汽车前后彻底搜查。我们的汽车进入联邦德国却比进入公园还要简单,联邦德国边卡只有一人,既不看护照,也不收费,挥挥手就让我们通过。当时联邦德国的"制度自信",后人难以继续。

德国统一后,我受邀在西柏林自由大学讲学。我惊讶地发现德国统一后的新首都柏林一片萧条,周末中午讲完课,想请学生吃饭,竟然找不到开门的餐馆。疑问之余,学生才告诉我西方赢得冷战的内幕:原来冷战时代西柏林的虚假繁荣是联邦德国各州的财政补贴造成的。民主德国社会主义政权一垮,联邦德国各州财政自负盈亏,柏林没有工业,财政亏空,自然无法与南部各州竞争。

德国经济学家告诉我,更糟的是德国统一的"民主政治"。德国统一时,西部纳税人抱怨西部支付给东部的巨额补贴。主导德国快速统一的联邦德国总统科尔,为了获取东部居民的选票,不顾经济学家的警告,利用总统特权突然宣布,东西两地马克的兑换率是一比一,等于直接从天上给东部居民撒钱,须知当

时黑市的真实兑换率是六比一。东西两地在1990年7月1日实行货币统一，离柏林墙倒塌的时间不到一年。德国货币统一的速度比东欧的"休克疗法"还快，影响更加深远。

德国东部居民有巨大储蓄，生活水平远高于苏联和东欧其他国家，买东部制造的小汽车据说要等十年。东部民众一旦获得大笔西部马克，立即抛弃东部自产的价廉实用产品，购买西部的时尚先进商品，使东部企业一夜之间就失去了国内市场。以往东部的产品一半出口到苏联和东欧国家，可以用卢布计算或作易货贸易。一旦转为西部马克结算，东欧国家缺乏硬通货，东部企业又失去了传统的出口市场，导致东部企业大面积倒闭。德国统一前，两地的许多名牌企业（例如著名的蔡司公司）一度谈判打算平等联合。但是东部企业一旦失去国内外市场，就失去了市场竞争的话语权，导致东部私有化的结果是东部的核心企业全面被西部无价接管，私有化的净资产为负，即西部企业接管东部企业后还以污染等名义要求地方政府补贴，东部企业的管理层全部被淘汰，从而导致了东部员工和西部派来的管理层之间的严重对立。

西部工会害怕东部企业的廉价劳力会和自己竞争，从而保不住已有的高福利，就游说国会立法，要求东部企业的工资水平向西部"收敛"，无视东部企业改善竞争力的实际能力。结果东部劳力比美国还贵，使得在东部的外资企业无利可图。即使爱国的西部资本，也宁愿投资劳力便宜的宿敌波兰，而不投资东部，导致东部长期衰退。

德国东部转型十年萧条的代价由西部选民支付，每年西部对东部转移支付的金额高达东部GDP的一半。科尔赢得了选票和"德国统一之父"的美名，德国的竞争力和增长率实际大减。巨额财政负担使德国利率上升，马克走强。这使实行联系汇率的英国不堪重负，其率先退出联系汇率，使欧元区难以做强。

相比之下，中国的双轨制改革和香港回归"一国两制"的模式，给混合经济带来了互补学习和良性竞争的时间空间。我对德国与中国转型的比较分析，获得德国经济学家和听众的巨大回应，多所大学和研究所请我去讲演，因为我说出了德国主流媒体不敢面对的问题和原因。

替"休克疗法"辩护的西方经济学家争辩说，东欧的技术落后于西方，被淘汰是市场竞争的必然结果。此说大谬。东欧和中国的技术虽然落后于西方，但是劳工成本远低于西方。市场竞争的因素不只是质量，更重要的是价格。中国加入WTO时，西方国家对中国的纺织品出口设置多年的数量限制指标，外加质量标准、专利法、反倾销法等多种限制。任何有国际贸易知识的读者都会明白，西方片面要求发展中国家快速实行"休克疗法"推行贸易自由化，但是自己从未对发展中国家实行类似的自由化措施。东欧自由派领导人要么是真糊涂，要么是不得已。毕竟西方援助是附带有利于西方的政治经济条件的。没有自主的政治,哪来自主的经济?

"休克疗法"和北约欧盟东扩,虽然在政治和经济上消除了东欧国家成为西方竞争对手的可能,但是后果是东欧经济的衰败加剧了欧盟东扩带来的地区差距和社会动荡。危机中,人口老化的美、欧、日都面临福利社会、军备竞赛和北约东扩造成的巨额财政赤字,无法实行凯恩斯的财政刺激政策,竞相采取零利率的货币政策,对外转嫁危机,出现西方政治上高唱联合、经济上相互拆台的奇观。

对比苏联解体和中国崛起的历史,我以为苏联领导人的短视和邓小平的远见源于对开放竞争的不同政策和后果。斯大林和赫鲁晓夫都高估了西方体制对东欧人民的吸引力,才会用封闭经济的控制政策来限制人才外流,从而失去知识分子阶层的向心力。邓小平大胆放开出国留学政策,相信中国改革开放的成功最终会吸引留学生回国,使中国在获得西方技术的同时也赢得了中国知识分子的人心。实际上,中国和东欧的人口规模远大于西方,解决就业问题的潜力也高于西方。一旦允许中国和东欧的人口有序移民,西方宣传的"自由"在移民和就业问题上就成为无法兑现的空话。柏林墙倒塌后,美国在墨西哥边界大建封锁墙阻止非法移民,西方各国都用"工作许可证"来限制外国留学生的就业。金融危机加剧了西方国家的外来移民和殖民地宗主国的矛盾。

17.12 是谁埋下匈牙利民族矛盾的"火药库"

欧洲和中国历史的最大差异,就在分与合的历史趋势。中国有两千年统一的历史,因为统一的力量才能应付游牧民族的威胁。长城的建筑史,对国家认同的意义大于单纯的军事防御。黄河和长江的水灾和旱灾,也只有中央集权的效能政府才能应对。欧洲从罗马帝国、拿破仑、希特勒到欧盟,统一的向心力总是敌不过分裂的离心力。市场和民主的机制,分权易、整合难。因为主权国家的形成都是战争的结果。欧洲商业帝国的霸权,从希腊、罗马到荷兰、西班牙、英国和美国。欧洲历史上的频繁战争中,大国兴衰取决于贸易通道的变更,而非地理位置的优势。西方的拼音文字又加剧了民族文化的冲突,不如中国汉字对不同方言的凝聚力。

匈牙利的文字独特一支,匈牙利在16世纪就设立大学,科技教育水平享誉东欧。美国计算机之父冯·诺依曼和氢弹之父泰勒都是匈牙利科学家。为什么匈牙利转型后的经济表现远不如波兰、韩国和中国呢?科尔奈开口闭口声称自己是匈牙利人,却不敢点明匈牙利民族主义的历史原因。

历史上,匈牙利几度是东欧历史最悠久和最先进的国家。历史上,在对抗蒙古和土耳其入侵的多次战争中,匈牙利锻炼出强悍的民族性。公元10世纪建立的匈牙利王国的势力一度达到今天的德国、意大利和西班牙的势力水平。19世纪建立的奥匈帝国一度是中欧的政治、军事和文化中心。第一次世界大战失败后,奥匈帝国被瓦解,匈牙利失去了70%的领土、60%的人口,也失去了海军,成为没有出海口的内陆国。大约30%的匈牙利人留在罗马尼亚、捷克、乌克兰、南斯拉夫等国,成为少数民族,许多人受到歧视性待遇。多民族融合的奥匈帝国被"分而治之"的民族国家取代后,匈牙利王国的原料产地、制造业和市场被切割,成为西欧的依赖经济。加入欧盟后由于不利的地缘政治,匈牙利经济进一步被边缘化,这使匈牙利民众怀旧的民族主义情绪大增,成为首先挑战欧盟集权政策的国家。

第一次世界大战后以英国财政部官员身份出席凡尔赛和约谈判的凯恩斯,在1919年发表名作"和平的经济后果",尖锐批评英、法强加给德国的严苛条约,将在经济上摧毁德国,从而制造下一次战争。但是英国和法国的议会政治,导致英、法政治家为了短期的选票,不惜牺牲欧洲的长远利益,导致大萧条和德、意法西斯上台。希特勒发动第二次世界大战的号召就是要改变凡尔赛和约留下的不平等格局,才得以获得德国失业民众的支持。

匈牙利的问题与此类似,只是匈牙利的实力比德国小得多,不得不隐忍至今。1920年在凡尔赛特里亚农宫签署的特里亚农条约,在中欧种下的民族矛盾持续发酵。和凯恩斯相比,谁才是伟大的经济学家和明智的政治家,请读者自己判断。

17.13 俄罗斯的北约幻想和地缘政治

笔者认为,科尔奈指责俄罗斯在乌克兰违背国际法,用武力改变边界现状,从而威胁了西方的民主世界,这就更不像一个熟悉转轨历史的人所应具有的公正态度了。

众所周知,戈尔巴乔夫天真地以为冷战只是意识形态的冲突。苏联单方面解散华沙条约组织,从东欧撤出苏军,以为可以换来西方的对等诚意。不料苏联解体后,北约不但不解散,而且东扩到东欧的前社会主义国家。

俄罗斯总统叶利钦在1990年退出苏联,解散了苏联共产党之后,外交政策开始向西方倾斜,一度兴冲冲地到西方申请加入北约,不料遭到拒绝。叶利钦不懂历史上严苛的地缘政治:假如超级大国俄罗斯也加入北约,西方中等强国如何能保持自己的优势地位?叶利钦面对大幅下滑的经济和民意,在下台前痛定思痛,才一手扶植有民族意识的普京上台,并改善和中国的关系,转过来反对北约的东扩。东欧其他国家从亲西方到疑西方的逆转,和叶利钦的逆转类似。现实教会它们意识形态不等于国家利益。西方民主的旗号掩盖不了赤裸裸的利益冲突。

17.14　西方给乌克兰设下的废核骗局和分裂代价

乌克兰寻找国家定位的历史更是曲折。9世纪建立的公国基辅罗斯,是乌克兰和俄罗斯的共同祖先,其语言、文化和俄罗斯相近。乌克兰的大草原无险可守,其地理位置先后成为蒙古、立陶宛、波兰、俄国和德国争霸的战场。

苏联解体时,乌克兰的人口、核武器、军火工业的实力和法国相当,又是农业大国,所差的只有民用工业,经济、科技、军事实力远超波兰。如果国家稳定,经济发展,乌克兰很快会成为中欧的强国。如果领导人明智,可以左右逢源,成为俄罗斯和欧盟争相讨好的对象,乌克兰不难从俄罗斯得到能源的价格优惠,也不难和欧盟谈判对等的贸易条件。可惜历史上出过许多军人、艺术家、科学家的乌克兰领导人,没有一点国际政治的本领,连温州农民一手交钱、一手交货的常识都没有。当时西方急于解除乌克兰仅次于俄罗斯的庞大核武装,许诺给乌克兰巨额援助。等到天真的乌克兰领导人自愿把苏联留下的核武器移交俄罗斯,西方国家干脆赖掉许诺的援助,乌克兰从此失去国际谈判的筹码。乌克兰失去购买配套零部件的财力,大批农业机械陷于瘫痪,昔日粮仓变为大面积抛荒。苏联仓促解体使货币体系混乱,和俄罗斯专业分工休戚相关的东部重工业也陷于瘫痪。原来乌克兰的经济优于俄罗斯和波兰,"休克疗法"使乌克兰成为东欧经济下降最严重的国家。

乌克兰在苏联时期民族矛盾并不显著,经济大跌,东西对抗,加剧了历史上遗留的民族矛盾。西乌克兰有大批波兰人和德国人的后裔,东乌克兰有大批俄裔的居民。东部的重工业区必须和俄罗斯整合才有出路,西部的农业区则期待西欧的投资和市场,北约欧盟东扩和"颜色革命"加剧了乌克兰的分裂及内战。

科尔奈拿乌克兰动乱说事,单方面指责俄罗斯,还把中国扯在一起,失去经济学家起码的客观性。连德国政治家也公开承认,首先改变边界现状的是北约的科索沃战争,俄罗斯反而力图维护南斯拉夫的原有国界。

讽刺的是,当年积极加入北约和欧盟的匈牙利中右政府,再次上台后作了U形逆转,用加强与俄罗斯和中国的经济合作,来应对经济下降和欧盟压力。恰恰是西方大国的自私短视,迫使匈牙利重新向东方寻找更可靠的合作伙伴。

17.15 新轴心国结盟的恐惧和神话

平心而论,科尔奈对于中俄联手的恐惧来自他的"西方靠山"。2013年秋,我在美国参加过一次欧债危机的国际研讨会。会议从南欧在危机中被德国与北欧边缘化的辩论开始,以惊呼美欧将被中国边缘化的危机感告终。与会的西方经济学家与政治家一致认为:过去30年最大的失误是把技术和产业转移到中国,如今大局已难以逆转。美国提出的跨大西洋和跨太平洋的贸易联盟,目标是西方自保,而非遏制中国,因为西方的实力已经无法遏制中国和新兴市场的发展。

不当家不知柴米贵。科尔奈这位匈牙利的转型经济学家,居然来教训美国还在犹豫不决的政治家。科尔奈发明的新轴心国的国际战略,比美国新保守主义的重返亚洲战略还要宏大。科尔奈不提让西欧提心吊胆、美国进退两难的恐怖主义和中东动乱,也开不出欧盟如何应对俄罗斯的强硬处方。他在德国、英国开始竞相拉拢中国的时候,高调声称最危险的专制威胁,是来自接受了市场经济的共产党国家中国和越南,不经意间打乱了美国制造中越纠纷的棋局。俄罗斯本来和日本一样,在国家定位上究竟西向还是东向左右为难。科尔奈把"粉红"和"深红"国家绑在一起打,迫使俄罗斯和中亚国家向中国靠拢,岂不是美国的最大噩梦?本来美国政治学权威亨廷顿的"文明冲突论"[①],把西方文明面临的威胁界定为儒家文明和伊斯兰文明的结盟,设想东正教文化的俄罗斯和天主教的拉美会加入西方的基督教统一战线。科尔奈把俄罗斯和中亚都推向中国的怀抱,能对抗"泛红"威胁的"绿色"力量在哪儿呢?科尔奈的经济学本领只会移动预算约束直线,其宏观经济学的总量分析不如投行的分析师,如何能学凯恩斯的国际政治眼光?

说实话,我很希望看看,美国能否推行科尔奈的遏制新政。美国遏制政策的高峰是朝鲜战争,结果打出一个工业独立自主的新中国。苏联撤走科技专家,逼中国自己研制成功两弹一星。美国不许以色列卖雷达预警飞机,加速中国研制出自己的军工武器。中国支持越南打抗美战争,结果恢复了中国的联合国地位和中美建交。美国危机前后打货币战争,激发出亚投行和金砖银行来重建国际金融秩序。美国在东海、南海制造纠纷,不但推动了中国加速海军建设,

---

① Huntington, S. P., *The Clash of Civilizations and the Remaking of World Order*, Simon & Schuster, New York, 1996. 中译本:亨廷顿,《文明的冲突与世界秩序的重建(修订版)》,新华出版社2010年版。

打造渝新欧的陆上丝绸之路,发展中俄欧的新汉莎同盟,而且会加大西北的开发力度,再造中国的江河流域。文化战和网络战方兴未艾。中东战争和金融危机后,西方普世价值的神话已经大大褪色。多元文化超越西方中心论,在东西方都已成为新的学术潮流。剩下的牌,还有核战争和生物战争,没多少牌美国能稳操胜券。说实在的,第二次世界大战之后,西欧已经没有热战的勇气了。北约也好,日美、日澳同盟也好,靠的都是美国大兵。一旦美国在伊拉克和阿富汗陷入泥潭,美国国会的军事拨款将更是捉襟见肘。遏制政策的经济基础何在?这是科尔奈不敢展开的议题。

其实,西方风险和成本最小的遏制方案,是在开放交往的过程中给中国精英洗脑,培育中国的"戈尔巴乔夫"上台自废武功,等待中国的"叶利钦"把中国拆分,方能根除中国威胁西方的可能。如果现在就实行对中国的遏制政策,岂不断绝了自由派或亲美派在中国执政的可能?自强以后的中国,将来不管是坚持共产主义的旗号,还是打出新权威主义的旗号,都是比普京还要"难缠"的对手。这也许是宠爱科尔奈的西方媒体这次却没有为科尔奈摇旗助阵的原因。

17.16 科尔奈的两次转型给我们什么教训

科尔奈名噪一时,自然不是可以轻敌的学者。中国目前关于中国道路的辩论正处于胶着状态。因为拉美、东欧已经吃到的依赖经济的苦头,让中国政府避免了;而民众对西方民主的弊病,还缺乏切身的经历。有科尔奈给我们上课,其效果远超国内大学的政治课。读者们可别错过这学习的机会。

科尔奈青年时代信仰社会主义,中年转型为自由主义,晚年变为提倡遏制中俄的新冷战的新保守主义,揭示出转型经济学的几个基本问题:

第一,计划经济向市场经济的转型,不等于"华盛顿共识"主张的自由化、私有化和政府经济作用的最小化。市场经济面临的不稳定性、失业压力、贫富分化、国际环境的冲击等,都有可能在市场化程度、私有化走向和政府作用的强度上发生调整和逆转。社会主义和资本主义的开放竞争,谁胜谁负?市场经济和计划经济能否整合?目前还没有定论。

第二,福利补贴和政治稳定之间没有简单联系。苏联对东欧能源和消费的巨额补贴并没有赢得东欧民众的感恩。同样,冷战时期的马歇尔援助也无法确保西欧、日本对美国的忠诚。东欧、西欧和美国的高福利都是难以持续的。一旦国际竞争力下降,过高的福利制度就会成为改革调整的巨大障碍。这在东方、西方都一样。

第三,全球化使国家的作用增强而非减弱,因为不平等的国际分工和网络效应加大了核心区和边缘区的差距。开放竞争的结果有两种:拉美和东欧的依赖型开放很难抵御国际资本的短期自利行为,中国和东亚的自主型开放才有可能走出依赖经济的陷阱。没有自主能力的高收入国家,在国际竞争中也没有自主能力和稳定前景。

第四,市场化和民主化没有必然的联系。发展经济如果只靠市场机制,否认政府干预和社会制约,必然只有少数人获利,最终引起多数人的质疑和反对。金融寡头也好,跨国公司也好,黑金势力也好,最终都要寻求外来强权的支持。当代鼓吹自由化的势力,最后都在寻求美国霸权的支撑,不惜牺牲本国多数人的长远利益。问题是,美国的经济、政治、金融和文化霸权,在 21 世纪还能持续多久? 美国人民被科尔奈一类的智囊"忽悠",还有多少空间?

科尔奈从社会主义到自由主义,再到新保守主义的两次转型,给我们带给了政治经济学和国际政治学的生动教训。中国人如何辨明自己未来的道路,请读者讨论。

17.17 西方资本主义的危机和中国道路的机遇

张维为的回忆录特别提到邓小平在苏联解体、东欧剧变后对世界局势的判断[①]:

> 苏联解体是 1991 年 12 月 25 号,他开始南方谈话是 1992 年 1 月 18 号,也就是苏联解体后的二十来天,邓小平当时就苏联和东欧的情况讲了很多话。他认为苏联和东欧将会大乱,他说西方不要高兴太早,他说世界正在出现大转折,这是我们的机会。国内很多人在怀疑红旗还能打多久,毕竟整个苏联阵营都垮台了,但邓小平看到的是机会来了,真是沧海横流方显英雄本色,他认为现在是可以证明我们能比资本主义干得更好的时候了⋯⋯美国前国家安全事务助理布热津斯基在回忆录中曾记载,他对邓小平派遣留学生的做法很惊讶,把中国最聪明的孩子送到美国去,难道他不知道当时中美两国生活条件的差距吗? 他问邓小平,你们准备派多少留学生? 邓小平反问,你们能接收多少? 中国没有限制。据说邓小平在内部也说过,十分之一的人回来就是胜利,现在的留学生约有三分之二回来了,而且留学生选择回国已开始成为主流,背后是中国的迅速崛起及其提供的大量机遇。

---

① 张维为,"从来没见过这么精彩的人——邓小平与中国大转折",观察者网,2014 年 8 月 19 日。

最近三十多年,我有机会同时观察中国与西方世界。西方的衰落和中国的崛起是不可逆转的历史趋势。中国目前的形势,不是什么改革的深水区,而是发展的升级期。我们不但要学习西方的经验,更要研究它们的教训,走出适合中国国情的新路,和其他国家有志改革的人士一起,建设更合理、可持续的世界新秩序。[①] 过去三十多年的改革是"摸着石头过河",过河的目标是追赶美欧发达国家。如今,西方深陷"高收入陷阱"的危机之中,中国经济一枝独秀。我们更艰巨的任务是"观全局航海",才能超越西方模式。[②]

[①] 陈平,"中国道路的本质和中国未来的选择",《经济社会体制比较》,2012年第3期,第1—23页。
[②] 陈平,"告别摸石头过河,走向观全局航海",人民网—理论频道,2010年10月18日。

18 历史作为检验经济学理论的自然实验*

18.1 引论

经济是多因素相互作用的演化系统,实验室的小型实验可以局部检验经济学的某些基本假设,互相竞争的经济学理论则主要依靠历史来检验,因为历史可以看作最好的自然实验。① 经济学研究中不乏用历史资料来佐证经济学理论的案例。本文的目的是用历史来检验经济学,尤其是西方主流的古典与新古典经济学的理论,包括斯密"看不见的手"(贸易均衡论)、阿罗-德布鲁的一般均衡模型、索洛的外生增长论、罗默的内生增长论,以及金融的有效市场假设。检验的核心是古典与新古典经济学的均衡理论,远离经济活动非均衡的演化本质。未来经济学发展的方向是以非均衡范式和经济复杂方法为主导的演化经济学。

18.2 经济史的事实可以检验经济学的基本理论

我们先讨论经济史上的重大事实,来检验经济学的基本理论,尤其是"空想资本主义"的理论。例如,斯密的"看不见的手"可以保证外贸自动平衡,科斯的"零交易成本世界"反对政府对市场的任何监管,等等。

18.2.1 斯密"看不见的手"(贸易自动均衡论)与国际贸易的持续逆差

古典经济学与新古典经济学方法论的核心都是均衡论,却没有给出真实经济从非均衡到均衡需要多长时间。如果市场能在任何时间、任何条件下都保证自动趋于均衡,当然就不需要政府干预,也没有危机和战争的可能。这是我称

---

* 本文是 2016 年 7 月 2 日在中国人民大学经济与历史研讨会上的发言,原载《政治经济学评论》2016 年第 5 期。感谢和史正富、张维为、林毅夫、丁丁宁、张五常、李华俊、唐毅南、李建德、孟捷、张宇、白果、黄有光、李维森、盛洪、James Galbraith、Joseph Stiglitz 等对中国道路和经济增长理论的讨论。

① Chen, P., *Economic Complexity and Equilibrium Illusion: Essays on Market Instability and Macro Vitality*, London, Routledge, 2010;陈平,《文明分岔、经济混沌和演化经济动力学》,北京大学出版社 2004 年版。

之为"空想资本主义"的理论基础。历史上,影响最大的市场自动均衡论,当属亚当·斯密在《国富论》中讨论贸易自动均衡时发明的比喻"看不见的手"。

我们检验和重构经济学框架的出发点,就是斯密《国富论》没有解决的内在矛盾。《国富论》第一篇第一章讲分工,分工提高效率。《国富论》第一篇第三章的标题是斯密最重要的贡献,就是"分工受市场规模限制",其经济学的含义,就是规模限制意味着市场竞争的本质一定是非线性的、有界的。市场活动必然是非均衡的。可惜斯密并没有理解经济活动非线性、非均衡的本质。问题出在《国富论》第四篇第二章讨论"限制进口国内可生产的货物"时,仅有一次提到"看不见的手"[1],目的是论证国际贸易会自动平衡。

斯密为了证明自己的猜想,给了一个具体的例子。他假设有个荷兰商人用船做国际贸易,从柯尼斯堡(当年属普鲁士,现在变成俄罗斯的加里宁格勒)买了玉米运到葡萄牙的里斯本。船空着回去不合算,他们就装了葡萄牙产的水果和葡萄酒运回去。如此一个简单的外贸例子,斯密来了个逻辑跳跃,断言说国际贸易一定会自动平衡。斯密的推理其实有大的漏洞。因为来回船里装的东西,重量不一样,体积不一样,总的价值会一样吗?一船粮食和一船水果或葡萄酒的总价值怎么会一样呢?这是贸易结构复杂性产生贸易不平衡的常识。

历史上有大量案例可以证明斯密"看不见的手"的理论在国际贸易问题上是不成立的。美国的贸易逆差从20世纪70年代开始持续到现在几十年了,打了各种各样的热战、贸易战和汇率战,使用了压日元、人民币升值等非经济手段,美国实现贸易平衡了吗?没有。因为"看不见的手"难以在短期内实现经济结构的调整,更严重的是,技术先进的发达国家企图用军事、金融和地缘政治手段固化发展中国家的结构差距。只有中国、东亚少数有自主政策的国家,能改变落后的结构。

历史上最著名的"看不见的手"失败的案例,当属贸易逆差引发的鸦片战争。19世纪英国进口中国茶叶造成的贸易逆差持续了170年。[2] 英国先是从1729年开始在印度种植鸦片贩运到中国,1839年发动鸦片战争迫使中国实行毒品贸易的自由化,但即使大幅增加对华的鸦片出口,还是解决不了贸易逆差问题;英国接着从1854年起在印度西北部的阿萨姆地区驱逐原住民,然后强迫新移民种茶,为了运出茶叶,英国政府还补贴私营公司修铁路,这全都是"看得

---

[1] Smith, A., *The Wealth of Nations*, Liberty Classics, Indianapolis, 1776, 1981; 亚当·斯密,《国富论》,中央编译出版社2011年版,第4篇第2章。

[2] Pomeranz, K., S. Topik, *The World That Trade Created: Society, Culture, and the World Economy, 1400 to the Present*, 2nd Ed., M. E. Sharpe, New York, 2006. 中译本:〔美〕彭慕兰、史蒂夫·托皮克,《贸易打造的世界——社会、文化与世界经济》,陕西师范大学出版社2008年版。

见的手"用改变经济结构的办法来干预外贸的持续逆差,直到 1900 年才扭转了逆差。古典经济学幻想靠市场交易就能协调国际分工,这是一个经济学理论的乌托邦。我把斯密叫作"空想资本主义"的创始人,因为斯密本人清楚地看到分工受市场规模限制,也看到资本主义初期的殖民主义,看到财富和权势的联系,却幻想市场能自动均衡,道德可以约束贪婪带来的战争和动乱。新古典经济学的均衡模型以为单靠汇率调整就能解决国际贸易的平衡问题,只是斯密理论的变种。原因是,国际贸易平衡涉及的是多种商品,而非只有两种商品。多种商品的贸易平衡涉及复杂的结构问题,我们下面讨论一般均衡模型时再深入讨论。斯密幻想破灭的教训是:分工加市场不等于协作。这是西方经济学迷信"看不见的手",至今屡败屡战,仍然没有搞懂的道理。

18.2.2 阿罗·德布鲁的"一般均衡理论"和东欧的转型实验

新古典微观经济学把斯密"看不见的手"发展成阿罗·德布鲁的"一般均衡"模型,声称在完全市场的条件下,自由浮动的价格体系有稳定的唯一解。历史上唯一一次自觉应用一般均衡理论的经济决策,就是 20 世纪 80 年代末到 90 年代,哈佛大学教授萨克斯在东欧和俄罗斯推行的"休克疗法",导致比两次世界大战还要严重的经济损失,其与中国"摸着石头过河"的"价格双轨制"采取的渐进试验,结果大相径庭。[①]

值得注意的是,在柏林墙倒塌和苏东转型之初,包括世界银行、国际货币基金组织在内,美国和西欧的主流经济学家几乎无一例外地赞成一次性地放开价格管制,质疑中国渐进的价格开放。他们对市场自稳定的信仰来自阿罗·德布鲁的一般均衡模型,他们用似乎高深的拓扑学证明市场经济的均衡解是唯一和稳定的。只是静态数学模型无法算出价格收敛的速度,便借助于哲学寓言的力量。诺贝尔经济学奖得主弗里德曼在中国推销"休克疗法"的比喻是:一刀砍掉蛇的尾巴蛇还能活,几刀砍蛇尾蛇就死了。萨克斯的说法是:深渊只能一步跳过去。可是没有人知道蛇有几条尾巴,也没有人知道深渊有多宽。中国刚开始宣传价格改革,就引起全国的抢购风,使中国的"价格闯关"立刻刹车,此后转入"双轨制"的渐进价格并轨,至今国内能源、粮食、教育、医疗的价格还没有完全放开。东欧和俄罗斯的价格自由化却导致了高通胀和长期的萧条。东欧转型衰退持续的时间差别极大,波兰持续 7 年,俄罗斯持续 16 年,乌克兰持续 15 年,至今还不到 1990 年的 65%。与 1990 年相比,东欧国家中增长最快的是波

---

① 陈平,"新古典经济学在中国转型实验中的作用有限",《经济研究》,2006 年第 10 期。(见本书第 16 章)

兰,其GDP也只有1990年的2倍,俄罗斯仅1.2倍,中国却近10倍。①

"休克疗法"的历史先例是战后联邦德国出现过的"艾哈德奇迹"。第二次世界大战结束后美军占领下的联邦德国一度实行战时经济的价格管制,结果物物交易,经济萧条。时任经济部长的德国经济学家艾哈德不和美军总部商量,在1948年6月借引入新联邦德国马克之机,突然解除价格管制,很快恢复了市场的繁荣。这使西方经济学家一致认为,东欧转型可以重复"艾哈德奇迹"。然而东欧各国在快速实行价格、外贸和汇率的自由化之后,带来的不是经济繁荣,而是巨额的贸易逆差、通货膨胀、货币贬值、企业倒闭和大量失业。求助西方援助的苛刻条件,要求东欧国家提高利率、紧缩预算、出售国有资产,经济至今没有恢复自主发展的元气。

为什么1948年的"艾哈德奇迹"在20世纪90年代的东欧转型中没有重演?② 因为联邦德国战后一片废墟,分工回到原始的原子经济,这才是阿罗-德布鲁模型成立的前提。东欧转型之初,苏联和东欧已经形成复杂的国际分工网络,价格体系是不平等的分工结构的结果。解除经互会条约,东欧片面对西方开放,当即打碎东欧原有的分工协作,企业的零部件供应普遍中断。东欧国家间约一半以上的贸易在社会主义国家间进行。市场自由化的西方标准要求一切外贸以西方的硬通货结算,社会主义国家间原来通行的物物交换或以卢布结算的分工体系立即瓦解。贸易自由化系东欧片面对西方开放,而西方并没有同时对东欧开放市场。这导致西方低端的日用品甚至连手纸也大量涌入东欧,而东欧原来有价格优势的农产品和工业品,因为不熟悉西方的营销网络和质量标准而被挡在门外,导致东欧企业大量倒闭。私有化过程中东欧普遍缺乏货币资本,东欧的私有化进程使西方跨国公司得以廉价收购东欧的核心企业。相比之下,中国开放之初的高关税保护了民族企业的生存空间,选择性的特区开放又使国有和民营企业逐步学会与外国企业竞争,所以技术和人才远比东欧落后的中国企业在转型过程中能快速成长,民族企业逐步学会与跨国公司竞争。

更基本的问题出在新古典经济学的价格理论忽视了工业化经济下的"迂回生产"和"产品周期"。不同产品有不同的生产周期。蔬菜和肉类的生产周期只有几个月,电站的投资周期是几年,大学和医院的建设成长要几十年时间。由于产业结构大不相同,转型过程中不同产业价格趋稳的速度也差别很大。

简而言之,新古典经济学的一般均衡模型没有产品周期,没有产品创新,也

---

① 真实GDP数据来源于联合国统计局,http://unstats.un.org/unsd/snaama/selbasicFast.asp
② 陈平,"资本主义战胜社会主义了吗? 科尔奈自由主义的逆转和东欧转型神话的破灭",《政治经济学评论》,2015年第6期,第102—128页。(见本书第17章)

没有产品或技术的生灭,只能近似刻画前工业革命时代的静态市场。用它来指导技术更新频繁的现代经济,无异于纸上谈兵,误国误民。

18.2.3 金融危机全面挑战新古典的宏观与金融理论

2008年美国金融危机的发生机制,就动摇了新古典经济学的均衡框架,因为现有的新古典经济学理论无视市场内生不稳定性的机制。始于美国房地产市场的泡沫和金融衍生品市场的瓦解,给全世界造成大萧条以后最严重的经济危机,至今没有摆脱持续衰退的阴影。金融危机的历史如何冲击新古典经济学以均衡论为核心的宏观和金融理论,我们下面来一一说明。

金融危机首先冲击的是法玛的有效市场假说,因为有效市场理论干脆否认金融市场存在内生不稳定性和金融危机的可能。[1] 我们早在1996年就发现了股市运动的本质是非线性的色混沌,否定有效市场假说依据的白噪声模型。[2] 美国金融危机爆发时的市场动荡是典型的非线性现象,股市价格暴涨暴跌的幅度远超高斯分布描述的小幅振荡的范围。

金融危机其次冲击的是卢卡斯领导的以"理性预期"和"微观基础论"为基础的反凯恩斯革命,成为过去30年推行经济自由化的理论基础。[3] 我们早在2002年就指出卢卡斯"微观基础论"的错误,因为微观存在的大量家庭的消费涨落互相对冲,产生的宏观波动不足以解释观察到的宏观数据。只有金融中介构成的"中观基础"才是经济周期产生的根源。[4] 2008年的金融危机起源于金融衍生品市场的瓦解,证实了我们的中观基础论。[5]

金融危机的历史进程也冲击了新古典经济学的定量金融模型。我们早

---

[1] 陈平,"有效市场的失败与生机市场的发展——重建国际金融秩序的一个新视角",收入郜若素、胡永泰、宋立刚编,《全球金融危机下的中国:经济、地缘政治和环境的视角》,社会科学文献出版社2010年版,第30—51页。

[2] Chen, P.,"A Random Walk or Color Chaos on the Stock Market? —Time-Frequency Analysis of S&P Indexes", *Studies in Nonlinear Dynamics & Econometrics*,1996, 1(2), pp. 87-103;陈平,《文明分岔、经济混沌和演化经济动力学》,北京大学出版社2004年版,第3.4章。

[3] 陈平,"均衡幻象,经济复杂和经济分析的演化基础",《演化与创新经济学评论》,2011年第1期,第42—77页。

[4] Chen, P.,"Microfoundations of Macroeconomic Fluctuations and the Laws of Probability Theory: the Principle of Large Numbers vs. Rational Expectations Arbitrage", *Journal of Economic Behavior & Organization*,2002, 49, pp. 327-344;陈平,《文明分岔、经济混沌和演化经济动力学》,北京大学出版社2004年版,第3.6章。

[5] Chen, P.,"Evolutionary Economic Dynamics: Persistent Business Cycles, Disruptive Technology, and the Trade-Off between Stability and Complexity", in Kurt Dopfer ed., *The Evolutionary Foundations of Economics*, Cambridge University Press, Cambridge, 2005, pp. 472-505;陈平,《文明分岔、经济混沌和演化经济动力学》,北京大学出版社2004年版,第3.3章。

在 2005 年就指出期权定价理论依据的布朗运动模型具有随时间爆炸的性质,应当代之以稳定的生灭过程模型。① 美国保险巨头 AIG 面临破产的原因是信用违约互换(Credit Default Swap,CDS)市场的瓦解,一个可能的原因是定价理论的错误引爆了市场。美国房地产次贷危机的爆发也让我们质疑马科维茨的金融风险模型,因为金融风险的均衡模型只考虑均值(一阶矩)和方差(二阶矩)。② 我们发现,金融危机时高阶矩(3—5 阶矩)会暴涨上千倍,超过方差的量级。③ 显然,新古典金融学的均衡理论无力理解金融不稳定性的非均衡本质。④

金融危机是美国过去 30 年推行金融市场自由化的结果。反对金融监管的理论依据是科斯的交易成本理论,因为任何监管必然增加交易成本,似乎降低了市场效率。⑤ 我们对美国金融市场的分析证明,危机产生于美国的金融自由化时期,因为金融投机极大地增加了市场的不稳定性,也就是增加了社会成本。⑥ 金融危机的损失高达十几万亿美元,比金融监管的成本高几个量级。新古典金融理论的基础是无风险套利。在实践中,金融投机的套利行为在放大而非降低金融风险。如今,西方金融衍生品市场的规模是美国 GDP 的 40 倍、世界 GDP 的 7 倍。金融衍生品市场的恶性扩张严重损害了实体经济的发展。

值得注意的是,中国金融市场的问题,很大程度上和中国金融界缺乏对西方金融理论的警惕有关。中国一度大量购买美国国债来保值增值,原因是盲目相信经济学教科书把美国国债的利率作为"无风险利率"。美国金融危机的加深,才使我们意识到根本不存在什么"无风险利率",因为主权国家,例如希腊,也有国债违约的风险。即使购买美元定价的美国国债,美元贬值也会导致美国国债价值的缩水,使中国庞大的以美元计价的外汇储备面临巨大风险。中国金融市场的发展,必须摆脱对美国金融教科书的迷信,才能在政策上摆脱美国的

---

① Chen, P., "Evolutionary Economic Dynamics: Persistent Business Cycles, Disruptive Technology, and the Trade-Off between Stability and Complexity", in Kurt Dopfer ed., *The Evolutionary Foundations of Economics*, Cambridge University Press, Cambridge, 2005, pp. 472-505;陈平,《文明分岔、经济混沌和演化经济动力学》,北京大学出版社 2004 年版,第 3.3 章。

② Markowitz, H. M., "Portfolio Selection", *The Journal of Finance*, 1952, 7 (1), pp. 77-91.

③ Tang, Y., P. Chen, "Time Varying Moments, Regime Switch, and Crisis Warning: The Birth-Death Process with Changing Transition Probability", *Physica A*, 2014, 404, pp. 56-64.

④ 唐毅南、陈平,"群体动力学与金融危机的预测",《经济研究》,2010 年第 6 期,第 53—65 页。

⑤ Coase, R. H., "Payola in Radio and Television Broadcasting", *Journal of Law and Economics*, 1979, 22(2), pp. 269-328.

⑥ Tang, Y., P. Chen, "Transition Probability, Dynamic Regimes, and the Critical Point of Financial Crisis", *Physica A*, 2015, 430, pp. 11-20.

金融霸权。

危机发生后,西方国家采取的货币政策和财政政策,效果远不及中国政府,暴露了宏观经济学的严重问题。第一,希克斯的 IS 曲线失灵。危机中,西方政府纷纷降低利率来刺激经济。按照教科书的标准理论,降低利率等于降低投资成本,必然增加投资,刺激经济增长。但在国际竞争的条件下,降低利率可能引发资本外逃,流向投资回报率更高的地区,例如中国和其他新兴市场国家。西方议会制政府瘫痪的结果,使西方经济的前景不明。金融机构宁可持有大批现金观望局势,也不投资产业。即使利率降到零,甚至负利率,西方发达国家依然经济停滞。第二,以弗里德曼为代表的货币学派断言货币政策是外生的,所以央行可以用货币扩张政策避免金融危机。我们早在 1988 年发现"货币混沌"时就证明了货币运动的内生性和非线性。① 金融危机过程中,美、欧、日先后推行量化宽松的政策,企图用印钞票来摆脱金融危机,得到的结果不是通胀,而是通缩加福利制度的危机。因为整个金融系统在紧缩而非放松银根来避免坏账。第三,大萧条时期行之有效的财政政策,在中国得以成功推行,在西方国家却寸步难行,其原因在于西方利益集团在危机时刻照样阻碍财政政策的推行。这凸显了政治经济学在制定经济政策时的重要性。和古典政治经济学相比,新古典经济学表面的价值中立,掩盖了政治和经济不可分的紧密关系。对于国际国内的经济决策,经济学家必须自觉地了解利益集团与经济政策之间的矛盾。

18.2.4 中国崛起挑战新古典的外生和内生增长理论

索洛的外生增长模型基于规模报酬不变假设,预言经济增长的收敛趋势。② 罗默的内生增长模型基于知识积累的规模报酬递增假设,宣称经济增长有发散趋势。③ 世界经济观察到的历史表明,实际情况要比新古典增长理论的两个极端模型复杂得多(见表 18-1)。

---

① Chen, P., "Empirical and Theoretical Evidence of Monetary Chaos", *System Dynamics Review*, 1988, 4, pp. 81-108;陈平,《文明分岔、经济混沌和演化经济动力学》,北京大学出版社 2004 年版,第 3.2 章。

② Solow, R. M., "Technical Change and the Aggregate Production Function", *Review of Economics and Statistics*, 1957, 39(3), pp. 312-320.

③ Romer, P. M., "Increasing Returns and Long-Run Growth", *Journal of Political Economy*, 1986, 94, pp. 1002-1038.

表 18-1　真实国内生产总值(GDP)的年平均增长率(1913—2001)

年份	西欧	东欧	亚洲	美国	日本	苏联	中国
1913—1950	1.19	0.86	0.82	2.84	2.21	2.15	−0.02
1950—1973	4.79	4.86	5.17	3.93	9.29	4.84	5.02
1973—2001	2.21	1.01	5.41	2.94	2.71	−0.42	6.72

数据来源：Maddison(2007)。这里的亚洲数据不包括日本。

我们看到 1913—1950 年间美国拥有全球最高的经济增长率，1950—1973 年增长最快的是日本，1973—2001 年增长最快的是中国。在每个地区或跨国比较中我们也观察不到稳定的收敛或发散趋势。相反，在大国兴衰的过程中我们看到的是增长趋势在不同时期的变化。

新古典经济学均衡论的长处是解释市场稳定的机制，短处是理解经济波动的原因。微观经济学的企业理论只允许规模报酬递减或不变，才能画出供给曲线，产生市场均衡。索洛的外生增长理论假设资本的规模报酬不变，则经济增长率必然趋同，最后等于人口增长率。这显然与事实矛盾。因为不少人口高增长的发展中国家，人口多并不等于就业机会多，反而成为发展教育和基础设施的沉重负担。

罗默通过对西方国家知识经济的观察，提出知识资本规模报酬递增的假设，可以部分解释发达国家与不发达国家的差距不断扩大的现象，但是无法解释同样资源贫乏、人口众多的中国，何以在短短几十年间经济起飞，经济规模和增长速度超过历史上任何的西方大国和文明古国。罗默也无法解释，为何西方的经济中心在不断转移，工业革命的主导权先后从英国转移到德国和美国。如果知识资本是累积的，则工业革命和科学革命的先行者英国应当保持经济中心的地位至今，何以见到大英帝国的瓦解和联合王国的衰落？

我们提出的代谢增长论可以回答大国兴衰和多样文明之谜。[①] 任何技术和产业都有生命周期。任何上升期的技术发展都有知识积累和报酬递增的过程，但是面对新技术的竞争，老的技术可能衰退甚至被淘汰。所以经济发展的本质是技术和产业的新陈代谢。政府和非营利的大学等社会组织在产业研发的初期起重大作用，在产业衰落的转型期也起重要作用，这是中国能够后来居上的原因。即使在产业起飞和饱和阶段，政府政策在防止市场泡沫和市场垄断上也有重要作用。中国道路的实践经验突破了西方经济学"看不见的手"的局限，发

---

① Chen, P., "Metabolic Growth Theory: Market-Share Competition, Learning Uncertainty, and Technology Wavelets", *Journal of Evolutionary Economics*, 2014, 24(2), pp.239-262；陈平，"代谢增长论：市场份额竞争，学习不确定性和技术小波"，《清华政治经济学报》，2014年第1期，第26—52页。

展了新型的混合经济,得以兼顾经济的高增长和社会的协调发展。①

18.3 经济史的重大争议和比较研究

经济史对经济学理论的检验,必然涉及定性和定量分析的两个方面。中国学术界对是否存在中国模式、中国道路的争论,往往抓住中国历史上的若干重大事件,来得出整体性的判断,例如东方专制、西方民主等结论。在中国改革开放之后,我们发现,面对人类历史的比较研究对质疑西方中心论提出了新的历史依据。

我们这里重新考察国内和国际学术界有重大争议的若干历史问题,例如,三年困难时期的人口损失、历史上的战争规模和禁书运动,用国际比较的方法,可以得出不同的思路和结论。

比较研究的方法有两点值得注意。第一,国家的规模差距极大,只有几千万到一亿以上的人口大国和中国的比较才有意义。第二,比较的标准应当是人口比例,而非绝对数。我们发现,只要采用这两种客观的比较方法,就不难澄清历史的疑团。

18.3.1 三年困难时期与苏东转型时期的人口下降幅度

学术界往往以三年困难时期的人口问题作为否定中国道路的依据。对此我们值得在这里具体分析。中国人口规模超过西方国家与日本之和。任何成功或失败的数据,和小国相比都十分惊人。合理的度量应当是比较不同国家的比例,而非绝对值。

应当指出,目前国内外关于中国困难时期"非正常死亡"数千万人的说法只是猜测,并无统计数据的依据。即使美国的大萧条时期有大量饥荒的新闻报道,美国官方也从无非正常死亡的数据,因为"营养不良"和"非正常死亡"之间没有可操作的定义。但是,我们可以用其他统计数据,比较中国发展的代价。

目前可以找到的是麦迪森《世界经济千年史》中的人口数据。中国1960年是6.67亿人,1961年是6.60亿人,下降了1.0%,1962年恢复增长,达6.58亿人,1963年为6.82亿人,超过1960年的水平,恢复期为3年。

相比之下,东欧和苏联经济转型造成的人口下降,与中国相比幅度要大得多,时间也长得多。依据联合国统计局的数据,东欧人口在1989年达到峰值3.83亿,此后持续下降,2014年为2.93亿,25年间下降了23.4%。俄罗斯人

---

① 陈平,"中国之谜与中国之道",《红旗文稿》,2010年第4期。

口在1993年达到峰值，为1.48亿，2008年为1.43亿，15年间下降了3.6%。俄罗斯转型人口的恢复期为15年。2008年后俄罗斯人口缓慢增加，至今低于2004年的水平。东欧和苏联人口下降的主要原因包括：经济衰退和社会主义的福利瓦解导致老年人的预期寿命急剧下降，大量失业使年轻人不敢结婚和生育子女，以及国内经济前景黯淡导致大批有技术的中青年移民国外，社会不稳定导致的酗酒、吸毒也使中青年的死亡率增加。苏东经济的持续下行是人口持续下降的主要原因。世界银行把东欧和俄罗斯列为"高收入国家"的下限，用曲解经济数据的方法来推销"华盛顿共识"，可谓煞费苦心。

如果考虑到中国1959—1961年间有大面积的灾荒，而东欧与俄罗斯的转型期并无战争与灾荒，则中国的调整速度远快于俄罗斯和东欧。笔者亲历"大跃进"和困难时期，1958年粮食大丰收，助长了不切实际的浮夸风，人民公社推行的大食堂导致粮食浪费严重。外加当时中国通信落后，地方政府瞒报灾情，导致中央政府低估了问题的严重性。但是，中国政府还是有调查研究的传统，立即解散了公共食堂，人民公社核算单位退回到生产队，重新提倡以农业为基础，让农业不能支持的城市人口下乡，才能在三年内渡过危机，1964年起重新恢复经济增长。而苏联解体之后的东欧、前苏联国家，单是陷入议会制的斗争，就使其无法对经济调整的方向达成共识。

我们发现，美国中央情报局的人口预期寿命的数据①可以用来间接估计"非正常死亡"的后果，因为营养不良会降低人口的平均寿命。2015年中国的人口预期寿命是75.41岁（世界排名第99位），高于世界平均寿命68.7岁；在大国中，低于日本84.74岁（第2位）、欧盟80.20岁（第38位）、美国79.68岁（第43位），但是高于土耳其74.57岁（第115位）、巴西73.53岁（第129位）、印度尼西亚72.45岁（第140位）、俄罗斯70.47岁（第153位）、印度68.13岁（第163位）、南非62.34岁（第191位）。显然中国的人口预期寿命接近发达国家，处于中等收入国家的上限。而中国的人口规模远大于发达国家。

1949年时中国的人均寿命只有35岁，远低于同期世界人均寿命47岁。1980年中国的人均寿命提高到61岁，人均寿命显著提高的原因是在公共卫生上的改善远超多数发展中国家，极大地降低了传染病的死亡率。三年困难时期让中国政府意识到粮食储备的重要性，加上大量水利工程和通信工程的建设，使中国控制自然灾害和疾病的能力达到世界先进水平。

---

① https://www.cia.gov/library/publications/the-world-factbook/rankorder/2102rank.html#ch

18.3.2 革命、战争和资本主义的人口代价

中国的现代化无疑付出了巨大的代价，包括解放战争、朝鲜战争、三年困难时期和十年"文化大革命"。如果放在世界史的角度，中国革命的代价是否足以证明中国革命是不必要的，或者西方模式的现代化代价更小？我们来回顾一下基本的历史数据。[1] 注意原始数据给出的是死亡数的绝对值。计算当时的人口比例可参照麦迪森的人口数据。[2]

（1）欧洲殖民美洲(1492—1691)造成的原住民死亡数估计在 840 万—1.38 亿之间，几何平均数为 3 400 万。1500 年西班牙人口为 680 万，葡萄牙为 100 万，英国为 390 万，法国为 1500 万，西欧 29 国人口总和也就 5700 万，美国当时人口约 2 000 万，200 年后人口下降了一半。估计西方殖民者消灭的土著人口高达 20%—90%。欧洲殖民者系统毁灭了古老的美洲文明，包括印加文明、玛雅文明和阿兹特克文明的文字记载。美国独立战争和南北战争的真实动机是掠夺印第安人的土地。美国印第安原住民的人口目前仅 300 万，占美国人口的 1%。

（2）1440 年至 19 世纪末的 450 年间，共约 1 100 万名非洲黑奴被贩卖到美洲。[3] 其中，葡萄牙贩卖 40%(450 万人)，英国贩卖 250 万人，途中死亡 150 万人，死亡率为 13%。1820 年平均每个欧洲移民拥有 4 个黑奴。[4] 而目前美国黑人的人口比例只有 13%，为白人人口的五分之一。可见美国黑人是美国现代化的主要牺牲者。

（3）欧洲 30 年宗教战争(1618—1648)，死亡 300 万—1 150 万人。其中德国各邦的人口减少了三分之一到三分之二。

（4）法国拿破仑战争(1803—1815)，死亡 350 万—700 万人，1820 年的法国人口为 3 100 万。假如死亡人数法军占一半，1800 年的法国人口为 2 800 万，则死亡人数为法国人口的 6%—12%。

（5）美国南北战争（1861—1865），死亡 75 万人[5]，约为美国人口的 2%—3%。

---

[1] https://en.wikipedia.org/wiki/List_of_wars_and_anthropogenic_disasters_by_death_toll
[2] www.ggdc.net/maddison/Historical_Statistics/horizontal-file_03-2007.xls
[3] https://en.wikipedia.org/wiki/Atlantic_slave_trade
[4] http://www.gilderlehrman.org/history-by-era/slavery-and-anti-slavery/resources/facts-about-slave-trade-and-slavery
[5] http://www.nytimes.com/2012/04/03/science/civil-war-toll-up-by-20-percent-in-new-estimate.html?_r=0

(6) 19世纪殖民主义造成的饥荒(1876—1902),估计死亡人数为3 000万—6 000万,约为当时世界人口的2%—5%。

(7) 第一次世界大战(1914—1918),死亡1 500万—2 100万人,约为欧洲人口的7%。

(8) 第二次世界大战(1939—1945),死亡6 500万—8 500万人。[①] 其中中国死亡2 000万人,占人口的4%;苏联死亡2 700万人,占人口的14%。

(9) 中国明末清初战争(1618—1683),死亡2 500万人,1600年中国人口约1.6亿,死亡率为16%。太平天国起义(1851—1864),死亡2 000万—1亿人,几何平均4 400万人,中国人口当时为4亿,死亡率约10%。

读者可以比较这些数据,看看究竟是西方还是中国的现代化道路,社会付出的代价更少。

18.3.3　中国人均GDP的增长历程与西方大国的比较

麦迪森采用国际美元的人均GDP的历史数据[②],提供了各国历史发展路径的比较依据。中国人均GDP在公元1年为450国际美元,公元1500—1850年保持为600国际美元,高于1700年的日本(570国际美元)和1820年的印度(533国际美元),但是只相当于公元1年的英国(600国际美元),低于公元1年的意大利(800国际美元),拜占庭(土耳其)、伊朗、伊拉克、埃及、突尼斯的700国际美元。显然,意大利和中东国家比中国富裕的原因在商业而不只是农业。1600年后,西欧国家开始对外殖民,逐渐拉开和中国的差距。1850年中国人均GDP仍为600国际美元,低于英国(2 330国际美元)、美国(1 849国际美元)、巴西(683国际美元)、日本(681国际美元),但高于印度(533国际美元)。

中国从鸦片战争开始,经济不断下滑,1870年降到530国际美元,1932年曾达583国际美元,但1950年仅为448国际美元,不仅远低于美国(9 561国际美元)、英国(6 939国际美元)、苏联(2 841国际美元)、日本(1 921国际美元),而且低于菲律宾(1 070国际美元)、印尼(840国际美元)、巴基斯坦(643国际美元)和印度(619国际美元)。

到1978年,中国的人均GDP为978国际美元。这相当于英国1600年、法国和德国1700年、美国1820年、日本1890年的水平。换言之,中国1950—1978年的28年按人均GDP测算的经济发展,相当于法德700年、英国600年、俄国400年、日本390年、美国220年间获得的进步。更重要的是,中国已经建

---

① https://en.wikipedia.org/wiki/World_War_II_casualties#endnote_USSRtable
② www.ggdc.net/maddison/Historical_Statistics/horizontal-file_03-2007.xls

成独立的科技教育和工业体系,研制出"两弹一星",成为世界上第五个核大国,打破了美苏的军事霸权。

到2010年,中国的人均GDP为8 032国际美元,超过了苏联(733国际美元),接近俄罗斯同期水平(8 660国际美元)。这相当于日本1969年、德法1962年、英国1958年、美国1941年的水平。换言之,中国改革开放32年间的发展,相当于英国400年、德法260年、美国120年、日本80年和韩国37年间取得的进步。

加起来,中国1950—2010年的60年的经济发展,相当于英法德1 000年、日本470年、俄国430年、美国340年的发展。

我要提醒大家,中国的人口超过欧洲、北美和澳洲等西方国家之和,是日本的11倍,但是人均资源却在世界平均水平之下。这足以证明工业化、现代化的中国道路,优于西方模式和东亚模式。原因是亚当·斯密讲的分工加贸易只适合工业革命前的手工作坊时代。铁路、电网、计算机出现后的大工业和网络经济,需要大规模的社会协调。中国的社会主义市场经济,社会协调的能力远远超过三权分立的资本主义市场经济。毛泽东说,人的因素第一。中国的有为政府和以天下为己任的科学家、实业家,有教育的工人、农民合作奋斗的积极性,是西方经济学所讲的劳力、资本、资源三要素之外,更重要的比较优势。

18.4 结论

经济学和历史研究有紧密的联系。历史上的重大事件,如贸易战争、大萧条、经济转型、金融危机,可以作为自然实验,检验经济学的基本理论。我们发现,市场"看不见的手"虽有扩大分工范围、促进经济发展的作用,但是由于市场份额竞争和技术创新带来的不稳定性,政府和社会必须干预,才能应对危机、战争和社会动乱。自由主义经济学只是一种空想资本主义,没有历史的依据。政治和经济不可分割。西方现代的新古典经济学,包括微观、宏观、金融和制度经济学都有共同的局限,即否认市场内生的不稳定性和非线性相互作用,因而无力理解和处理当代的金融危机及生态危机。

世界历史表明,人类社会的发展是多样的、非均衡的。中国道路和西方模式的比较研究,有助于我们找到适合各国国情的发展道路。比较历史研究对比较经济研究有重大的启示。

后记　跨学科研究之路

我生于抗日战争后期,亲历重庆解放、"大跃进"、三年困难时期、"四清运动"和"文化大革命",深感历史潮流的非平衡发展趋势。探讨中国的复兴之路,是我求学和探索过程中始终关注的问题。我受华罗庚感召,于1962年进入北京中国科技大学物理系学习,深受前辈物理学家严济慈、钱临照的影响,不仅对相对论和量子力学的基本问题有浓厚兴趣,也反复思考近代中国落后于西方的历史原因。1973年,我在成昆铁路当工人期间,业余时间读到普里戈金刚发表的论文"演化热力学",该文章成为跨越生物学和物理学的桥梁。出国留学后,我在1981年加入普里戈金领导的布鲁塞尔-奥斯汀学派,目标就是架起经济学和物理学之间的桥梁。我们的工具是非线性动力学和非平衡态统计物理学,研究的起点是主流经济学的"老大难"问题——分工机制和经济周期。

我曾经问过我的博士生导师——比利时籍俄裔物理学家普里戈金,为什么他对跨学科研究保持终身的兴趣。他告诉我,他十月革命期间生于俄国,后随家庭流亡西欧。饱经革命和战乱的经历让他深感世界历史是非均衡、不确定和不可逆的。他的科学兴趣在物理学,爱好在历史和人类学。让他迷惑的是,牛顿力学和量子力学都是时间对称的(物理学对可逆过程的抽象表述),这和他观察到的历史相矛盾。时间箭头的起源成为他终身思考的科学问题。普里戈金因为对物理和历史不能取舍,就用物理学方法来研究历史,开创了非平衡态物理学。我自己的经历和普里戈金产生了共鸣,我成为普里戈金二十余年的学生与同事,有幸参与复杂系统科学的奠基,开拓经济复杂性的新领域。

经过近半个世纪的努力,我们有能力解决西方主流的新古典经济学留下的难题。我们认为数理经济学走过的弯路,不是用了太多,而是用了太少的数学工具。方法论的原因是新古典经济学的创始人由于时代的局限,不理解物理系统的基本分类,他们企图用封闭系统的静态数学工具来分析开放系统的动态演化,得到许多似是而非的结果。经济是高度不平衡的耗散系统,有显著的生命节律和代谢周期。计量经济学用噪声驱动和布朗运动来刻画市场经济"看不见的手",就不可能理解持续的经济波动和金融危机。目前对读者来说陌生的经济复杂性,将成为后危机时代经济学的常识。

新古典经济学的创始人多是应用数学家和统计学家,他们受实证主义哲学的影响,不关心数理模型的现实性和理论基础。我是从事实验物理和理论物理研究的物理学家,深感理论和实验相结合的重要。科学范式变革的起点是观察"反常"的经验现象和提出基础性的理论问题。"文化大革命"开始时,我是北京中国科技大学物理系四年级的学生。我对经济问题的兴趣来自1967年春季对太原重机厂做的一次田野调查,重新发现亚当·斯密在《国富论》第一篇第三章的主题:"分工受市场规模的限制"。当时我注意到,第一个五年计划期间从苏联引进的现代企业长期亏损,生产能力达不到设计水平的原因,是国内市场狭小。因为中国经济在西方封锁的条件下,无法利用国际市场来实现重工业的规模经济。令我惊奇的是,政治经济学和新古典经济学都不强调规模经济在工业化过程中,具有"创造性毁灭"的核心地位。

1967年我被分配到四川成都铁路局,在成昆铁路眉山电务段当了五年工人。我的自号"眉山剑客",说明我经济学研究的灵感,不是源于教科书,而是来自铁路工人的经验观察,以及学派交锋中产生的问题意识。铁路网络的连续安全运作,既要求集中的计划性,也需要横向的大协作,不可能只靠价格机制这只"看不见的手"来协调跨时空的分工。经济学的理性人理论和经济的复杂现实比,还处在工业革命前的小农经济加手工作坊时代。我在劳动之余,除了保持对理论物理的兴趣,还系统比较了中国和西方的科学技术史、科技政策史和经济发展史。李约瑟问题(即近代科学和资本主义为何起源于西欧而非中国)引起了我的注意。启蒙运动家通常把近代中国的落后归于中国的重农抑商政策和儒家文化。1973年我读到《今日物理》杂志上普里戈金的论文"演化热力学",立刻产生新的思路。普里戈金注意到热力学和生物学的演化趋势是矛盾的。热力学预言孤立系统的熵只会增加,系统趋向均衡的结果是无差异的"热寂"。达尔文观察到生物演化的趋势是多样和复杂的,这种非均衡的现象只存在于开放的热力学系统。开放系统中生命结构维持的前提是维持耗散的能量流、物质流和信息流。这和新古典经济学均衡论的世界观完全不同。开放竞争的不同模式成为我的历史比较研究的新方向:从研究战争类型开始,进入分工模式类型的研究。我发现资源环境制约了技术经济的选择,后者又对文化和制度的演化产生定向的影响。出国后,我才知道我在国内的独立思考和西方文化人类学的思路更为接近。

我把非平衡态物理学的研究系统用于经济研究,始于1981年到美国得克萨斯大学奥斯汀分校物理系做研究生,跟非平衡态物理学的奠基人普里戈金研究非平衡态统计物理学。我对经济复杂性的兴趣从生态系统的演化动力学开始,1984年起转为探索经济混沌。

我的第一个课题是推广布鲁塞尔学派的蚂蚁分工模型,试图引入经济的分工演化,基础是理论生态学的物种竞争模型。为了解释中国农业精耕细作和西欧农业规模经济所需的人口—资源前提,我把文化因素引入学习策略的选择。在1987年关于分工起源和社会分化的论文中,我用中西、美日不同的学习竞争策略,来解释大国兴衰的多种规律,引起系统工程学派的注意。金融危机后中国崛起的机制给西方主流经济学带来困惑。我在2012年国际熊彼特会议上,把1987年的学习竞争模型改名为"代谢增长论",该模型与主流经济学的外生和内生增长论比较,更能解释文明兴衰的生态经济学机制,得到西方演化经济学派的重视。要理解多元文明演化分岔的非平衡机制,皮亚杰的认知心理学、史学的年鉴学派、社会学的世界体系、文化人类学的文化唯物论,都对我们的工作产生了有益的启示。非线性动力学的数学表象和人文的历史观察可以相互参照。中国道路的崛起引发了对西方中心论的质疑。我们提出的一般斯密定理,即系统稳定性和复杂性之间的此消彼长关系,不仅可以解释文明演化的多样性,也有助于理解毛泽东"农村包围城市"的非均衡发展模式以及邓小平开放竞争的混合经济模式,突破了马克思的历史唯物主义和列宁国有托拉斯的指令经济模式。

我在1984—1987年间做的第二个课题是搜寻经济混沌的经验和理论证据。非线性动力学方程从两个边缘学科发现混沌解:气象学的非线性微分方程组和生态学的非线性差分方程。"决定论混沌"是数学家取的名字,用来刻画非线性决定论方程在某些条件下产生的不稳定的紊乱轨迹。物理学的另一术语是"奇怪吸引子",奇怪之处在于数学解的测度维度是分数而非整数。最初物理学家没有注意混沌的发现,一度认为混沌只是计算机的数字解,缺乏物理意义。1984年普里戈金的弟子尼科里斯夫妇在从深海岩心提取的温度数据中,发现气象吸引子的经验证据,使普里戈金的态度立即发生了转变。他建议我寻找经济混沌的证据。我当即放下即将答辩的分工演化的课题,从头开始研究经济数据。我发现经济混沌显示的关键在于是否存在经济观察的优越参照系,也就是要解决宏观经济观察的哥白尼问题和开普勒问题。我在1988年发表的"货币指数"一文中提出的经济混沌的经验证据和理论模型,否定了货币学派的外生货币理论,支持了奥地利学派的内生货币理论,引起了萨缪尔森对经济混沌的兴趣。经济周期的专家扎诺维奇来访时介绍我试用真实经济周期学派(RBC)使用的冯·诺依曼原创的HP滤波器,极大改善了经济周期和增长趋势分离的结果。信号处理专家钱世锷发展的时频分析,整合了量子力学的维格纳变换和量子光学的伽伯小波,最终解决了小波和噪声的分离方法,使我们得以在1996

年得到金融和宏观指数中广泛存在色混沌（具有特征频率的非线性振荡）的经验证据，修正了以白噪声理论为依据的有效市场假说。经济复杂性研究的结果显示，非稳态的经济现象远比稳态的物理实验复杂。研究非线性、非稳态、非均衡的经济动力学，需要引入新的数学工具，其结果拓展了新古典经济学以线性、稳态、均衡解为基础的计量模型。对西方经济数据的分析证明，熊彼特的创新演化经济学，把生物学的视角引入经济分析，比新古典经济学的还原论和机械论更接近工业经济的现实。

社会科学与自然科学不同，单靠数理方法的进步，难以改变社会科学的思维范式。和复杂科学在自然科学中的进展相比，经济复杂性研究面临的来自主流范式的阻力要大得多。为理解主流经济学家敌视经济混沌的思想基础，我从1997年开始，用非平衡态统计力学的方法，系统检验新古典经济学的基础模型，得到了意想不到的结果。我在1999年发现计量经济学的弗里希噪声驱动周期模型是永动机模型，该模型理论上不成立，历史上也从未正式发表，是诺奖史上的一大怪事。卢卡斯用以挑战凯恩斯宏观经济学的微观基础模型，无力解释宏观指数的大幅涨落；宏观经济周期的根源是中观的金融中介，不是微观的家庭或企业。我们又在2005年发现期权定价的基础模型布朗运动不适合刻画持续的金融市场，因为其本质是单体模型，随时间发散。现实的金融市场既不是有效的，也不是脆弱的。我的学生唐毅南发现用群体的生灭过程可以统一刻画平静与危机的金融市场，包括期权定价和金融危机。2006年我实地考察和对比调查了中国与东欧的转型经济，发现价格调整的难题不在于信息不对称和交易成本，而在于不同产业有不同的生命周期，导致宏观协调的不确定性极为复杂。微观经济学的阿罗-德布鲁模型假设产品周期无穷长，价格调整速度无穷快，结果产生了误导东欧转型的"休克疗法"，使价格自由化政策瓦解了苏东已有的分工体系，造成严重的转型萧条。中国经济的改革采用"摸着石头过河"的办法来应对体制转型过程中的复杂性和不确定性，价格改革的双轨制给不同产业的结构调整创造了开放竞争下的学习时空，兼顾了技术代谢的创新和宏观经济的稳定。

2008年发源于美国的金融危机推动了世界经济学界的新思维运动，中国经济的崛起强化了多元文明历史观的发展。萨缪尔森早在1995年对笔者工作的评价信中就曾预言，我们的工作可能成为新的理论范式，能否取代主流理论有待未来检验。我们在跨学科的国际交流中意识到，生态学发现的小波模型可以统一刻画微观、中观、宏观和史观经济学，包括不同时间尺度上的技术更新和体制演变。复杂演化经济学的生机论和系统论，可以大大拓展新古典经济学以个体原子为基础的世界观。新古典经济学可观察的均衡模型可以被看作对经济运动的短期近似。

附录1 复杂系统科学简介

复杂系统科学从 20 世纪 80 年代以来发展迅速,有代表性的是三个流派。最早的是普里戈金 1967 年在美国得克萨斯大学奥斯汀分校建立的伊利亚-普里戈金统计力学与热力学中心,把物理、化学、生物学、系统科学和交通流的研究包括在跨学科的物理研究领域之内。普里戈金在 20 世纪 70 年代提出的"耗散结构"和"自组织系统"的影响,渗透到历史和社会科学的研究,笔者从 1981 年开始将其引入经济学的课题。经济混沌的发现,使普里戈金在 1989 年把中心改名为伊利亚-普里戈金统计力学与复杂系统研究中心,标志着"复杂系统科学"的创立。美国研究核武器起家的洛斯-阿拉莫斯研究所在 1984 年推动建立跨学科的"圣塔菲研究所",用计算机模拟人工生命和市场的适应演化过程,物理学家支持阿瑟(Brian Arthur)对规模经济的研究。他提出硅谷的聚集效应受到普里戈金自催化反应的启发,肯定了正反馈机制在经济中的建设性作用,突破了新古典经济学对规模经济负面评价的禁区。1995 年斯坦利(H. Eugene Stanley)倡议发展"经济物理"(econophysics),许多物理学家和应用数学家用非平衡的统计方法研究经济数据,发现了涌现、幂率(power law)、相变、网络等非均衡机制的案例。越来越多的国家建立复杂科学和经济物理的研究中心。合肥中国科技大学的汪秉宏、瑞士弗莱堡大学的张翼成、复旦大学的黄吉平、浙江大学的叶航等做的经济复杂性研究,参与了圣塔菲研究所和经济物理两个流派的发展。读者可以寻找有关的文献。

复杂系统科学发展至今还在初创阶段。复杂系统科学的基础理论,可以概括为三块基石。薛定谔 1948 年出版的《生命是什么》,指出生命的特征必须兼顾稳定性和变异性,为此提出亚稳态、非周期性晶体、负熵和遗传密码的大分子结构。梅依 1974 年研究生态系统模型的稳定性和复杂性的关系,发现越复杂的系统越不稳定,挑战了生态平衡的观念。普里戈金 1977 年发表的自组织与耗散结构论,强调开放系统的非平衡态热力学是生命演化的基础。生命起源可以从化学反应与生态动力学的视角研究,这些工作对我们研究经济复杂性有重要的指导作用。

我们用小波模型刻画产业和技术的代谢周期，架起了自然科学（尤其是物理学和生态学）与经济科学之间的桥梁。我们发现"色混沌"可以刻画薛定谔的"非周期性晶体"和熊彼特的"生物钟"。梅依发现生态系统复杂性与系统稳定性之间的负相关，启发我们做出经济学的解读，即复杂性与稳定性之间的消长关系（trade-off），并得到"一般斯密定理"，即分工受市场规模、资源约束和环境涨落的三重限制。一般斯密定理有助于理解经济发展史上的重大难题，包括李约瑟问题（即科学与资本主义为何源于西欧而非中国）和苏联的托拉斯体制瓦解的原因。普里戈金区分稳态的封闭系统和演化的开放系统，使我们认识到新古典经济学的优化框架和复杂经济学演化框架之间的基本区别。新古典经济学的优化框架只对前工业化的封闭系统近似成立，难以讨论工业社会的技术代谢和结构涌现。经济生态系统和化学反应方程同类，所以生态学的物种竞争模型和化学反应的生灭过程可作为增长模型和金融模型的基本理论。

本书收集的成果，反映了布鲁塞尔-奥斯汀-中国学派的基本风格，即研究从基本问题出发，而非从技术问题出发。我们关注科学的基本问题，例如生命起源、分工演化、时间箭头（经济学的概念叫路径依赖）、经济周期的本质（内生波动还是外来冲击）、资本与知识的本质（是积累的还是代谢的），等等。对这些基本问题的回答，形成了均衡学派与非均衡学派的两种不同的思维范式（世界的演化是趋同还是多样）。这对理解目前关于中国道路的争论，以及人类社会未来的走向，都有理论和现实意义。普里戈金的中国学生们把普里戈金对时间箭头的研究，从宇宙学、生物学推广到经济学、金融学和文明史。他们能否在将来发展复杂演化经济学的中国学派，有待历史的检验。我期待中国年轻的经济学家，有勇气突破前人的局限，总结中国的观察和世界的经验，让中国的经济学不断创新，使中华民族以更具世界眼光的一般经济学的视角，向其他民族解释中国特色发展道路的普遍意义。

附录2　经济复杂性的研究方法

科学发展的道路是从简单到复杂。新古典经济学的数理模型继承的是牛顿时代的机械论、原子论和还原论的分析科学传统。经济复杂性研究是在分析基础上的综合，非线性模型和演化思维是研究演化经济学的方法论基础。

传统学科的研究可以归结为韩愈概括的教学模式："师者，传道授业解惑也。"传统学科的发展在专业范围内有明确的共识。老师通常要求学生先学好基础知识，再探索深入的课题。但是跨学科研究通常从基本问题而非理论的共识出发，研究领域的横向发展，得益于不同学科的对话。我所体会的研究模式是"问题—观察—假设—检验"。往往一个学科未解决的问题，可以从其他学科的理论或方法得到启发或借鉴。历史上成功的例子，就是薛定谔把量子态的跃迁引入生物遗传学的突变机制，产生分子遗传学和分子生物学的新学科。经济复杂性的研究，早期受到理论生态学和非平衡态物理学的影响，目前已涉及计算机、信息科学、心理学、社会学、人类学、历史学等许多领域。不同学科和学派之间的交流、对话和合作，是新思想、新方法产生的催化剂。

我们可以把前辈科学家从事跨学科研究的经验归结为三句话："翻万卷书，游千里路，会百家才。"在信息爆炸的时代，翻不同领域的万卷书，才会发现前人研究的问题、思路和学派。在全球化的时代，"游千里路"才会观察到当代重要但是缺乏理论解释的现象。在多样文明竞争共存的时代，只有在不同学派的对话交锋中才会产生突破现状的新思维。本系列不仅记载了我们研究的结果，而且也介绍了提出问题和学派对话的思路，希望有志于跨学科研究的学子能比我们走得更远。